Missvergnügen

Alfred Bellebaum • Robert Hettlage (Hrsg.)

Missvergnügen

Zur kulturellen Bedeutung
von Betrübnis, Verdruss
und schlechter Laune

Springer VS

Herausgeber
Alfred Bellebaum
Vallendar, Deutschland

Robert Hettlage
Basel, Schweiz

ISBN 978-3-531-17516-4   ISBN 978-3-531-93325-2 (eBook)
DOI 10.1007/978-3-531-93325-2

Die Deutsche Nationalbibliothek verzeichnet diese Publikation in der Deutschen National-
bibliografie; detaillierte bibliografische Daten sind im Internet über http://dnb.d-nb.de
abrufbar.

Springer VS
© VS Verlag für Sozialwissenschaften | Springer Fachmedien Wiesbaden 2012
Einbandabbildung: Verena Metzger
Einbandentwurf: KünkelLopka GmbH, Heidelberg

Gedruckt auf säurefreiem und chlorfrei gebleichtem Papier

Springer VS ist eine Marke von Springer DE. Springer DE ist Teil der Fachverlagsgruppe
Springer Science+Business Media.
www.springer-vs.de

Inhalt

Einführung

Alfred Bellebaum / Robert Hettlage

Als die Studentenrevolte der 68er Jahre wieder Raum für etwas Selbstironie ließ, fand man eines Tages in Frankfurt eine Hauswand mit dem Satz besprüht: „Das Sein verstimmt das Bewusstsein"! Wie recht der Graffiti- Protest hatte! Kaum ein Land scheint an der Wirklichkeit mehr zu leiden als Deutschland. Kein Wunder nach dieser Vergangenheit. In der Wahrnehmung von innen und außen ist dort die Stimmung sogar immer noch etwas schlechter als die Lage. Umso erstaunter war die Weltöffentlichkeit als man in den Tagen der Fußball-WM 2006 feststellte, dass Deutsche gelegentlich auch lachen, singen, tanzen und feiern können.

Das Problem des Missvergnügens ist natürlich auch von größerem Zuschnitt. Man muss nur die morgendliche Zeitungslektüre zu Rate ziehen, um zum Schluss zu gelangen, dass die Welt, in der wir uns zurechtfinden müssen, offensichtlich „chaotisch, überraschend, unberechenbar" (N.N.Taleb (2009): Der schwarze Schwan.) – und verdrießlich ist. Da „good news, no news" sind, gehört die oft in gepflegtem Missmut verbreitete Zeitkritik, wonach die moderne Welt voller Trübsinn und Verzweiflung sei, einerseits zum Klappern der medialen Mühlen, andererseits – und zum Teil eben dadurch – aber auch zu unserem Gefühlshaushalt. Schon vor fast 100 Jahren hat Kurt Tucholsky diese „Kümmernis" in folgende Verse gefasst:

„Schau in die Zukunft! – Was kommt denn danach,
wenn die Große Zeit einst vorbei?
Was kommt nach den Tränen, dem Blut und der Schmach
und all dem Nationengeschrei?
Was kommt für die Kinder? Die Generation
der Hoffnung?
    Ich sehe da black –
Mein Jugendlicher, o Ludolf, mein Sohn:
    Die Sahne…
    die Sahne ist weg!

Heute sind die Kriege bei uns wieder weiter weg gerückt. Dafür haben die Bedro-
hungen anderer Art globale Dimensionen angenommen. Vielfach wird abwiegelnd
versucht, die getrübte seelische Befindlichkeit, als psychischen Defekt bestimmter Personengruppen zu brandmarken, die auf Grund widriger sozialer Umstände immer „schwarz sehen" müssen. Andere orten die depressive Verstimmung
als Modekrankheit, wieder andere gar als Volkskrankheit von Gesellschaften, in
denen die Kultur der Disziplinierung durch die Verantwortlichkeit und Initiative abgelöst worden sei. Damit aber wachse das Gefühl der Unzulänglichkeit und
Minderwertigkeit (A. Ehrenberg: Das erschöpfte Selbst. 2004).

So richtig diese Analyse für das Europa des 20. Jahrhunderts sein mag, sie
erweckt jedoch den falschen Eindruck, als handle es sich um ein vorwiegend modernes Phänomen.

1.

Ein Blick in die Geschichte unserer Kultur bietet ein viel differenzierteres Bild.
Er informiert zugleich über ein selbst unter Gebildeten kaum noch wahrgenom-
menes reichhaltiges kulturelles Erbe.

In Iwan A. Gontscharows berühmtem Werk „Oblomow" (zuerst 1859) wird
von einer der Romanfiguren berichtet, dass sie irgendwann etwas „Ähnliches wie
eine Oblomowsche Apathie" befürchtet, auf ihrem Gesicht eine „schwarze Wolke" fühlt, Gleichgültigkeit und Teilnahmslosigkeit „gegen alles" erlebt, in „ge-
heuchelte Geschäftigkeit" flüchtet, Migräne bekommt und sich ins Bett legt. Ihr
Mann sagt zu ihr: „Das ist nicht Deine Schwermut allein: das ist ein allgemeines Leiden der Menschheit. Auf Dich ist nur ein Tropfen gespritzt". (559,605f.)

„Schwarze Wolke" – das verweist natürlich auf Melancholie, die „schwarze Galle". Sie tritt im Verlauf der Geschichte bis in die antike Literatur und noch
weiter zurückreichend, in inhaltlich ähnlichen Bezeichnungen auf. In neuerer
Zeit wird meistens das mehrdeutige Wort „Depression" dafür verwendet. Und
über sie heißt es kurz und bündig: „Eine Erkrankung der Neuzeit ist die Depression sicherlich nicht" (F. Holsboer: Biologie der Seele, 2009: 37). Die Belege dafür aus Philosophie, Moraltheologie, Literatur, Malerei, Medizingeschichte usw.
sind überwältigend.

2.

Die in der abendländischen Geistesgeschichte weit verbreiteten und sehr einfluss-reich gewesenen Bezeichnungen im Umkreis der „schwarzen Wolke" sind in kul-tursoziologischer Hinsicht sehr interessant.

Im Allgemeinen geht es nämlich nicht nur um individuelle Befindlichkeiten, sondern auch um auffällige soziale Verbindungen. In einer weit zurückliegenden, aber immer wieder aktuellen Diskussion über die „Rollenhaftigkeit menschlichen Handelns" ging es um das traditionsreiche Verhältnis von individueller Freiheit und sozialer Kontrolle. R. Dahrendorf nannte es die „ärgerliche Tatsache der Gesellschaft" (Homo sociologicus, 1959, 2006 (16.Aufl.)). „Der Mensch, jeder Mensch, begegnet dieser Tatsache, ja ist diese Tatsache ..."(1959,131). Wir kön-nen ihr nicht entrinnen, wir müssen auf der Bühne des Lebens unseren Part, d. h. unsere Rolle spielen, „die den Einzelnen, indem sie ihm Profil und Bestimmtheit gibt, aus seiner Einzelheit heraus in ein Allgemeines und Fremdes hebt" (139). Diese Verdopplung des Menschen ist unerbittlich und unauflösbar. Sie stellt den einzelnen Handelnden vor ein Dilemma, die Gesellschaft vor gravierende, mo-ralische Ordnungsprobleme, und die Wissenschaft von der Gesellschaft vor die Melancholie, unzulänglicher Durchdringung der Welt (193).

Die zusätzliche Schwierigkeit besteht darin, dass die Verhaltensnormierun-gen des menschlichen Lebens nicht gleichförmig, sondern je nach Position un-terschiedlich ausfallen. Manchmal sind die Positionen eindeutig zugeschrieben, manchmal sind die darauf abgestützten Verhaltensverbindlichkeiten eher locker „wie etwa (beim) Snob, dem Dandy, dem Beatnik, dem Gammler ..." (H. Popitz: Der Begriff der sozialen Rolle als Element der soziologischen Theorie, 1967,3. Aufl.:8). Man gehört dazu, ist aber nicht rundum festgelegt.

3.

In allen Gesellschaften sind solche sozialen Zuschreibungen zu Verhaltensty-pen wirksam.

Zwei hier nur verkürzt wieder gegebene Beispiele sollen das illustrieren:

3.1 Melancholie

Nach der für sehr lange Zeit wirksam gewesenen Ansicht des (Pseudo-)Aristo-teles erweisen sich alle außergewöhnlichen Menschen in Philosophie, Kunst und Dichtung unter dem nachhaltigen Einfluss des Planeten Saturn als Melancholi-ker – wodurch sie gefährdet sind, depressiv oder manisch zu werden. Der pla-tonische Humanist Marsilio Ficino (1433-1499) spricht Jahrhunderte später vom schöpferisch-genialen Melancholiker, der seinen eigenen Zustand freilich nicht nur als beglückend erlebt.

In Springers „Lexikon Medizin" gibt es unter dem Stichwort „Melancholie" nur mehr den schlichten Hinweis: Depression/Gemütskrankheit/Schwermut/ Trübsinn/endogene Depression. Die komplexe, facettenreiche, über Jahrhunderte hinweg bearbeitete kulturelle Bedeutung von „Melancholie" ist weithin vergessen. Eine Rückerinnerung wäre für unseren Bildungsstand sicherlich nützlich.

3.2 Ennui

Nach Ansicht von Blaise Pascal ist für den Menschen „nichts unerträglicher als die völlige Untätigkeit … Dann spürt er sein Nichts, seine Verlassenheit, sein Ungenügen, seine Abhängigkeit, seine Ohnmacht, seine Leere (131)" Pascal nimmt vor allem Bezug auf den Adel zur Zeit Ludwigs XIII, der an seiner erzwungenen Untätigkeit leidet. Vielfältige und raffinierte Divertissements dienen dem dringend erforderlichen Zeitvertreib.

Wenn erzwungene Untätigkeit etwa durch unfreiwillige Arbeitslosigkeit sozusagen „demokratisiert" wird, dann ist der „ennui" allerdings grenzenlos. Die berühmte Studie von Jahoda/Lazarsfeld/Zeisel über „Die Arbeitslosen in Marienthal" (1933/1960) hat das exemplarisch und eindringlich aufgezeigt.

Verwandte, aber teilweise doch abgrenzbare Phänomene des Missvergnügens sind Handlungs- oder Verhaltenstypen, die unter den Bezeichnungen „Misanthropie, Hypochondrie, Weltschmerz, Blasiertheit, Spleen, Zynismus u. a. m. klassifiziert werden. Sie sind in ihren traditionellen Bezügen und in ihrer kulturwissenschaftlichen Bedeutung eigens zu untersuchen.

4.

Zwischen den hier erörterten sozialen Verhaltenstypen gibt es fließende, anthropologisch bedeutsame Übergänge:

Was in Frankreich „ennui" hieß, wurde in England „spleen" oder „Melancholie" genannt.

S. Kierkegaard notiert gelegentlich: „was wir in einer bestimmten Richtung als ‚Spleen' bezeichnen, was die Mystiker unter dem Namen ‚Die matten Augenblicke' kennen, das kennt das Mittelalter unter dem Namen ‚Acedia' (akedia: Schlaffheit)". Die Tradition reicht also weit zurück bis zur Mönchskrankheit der acedia, der theologischen Mutter der Melancholie (Schings) – und sogar bis zum Corpus Hippocraticum. Das war den Gelehrten europaweit über Jahrhunderte hinweg selbstverständlich geläufig – denn sie hatten die gleichen geistes- und kulturgeschichtlichen, die moraltheologischen und literarischen Kenntnisse und mithin einen gemeinsamen Bildungskanon. Ihn gibt es anzugebender Umstände wegen bei uns derzeit nicht mehr.

Immerhin wirken einige Aspekte der zahlreichen sozialen Verhaltenstypen im Umkreis von Missvergnügen, Misanthropie, acedia oder anxietas et taedium cordis als existentielle Langeweile, als Oblomowsche Krankheit oder als nausea (z. B. J.P. Sartre: La nausée (1938)) bis heute nach. Manchmal sind sie in den Beschreibungen psychischer Belastungen und Leiden wie etwa Neurosen, Depressionen und Psychosen noch aufspürbar. (Vgl. L. Völker (Hrsg.): „Komm' heilige Melancholie". Anthologie deutscher Melancholiegedichte, 1983). Auch wenn diese Themen sich kaum für Talk Shows eignen, sind sie wegen ihrer Kulturbedeutung und ihres kaum zu übersehenden Aktualitätsbezugs höchst erinnerungswürdig.

5.

Es sollte nicht übersehen werden, dass sich die kultursoziologische Argumentationsweise der typisierenden Methode bedient. Die klassische philosophische Tradition war sich überwiegend bewusst, dass die „reine Mannigfaltigkeit" der gesellschaftlichen und kulturellen Wirklichkeit einen unmittelbaren Zugriff zur Welt nicht erlaubt. Zwar hat der Erkenntnisvorgang hiervon ihren Ausgang zu nehmen, muss aber – wie ein Bildhauer – für das bessere, d. h. notwendigerweise theoretische Verständnis, eine Gestalt, ein Musterbild oder „Typos" herausschlagen. Darauf hatte nicht nur Aristoteles, sondern schon Plato bestanden (vgl. Historisches Wörterbuch der Philosophie, Bd. 10, 1998: Sp.1587 ff.).

In die moderne erkenntnistheoretische Diskussion übertragen hat dies Max Weber mit seinem Konzept des „Idealtypus". Für ihn zielt der (Handlungs-)Typus auf „keine Darstellung des Wirklichen", sondern ist ein Hilfsmittel zu dessen Darstellung, ein „gedachter Zusammenhang" ist, der es erlaubt – in begrifflicher Reinheit – die vielen Einzelphänomene zu einem „einheitlichen Gedankengebilde" zusammenzufügen (vgl. M.Webers sog. Objektivitätsaufsatz von 1904, (1951: 146 ff.)). Typen sind „gedankliche Mittel zum Zweck der geistigen Beherrschung des empirisch Gegebenen"(ebenda). Im dauernden Fluss der Kultur(en) mit ihren ständig neuen Problemlagen und Sensibilisierungen, muss die geistige Auseinandersetzung zu andauernder, denkender Umgestaltung der Wirklichkeit und ihrer Kulturbedeutung in Form von Bildern und Begriffen führen.

Horst Baier nennt die Typenbildung deswegen „transzendentale Collagen" (vgl. Gedankenbilder 2010: 69). Sie machen empirisch gesättigte Erfahrungsurteile erst möglich. Hier verbindet sich die Methodologie mit der Wissenssoziologie, die u. a. an der gesellschaftlichen Wirkung von Begriffen interessiert ist. Dass diese Bilder, Kategorien und Schematisierungen der Wirklichkeit als Modelle, Pläne und Handlungsprogramme für die Welt ihrerseits aber auch die Wirklichkeit formen können (und – historisch gesehen – manchmal auch wollten und wollen), macht die methodologische und wissenssoziologische Doppelbewegung aller kulturwissenschaftlichen „Weltaneignung", ja aller Verstehensbemühungen an sich, aus.

6.

Für die wissenschaftliche Behandlung der einzelnen Themen bieten sich u. a. folgende Fragen an:

1. Welche Menschen (-gruppen) standen im Vordergrund des Interesses (etwa bei der Hypochondrie als Gelehrtenkrankheit)?
2. Welche medizinischen und sonstigen Erklärungen werden bemüht (u. a. astrologische Faktoren, sündhaftes Verhalten, psychische Faktoren)?
3. Welche bedeutenden künstlerischen Darstellungen hat es gegeben (z. B. Dürers Melancholia I)?
4. Welche inhaltlichen Zusammenhänge und Überschneidungen gibt es mit angrenzenden und anders bezeichneten Phänomenen (z. B. taedium vitae und nausea)?
5. Wann und in welchem Kontext tauchen die fraglichen Begriffe auf (z. B. Aristokraten im Ancien Regime)?
6. Welches Wissen oder welche Wissensbestandteile wirken erkennbar bis heute nach?
7. Welche Zeitumstände machen das Problem des Missvergnügens und seiner Spielarten immer wieder „modern"
8. Welche sozialen Handlungs- oder Verhaltenstypen des Missvergnügens bringen die heutigen Problemlagen hervor?

7.

Einige ausgewählte Veröffentlichungen sollen einzelne der genannten Phänomene und Zusammenhänge beleuchten und aus unterschiedlicher Fachperspektive auf die lange Tradition dieser Thematik hinweisen. Neuere Arbeiten finden sich in den einzelnen Beiträgen dieses Bandes. Die vorgesehenen Aufsätze zur „Oblomowschen Krankheit" und zu „Ennui" ließen sich zwar aus verschiedenen Gründen nicht realisieren. Die hier gesammelten Arbeiten nehmen aber an manchen Stellen Bezug darauf. Außerdem kreisen sie in der einen oder anderen Weise um das Syndrom von Betrübnis, Verdruss und schlechter Laune, dessen Erforschung der berühmte amerikanische Soziologe Robert K. Merton schon vor einem halben Jahrhundert mit folgenden Worten für die Sozialwissenschaften angemahnt hatte:

> „… das Syndrom des Rückzugsverhaltens (ist) lange mit dem Etikett accidie (oder, in wechselnder Weise, acedy,acedia und accidia) versehen und von der römisch-katholischen Kirche als eine Todsünde aufgefasst worden. Als Faulheit und Betäubung, in welcher die ‚Quellen des Geistes vertrocknen', hat die acedia vom Mittelalter an die Theologen interessiert. Zumindest seit der Zeit Langlands und Chaucers hat sie die Aufmerksamkeit wissenschaftlich und literarisch interwessierter Männer und Frauen erregt, über Burton bis hin zu Aldous Huxley und Rebecca West. Unzählige Psychiater haben sich mit ihr in der Form von Apathie, Melancholie oder ‚anhedonia' beschäftigt. Soziologen aber haben dem Syndrom nur vereinzelt geringe Aufmerksamkeit gewidmet. Dennoch scheint es, dass diese Form abweichenden Verhaltens ihre sozialen Ursachen ebenso wie ihre manifesten Folgen besitzt …" (Social Theory and Social Structure. Glencoie,Ill. 1964, 9.Auflage,S. 189)

Das vorliegende Buch versucht, diese Anregung aufzunehmen.

Babb, L. (1951): The Elizabethan Malady. A Study in English Literature from 1580 – 1641. East Lansing

Barbey d'Aurevilly, J.A. (1987): Vom Dandytum und von George Brummell. Übers. und eingeleitet von R. von Schaukal. Nördlingen.

Bellebaum, A. (1990): Langeweile, Überdruss und Lebenssinn. Eine geistesgeschichtliche und kultursoziologische Untersuchung. Opladen

Bertram, F. (1906): Die Timonlegende. Eine Entwicklungsgeschichte des Misanthropentypus in der antiken Literatur.

Binswanger, L. (1955): Verstiegenheit, Verschrobenheit und Manieriertheit.

Brierre de Boismont, A.(1850): L'ennui (Taedium vitae). Paris

Bouchez, M. (1973): L'ennui. De Sénèque à Moravia. Paris

Burton,R.:(1988): ‚Anatomie der Melancholie'. Über die Allgegenwart der Schwermut, ihre Ursachen und Symptome, sowie die Kunst, es mit ihr auszuhalten. Zürich/München (orig. London 1621)

Busse, W. (1952): Der Hypochondrist in der deutschen Aufklärung. Diss. Mainz

Cheyne, G. (1993): The English Malady. Or a Treatise of Nervous Diseases of all Kinds: Spleen, Vapours, Lowness of Spirits, Hypochondriatical, and Hysterical Distempers etc..ed. S.L. Gilman. (Orig. London 1733)

Clair, J. (Hrsg.) (2006): Melancholie . Genie und Wahnsinn in der Kunst. Ausstellungskatalog. Neue Nationalgalerie. Berlin

Derveaux, R. (2002): Melancholie im Kontext der Postmoderne. Berlin

Flashar,H. (1966): Melancholie und Melancholiker in den medizinischen Theorien der Antike. Berlin

Gontscharow, J.A.(1859): Oblomow. Dt. München 1983, 3. Auflage

Kalkühler, F. (1920): Die Natur des Spleens bei den englischen Schriftstellern in der ersten Hälfte des 18. Jahrhunderts. Diss. München

Klibanski, R. / Panofsky, E. / Saxl, F (1992): Saturn and Melancholy. Studies in the History of Natural Philosophy, Religion, and Art. London (zuerst 1964)

Küfner, H.K. (1959): Der Missvergnügte in der deutschen Literatur der Aufklärung.

Kuhn, R. (1976): The Demon of Noontide. Ennui in Western Literature. New York

Lambrecht, R. (1994): Melancholie. Vom Leiden an der Welt und den Schmerzen der Reflexion.

Mann, O.: Melancholie. Genie und Wahnsinn in der Kunst, Hrsg-. Ausstellungs-Katalog, Neue Nationalgalerie (Berlin) 17.Mai 2006

Müri, W. (1953): Melancholie und schwarze Galle. In: Museum Helveticum 10, 21 (1953) 21 ff.

Seneca, L.A.: De tranquilitate animi/ Über die Ausgeglichenheit der Seele. Dt. Stuttgart 1984

Sillem, P. (1997): Melancholie oder Vom Glück unglücklich zu sein. München

Tardieu, E.(1903): L'Ennui. Etude Psychologique. Paris

Tellenbach, M. (1976): Melancholie. Problemgeschichte, Endogenität, Typologie, Pathogenese, Klinik. Berlin, 3. Auflage.

Timon der Menschenfeind und der griechische Pessimismus

Alexander Demandt

Worüber auch gedacht wird,
man muß bei den Griechen anfangen.

Eumeswil 348

1. Mißmut von Anbeginn

„Der Tod ist gut, doch besser wär's, die Mutter hätt' uns nie geboren." Mit diesem
„ruhelechzenden" Wort von 1853 stand Heinrich Heine in einer langen Tradition.[1]
Wir lesen es bereits bei dem Elegiker Theognis aus dem 6. Jahrhundert v. Chr.,
der, aus seiner Mutterstadt Megara verbannt, sein Leben in der Fremde fristete.[2]
„Am besten ist es für die Erdenbewohner, nicht geboren zu werden und nicht die
Strahlen der blendenden Sonne zu sehen, einmal geboren jedoch so schnell wie
möglich die Pforten des Hades zu durchschreiten."[3] Das Leben ist nicht lebens-
wert, zumal das Leben in Armut, die der Dichter selbst erdulden mußte. Er be-
klagt die herrschende Gesetzlosigkeit und das Faustrecht, die Geldgier und die
Unverschämtheit, das Unglück der Guten und das Glück der Schlechten.[4]

Die sozialen Unruhen am Ende der Archaischen Zeit, die in Athen zu den
Reformen Solons geführt haben, hatten auch Theognis ins Elend gestürzt und
ihm den Glauben an den Sinn des Lebens genommen. Theognis zählte zum Adel,
der damals seine Führungsposition verlor, nachdem zuvor die Bauern die Krise
erlitten hatten. Das bezeugt Hesiod in der Zeit um 700 mit seiner großen Klage
über das Eiserne Zeitalter, in das er hineingeboren wurde, seitdem die Göttinnen
Aidos (Ehrfurcht) und Nemesis (Vergeltung) die Erde verlassen hatten und auf
den Olymp entflohen seien.[5]

Pessimistische Äußerungen bei den Griechen lassen sich nicht immer aus
bestimmten Zeitverhältnissen erklären, sondern finden sich sozusagen flächen-
deckend über ihre ganze Geschichte. Das beginnt mit Homer. In der Ilias trauern
die unsterblichen Pferde Achills um den Tod des Patroklos, da spricht Zeus sie

---

1   H. Heine, Sämtliche Werke NF. I, Vermischte Schriften, 1854, 88.
2   Theognis I 1209 f.
3   Theognis I 425 ff.
4   Theognis I 181 f; 290 ff; 647 f; 675 ff.
5   Hesiod, Werke und Tage 109 ff.

an: „Wahrlich, nichts ist armseliger als der Mensch, unter allem was auf Erden atmet und kriecht." Und zu Priamos gewandt, erhebt Achill die Klage: „Denn so haben es die Götter den elenden Sterblichen zugesponnen, daß sie in Kummer leben, sie selbst aber sind sorglos."[6] Odysseus bestätigt es, Zeus zitierend: „Kein Wesen ist so eitel und unbeständig wie der Mensch von allem, was auf Erden atmet und kriecht."[7]

Zahlreiche Zeugnisse der Vorsokratiker beklagen das Elend der Menschheit. Drei der Sieben Weisen aus der Zeit um 600 v. Chr. stehen voran. Bias von Priene erklärte: „Die meisten Menschen sind schlecht." Solon von Athen schrieb: „Glücklich ist keiner der sterblichen Menschen. Alle sind elend." Und Myson von Malis, den Platon anstelle des Tyrannen Periander in den Kanon setzte, galt als der erste „Misanthrop". Er wurde mit Timon und Apemantos verglichen.[8] Andere Denker der Frühzeit stimmten zu. Heraklit, der „weinende" Philosoph von Ephesos wurde gleichfalls als Misanthrop bezeichnet. Er lebte von Kräutern und Beeren in den Bergen und befand: „Die wunderschöne Weltordnung ist nichts als ein großer Mülleimer." Antiphon, der Sophist, meinte, das Leben sei bedauernswert, es biete nichts Besonderes, nichts Großes, nur Kürze und Kümmernis. Pherekydes von Syros und Philolaos, der Pythagorasschüler, betrachteten den Kosmos als Kerker.[9]

Eine Philosophie der *tristesse* schrieb man der Schule des Pythagoras zu, die dieser im späten 6. Jahrhundert v. Chr. im unteritalischen Kroton gegründet hatte. Auf Pythagoras selbst geht die Vorstellung zurück, die Menschen seien zur Bestrafung auf die Erde gekommen.[10] Diese auch bei Aristoteles und Cicero ausgesprochene Vorstellung, die mit dem Gedanken der Seelenwanderung spielt,[11] hat Ausonius im 4. Jahrhundert n. Chr. ausgemalt. In seiner lateinischen Versübersetzung eines pythagoreischen Textes werden alle erdenklichen Übel aufgezählt, die uns hier auf Erden plagen und von denen uns nur der Tod erlöst. Alles scheinbar Gute hat eine schlimme Kehrseite, sogar die Freundschaft, die von den Pythagorasjüngern so hoch geschätzt wurde.[12] Denn ihretwegen wurden sie verfolgt und bekämpft. Und selbst Timon, der Freundschaften gemieden habe, sei eben deswegen in Athen, der Stadt der Weisheit, gesteinigt worden (!). So bleibe

---

6   Ilias XVII 446 f; XXIV 525 f.
7   Odyssee XVIII 130 f.
8   H. Diels/W. Kranz, Die Fragmente der Vorsokratiker I 1934, 10,6; S. 65; Solon fr. 15; zu Myson: Platon, Protagoras 343 A; Diogenes Laertios I 107 nach Aristoxenos.
9   Diels/Kranz 7 B 6; 22 B 124; 44 B 15; 87 B 51; Diogenes Laertios IX 3.
10   Jamblichos, Pythagoras 85.
11   Nach Ciceros ›Hortensius‹ bei Augustinus, Contra Julianum haeresis Pelagianae defensorem IV 15,78. In: Patrologia Latina 44,778
12   Hygin, Fabulae 257; Jamblichos, Pythagoras 233; Diogenes Laertios VIII 10.

als Quintessenz, als *optima Graiorum sententia*: Es sei gut für den Menschen, nicht geboren zu werden oder, geboren, rasch wieder zu sterben.

Ausonius war ein lauer Christ, darum hat ein Abschreiber einen Zusatz angehängt. Er bringt das abgewandelte Theognis-Zitat: „Das erste und beste für die Menschen ist, nicht geboren zu werden, das zweite, so bald wie möglich die Pforten des Hades wieder zu durchschreiten." Zwar gebe es in diesem Leben nichts zu lieben, doch seien wir gemäß anderer – christlicher – Lehre nach dem Tode für ein Leben mit Gott bestimmt. Mögen die törichten Pythagorasschüler in den schattigen Styx hinabfahren![13]

Der bedeutendste Schüler des Pythagoras[14] war Empedokles aus Akragas auf Sizilien, dem heutigen Agrigent. Nach ihm muß der Mensch durch ein freudloses Land, über eine düstere Wiese des Unheils voll von Mord und Groll, Krankheit und Fäulnis und bösen Geistern. Die Welt sei schlecht, jedenfalls in der sublunaren Sphäre, und das Menschenlos beklagenswert.[15] Hölderlin hat mit seinem Dramenfragment von 1800 über den Tod des Empedokles dessen Enttäuschung über die Mitwelt zum Motiv für dessen Sprung in den Ätna gewählt.

Der Hader mit der *conditio humana* bot seit frühgriechischer Zeit den Humus für die verschiedenen Erlösungsreligionen, für die Mysterien von Eleusis, für die orphischen Kulte und später für das Jenseitsversprechen der orientalischen Glaubenslehren, unter denen das Christentum mit größtem Erfolg den Weg aus dem irdischen Jammertal weisen sollte. Was man im Diesseits vermißte, wurde im Jenseits erhofft und verheißen

So wie die archaische Epoche bietet auch die klassische Phase des Griechentums Zeugnisse für eine pessimistische Lebensstimmung. Herodot, der *pater historiae*,[16] erzählt um 450 v. Chr. das Gespräch zwischen dem sprichwörtlich reichen Lyderkönig Kroisos und dem weisen Athener Solon über die Frage, wer denn der glücklichste Mensch gewesen sei. Darauf nennt Solon an zweiter Stelle nach einem gewissen Tellos von Athen die Brüder Kleobis und Biton aus Argos. Deren Mutter war die Priesterin der Hera und wollte zum Fest der Göttin ins außerhalb gelegene Heiligtum, ins Heraion fahren. Die Stiere, die den Wagen ziehen sollten, waren jedoch auf dem Felde. Darauf traten die Brüder unter das Joch und zogen den Wagen zum acht Kilometer entfernten Tempel. Das ganze Volk zollte den Jünglingen Beifall, und die Mutter trat vor das Bild der Göttin und bat sie um einen Gunsterweis für die Söhne um das, was für sie das beste sei. Nach dem Festschmaus legten sie sich zur Ruhe in den Tempel, und am nächsten Mor-

---

13   Ausonius VII 2.
14   Diogenes Laertios VIII 54.
15   Diels/Kranz 31 A 62; B 121; 124.
16   Cicero, De legibus I 1,5.

gen waren sie entschlafen. Damit, so Solon, zeigte die Göttin, daß für die Menschen der Tod besser sei als das Leben.[17]

Für diese Lehre kannte Plutarch später mehrere Beispiele, für die er ein weiteres, von Pindar überliefertes nennt. Agamedes und Trophonios hatten den Apollontempel in Delphi errichtet und baten den Gott um einen Lohn. Den versprach er, doch befahl er ihnen, erst sieben Tage lang zu feiern. Dies taten sie, legten sich zum Schlaf und erwachten nicht wieder.[18] Plutarch verwendet diese Geschichte als Topos einer Trostschrift. Deswegen erzählte er auch die Sage von Midas und dem gefangenen Silen, der dem König auf die Frage, was das Beste für den Menschen sei, antwortete wie Timagenes: Am besten, man wird nicht geboren, am zweitbesten stirbt man recht bald.[19] Wenn Plutarch Hinterbliebenen sagte, der Tod sei kein Übel, so lag die Folgerung nahe, daß hingegen das Leben durchaus ein Übel sei. Herodot bringt für diesen Glauben ein Beispiel von einem thrakischen Stamm. Um ein neugeborenes Kind setzen sich die Verwandten herum und beklagen es angesichts der Leiden, die es im Leben erwarte. Die Toten aber begrabe man unter Jubel, da sie nun ein besseres Leben genössen.[20]

2. Der Neid der Götter

Das Leiden im Menschenleben beruht nach Herodot nicht nur auf einem Verschulden, auch nicht unbedingt auf blindem Schicksal, sondern mitunter einfach auf dem Willen der Götter. Da die Griechen keinen Teufel kannten, haben sie nicht nur die guten Gaben, sondern ebenso die schlechten auf die Götter zurückgeführt. Sie sprachen geradezu vom Neid der Götter, die den Menschen das Glück nicht gönnen, das sie selber genießen. Bei Homer sind die Götter sogar eifersüchtig auf das Glück von ihresgleichen und ruinieren es nach Kräften.[21] Der *phthonos theōn*, die Mißgunst der Götter, die nur, um ihre Macht zu beweisen, diese an den Menschen auslassen, war wie den Israeliten so den Griechen eine vertraute Vorstellung.[22] Schulbeispiel ist das Ende des Polykrates, des Tyrannen von Samos. Er war so glücklich, daß er, um den Neid der Götter abzuwenden, sich einen Schmerz zufügte, indem er seinen kostbaren Siegelring ins Meer warf. Als ihm wenig später ein Fisch serviert wurde, in dessen Bauch der Ring sich wieder-

---

17   Herodot I 31.
18   Plutarch, Moralia 108 F.
19   a. O. 115 DE ; Cicero, Tuskulanen I 114 nach Aristoteles.
20   Herodot V 4.
21   Odyssee V 118 ff; VIII 266 ff.
22   AT. 2. Mose 4,21; 7,13; 10,20; 11,10; 14,4; Aischylos, Perser 362; ders., Agamemnon 947.
      Weiteres bei Eduard Meyer, Forschungen zur Alten Geschichte II 1899, 259 ff.

fand, wurde klar, daß die Götter das Opfer verweigerten und den Untergang des Polykrates beschlossen hatten. Er wurde von dem Satrapen des persischen Großkönigs nach Magnesia gelockt und dort 424 v. Chr. brutal gekreuzigt.[23] Schiller hat in seiner Ballade ›Der Ring des Polykrates‹ das grausige Ende des Tyrannen ausgespart. Es harmonisiert ohnehin nicht mit seinem verklärten Hellasbild, wie er es in dem Gesicht ›Die Götter Griechenlands‹ entwarf: „Schöne Welt, wo bist du? Kehre wieder, holdes Blütenalter der Natur!“ Herodot sah das anders. Sein Solon sagt zu Kroisos: Die Gottheit ist durch und durch neidisch und unbeständig, niemand ist vor seinem Tode glücklich zu preisen.[24] Diesem Thema hat Montaigne einen Essay gewidmet und die Lehre Solons durch weitere und neuere Beispiele – so den Tod von Maria Stuart 1587 – bestätigt.[25]

Pessimistische Stimmen vernehmen wir ebenso in der attischen Tragödie. Bei Aischylos dominiert noch der Glaube an eine sinnvolle Weltordnung. Bei Sophokles aber kommen schon Zweifel zur Sprache. Im Anschluß an den Freitod des Herakles im qualvollen Nessoshemd auf dem Scheiterhaufen[26] folgt eine fürchterliche Anklage der Götter, die den Jammer über die Menschen bringen. Alles Unheil stamme von Zeus. Damit enden die ›Trachinierinnen‹. Die Erhebung von Herakles in den Olymp als Trost für seine Leiden kommt bei Sophokles nicht vor. Erst Händel hat in seinem Oratorium ›Hercules‹ von 1744 entsprechend dem „barockischen“ Geschmack das glückliche Ende auf die Bühne gebracht.

Die schlechthin tragische Gestalt ist Ödipus. Unversehens und unschuldig stürzt ihn Zeus ins tiefste Unglück. Unwissend hat er den Vater erschlagen und die Mutter geheiratet und bestraft sich, indem er sich blendet. So deklamiert der Chor der Greise: Je länger das Leben, desto größer das Leid. Nicht geboren zu sein, das geht über alles. Doch lebst du, so kehre so rasch wie möglich zum Hades zurück.[27]

Bei Euripides ist es Hekabe, lateinisch Hecuba, die Frau des Priamos, die von der Königin zur Sklavin geworden, ins Elend geriet, sprichwörtlich bei Ovid und in den ›Carmina Burana‹, wo sie unter dem Glücksrad liegt.[28] Bei Homer hat Zeus den Menschen alle Übel bereits in die Wiege gelegt, und in den nachhomerischen Kyprien beschloß er, durch den Trojanischen Krieg die übervölkerte Erde zu entlasten.[29] Zählt man zusammen, wieviel Unglück die Götter über die Menschen

---

23   Herodot III 39 ff; 124 f.
24   Herodot I 32.
25   Montaigne, Essais I 18.
26   Hygin, Fabulae 36.
27   Sophokles, Ödipus auf Kolonos 1222 ff.
28   Euripides, Die Trojanerinnen; Ovid, Metamorphosen XIII; Carmina Burana 16,3.
29   Ilias X 70 f.

gebracht haben,[30] so wird man bei ihnen Züge von Misanthropie kaum verkennen. Wenn die Götter im Olymp zechen, so ergötzen sie sich an den Liedern zur Leier vom Leid, das sie über die Menschen verhängt haben.[31] Einen schaurigen Katalog von Unglück und Verbrechen bietet Hygin in seiner Mythensammlung.

Ein zeitgenössischer Disput zwischen den Philosophen Athens über den Wert des Lebens steht im Hintergrund, wenn Euripides den Heros Theseus entscheiden läßt: „Das Gute überwiegt das Schlechte hier bei weitem."[32] Doch war das offenbar nicht die Meinung der Menschen. Auch nicht die des Sokrates. In dem Platon zugeschriebenen Dialog ›Axiochos oder über den Tod‹ liefert Sokrates nach dem Sophisten Prodikos von Keos eine lange Liste von Molesten im Menschenleben. Er präzisiert das für die verschiedenen Altersstufen, für die einzelnen Berufe, die Handwerker und die Bauern sowie für die Politiker in der Demokratie, wo das Volk töricht, emotional und unberechenbar reagiert. Auch zu Eheleben hatte der Weise seine begründete Meinung:

> „Was empfiehlst du mir, Sokrates,
> ledig zu bleiben oder zu freien?"
> Der Mann der Xantippe wußte es:
> „So oder so – du wirst es bereuen."[33]

Gewiß waren diese Unkenrufe nicht die Quintessenz der Lebensphilosophie des historischen Sokrates. Und doch: Bevor er den Schierlingsbecher trank, waren seine letzten Worte: „Kriton, wir schulden dem Asklepios noch einen Hahn. Kaufe ihn und opfere ihn!"[34] Asklepios war der Gott der Heilkunst. Man opferte ihm nach einer Heilung. Verstand Sokrates hier nicht den Tod als Genesung, das Leben als eine Krankheit?

Pessimistischer Trübsinn fehlt auch den Quellen zum Hellenismus nicht. Die Philosophie des Lustprinzips, wie es der Sokratiker Aristipp von Kyrene vertrat, wurde von Hegesias auf den Kopf gestellt, indem er erklärte, daß die Leiden im Leben die Lust überträfen und damit das Dasein sinnlos und wertlos machten. In seinem Dialog zwischen einem zum Hungertod Entschlossenen und dessen Freunden werden diese überzeugt. Der Philosoph erhielt den Beinamen *Peisithanatos* – „Der zum Sterben überredet". Mit seiner Lehre des konsequenten Nihilismus hatte er bei seinen Schülern praktische Erfolge, so daß ihm König Ptolemaios I Redeverbot erteilte und ihn aus Alexandria verwies.[35] Es ist nicht leicht einzu-

---

30   Eine Sammlung bietet Burckhardt, Kulturgeschichte II 349 ff.
31   So der nachhomerische Hymnus an den pythischen Apollon 8 ff.
32   Euripides, Hiketiden 195 ff.
33   Nach Diogenes Laertios II 33.
34   Platon, Phaidon 118.
35   Cicero, Tuskulanen I 83 ff; Diogenes Laertios II 86; 93 ff.

sehen, weshalb die philosophische Richtung der Kyrenaiker, zu denen Hegesias zählte, als „Hedonismus" bezeichnet wird. Denn *hēdonē* ist die „Freude", aber die Lehre lautet, daß es keine wahre Freude gebe, daß alles Leben nur aus Plackerei und Illusionen bestehe. Keine Lust ohne Frust. Auf jeden Glücksfall kommen zwei Unglücksfälle, heißt es schon bei Pindar.[36]

Eine ähnliche Auffassung vom irdischen Elend, wie sie in den Psalmen, im Prediger Salomonis und im Buch Hiob nachzulesen ist,[37] endet doch allweil mit dem Ausblick auf Erlösung und Erhöhung zu Gott. Der Ausweg in die Transzendenz fehlt zwar auch dem griechischen Denken nicht, aber im allgemeinen bleibt man doch mit den Füßen auf dem Boden. Man sucht den Trost, wo nicht im Ergötzen der Götter, so doch im Gedenken der Nachwelt.[38] Auch auf dieses hat dann Marc Aurel, der stoische Philosoph auf dem Kaiserthron, verzichtet. Er hat das Glück, das *eu zēn* nirgends gefunden: nicht in der Logik, nicht im Reichtum, nicht im Ansehen, nicht im Genuß. Darauf komme es eben nicht an, sondern darauf, ohne Murren seine Pflicht zu tun.[39]

3. Begriffe für Trübsinn

Die Griechen besaßen kein Wort für Kultur, kein Wort für Kunst, kein Wort für Geschichte – und doch gab es natürlich alles das bei ihnen. So kannten sie auch Pessimismus nur als Sache, nicht als Begriff. Das sinnverwandte Wort *dyselpistia* bedeutet „Hoffnungslosigkeit, Entmutigung, Verzweiflung" und bezeichnet eher eine momentane Gemütsverfassung als eine grundsätzliche Haltung, eine Abwertung aller Güter und Menschen, wie es der Begriff Pessimismus ausdrückt.[40] Das Wort ist eine Neubildung aus dem Zeitalter des Optimismus, aus dem 18. Jahrhundert. Beide Begriffe sind aus den lateinischen Superlativen *pessimus* zu *malus* – schlecht und *optimus* zu *bonus* – gut gebildet und gelangten über das Französische ins Deutsche. Der Suffix *–ismus* kommt von griechisch – *ismos* und drückt eine Allgemeinheit aus. Die beiden Wörter erscheinen im Deutschen 1776 bei Georg Christoph Lichtenberg für übertriebene p0sitive oder negative Erwartungshaltungen.

Die Vorstellung, die Welt sei schlecht und das Leben lohne sich nicht, wurde zurückgeführt auf einen Seelenzustand, für den die Griechen sehr wohl einen

---

36   Pindar, 3. Pythische Ode 81.
37   Psalm 23,4: finsteres Tal; 84,7: Jammertal; 90,10: Mühe und Arbeit; Kohelet und Hiob passim.
38   Ilias VI 358; VII 436 ff; Odyssee VIII 521 f.
39   Marc Aurel, Selbstbetrachtungen 8,1.
40   Einschränkend: Ernst Schmidt in: Aristoteles über die Tugend, 1965, 132.

Ausdruck besaßen: Melancholie. Das Wort stammt aus der medizinischen Säftelehre und bezeichnet einen Zustand, in dem „schwarze Galle" ins Blut eindringt.
Daraus entsteht entweder ein pathologischer Trübsinn oder ein philosophischer
Tiefsinn. *Omnes ingeniosos melancholicos* soll nach Cicero Aristoteles gesagt haben.[41] Geistreiche Menschen haben eine Vorstellung von einer besseren Welt, hinter der die Wirklichkeit erkennbar zurückbleibt. Das quittiert der Weise nicht mit
Bitterkeit und Mißvergnügen, sondern mit heiterer Resignation. In diesem Sinne
bezeichnete Ludwig Marcuse 1953 den Pessimismus als ein „Stadium der Reife."

Die oben angeführten Klagen über diese schnöde Welt, die sich noch erheblich vermehren ließen,[42] beweisen gleichwohl nicht, daß die Griechen überwiegend oder gar überhaupt von der Nichtigkeit des Daseins überzeugt gewesen wären. Die gegenteiligen Zeugnisse für ein Ja zum Leben – die hier nicht Thema
waren – sind nicht minder zahlreich, nicht weniger eindeutig. Bezeichnend für
die Griechen ist die enorme Spannbreite zwischen den emotionalen Extremen,
zwischen Leid und Lust, gewissermaßen der weite Rahmen, in dem sich ihr Dasein abgespielt hat. Erstaunlich sind die Techniken, mit denen sie die Betrübnis
zu bewältigen suchten. Plutarch berichtet, der Redner Antiphon, ein Zeitgenosse Platons, habe eine *technē alypias* erfunden, eine Heilkunst für Kummer, ana-
log zur Heilkunde für Krankheit. Antiphon eröffnete in seinem Haus am Markt-
platz von Korinth eine Praxis für Logotherapie, wie sein Türschild verriet. Er bot
Sprechstunden an, in denen er die Betrübten nach dem Grund ihres Kummers
befragte und ihnen damit und darauf aufbauend Erleichterung verschaffte.[43] Ein
Freud *avant la lettre*. Antiphon begründete die tausendjährige antike Trostliteratur nach dem Prinzip *kratiston pros alypian pharmakon ho logos* – das kräftigste
Heilmittel gegen die Trauer ist das Wort, das Gespräch, der Gedanke. Die antike
Trostliteratur argumentierte ohne Jenseitsbezug und fand ihren Abschluß in der
›Consolatio Philosophiae‹ des 524 n. Chr. hingerichteten Boëthius.

4. Timon von Athen

Antiphon hätte die Trostsuchenden hinweisen können auf ihren Zeitgenossen Timon, der nichts gegen die Überwindung seines Mißmuts tat, der sich im Gegenteil in ihn hineinsteigerte und zeigte, wohin es führt, wenn man seinen Unlust-
gefühlen freien Lauf läßt. Der Athener Timon, Sohn des Echekratidas aus dem

---

41   Cicero, Tuskulanen I 80.
42   Nestle 1921, Diels 1921.
43   Plutarch, Moralia 833 C.

noblen Stadtteil Kollytos,[44] war das lebende Sinnbild der Verdrossenheit. An der Geschichtlichkeit des Mannes und dem Grundzug seines finsteren Charakters ist nicht zu zweifeln. Was darüber hinaus bei ihm im einzelnen historisch, was hinzuerfunden ist, läßt sich schwer entscheiden. Denn er wurde zum zeitlosen Prototypen des Pessimisten, des Melancholikers, des Menschenfeindes stilisiert – vielleicht nicht zu Unrecht.

Die frühesten Erwähnungen Timons finden sich in attischen Komödien des späten 5. Jahrhunderts, so in einem Fragment des Dichters (!) Platon, dessen 28 Stücke sich nicht erhalten haben,[45] sowie in Komödien des Phrynichos und des Aristophanes. Im Jahre 414 brachte der Komiker Phrynichos seinen ›Monotropos‹ auf die Bühne, den ›Eigensinnigen‹. Der Titelheld erklärt, er führe ein Leben wie Timon: einsam ohne Frau, ohne Kinder, ohne Sklaven; unzugänglich, ungesprächig, unbeherrscht und unbelehrbar, verdrossen über die Volksverführer und ihre Affen.[46] Bei Aristophanes in den ›Vögeln‹, ebenfalls von 414 v. Chr., wird Prometheus, die Götter hassend und den Göttern verhaßt, ein „wahrer Timon" genannt. Dieser war somit bereits damals sprichwörtlich in Athen allgemein bekannt. In der ›Lysistrata‹ des Aristophanes von 411 erfahren wir mehr. Dort tönt der Chor der Frauen: „War einst ein finstrer Mann, der Timon hieß, bissig, ungesellig, stachlig und von Dornen umgeben. Ein Kind der Rachegeister, wohnhaft im Gebirge, fluchte er den Männern wegen ihrer Niedertracht, doch liebte er die Frauen."[47] Timon war somit eigentlich kein Menschenfeind, kein *misanthrōpos*, sondern ein Männerfeind, ein *misandros*. Das Gegenstück, der Weiberfeind *mysogynēs*, war ein Thema mehrerer Komödien, so von Menander und Atilius,[48] aber auch bei Dichtern von Hesiod um 700 v. Chr. bis Palladas um 400 n. Chr.[49] Freilich ist zwischen Dichtung und Leben zu unterscheiden. Als Sophokles gefragt wurde, ob denn Euripides – wegen der Gestalten des Hippolytos und der Medea – kein Weiberfeind sei, erwiderte er: Auf der Bühne gewiß, nicht aber im Bett.[50]

Es gab eine antike Biographie Timons, verfaßt von dem wahrscheinlich nur wenig jüngeren Rhetor Neanthes aus Kyzikos, der eine Sammlung ›Über berühmte Männer‹ veröffentlichte.[51] Nur wenige Fragmente haben sich erhalten, das einst

---

44 Th. Lenschau in: Pauly/Wissowa, Realencyclopädie der classischen Altertumswissenschaft VI A, 1937, 1299 ff.
45 Plutarch, Antonius 70.
46 Seeger/Weinreich II 407.
47 Aristophanes, Vögel 1547; ders., Lysistrata 805 ff.
48 Cicero, Tuskulanen IV 25.
49 Hesiod, Werke und Tage 81 ff; Palladas in: Anthologia Graeca IX 166-169.
50 Athenaios 557 e.
51 F. Leo, Die griechisch-römische Biographie, 1901, 113 ff; R. Laqueur, Neanthes. In: Pauly-Wissowa XVI 1935, 2108 ff.

umfangreiche Oeuvre des Autors ist verloren, wie ja überhaupt weit über neun Zehntel der bezeugten antiken Literatur untergegangen sind. Timon lebte außerhalb Athens einsam in einem Turm, so wie in christlicher Zeit ein Einsiedler, der sich indes auf dem Weg ins Himmelreich wußte. Timon endet in der Resignation. Sein Turm in der Nähe von Platons Akademie[52] wurde noch im 2. Jahrhundert n. Chr. den Touristen gezeigt. Pausanias, der Reiseführer, der ihn sah, nennt Timon den einzigen Menschen, der meinte, glücklich werde nur, wer jeden Umgang mit Menschen vermeide.[53] Aus der Nähe des Turms zur Akademie entwickelte die byzantinische Legende ein persönliches Verhältnis zwischen Timon und Platon, der auf seine Landsleute ja auch nicht gut zu sprechen war.[54] Von Timons Leben ist dann nur noch überliefert, daß er, gelähmt durch einen Sturz vom Birnbau, starb, weil er keinen Arzt zuließ.[55] Sein Grab in Halai rechts der Straße vom Piräus nach Sunion, an der Ostküste Attikas wurde vom Meer verschlungen, vermutlich machte sein Haß auf die Götter auch vor Poseidon nicht Halt.

Plutarch überliefert zwei Grabinschriften. Die eine habe Timon selber verfaßt: „Hier liege ich nach unseligem Leben. Niemanden geht mein / Name was an. Schlecht, wie ihr seid, geht alle zugrunde!" Die andere stamme von Kallimachos: „Timon der Menschenhasser haust hier. Doch geh nur vorüber! / Schimpfe immer so viel wie du willst, aber mach' daß du fortkommst!"[56] Das Thema reizte die Dichter, so daß die Anthologia Graeca noch weitere sieben Grabepigramme verschiedener Autoren überliefert. Darin verwünscht der Tote die Lebenden, er umkränzt sein Grab mit Dornengestrüpp, verbietet den Vögeln, sich darauf zu setzen und warnt den Fürsten der Unterwelt: Timon ist bissiger als der Höllenhund Kerberos.[57]

Die Erwähnung des Misanthropen Timon, der die vertierten Athener floh, bestätigt in einem Platon zugeschriebenen Brief die Popularitiät des Eigenbrödlers in der Zeit um 400.[58] Platon selbst dürfen wir entnehmen, wie Timon zu seinem Menschenhaß gekommen ist. Zwar nennt er den Namen nicht, aber der Fall paßt genau, wie Lukian später schreibt (s. u.!). Sokrates mahnt Phaidon, kein Menschenhasser zu werden. Dies geschieht, wenn jemand einem Unwürdigen vertraut und dann von diesem verraten wird. Wiederholt sich das, wird man zum *misanthrōpos*. Bei Platon taucht das Wort zum ersten Mal auf.[59] Kannte er die Schrift des Nean-

52   W. Judlech, Topographie von Athen, 1931, 414.
53   Pausanias I 30,4.
54   Olympiodor, Vita Platonis 6.
55   Bertram 1906, 31.
56   Plutarch, Antonius 70.
57   Anthologia Graeca VII 313-320; 577.
58   Platon, 14. Brief; Bertram 1906, 15 ff.
59   Platon, Phaidon 89 D.

thos über Timon? Daß Undank gegenüber einem Wohltäter nicht nur diesen zum Misanthropen machen kann, sondern auch den Undankbaren selbst als Misanthropen erweist, lesen wir bei Demosthenes.[60]

Jacob Burckhardt sah in Timon ein „Original", wie es aus dem bedrückenden Erlebnis der Tragödie mit den entsetzlichen Schicksalen der Helden hervorgehen konnte. Timons Bekenntnis zum Menschenhaß lud dazu ein, alles was einen solchen Außenseiter charakterisieren konnte, auf dessen Person zu übertragen.[61] Man kennt das: Wo Tauben sind, fliegen Tauben zu; und bei Krähen ist es ähnlich. Die von Timon erzählten Anekdoten ergeben ein Bild. Als er mit seinem Gesinnungsgenossen – oder Vorbild[62] – Apemantos einmal speiste und dieser das Gastmahl lobte, bemerkte Timon: „Ganz recht, wenn bloß du nicht dabei wärst." Dies soll er auch einem Besucher an den Kopf geworfen haben, der seine Einsamkeit rühmte.[63] Das Alphabet des Übels, meinte Timon, hat nur zwei Buchstaben: Unersättlichkeit und Geltungsdrang.[64] Gefragt, weshalb er alle Menschen hasse, antwortete er: „Die Schlechten hasse ich, weil sie es verdienen, und die Übrigen, weil sie die Schlechten nicht hassen."[65] Von allen Athenern schätzte Timon allein den Alkibiades. Auf die Frage: warum? erwiderte er: „Ich weiß, daß er die Stadt ins Verderben stürzen wird."[66] Dies tat Alkibiades, indem er als Verbannter die Perser überredete, den Spartanern eine Flotte zu finanzieren, mit der sie im Jahre 405 an den Ziegenflüssen die Seemacht Athens vernichteten.

Eindruck machte Timons Auftritt beim Fest der Weinkrüge, der Choes. Damals bestieg er die Rednertribune, so heißt es, und verkündete, sein Grundstück am Rande der Stadt mit dem Feigenbaum, an dem sich schon viele Bürger erhängt hätten, das wolle er bebauen. Daher müsse er den Baum leider fällen. Wer von ihm noch Gebrauch machen wolle, möge sich beeilen. Diese Geschichte erzählt Plutarch in der Vita des Marc Anton. Als dieser nach seiner Niederlage in der Seeschlacht bei Actium gegen Octavian und Agrippa 31 v. Chr. nach Ägypten geflohen war und Kleopatra versuchte, die restlichen Schiffe über Land ins Rote Meer zu retten, da habe sich der verzweifelte Römer auf einer künstlichen Halbinsel beim Pharos eine Eremitage errichtet. Hier wolle er, so habe er gesagt, leben wie einstens Timon. Wie jener sei auch er selbst von seinen Freunden treulos verlassen worden, waren doch seine Truppen zu Octavian übergegangen.[67]

---

60   Demosthenes, Kranzrede (or. 18), 112.
61   Burckhardt, Kulturgeschichte II 366.
62   Alkiphron II 32 bei Bertram 1906, 75.
63   Plutarch, Antonius 70; Gnomologium Vaticanum 535.
64   Gnomologium Vaticanum 536.
65   Aus Favorinus, Bertram 1906, 54.
66   Plutarch, Alkibiades 16.
67   Plutarch, Antonius 69 f; Strabon XVII 1,9.

5. Typus Timon

Timon wurde zum Musterbeispiel für den Menschenhaß, ein neuartiger Typus
auf der Palette der Charaktere. Die Literatur des Hellenismus zeigt ein auffälliges Interesse an Individualitäten. Kurz nach dem Tod Alexanders, wahrscheinlich 319 verfaßte Theophrast, Schüler und Nachfolger des Aristoteles seine ›Charaktere‹. Darin porträtierte, nein karikierte er dreißig Typen, wie man ihnen in
Athen begegnen konnte. Jeden kennzeichnet irgendeine Schwäche wie Grobheit
und Mißmut, wie Tadelsucht und Nörgelei; wie Gehässigkeit und Schmähsucht.[68]
Prinzipieller Menschenhaß ist nicht darunter. Timon, in dem sich all diese Laster bündeln, war eben kein verbreiteter Typus, sondern ein singulärer Grenzfall.
Er eignete sich für die komische Bühne.

Nachdem noch zur Alexanderzeit Antiphanes in einer seiner über 260 verlorenen Charakterkomödien Timon vorgeführt hatte,[69] schrieb im Jahre 316 der
25jährige Menander seine Komödie ›Dyskolos‹, zu deutsch „Der Griesgram oder
Der Mürrische oder Der Nöckergreis". Der Held wird als *apanthrōpos* einge-
führt, als Unmensch, als Menschenfeind und Menschenscheuer. Familiäre Ver-
wicklungen zeigen den Charakter dieses ungeselligen, übellaunigen Bauern, der
dann schließlich, noch immer bärbeißig, einem *happy end* seiner Tochter und ihres Freundes nicht mehr im Wege steht. So will es die Komödie.

In römischer Zeit blieb Timon der leibhaftige Menschenhaß, das lebendige *odium generis humani*. Das zeigt Cicero in den Tuskulanischen Gesprächen,
in denen er die stoische Lehre von den Affekten behandelt. Demnach sei Menschenhaß eine Krankheit der Seele, erwachsen aus der Furcht vor den Menschen.
Zugleich nennt Cicero Timons Ungastlichkeit, seine *inhospitalitas*, und Seneca
spricht in einem Brief an Lucilius von *Timoneae cenae*, von timonischen Mahl-
zeiten, die solo stattfinden.[70] Von diesen erfahren wir naturgemäß nichts, der Misanthrop erfordert den Gegenstand seines Hasses. Kein Menschenhasser könne
so verbissen sein, meint Cicero, als daß er nicht doch jemanden benötigt, dem er
das Gift seines Grolls vor die Füße kotzen kann, *apud quem evomat virus acer-
bitatis suae*.[71] Bei Cicero ist Timon ein Gegenstand der Philosophie, bei Plinius
avancierte er selbst zum Philosophen. Wiederum geht es um die Affektenlehre.
Als Beispiele für Apathie erscheinen hier der Kyniker Diogenes, der Skeptiker

---

68   Theophrast, Charaktere 15; 17; 28.
69   Athenaios 309 D; 555 A; Bertram 1906, 14.
70   Cicero, Tuskulanen IV 25; 27; Seneca ep. 18,7.
71   Cicero, Laelius 87.

Pyrrhon, der Menschenverächter Heraklit und Timon, der sich zum *odium generis humani* verstieg, zum Haß auf alle Menschen.[72]

Eine weitere Wandlung erlebte Timon bei Lukian. Er lebte im 2. Jahrhundert n. Chr. und entstammte einer syrischem Familie aus der Stadt Samosata am Euphrat, deren Ruinen heute auf dem Boden des Atatürk-Stausees liegen. Lukian verbrachte die meiste Zeit in Athen und hinterließ über 70 griechische Texte, überwiegend glänzende Satiren, witzig, respektlos, ja boshaft – keiner Religion, keiner Philosophie, keiner Autorität verpflichtet. Kein Wunder, daß die deutsche Übersetzung durch Christoph Martin Wieland in Weimar 1788/89 dem Geist der Aufklärung maßgeschneidert entsprach.

Lukian berichtet von einer Reise in die Unterwelt. Dort habe er am Eingang zum gräßlichen Strafort der ewig Verdammten Timon getroffen, der als Wächter angestellt war.[73] Somit konnte Timon seinen Menschenhaß noch im Hades befriedigen. Lukian liefert darüber hinaus den bekanntesten Text zu Timon, der diesen zu einer Figur der Weltliteratur machte. Er behandelt das Thema sehr frei. Man fühlt sich bisweilen an eine Komödie erinnert, so bei den obligaten Prügelszenen und dem Schatzmirakel am Ende. Der Text beginnt mit einer großen Schmährede Timons auf Zeus. Dem Göttervater wirft er vor, sein Amt als Schützer der Ordnung zu versäumen, der Bosheit, der Falschheit, der Ungerechtigkeit auf Erden ihren Lauf zu lassen, anstatt mit Donner und Blitz dazwischenzufahren. „In deinen jungen Jahren hast du solches nicht zugelassen! Inzwischen aber bist du alt und schläfrig, blind und taub geworden. Wundere dich nicht, wenn man dir nicht mehr opfert. Du wirst deinen Thron verlieren, da du nicht einmal mehr Tempelraub ahndest!" So wie zuvor Theognis[74] klagt Timon den Göttervater an, daß er nun, nachdem er sein Vermögen den Freunden, den Armen, der Stadt geopfert habe, von allen verleugnet, von niemandem mehr gegrüßt werde, daß er mit der Hacke in der Hand um kümmerlichen Lohn an der Grenze Attikas sein Leben fristen müsse.

Zeus, vom Himmel herabschauend, fragt Hermes, wer denn dieser verlumpte Schreihals da unten sei, und hört, das sei der einst so reiche und angesehene Timon, der auch die Götter mit üppigen Opfern erfreut habe, jetzt aber, betrogen und gemieden, als Tagelöhner schufte. Das schmerzt den Zeus, er befiehlt dem Götterboten den unverschuldet Verarmten den blinden Plutos (Reichtum) und dessen Diener, den Thesauros (Schatz) zuzuführen, um ihn wieder reich zu machen.

Plutos weigert sich zunächst, weil Timon ihn verachtet und seine Reichtümer verschwendet habe, Zeus aber besteht auf seinem Befehl. Es folgt ein Ge-

---

72   Plinius, Naturalis historia VII 80 ; Bertram 1906, 38.
73   Lukian, Wahre Geschichte II 31.
74   Theognis I 373 ff.

spräch zwischen Hermes und Plutos über Wert und Unwert von Reichtum, wobei dem Plutos seine unsichtbaren Begleiter zur Last gelegt werden, als da sind Maßlosigkeit, Unverstand, Bequemlichkeit und Selbstbetrug. Hermes und Plutos kommen zu Timon, wo sie bei ihm seine neue Patronin Penia, die Armut, antreffen nebst deren Begleitern: Arbeit, Ausdauer, Weisheit und Tapferkeit. Penia muß nach einem Wortwechsel weichen, besorgt, daß Timon nun den Lastern der Üppigkeit wieder verfallen werde.

Hermes und Plutos begrüßen Timon, der sei ungnädig empfängt, ja an ihnen seinen Haß auf Menschen und Götter mit der Hacke auslassen will. Er ist nicht nur ein *misanthropos*, sondern auch ein *misotheos*, ein Götterfeind. Timon verschmäht das Angebot; wenn Zeus ihm einen wirklichen Gefallen erweisen wolle, dann solle er ihm nicht mit Gold kommen, sondern lieber alles, was Mensch heißt, an den Galgen bringen! Plutos verteidigt sich: nicht der Reichtum habe Timon ins Unglück gestürzt, sonder der unbedachte Gebrauch, den er von seinen Schätzen gemacht habe. Jetzt gibt Timon nach, schlägt mit der Hacke in den Boden und findet einen Schatz. Davon will er sich einen Turm bauen, in dem er von den Menschen nichts hört und nichts sieht.

Inzwischen hat es sich herumgesprochen, daß Timon wieder reich ist, und schon kommen sie gierig gelaufen, die Schmeichler und Schmarotzer: darunter ein Dichter, ein Redner und ein Philosoph, die Lukian mit köstlichem Humor karikiert. Nach kurzem Disput schwingt Timon seine Hacke und jagt sie alle mit Steinwürfen zum Teufel.[75] Jupiter wollte Timon vom ungerechten Zorn auf die Götter befreien, befreite ihn aber nicht vom gerechten Zorn auf den Menschen. Wenn Timon bei Lukian seine falschen Freunde mit Steinwürfen traktiert, könnte dies das Motiv dafür abgegeben haben, daß er bei Ausonius selbst von jenen gesteinigt worden sei.[76]

In der Spätantike fand die Timonfigur Interesse außer bei dem Lateiner Ausonius in Bordeaux bei dem Griechen Libanios im syrischen Antiochia. In seiner 26. Übungsrede treibt Libanios den Menschenhaß Timons auf die Spitze.[77] Dieser schlägt eine Wand ein, bloß weil auf ihr der Name eines Menschen steht. Er schreckt nachts auf, wenn ihm Menschen im Schlaf erscheinen. Er zürnt den Göttern, weil sie in Menschengestalt dargestellt werden. Sogar sein eigenes Spiegelbild, ja seinen Schatten verabscheut er. Dann aber erfolgt die Wende. Er erblickt den jugendschönen Alkibiades und entbrennt in Liebe zu ihm. Er folgt ihm in die Stadt, wird aber von dem Geliebten zurückgestoßen. Timon hat seinen Ruf

---

75   Lukian, Timon oder der Misanthrop.
76   Bertram 1906, 81.
77   Libanios, Declamatio 26; Bertram 1906, 70 ff.

als Misanthrop verloren, ist als Liebhaber enttäuscht und tritt nun verbittert und am Leben verzweifelnd vor den Areopag und beantragt den Schierlingsbecher, um seinem Leben ein Ende zu setzen. „Aber", so fragen wir den Rhetor, „gab es nicht noch andere Feigenbäume in Attika?" „Nun," so hätte Libanios geantwortet, „vor einem Baum hält man keine Rede, so wie vor den Ratsherren Athens – und drum ging es mir."

Libanios erfindet ein Gesetz, wonach Lebensmüde auf Antrag von dem Stadtrat Athens eine Sterbehilfe erhalten können. So etwas hat es in der Antike gegeben. Mehrere Autoren berichten, daß es auf der Ägäisinsel Keos statthaft und üblich war, daß Menschen über 60 Jahre, die sich den Tod wünschten, von der Regierung Mohn und Schierling erhielten, ein Abschiedsfest feierten, starben und dann von den Hinterbliebenen nicht betrauert wurden. Eine solche Form des „schönen Sterbens", der Euthanasie, ist ebenso für die Stadt Marseille und für die germanischen Heruler bezeugt.[78] Diese Sitte hatte Libanios vor Augen.

6. Timon in der Neuzeit

Nachdem Timon als der Menschenfeind *par excellence* bei den Byzantinern nur sporadisch auftauchte,[79] erlebte er eine Wiederkehr im Humanismus. Als damals die Bühnen Europas sich mit antiken Gestalten zu bevölkern begannen, finden wir auch Timon wiederum auf dem Theater, und zwar auf der Hofbühne von Ferrara. Im Jahre 1500 erschien der Fünfakter ›Il Timone‹, den der gelehrte, 1494 verstorbene Matteo Maria Boiardo für Ercole d'Este verfaßt hatte. Die Handlung folgt Lukian und zeigt einen Timon, der nach dem Schatzfund unglücklich wird, weil er einen erneuten Verlust seiner Habe fürchtet und sich, weise geworden, der Armut und der Einsamkeit wieder ergibt. Vier Jahre nach dem Tode des Dichters schrieb Galeotto del Carretto wiederum einen ›Timone‹, diesmal für seine Gönnerin Isabella d'Este.

Ohne Kenntnis dieser Stücke brachte Shakespeare 1608 seine Tragödie ›The Life of Tymon of Athens‹ auf die Bretter. Die Geschichte Lukians wird um bühnenwirksame Einfälle erweitert. Mit einfallsreichen Ausreden verweigern die einst Beschenkten und Bewirteten ihrem Wohltäter die erbetene Hilfe. Daraufhin lädt der bereits zahlungsunfähige Timon seine falschen Freunde zu einem großen Gastmahl ein, dessen Schüsseln nur warmes Wasser enthalten. Nun zieht sich Shakespeares Timon, vergrämt über die Verderbnis in Athen, in die Einsamkeit zurück. Er findet einen Schatz, und mit ihm unterstützt er drei Banditen und

---

78 Diodor III 33,5 f; IV 1; Valerius Maximus III 6,7 f; Prokop, Bellum Gothicum II 14,2.
79 Bertram 1906, 82.

zwei Huren, damit sie ordentlich Unheil anrichten können. Vor allem bezahlt Timon die Söldner des aus seiner Vaterstadt verbannten Alkibiades, die „Plage des Planeten", bei seinem Rachezug gegen Athen. Den Ratsherrn der Stadt verweigert Timon Hilfe gegen Alkibiades. Athen ergibt sich, nachdem Alkibiades versprochen hat, nur seine und Timons Feinde zur Rechenschaft zu ziehen. Da kommt die Nachricht vom Freitod Timons, der unversöhnt mit der Menschheit verstarb. Das beweist der von ihm selbst verfaßte Grabspruch, mit dem er die gaffenden Passanten verflucht. Alkibiades aber schließt Frieden mit den Athenern.

Shakespeares Timon fand verdiente Bewunderung, unter anderem bei Karl Marx. In seiner Frühschrift ›Nationalökonomie und Philosophie‹ von 1844 zitiert er den Monolog aus dem vierten Akt, wo Timon nach dem Schatzfund die Magie des Goldes kommentiert: Es mache schwarz und weiß, feig und tapfer, niedrig und edel; es verführt den Priester und den Arzt, „löst und bindet geweihte Bande" und spricht in jeder Sprache. Verdammtes Metall, du sichtbare Gottheit, betörst die Völker, bis „Tieren wird die Herrschaft dieser Welt." Dazu Marx: „Shakespeare schildert das Wesen des Geldes trefflich.[80]

Im Jahre 1666 hat Molière das Thema des Menschenverächters aufgegriffen. Seine damals im Palais Royal gespielte Komödie ›Le Misanthrope‹ verlagert die Szenerie ins zeitgenössische Paris. Die Hauptfigur, der hochmoralische Alceste ist von der Oberflächlichkeit, dem Standesdünkel und den verlogenen Konventionen der feinen Gesellschaft enttäuscht. Er will die Welt fliehen, findet aber bei seinen Freunden und zumal bei seiner koketten Geliebten kein Verständnis, auf das er doch nicht so wie Timon verzichten will. Wie bei Libanios wird der Menschenhaß durch die Liebesleidenschaft in Frage gestellt, aber schließlich infolge einer Enttäuschung bestätigt. Das verleiht dem Stück einen tragischen Zug, der den Mißerfolg bei Hofe erklären mag. So jedenfalls verstand Goethe den Tenor der Komödie. In seiner Besprechung der Molièrebiographie von Taschereau 1828 deutet er seine innere Nähe zur Haltung Alcestes an. Es ist der Konflikt eines „reinen Herzens" mit der Falschheit und Flachheit der „sozialen Welt". Goethe stellt die bei Molière fehlende Verbindung zu Timon her, der gegen den edlen Alceste als „bloß komisches Sujet" erscheint, als ein „Phantast, der sich immerfort an der Welt betrügt und es ihr höchlich übel nimmt, als ob sie ihn betrogen hätte."[81]

Ein zweites Mal nennt Goethe den Timon in den ›Maximen und Reflexionen‹. Aus dem Spruchmagazin des Misanthropen zitiert er dessen Antwort auf die Frage eines Mitbürgers nach dem geeigneten Unterricht für seine Kinder. „Laßt

---

80   K. Marx. Die Frühschriften, hg. von S. Landshut, 1968, 297 f.
81   Goethe, Werke, Ausgabe letzter Hand 46, 1833, 157 f.

sie, sagte der, unterrichten in dem, was sie niemals begreifen werden."[82] Timon
rächt sich an der verhaßten Menschheit durch die Förderung von Ignoranz. Aber
war dies ein Vorbild für Goethe?

Nachdem 1787 August von Kotzebue sein Stück ›Menschenhaß und Reue‹
vorgelegt hatte, befaßte sich bis 1790 auch Schiller mit dem Typus des Menschenfeindes. Unter diesem Titel plante er ein Drama, das Fragment blieb. In bewuß-
ter Abgrenzung gegenüber den Timon-Gestalten bei Lukian und bei Shakespeare
überträgt er das Motiv, so wie Molière seinen ›Misanthrope‹, in die Gegenwart.
Und so wie dessen Alceste ist Schillers Held, ein Herr von Hutten, ein Idealist,
der die hohen Ziele der Aufklärung in dem „gesunkenen Geschlecht" der ver-
krusteten Gesellschaft des Ancien Régime scheitern sieht. Darum zieht er sich –
hier spüren wir den Einfluß Rousseaus – auf seinen Landsitz zurück, um in der
gepflegten Natur seine Enttäuschung zu verkraften. Der eingeblendeten Liebes-
geschichte seiner Tochter, einer „schönen Seele", scheint Schiller einen glücklichen Ausgang zugedacht zu haben, wie der später veränderte Titel ›Der versöhn-
te Menschenfeind‹ andeutet. Ob und wie bei Schiller der verbitterte Skeptiker
Hutten darüber zum Menschenfreund wird, bleibt ungeschriebene Literatur. Daß
Schiller hier eigenes Erleben verarbeitet, bezeugt sein Brief vom 28. Februar 1785
an Huber, daß er nach der Mannheimer Misere drohe ein „Timon zu werden."[83]

In der philosophischen Literatur begegnet uns Timon bei Leibniz. Ist der
Menschenfeind kein leibhaftiger Beweis gegen die Theodizee? Wie könnte Timon
akzeptieren, in der besten aller möglichen Welten zu leben? Und wie könnte die
beste aller möglichen Welten einen Grimmbart wie Timon verkraften? Leibniz
behilft sich mit der Ausrede, solche Miesmacher, die von ihrem Naturell oder wie
Lukians Timon durch Unglück geprägt seien, die seien doch Ausnahmefälle.[84]

Eher auf Anlage als auf Erlebnis beruht die Weltverachtung des Erzpessi-
misten Schopenhauer, der nah dem Zeugnis seiner Mutter schon als Knabe über
das Elend der Menschen brütete.[85] Bei ihm vermißt man ein Bekenntnis zu Timon, wiewohl er den Leitspruch des Bias von Priene über die Schlechtigkeit der
Menschen schätzte.[86] Schopenhauers Urteil über die Öde der Geselligkeit verrät timonischen Geist.[87] Nietzsche hingegen nimmt auf Timon Bezug. In seiner
„Zwischenrede der Narren", als welcher Nietzsche sich in seiner ›Fröhlichen Wis-

---

82   Goethe a. O. 49, 1833, 57.
83   P.-A. Alt, Schiller I, 2000, 427 ff.
84   Leibniz, Theodizee § 220.
85   W. v. Gwinner, Schopenhauers Leben, 1910, 22.
86   A. Schopenhauer, Neue Paralipomena, hg. von E. Grisebach § 235, § 615; ders., Briefe, hg. v.
      E. Grisebach Nr. 47 vom 22. Juni 1854.
87   So in den Paränesen und Maximen der ›Aphorismen zur Lebensweisheit‹.

senschaft‹ selbst bezeichnet, will er kein Misanthrop sein. Denn der timonische
Menschenhaß „müßte aufs Verachten verzichten." Der Hassende begegnet dem
Verhaßten auf Augenhöhe, erweist ihm die Ehre der Gleichrangigkeit und verrät
Furcht. Nietzsche aber rechnet sich zu den „Furchtlosen", zu den „Modernsten
unter den Modernen", denen der „Umgang mit Menschen einen leichten Schauer
macht", so daß sie die bessere Welt in der Natur um so eher suchen, „je weniger
menschlich es in ihr zugeht." Nietzsche, der gern mit dem Begriff Pessimismus
jongliert, bekennt: nicht der Haß, sondern „das feine Verachten ist unser Geschmack." Er liebt den Spott über den Menschen und den Spott über sich selbst.[88]
Das ist der Übertimon, ist der Zarathustra.

*

In seinem Roman ›Eumeswil‹ von 1977 verweist Ernst Jünger auf die Griechen,
mit denen alles beginnt, worüber gedacht wir. Er findet bei ihnen ein Laborato-
rium, in dem „jedes Experiment bereits gewagt wurde."[89] Aus der Retorte des
Pessimismus stammt die Konstruktion des Misanthropen Timon, ein Charakter,
den griechische und römische Autoren, italienische, englische, französische und
deutsche Dichter je nach ihrer Art gedeutet und geformt haben. Fast zweieinhalb
tausend Jahre hat seine Gestalt die Denker beschäftigt, ohne daß er durch eine bemerkenswerte Tat oder durch eine herausragende Leistung hervorgetreten wäre.
Wie war das möglich? Hat er nicht durch die Verleugnung seines Namens alles
getan, um seinen Menschenhaß auf die Nachwelt auszudehnen, die von ihm keine Kenntnis erhalten sollte? Seine Bemühung, in die Vergessenheit zu fallen, war
ebenso vergeblich wie der Ehrgeiz unzähliger anderer, in Erinnerung zu bleiben.
Ironie der Geschichte! Timon lebte zufällig in einer Atmosphäre höchster Geis-
testätigkeit, in einer Kernzeit der Kulturgeschichte, im klassischen Athen. Hier
wurde er zum Exponenten des griechischen Pessimismus, zum Kristallisations-
punkt einer Denk- und Daseinsweise.

Timon ist ein anthropologischer Grenzfall, ein Eckpunkt, ein Stein des An-
stoßes. Der Menschenhaß bildet den Gegenpol zu einem anderen Skandalon, zur
Menschenliebe, wie sie die Bergpredigt lehrt. So töricht es ist, aufgrund böser
Erfahrung mit einigen den Haß auf alle zu übertragen, so schwierig ist es angesichts eben dieser Erfahrung, alle zu lieben, auch die Ebenbilder des Teufels unter
uns. Zudem umfaßt allgemeine Menschenliebe stets Selbstliebe, die leicht anrü-

---

88   F. Nietzsche, Die fröhliche Wissenschaft § 379.
89   Ernst Jünger, Eumeswil, 1977, 348.

chig wirkt, während konsequenter Menschenhaß zugleich Selbsthaß einschließt, der dann durchaus berechtigt ist. Libanios hat es gezeigt. Daher empfiehlt sich eine mittlere Position zwischen den Extremen, zwischen Misanthropie und Philanthropie, zwischen den Superlativen Pessimismus und Optimismus. Überhaupt ist vor dem Gebrauch von Superlativen zu warnen, da dies – wie die 41. Devise in Gracians ›Handorakel der Weltklugheit‹ anmahnt – ein Wissen voraussetzt, das wir oft nicht besitzen, jedenfalls einen Mangel an Phantasie anzeigt. Was ist schon nicht mehr steigerbar?

Unser meist verständliches Mißvergnügen, die berechtigte Kritik an unseresgleichen sollte die Selbstkritik nicht versäumen, damit wir so weit wie möglich Herr unser Befindlichkeit bleiben. Vor überzogenen Erwartungen warnte schon Theognis von Megara: „Niemand ist ganz und gar glücklich. ... die Gaben der Götter kommen vielgestaltig zu den Menschen, und man muß es ertragen, mit den Geschenken der Götter, so wie sie kommen, zu leben."[90]

Literatur

Bertram, F., Die Timonlegende. Eine Entwicklungsgeschichte des Misanthropentypus in der antiken Literatur. 1906.
Binder, G., Über Timon den Misanthropen, 1856
Burckhardt, J., Griechische Kulturgeschichte, 1956, II 349 ff.
Diels, H., Der antike Pessimismus, 1921
Gerhardt, V., Pessimismus. In: Historisches Wörterbuch der Philosophie VII 1989, 386 ff.
Helm, R., Timon und Menipp 182 – 190. In: Kindlers Neues Literaturlexikon, 10, 700 ff
Hermann, C. F. (ed.), Platonis Dialogi VI, 1858 (Darin Brief 14, Dialog Axiochos und Olympiodorus, Vita Platonis)
Mesk, L., Lukians Timon, Rheinisches Museum 70, 1915, 107-144.
Nestle, W., Der Pessimismus und seine Überwindung bei den Griechen. Neue Jahrbücher für das klassische Altertum, 24, 1921, 81-97.
Sallmann, K., Misanthropische Techniken in Lukians Timon, Würzburger Jahrbuch für die Altertumswissenschaft 3, 1977, 197-210.
Schmid, W., Menanders Dyskolos und die Timonlegende, Rheinisches Museum 102, 1959, 157-182
Seeger, L.,/Weinreich, O. (Hgg.), Aristophanes I/II, 1952/53
Vonessen, F., Sokrates und das Glück. In: H. Kessler (Hg.), Sokrates. Bruchstücke zu einem Porträt, 1997, 37-52.

---

90   Theognis I 441 ff; Hansen.

Acedia. Todsünde Trägheit – Gefährdeter Lebenssinn

Alfred Bellebaum

> Wer sich absichtlich, d. h. mit Wissen und Willen zu etwas entscheidet,
> das dem göttlichen Gesetz und dem letzten Ziel des Menschen schwer
> widerspricht, begeht eine Todsünde. Diese zerstört in uns die göttliche
> Tugend der Liebe, ohne die es keine ewige Seligkeit geben kann. Falls
> sie nicht bereut wird, zieht sie den ewigen Tod nach sich."
>
> (Kath. Katechismus, Ziffer 1876)

A

Vorwort

Wenn man nach den Sieben Todsünden (manchmal auch Hauptsünden genannt) fragt, dann wissen viele Ältere noch Bescheid, viele Jüngere haben nie etwas davon gehört – kein Wunder in einer stark säkularisierten Welt. Selbst vielen der informierten Menschen ist die so genannte Trägheitssünde unbekannt und erst recht deren lateinische Bezeichnung *Acedia*.

Das ist auch verständlich. Aldous Huxley spricht von einem subtilen und komplizierten Laster, und er kommt auf den (vereinfachten) Kern des facettenreichen – und deshalb auch viele Deutungen zulassenden – Phänomens mit dem lapidaren Hinweis: Die Natur verabscheut ein Vakuum, auch im Geist. Davon handelt der folgende Text.

Was mit Vakuum alles gemeint sein kann, belegen drei Zitate:

> Acedia ist die beste Agentin des Bösen, eine virtuose Künstlerin der Verwandlung. Sie tritt
> auf unter verschiedenen Namen und wechselt ständig ihre Masken. Man nennt sie Trägheit,
> aber kann darin nichts Gefährliches entdecken. Sie heißt Melancholie und gerät, wenn nicht
> in die Nähe von Krankheiten, in den Umkreis des Genialischen. Als Überdruß ist sie bekannt
> ... Unter den Titeln Faulheit, Langeweile, Schwermut, Geistesmüdigkeit, Schlaffheit, Bedeu-
> tungslosigkeit führt sie ein Dasein von fast kontemplativer Würde. Mit der Traurigkeit wird
> sie leicht verwechselt an der Antriebslosigkeit meint man sie zu erkennen ...

Ausführlicher schreibt der früher sehr berühmte amerikanische Soziologe Merton mit Kenntnissen der europäischen Geistesgeschichte:

Dennoch ist das Syndrom des Rückzugsverhaltens jahrhundertelang mit dem Etikett accidie (oder, in wechselnder Weise, acedy, acedia und accidia) versehen und von der römisch-katholischen Kirche als eine Todsünde aufgefaßt worden. Als Faulheit und Betäubung, in welcher die ‚Quellen des Geistes vertrocknen‘, hat die acedia vom Mittelalter an die Theologen interessiert. Zumindest seit der Zeit Langlands und Chaucers hat sie die Aufmerksamkeit wissenschaftlich interessierter Männer und Frauen erregt, über Burton bis Aldous Huxley und Rebecca West. Unzählige Psychiater haben sich mit ihr in Form von Apathie, Melancholie oder ‚anhedonia‘ beschäftigt ...

Eine Wertung von Acedia im Rahmen der sieben Todsünden stammt neuerdings von Salman Rushdie:

Trägheit – das kosmische Laster. Von den sieben Todsünden sieht die Trägheit am harmlosesten aus. Aber der Schein trügt, denn sie vereint alle übrigen in sich und zwingt uns dem bitteren Schicksal, wir selbst zu sein.

Der heutzutage weithin fremdartig anmutende und vieldeutige Begriff Acedia hat eine ca. 2000jährige, verzweigte, beeindruckende und folgenreiche Geschichte im abendländischen Geistes- und Kulturleben. Das Wort ist gegenwärtig keineswegs völlig verschwunden. Im Katechismus der Katholischen Kirche wird Acedia – leicht distanzierend in Klammern gesetzt – wie früher immer schon zusammen mit (so die offizielle Bezeichnung) Trägheit übersetzt, wobei Überdruss der unmittelbar angrenzende Terminus ist. Auch in erstaunlich vielen neueren Abhandlungen kommt – Mode spielt sicherlich eine Rolle – das Wort Acedia vor. Es wird freilich nicht selten durch bedeutungsgleiche oder bedeutungsnahe Termini ergänzt.

Dazu zählt seit jeher vor allem Melancholie. In einer 1996 erschienenen philosophischen Studie werden Acedia und Melancholie als Vorentwürfe der Moderne bezeichnet. Der Autor behauptet einleitend, dass mit der „antiken Melancholie" eine andere Moderne heraufgekommen sei als mit der „mittelalterlichen Acedia".

Ohne irgendwelche Kenntnisse dieser Vergangenheit bleiben die aktuellen Bezüge zur Trägheitssünde unverständlich.[1]

---

1   **Sünden** (= Fehlverhalten): Todsünden/Kapitalsünden/Hauptsünden/Laster, – es gibt keinen einheitlichen Sprachgebrauch. Vgl. zum Beispiel: Mit Bedacht habe ich die sieben Todsünden immer als Kapitalsünden bezeichnet und nicht etwa mit dem populären Namen der sieben Todsünden. Zur Todsünde, d. h. zu einer Sünde, welche im Gegensatz zur ewigen Seligkeit die ewige Verdammnis zur Folge hat, kann jede Art von Sünde werden, sei es durch die Steigerung, welche sie erreicht sei es durch den Umstand, dass sie vor dem Tod nicht gebüßt oder erlassen ist (R. v. Liliencron: Die Insassen des Dante „sehen Sündenkreises" ‚in: Zeitschrift für vergleichende Literaturwissenschaft und Renaissanceliteratur, Berlin 1896: 33f.). – Der Ausdruck Todsünden taucht angeblich erst nach 1270 auf (Hersant: Fußnote 6:59. Dazu auch Schulze(I):30ff.). Statt Sünde wird in vielen einschlägigen, insbesondere die Herkunftsgeschichte betreffenden, Abhandlungen meistens von Lastern (ahd.lastar = Kränkung/Tadel, Makel/Fehler) gesprochen. Die „Achtlasterlehre" war lange Zeit ein gängiger Terminus. In den 90er Jahren war das Thema Todsünden hochaktuell und es erschienen zahlreiche Abhandlungen.

1. Stellenwert der Trägheitssünde

In der Geschichte des Lasterschemas=Sieben Todsünden spielt unter dem großen Einfluss des Mönchs Evagrius Ponticus der Mönch Cassian (4.Jh.), stark vom ursprünglichen Mönchtum in den Wüsten Ägyptens angeregt, Wegbereiter der monastischen Spiritualität des Abendlandes, eine besondere Rolle. Er war beispielsweise Papst Gregor d. Gr. ebenso bekannt wie Benedikt und Thomas v. Aquin. Cassian kannte acht Laster, Gregor (6.Jh.) hat später Tristitia=Traurigkeit und Acedia=Überdruss wegen vieler Übereinstimmungen zusammengefasst, und es kam auf diese Weise zu der bis auf den heutigen Tag bekannte Sieben-Lasterlehre. Gregor hat noch etwas anderes getan. Cassians Reihenfolge der Laster entsprach der damals einflussreichen platonischen Lehre vom trichotomischen Aufbau der Seele, nämlich:

- vernünftiger Seelenteil (z. B. Hochmut/Stolz) – id est rationabile
- erzürnbarer Seelenteil (z. B. Wut/Traurigkeit) – id est irascibile
- begehrender Seelenteil (z. B. Esssucht/Hurerei/Habsucht) – id est concupiscibile

Dieser Reihung liegt die Annahme zugrunde, dass auf dem Weg zur Vollkommenheit zunächst die einen und danach die anderen Laster gebändigt werden müssen. Gregor kehrt die frühere Reihenfolge um, verweist Völlerei und Unkeuschheit an die letzte Stelle und platziert Inanis Gloria/Hochmut an die erste Stelle. Gregor betrachtet richtigerweise das überlieferte Acht-Lasterschema mit

---

Vgl. u. a. Bellebaum/Herbers, Hg., Die sieben Todsünden … Es handelt sich um Superbia = Hochmut, Avaritia = Geiz, Luxuria = sexuelle Zügellosigkeit, Gula = Unmäßigkeit im Essen und Trinken, Invidia = Neid, Ira = Zorn, Accidia = Trägheit (SALIGIA). – Wertung, Rushdie. – Unbekannt, z. B.: Most (of these sins) are familiar to modern headers, but one of them, acedia is not. The word had different meanings to different writers (Altschule: 117). – Natur verabscheut, Huxley: 19. – Agentin, Werner:193. – Soziologe, Merton, 242 (übersetzt Lepenies (II):12. Rückzug/Retreatism ist einer der fünf Typen individueller Anpassung im Kontext von kulturellen Zielen und Mitteln der Zielverwirklichung. Die anderen Typen heißen: Conformity/ Innovation/Ritualism/Rebellion. – Vieldeutig, u. a.: Begriffe, die über Jahrtausende hinweg tradiert, umgedeutet, aufgefüllt, abgeschliffen wurden, lassen sich nur im Rückgang auf ihren Ursprung klären … muss die Verwirrung bei einem historisch naiven Gebrauch der Begriffe heillos werden. Beachtenswert auch der Hinweis, dass die üblicherweise negative Bewertung des Phänomens dem Phänomen nicht gerecht werde. (Theunissen (I) : 1, 27). – Vorentwürfe, a.a.O.:1. Zur Tradition vgl. auch: „… ist zu prüfen, in welchem Maße der Vorstellungsbereich der Langeweile Aspekte aufnimmt, die der ganzen abendländischen Überlieferung angehören. Hierbei ist vor allem an das Verhältnis zur Acedia, zur Melancholie, um Taedium vitae und zum Fastitium-Topos der lateinischen Literatursprache und nicht zuletzt zum französischen Ennui zu denken" (Völker (I): 10. Für Drevermann heißt das einschlägige Kapitel sowieso einfach: Schwermut und Melancholie (193ff.). Er zitiert Accidia als Passivität und Antriebslosigkeit und begreift Schwermut sowie Traurigkeit als die deutschen Worte und Depression als das entsprechende lateinische Fremdwort (200).

der großen Bedeutung von Völlerei und Sexualität als eine „Speziallehre für den monastischen Aufstieg zur Vollkommenheit", wohingegen der auf lange Zeit hin einflussreiche Seelsorge-Papst an einer „allgemeinen christlichen Vollkommenheitslehre" interessiert war.[2]

2. Versuchungen

a) **Mönchskrankheit.** Das Wort Acedia ist die latinisierte Form des griechischen Terminus akedia = also die Negation von kédos = Sorge. Er bedeutet Sorglosigkeit/Gleichgültigkeit/Erschöpfung. Im frühen christlichen Sprachgebrauch speziell des anachoretischen Mönchtums (Anachorese = Rückzug) heißt akedia: mangelndes Gottvertrauen einschließlich Vernachlässigung religiöser Pflichten und also träges Verhalten. Wegen der anfänglichen mönchsbezogenen Exklusivität dieser Art von Acedia war schon von früh an der Ausdruck **Mönchskrankheit** – auch Berufslaster der Mönche genannt – gang und gäbe.

b) **Mittagsdämon.** Für die Herkunfts- und Bedeutungsgeschichte von Acedia ist Psalm 119 (118) Vers 28 wichtig: „Meine Seele zerfließt vor Kummer./Richte mich auf durch dein Wort". In der Septuaginta, der griechischen Übersetzung des he-

---

2   Eine zentrale Figur ist Evagrius Ponticus. Ausführlich: Augst. Vgl. auch Louf; K. Rahner: Die geistliche Lehre des Evagrius Ponticus, in: Zs. für Askese und Mystik, 8/19..:21ff.; zum Daemonium meridianum im Werk von Evagrius neuerdings Daiber:31ff. – Sieben-Lasterlehre, zur Geschichte Bloomfield, Fink, speziell 1ff.; Kuhn, Jehl (I): 261ff. – Schulze (II): 114ff. Interessant auch Hersant, dort speziell über das „Reich der Acedia": 54ff. Aufbau der Seele, Jehl (I):28 5 – Cassian schreibt (I): 1,4 20). Die einzelnen Hauptlaster sind übrigens ihrerseits eine Quelle für weitere Sünden, sogenannte Tochtersünden. Für Acedia sind das: Otiositas = Müßigang/Trägheit, Somnolentia = Schläfrigkeit, Importunitas = Schroffheit, Inquietudo = Unruhe, Pervagatio = Unrast/Herumschweifen, Instabilitas mentis et corporis = geistige und leibliche Unbeständigkeit, verbositas = Geschwätzigkeit und Curiositas = Neugier (erwähnt von Jehl (I): 292). – Asketische Praktiken, „Es gab auch solche, welche von den feuchten Zellen, vom übertriebenen Fasten, vom Widerwillen gegen die Einsamkeit, vom ununterbrochenen Lesen, indem sie Tag und Nacht ihren eigenen Ohren vorpredigen, melancholisch werden ... Diesen wären die Rezepte eines Hippocrates nützlicher als meine Meinungen" (Hieronymus: Brief an Demetrius, in: Bibliothek der Kirchenväter, Zweite Reihe, Bd. XVI, II. Bd., München 1936:232). Es gibt im Laufe der Zeit viele andere warnende Hinweise. – Es heißt, Louf: 682. Vgl. später Kommentar zu Thomas: Neuere Untersuchungen haben als Wirkungen übermäßigen Hungerns ergeben: Einengung des Denkens auf das Essen, Gleichgültigkeit gegen alles andere, Gedrücktsein, Freudlosigkeit, Unzufriedenheit, Gefühlsleere und Antireligiosität. Die Mönche früherer Jahrhunderte, die acedia sehr fürchteten und ihr zu entgehen suchten, hatten durch übermäßiges Fasten und andere körperliche Bußwerke zugleich auch die Tür geöffnet. Schon Hieroynmus bemerkt ... (417). Über die Hintergründe und Ursachen „zahlreicher abstoßender Beispiele für die dauernde physische Selbstquälerei" ist breit diskutiert worden, z. B. Dodds.

bräischen Textes, steht statt Kummer das Wort Acedia. In der Vulgata, der lateinischen Übersetzung, lautet der erste Halbsatz: „Dormitavi anima mea prae taedio …" Deshalb wird Acedia schon von früh an umschrieben mit taedium = Ekel/ Überdruß, taedium cordis = Überdruss des Herzens, Anxietas et Taedium Cordis = Angst und Überdruss des Herzens. Cassian schreibt: „Den sechsten Kampf haben wir gegen jene Sünde zu begehen, welche die Griechen akedia nennen, was wir mit ,Überdruß' oder ,Angst des Herzens' übersetzen."

Wichtig ist sodann Psalm 91 (90), Vers 6: „… nicht vor der vor der Pest, die im Finstern schleicht,/nicht die Seuche die wütet am Mittag". Die Mönchskrankheit ist also ein Phämonen des Mittags, weshalb Acedia als daemonium meridianum, als Mittagsdämon, bezeichnet wird. Cassian notiert: Ja, einige Greise sagen, es sei der Teufel am Mittag, von dem im 91. Psalm die Rede ist. „Mittagsdämon" – das ist ein über die Jahrhunderte hinweg bis auf den heutigen Tag auch literarisch bedeutsames Thema. Die überwältigende Arbeit von Kuhn verdient besonders erwähnt zu werden.

Wieso eigentlich „Mittag"? Da sind zum einen die überzogenen, extrem physisch-psychisch belastenden, geradezu pathologisch erscheinenden, immer wieder kritisierten exzessiven asketischen Praktiken vieler Einsiedler- und Wandermönche. Der Hinweis auf Säulenheilige möge genügen. Da sind zum anderen die besonderen klimatischen Umstände, die sich negativ auswirken. Es heißt:

> Als der ,Mittagsdämon' (Psalm 90,6) beginnt die Acedia sich erstmals bemerkbar zu machen zu jener Stunde, da das Fasten seine erste Wirkung tut oder da die Hitze des Tages… unerträglich wird … Die Einsamkeit drückt mit all ihrer Langeweile. Der Aufenthaltsort zeigt sich von seiner ungewöhnlichsten Seite. Die Arbeit wird als erschöpfende Fron empfunden, das Klima als ungesund und als Ursache aller Übel.

In eine ähnliche Situation können natürlich auch andere Menschen kommen, ohne sich mit einem Mittagsdämon herumschlagen zu müssen. Denn Ekel/Langeweile/Mutlosigkeit/Widerwille/Überdruß/Trägheit/Geichgültigkeit zusammen mit Frustration und Aggression sind Ausdruck einer allgemeinen Erschlaffung und eine Sackgasse in physischer und psychischer Hinsicht. Das kann tendenziell jeden Menschen treffen.

c) **Mittagsdämonen.** Der Mittagsdämon hat viele Geschwister. Erwähnenswert sind mythologische Figuren wie Sirenen, Lotophagen, Zykaden und Nymphen. Es geht durchweg um Phänomene des südlichen Mittags mit der heißen Sonne, Alperscheinungen, Fieberträumen, Sonnenstichen … Von Bollnow gibt es einen Text „Der Mittag. Ein Beitrag zur Metaphysik der Jahreszeiten". Nietzsches berühmtes Mittagsgedicht in „Also sprach Zarathustra" kommentiert Bollnow folgermaßen: Es sei die Stille, von der die Alten sagten, daß Pan schliefe, und auch Nietzsche macht von sich aus ausdrücklich auf das Panische dieser Erfahrung aufmerksam. Die ganze Natur schläft, ‚einen Ausdruck der Ewigkeit im Gesicht'. Wieso Pan? In der griechischen Mythologie ist Pan der Schutzgott der Jäger und Hirten von bocksartiger Gestalt, Sohn des Hermes und einer Nymphe. Er kann, im Mittagsschlaf gestört, bei dem in der mittäglichen Hitze lagernden Vieh und seinen Hirten plötzlich auftauchen und sie in panischen Schrecken versetzen.

Nebenbei: Wenn früher ein Kölner beschloss, e Nönche ze halde, dann ging es ihm um den Mittagsschlaf, und Nönche hängt bedeutungsmäßig zusammen mit Non = der neunten Stunde. Am Niederrhein bedeutete nauren, nuren, noren = einnicken, einschlummern.[3]

---

3 Mittagsdämon/Mönchskrankheit, reichhaltige Literatur vor allem in der mittelalterlichen Moraltheologie. Zum Begriff Acedia im antiken Griechenland und zum Weg ins christliche Schrifttum, s. Augst: 143 ff. – Mönchskrankheit, zahlreiche Deutungen. Beispielsweise handelt es sich bei dieser Mönchskrankheit offensichtlich um eine besondere Form der Neurose oder Psychose, welche die Folge der Weltabgeschiedenheit ist und die nichts mit unseren endogenen Depressionen zu tun hat (Starobinski: 35). – Anders! Nevertheless, the majority of the traits that characterize ... are found in walks of life quite different from the hermit's an exhibit a strong similarity to what today is called depression (Deseille: 298). Weitergreifend: In der Wüste kann der Mensch über die Bedingungen seiner Sterblichkeit hinauswachsen. Aber er kann auch von Dämonen und Halluzinationen überfallen, vom Wahnsinn ergriffen werden und zum wilden Tier hinabsinken. Der Eremit ist von existentieller Langeweile umstellt, von der Acedia, Hunger und Durst sind die Gefahren für seinen Körper, Irrsinn und Melancholie die Qualen seines Geistes (Sofsky: 21).- In diesem Zusammenhang eine sinnvolle Unterscheidung zwischen äußerer und innere Wüste: „Die innere Wüste, über die so viele Mystiker klagen ‚ist, genetisch gesehen, eine verinnerlichte. Zu ihr kam es schon, wenn die äußere Wüste, die ungewöhnliche Wohnstatt der frühchristlichen Heiligen, sich in deren Seele hinein fortsetzte" (Theunissen, (I):37). – Mittagsdämon, neuerdings, Decher, Theunissen(I), Hersant. Daiber und Rau beispielsweise verquicken metaphorisch „Mittagsdämon" und „Lebensmitte", welche allzugleich auch als geistliche Aufgabe begriffen wird. Es geht um den Zenith der Sonne und die Midlife Crisis. – Kampf, Cassian: 1,20lf.- **Greise**, Cassian : 1,102.- Es heißt, Louf : 682. – Außer Psalm 119 (118) gibt es noch andere Stellen im AT, in denen die relevanten Stichworte vorkommen. Gegenüberstellung griechisch und Vulgata: dum anxiaretur/cum anxius fuerit-anxietas est/ne aceceris non acediaberis-maeroris/horrui. Vgl. dazu Augst:144. Mittagsdämon/Geschwister, Caillois. – Mittagsgedichte, u.a. von Eichendorff, Mallarmé, d'Annuncio und Nietzsche: Sieh! Doch/still! der alte Mittag schläft, er bewegt den Mund/ trinkt er nicht eben einen Tropfen Glücks, goldenen Weins? ... Was geschah mir: Horch! Flog die Zeit wohl davon? Falle ich nicht? Fiel ich nicht/horch! in den Brunnen der Ewigkeit? ... Wie? Ward die Welt nicht eben vollkommen? Rund und reif? des goldenen runden Reifs/wohin fliegt er wohl? Laufe ich ihm nach! Husch!" – Bollnow kommentiert: Es ist die Stille, von der die Alten sagten, dass Pan schliefe, und auch Nietzsche macht von sich aus ausdrücklich auf das Panische dieser Erfahrung aufmerksam. Die ganze Natur schlaft, „einen Ausdruck der Ewigkeit im Gesicht" (158). Erörterungsbedürftig ist wohl die These, die Pansstunde sei der große Augenblick der Trägheit, übrigens auch der Wollust, die nach der Erfüllung in Trägheit übergehe ... (Heckmann 124). – Nönche ff., Grau.

3. Ausweitung des sozialen Geltungsbereich

Die Trägheit wird im Verlauf der weiteren Geschichte ganz im Sinne Gregors nicht mehr nur mit Mönchtum in Verbindung gebracht und nicht mehr auschließlich moraltheologisch als Sünde bewertet.

a) **Laisierung.** Für den einflussreichen Theologen Thomas von Aquin gibt es eine aus der Liebe quellende Freude über das göttliche Gut. Dieser Freude ist der Überdruss als Abkehr, Flucht und Rückzug von Gott entgegengesetzt/gaudio opponitur acedia. Solche – persönlich zu verantwortende! – haltungs- und handlungsmäßige Trägheit im Verhältnis zu Gott und seinen Geboten kann alle als Kinder Gottes begriffene Menschen befallen und deren ewige Verdammnis zur Folge haben. Verallgemeinernd und zugleich kurz und bündig gilt für Thomas: „Nach Johannes von Damaskus ist der Überdruß eine beschwerende Traurigkeit, die den Geist des Menschen so niederdrückt, daß er alle Lust verliert, irgendetwas zu unternehmen."

Dante siedelt in seiner „Göttlichen Komödie" die Accidiosi im 5. Höllenkreis an, im Schlamm des Unterweltflusses Styx. An dessen Oberfläche sind: „Die Seelen derer, die der Zorn bezwungen; tief unten und unsichtbar: anderes Volk noch unterm Wasser seufzet/Und diesem Sumpf die Blasen werden läßt."

b) **Säkularisierung.** In der weiteren Entwicklung tauchen manche Worte auf, die tendenziell den gleichen Begriffsinhalt haben und deren Kenntnis zum Verständnis des Themas unerlässlich ist.

Sloth. Jeoffrey Chaucer (14.Jh.) begreift in dem zur Weltliteratur gehörenden Werk „The Canterbury Tales", die uns schon bekannten Zustände wie Niedergeschlagenheit/ Mattigkeit/Nachlässigung hinsichtlich guter Werte u. a. m. als Sünden. Zunehmende Bedeutung gewinnt freilich das Wort Sloth = Trägheit = Langsamkeit (von slewpe/slauthe/ slawness/sleuthe). In diesem Zusammenhang ändert sich allmählich der theologische Gehalt von Acedia. Es geht nicht nur um träges Verhalten im Verhältnis zu Gott, sondern auch um Trägheit als Vernachlässigung alltäglicher Pflichten sich selbst und anderen Menschen gegenüber.

Das Thema schlechthin ist natürlich Melancholie (= die schwarze Galle). Die sündige Acedia ist treffend als theologische Mutter der Melancholie bezeichnet worden. In einer der unübersehbar vielen Quellen wird auf die Mönchskrankheit angespielt, nämlich als den „Überdruß des mönchischen Daseins, den man als morbus melancholicus bzw. Acedia deutet". In dem großartigen Werk von Burton findet sich der Hinweis auf Mönchsmelancholie.

In zahllosen Schriften ist die heilsgeschichtlich bedeutsame Eigenschaft von Acedia/Melancholie ein zentrales Thema. Hildegard von Bingen schreibt:

> Im Augenblick, da sich Adam der göttlichen Offenbarung widersetzte, gerann in seinem Blut die Melancholie, genau so wie Helligkeit verschwindet, wenn das Licht auslöscht, während der noch warme Docht einen übelriechenden Rauch hinterläßt. So erging es Adam; denn während das Licht in ihm erlosch, gerann in seinem Blut die Melancholie, aus der in ihm die Traurigkeit und die Verzweiflung sich erhoben; in der Tat hauchte Adam der Teufel die Melancholie ein, die den Menschen lau und ungläubig macht.

Der Ausdruck Melancholieteufelchen war damals weit verbreitet.

Der entscheidende Umschwung kommt mit der Renaissance. Dabei spielt der Florentiner Humanist Marsilio Ficino (15.Jh.) im Anschluss an Petrarca eine große Rolle. Ficino begreift sich selbst als melancholisch, denkt dabei aber nicht mehr an Sünde, sondern an eine aus sich selbst heraus verstehbare Stimmung ohne metaphysischen Hintergrund – wobei außer körperlichen Befindlichkeiten auch astrologische Gegebenheiten genannt werden. Diese Stimmung wird einerseits positiv bewertet, nämlich als Auszeichnung außergewöhnlicher Menschen durch den Planeten Saturn – andererseits als leidvoll empfunden, weil sie die Handlungsmöglichkeiten begrenzt. Ficino schreibt:

> Ich weiß in diesen Zeiten sozusagen gar nicht, was ich will, vielleicht will ich gar nicht, was ich weiß, und will, was ich nicht weiß. Die Sicherheit wird mir durch die Bösartigkeit meines im ‚Löwen' rückwärtsschreitenden Saturn verwehrt.

Der Bezugspunkt für Ficino ist die antike Melancholie, und nicht mehr die erörterte mittelalterliche (Acedia-) Trägheitssünde.

Ennui. Und nun zum dritten und damit letzten Grundbegriff im Kontext der Acedia-Taedium Vitae-Melancholie-Tradition. Einer der zahllosen Belege: In der Sprache der Écrivains spirituels l'acedia est surtout ennui.

Das Wort ennui leitet sich vom lateinischen terminus in odio/odium esse = Haß/Widerwille/Ekel ab. Es geht in der Taedium Vitae-Tradition um den Lebensüberdruss. Zu dessen Überwindung wurde und wird Senecas Plädoyer über eine glückbezogene „Ausgeglichenheit der Seele" immer wieder bemüht. In einem anderen Text führt Seneca aus:

> Manche werden es überdrüssig, immer dasselbe zu tun... und es überkommt sie nicht Hass gegen das Leben, sondern Widerwille (... et vitae non odium, sed fastidium ...) Nichts Neues tue ich, nichts Neues sehe ich: und irgendwann einmal empfinde ich auch davor Ekel. Viele gibt es, die es nicht für bitter halten zu leben, sondern für sinnlos.

Fast 2000 Jahre später sollte sich Jean Paul Sarte mit seinem Werk „La Nausée" = Ekel zu Wort melden. Mit Sünde, Sündenbewusstsein, Höllenangst ... hat diese Befindlichkeit nichts mehr zu tun.

Das gilt dann auch für den nach wie vor einflussreichen Philosophen Heidegger, der hier nur insoweit erwähnt wird, als ihm nach Ansicht von Fachleuten in Kenntnis der abendländischen Denktradition die Grundgedanken der Acedia verständlicherweise nicht fremd gewesen seien. Bemerkenswert der Hinweis auf eine „Transformation der Acedia" u. a. in der Weise, dass Heidegger „Gott weggestrichen und die Last der Welt zugeschoben" habe. Dazu passt dann der wichtige Begriff vom „Lastcharakter des Daseins" – wobei das je eigene Dasein deshalb als belastend empfunden werde, weil „auf ihm die Last des Seins selbst liege". Eindrucksvoll heißt es bei Heidegger:

> Die fahle Ungestimmtheit der Gleichgültigkeit vollends, die an nichts hängt und zu nichts drängt und sich dem überlässt, was jeder Tag bringt, und dabei in gewisser Weise doch alles mitnimmt, demonstriert am eindringlichsten die Macht des Vergessens in den alltäglichen Stimmungen des nächsten Besorgens. Das Dahinleben, das alles ‚sein läßt', wie es ist, gründet in einem vergessenden Sichüberlassen an die Geworfenheit. Es hat den ekstatischen Sinn einer uneigentlichen Gewesenheit.

Bleibt noch anzumerken: (1) Heideggers Überlegungen sind eingebettet in die „wohl ehrgeizigste Langeweiletheorie des 20.Jahrunderts". Das Wort Acedia kommt bei Heidegger nicht vor, es wird dennoch für sinnvoll gehalten, von einer „nicht-expliziten Abhängigkeit Heideggers von der Acedia-Tradition" zu sprechen.[4]

---

4   Geltungsbereich, Schulze (I) 32. – Göttliches Gut, Thomas: 20ff.Über Thomas aufschlußreich, wenngleich nur von Fachleuten zu würdigen, in: Theunissen (I), speziell „Melancholie und Acedia": 25ff. Zu beachten: Thomas' Text „De acedia" fasst eine tausendjährige, noch hinter ihre literarische Dokumentation zurückreichende Überlieferung zusammen (25). – Verallgemeinernd, Thomas: 22. – Göttliche Komödie, Dante: I, 7: 16-18 und 121-123. Zahlreiche Deutungen. Erwähnenswert u. a. „Melancholie und Acedia stehen sich im Mittelalter nicht immer in klarer Trennung gegenüber. Die auffällige Ähnlichkeit ihrer Symptome sowie die Bildkraft der schwarzen Galle als Ursache seelischer Verstimmungen haben schon frühzeitig zu einer Annäherung und gegenseitigen Durchdringung der durch sie bezeichneten Vorstellungen geführt". Und das gilt dann auch für Dante: „Die Seelen im Schlamm des fünften Höllenkreises büßen die Sünde der mit der Melancholie zusammengeschauten Acedia" (Klostermann :190 f.). – Chaucer, Sloth, Auswirkungen außer Sloth sind: Wanhope/despair, Somnolency/somnolence, Negligence/ negligence, Ydelnesse/idleness, Tarditas/tardiness, Lachesse/laziness, Manere coldness/dull coldness, Undevociouji/lack of devotion, Wordly sorve/wordly sorrow. – Informativ auch Fink: 72ff.mit zahlreichen Hinweisen auf unterschiedliche Begriffsworte und Begriffsinhalte. – Theologische Mutter, Schings: 415. – Überdruss, Flashar: 91. – Mönchsmelancholie, Klibanski/Panowski/Saxl: 137 mit Fußnotenhinweis auf Cassian. – Melancholieteufel/Hildegard von Bingen, zit. Starobinski: 39, dessen Quelle P. Kaiser: Hildegardis Causae et Curae, Lipsiae, MCMIII. Vgl. dazu auch Hersant: 57. – Einschlägig gleichfalls Paracelsus: Die Fröligkeit von die Traurigkeit/ist geboren von Adam und Eua. Die Fröligkeit ist in Eua gelegen/vnn die Traurigkeit in Adam ... So ein frölichs Mensch/

C

4. Verlusterfahrungen – oder wie Trägheit/Apathie entsteht

Viele bisherige Ausführungen verweisen schon auf bis heute nachwirkende – allerdings nur noch selten moraltheologisch orientierten – Bedeutungen des Themas. Das ist auch nicht verwunderlich, wenn die Behauptung zutrifft:

> Alles Nachdenken über die Trägheit scheint doch ein Kreisen um das Wesen des Menschen zu sein. Die mittelalterliche Deutung der überlieferten sieben Todsünden ist mehr Anthropologie als Theologie – oder zumindest Theologie, die auch für Atheisten leicht verständlich, ja übernahmefähig zu sein scheint.

als Eua gewesen ist/wirdt nimmermehr geboren. Desgleichen als traurig als Adam gewesen ist/wirdt weiter kein Menschen geboren ... (zit. Benjamin: 126). – „Melancholische Teuffei", Lambrecht (I): 44ff – Renaissance, Klostermann: 191. – Ficino/Stimmung, Über Ficino heißt es: Melancholie sei für ihn eine Stimmung, „die gleichsam in sich selbst und ohne einen metaphorischen Hintergrund verstanden und aus empirischen Ursachen" wie Körper und Gestirne erklärbar ist (Kristeller,1972 :197). Andernorts wird das schon von Petrarca behauptet: „... der Drohcharakter der Todsünde ist nahezu völlig abgebaut zugunsten einer ganz und gar säkularen Neufüllung, die eine bestimmte Form leidvollen Wirklichkeitserlebens meint und in der deutschen Übersetzung folgerichtig als Weltschmerz wiedergegeben wird" (Horstmann: 22). – Außergewöhnlich, „Warum erweisen sich alle außergewöhnlichen Menschen in Philosophie oder Politik oder Dichtung oder in den Künsten als Melancholiker ...", in: (Pseudo-) Aristoteles: Problemata Physica, XXXI, übersetzt von H. Flashar, Ges. Werke Band 19:953 ff. – Saturn, s. vor allem Klibanski/Panofski/ Saxl; Benjamin: 135. – Ich weiß nicht, zit. E. Panofski/ E.Saxl: Dürers Melancolia I. Eine quellen- und typengeschichtliche Untersuchung, Leipzig/Berlin 1923: 33. – Antike Melancholie, vgl.: „Im Augenblick, da die Alten eine beharrliche Angst und Traurigkeit feststellten, schien ihnen die Diagnose gesichert, und so mußte, wo die moderne Wissenschaft zwischen endogener und reaktiver Depression, Schizophrenie, Angstneurose und Paranoia unterscheidet, für alle dasselbe Wort herhalten" (Starobinski: 9). Melancholie allgemein, u. a. Burton, Klibanski/Panofsk Saxl, Völker(I), (speziell 122ff. = acedia und 128ff. = Melancholie); Lambrecht(I); Lambrecht (II) ; Melancholie. Genie und Wahnsinn. – Literatur/ Lyrik, Kuhn, Völker (II) und (III); Horstmann. – Ennui/Ecrivain, Bardy, 166f. – Anderer Text, Seneca, Epistulae ...: 24, 26. – 2000 Jahre, Jean Paul Sartre: La Nausée: „Solange man lebt, passiert nichts. Die Szenerie wechselt, Leute kommen und gehen, das ist alles. Nie gibt es einen Beginn. Tag schließt sich an Tag, ohne Sinn und Verstand, eine unaufhörliche und langweilige Addition" zit. Starobinski, Anm. 42). – Heidegger, Hinweis/Gott/Lastcharakter, Theunissen (II): 39, 29, 28. – Heißt es, zit. Pocai: 38. – Abhängigkeit, Pocai: 105. Als Beleg führt Pocai aus: „Ein weiterer deutlicher Rekurs auf die acedia-Tradition findet sich im Kontext von Heideggers Zeittheorie der Stimmungen ..." Die Auflistung von Stimmungen wie Überdruss, Traurigkeit, Schwermut und Verzweiflung sei „ein einziger Reflex des innersystemischen und historischen Zusammenhangss der acedia ..." (41, Fußnote 17). – Ergänzend: Schon Cassian kennt bei den Mönchen in der Wüste ein Problem der Verbringung von Zeit, die empfindungsmäßig ggf. nur langsam verrinnt und still zu stehen scheint, was Unruhe und Langeweile provoziert. Der Zeit-Aspekt spielt in der gesamten komplexen Thematik eine große Rolle. Und das betrifft zugespitzt das „zeitbezogene Zwangsdenken" ausgeprägt melancholischer Menschen. Vgl. dazu Theunissen; (II): 218ff.

Eindringlich schreibt Aldous Huxley Anfang des 20.Jh., dass wir mit einem gewissen Stolz unsere eigene Accidie beanspruchen können. Es handle sich freilich nicht um Sünde oder Krankheit etwa nach Art der Hypochondrie, es sei vielmehr – vage bleibend – a state of mind which fate has forced us. Dieses Schicksal hat viel mit Tod zu tun. Prägnant formuliert: „Trägheit – oder wie der Tod sich ins Leben schleicht". Es gibt viele Schleichwege des physischen, psychischen und sozialen Todes.

Als Ausgangspunkt für die weiteren Überlegungen dient die Behauptung, dass **Verluste** die entscheidende Erfahrung der Acedia seien. Verlusterfahrungen können durch Rückzug bedingt sein. Nun ist Rückzug erneut ein facettenreiches Thema. Es gibt beispielsweise aktiven und passiven, freiwilligen und erzwungenen, akzeptierten und leidvoll empfundenen, dauerhaften und zeitlich begrenzten Rückzug.

a) **Aktiver Rückzug: Hoffnungen und Enttäuschungen**. Zur Erinnerung: „Dennoch ist das Syndrom des Rückzugsverhaltens jahrhundertelang mit dem Etikett accidie versehen worden". Damit ist ursprünglich die Mönchsacedia gemeint, die hier ein letztes Mal erwähnt zu werden verdient. Sie ist Folge eines freiwilligen und religiös motivierten Rückzugs aus der üblichen Welt, um Gott nahe zu sein. Sicherlich, es ist eine Absonderung von der Welt, aber eben von jener Welt, die für den Eremiten nicht die eigentliche, sondern eine – gnostisches Gedankengut war sicherlich wirksam – sündhafte und als solche zu überwindende Welt darstellt. Es stimmt ja: „Man erhält immer, wenn es um Transzendenz geht, das, was man nicht will: Immanenz. Der Effekt ist die Negativbesetzung von ‚Welt'", die eben zur Flucht vor der Welt führen kann. Wunderschön ausgedrückt: damals „horizontal in die Wüste und vertikal auf die Säule" – ein im übertragenen Sinne auch sonst verwendbares Bild.

Rückzug als Weltablehnung/Weltverachtung/Weltangst/Weltflucht wird dann zu einem Problem, wenn religiöse Unlust sich einstellt. Das ist deshalb brandgefährlich, weil es ja gerade um jene andere Welt geht, um derentwillen die übliche Welt verlassen und ein strenges Leben in Kauf genommen wird. Trägheit/Überdruß/Mutlosigkeit/Antriebsschwäche sind somit verständlich. Die Dämonen sind stärker und die Immanenz obsiegt.

b) **Passiver Rückzug: Ursachen und Folgen**. In diesem Zusammenhang kann von Rückzug sinnvoll nur dann gesprochen werden, wenn es etwas gibt, von dem abzuweichen als leidvoll empfunden wird.

Apathie ist eine der vielen Ausdrucksformen des Trägheits-/Überdruss-/ Taedium vitae-Melancholie-/Ennui-Syndroms mit seinen vielen Gesichtern. Beispielsweise:

1. (1) Die lange Zeit glücklichen Götter auf dem Olymp leben später zur Zeit der „Ilias" und „Odyssee" – so erfahren wir aus der antiken Mythologie – gelangweilt, untereinander zerstritten dahin und leiden an einer variant of acediaboredom (= schwerwiegende Langeweile) genannten Krankheit. Das veranlasst sie, sich in die Menschenwelt einzumischen, wobei u. a. Pandora (die Allbeschenkte = mit allen Vorzügen ausgestattet) eine von Zeus wegen des Feuerdiebstahls inszenierte üble Rolle mit Fernwirkungen bis heute spielt. Nach der Öffnung der Büchse der Pandora, so berichtet Hesiod in Erga, ist es nämlich mit dem Goldenen Zeitalter vorbei: Das war zu Kronos' Zeit, als er noch König im Himmel./Und die (Menschen) lebten wie Götter und hatten nicht Kummer.

2. Wohlhabende Müßiggänger im antiken Rom – so berichtet Seneca – reisen gelangweilt ziellos hin und her und finden dabei keine Befriedigung. „Wenn du einen von ihnen, sofern er sein Haus verläßt, fragst, ‚Wohin des Weges? Was hast du vor?', dann wird er dir antworten: ‚Beim Herkules – das weiß ich nicht, aber irgendjemanden werde ich aufsuchen, irgendetwas unternehmen'".

3. Manche Adlige – so berichtet Pascal im 17. Jh. – wissen nichts mit sich anzufangen und versuchen verzweifelt, dem quälenden Ennui zu entkommen. Pascal meint: Divertissement tröstet uns zwar in unserem Elend, es ist aber doch zugleich die Spitze unseres Elends.

4. Viele wohlhabende, untätige russische Oblomows des 19. und beginnenden 20. Jhs. leben fern von der heraufziehenden neuen Zeit träge in einer von ihnen selbst als verkommen und sinnlos empfundenen langweiligen Welt. In Tschechows Stück „Die drei Schwestern" findet ein Interpret eine Situation vor, die (etwas weit hergeholt?) vom daemon meridianum beherrscht sei, der eine ganze Familie daran hindere, ihr Leben eigeninitiativ zu gestalten. Es ist, soziologisch ausgedrückt, Anomie.

5. Unfreiwillig arbeitslose Menschen – so ergab schon die berühmte Studie „Die Arbeitslosen von Marienthal" – sind gefährdet, orientierungslos, träge und verdrossen in den Tag hinein zu „leben" und mühsam überflüssige Zeit totzuschlagen. Das ist bekanntlich gerade jetzt bei uns ein hochaktuelles und politisch brisantes Thema, weil das erzwungene Nichtstun und Herumlungern vieler arbeitsloser junger Menschen u. a. um deren Lebenschancen und um die Zukunft des Landes bangen lässt.

6. Freizeit gilt, obenhin formuliert, als die von Arbeit freie Zeit. Sozialkulturell legitimierten Müßiggang sowie bewusst inszenierte und genussvoll erlebte Faulheit hier aussparend, ist Freizeit dann potentiell gefährlich, wenn sie von einer Art Heiligsprechung der Arbeit im Kontext des protestantisch-calvinististischen Arbeitsethos' her gesehen und dann tendenziell negativ bewertet wird. Das war bei uns früher sicherlich ausgeprägter als heute vieler chancenloser Menschen voller Gefühle der Sinnlosigkeit, Trägheit, Trostlosigkeit, Leere, Öde – und, nicht zu übersehen, Gewaltbereitschaft. Generell spricht übrigens manches für die (sicherlich differenzierungsbedürftige) These: „Allzu glücklich scheinen die Menschen in der Freizeitgesellschaft nicht zu sein."

Zusammenfassend kann freilich von einem persönlich zu verantwortenden, schuldhaften und also sündhaften Verhalten im traditionellen Sinne des Wortes keine Rede sein. Desgleichen liegen keine behandlungsbedürftigen psychischen Erkrankungen vor. Merton hat eben recht: Es gibt für das Acedia-Syndrom sowohl soziale Ursachen als auch manifeste soziale und individuelle Folgen.[5]

5. Kontaktprobleme – oder: wie Trägheit/Einsamkeit zustande kommt

Von Cassian wissen wir: dass Traurigkeit und Verdrossenheit vor allem die „Einsamen, in der Wüste Wohnenden, in keinem menschlichem Umgang Verstrickten, am häufigsten quälen". Der Hl. Hieronymus spricht vom Widerwillen mancher

---

5   Behauptung, Engelbrecht: 107. – Huxley, 1928: 25. – Wie der Tod, Kapitelüberschrift bei Werner. – Verluste, Werner:203. – Dennoch, Lyman: 242. – Es stimmt, Fuchs: 394, 397. – Olymp, Hinweis bei Lyman,15f. Bezug Goetzel, F . R.: Root of Discont and Aggressionen: Ders., F. Hrsg., Boredom. Root of Disconten and Aggression, Berkeley 1975. – Seneca, Ausgeglichenheit der Seele, 12,2-3. – Pascal, Pensées: 171. Vgl. Ders.: „Nichts ist dem Menschen unerträglicher als völlige Untätigkeit, als ohne Leidenschaften, ohne Geschäfte, ohne Zerstreuungen, ohne Aufgabe zu sein. Dann spürt er sein Nichts, seine Verlassenheit, sein Ungenügen, seine Abhängigkeit, sein Ungemach, seine Leere. Allsogleich wird dem Grund seiner Seele die Langeweile entsteigen und die Düsternis, die Trauer, der Kummer, der Verdruß, die Verzweiflung" (131). – Gontscharow, Oblomow. – Daemon, erwähnt Lyman: 42. – Marienthal, als Folgen von Arbeitslosigkeit gibt es die Ungebrochenen (unbroken), Resignierten (resigned), Verzweifelten (distressed) und Apathischen (apathetic) – Arbeitsethos/puritanische Vorstellungen, grundlegend Max Webers Werk „Die protestantische Ethik und der Geist des Kapitalismus". Einer der vielen Kommentare dazu: „Die Bürger sollen ein tätiges, d.h. nützliches Leben führen, die ‚Zeit auskaufen', keine Zeit vergeuden, die nützlich verbracht werden könnte" (zit. in Martens, W.: Die Botschaft der Tugend. Die Aufklärung im Spiegel der deutschen moralischen Wochenschriften, Stuttgart 1968 :319ff). Es geht um eine moralische Abwertung von Faulheit. – Allzu glücklich, G. Schulze: Das Projekt des schönen Lebens. Zur soziologischen Diagnose der modernen Gesellschaft, in: A. Bellebaum/K. Barheier, Hrsg., Lebensqualität. Ein Konzept für Praxis und Forschung, Opladen 1994:36ff.

Anachoreten gegen die Einsamkeit. Acedia macht sich bei ihnen u. a. dadurch bemerkbar, dass die „Einsamkeit mit all ihrer Langeweile drückt". Der Aufklärer Zimmermann verweist auf „schreckliche Langeweile" und körperlichseelische Erkrankungen als Folge religiös bedingter mönchischer Einsamkeit. Pascal hält es für ganz und gar unmöglich, dass ein König allein und ohne Divertissement lebt, weil andernfalls der Ennui ihn in seiner Einsamkeit quälen würde. Die Arbeitslosen von Marienthal leben zwar nach wie vor unter Menschen, sie kommen sich aber von der Welt verlassen und also einsam vor und müssen über flüssige Zeit vertreiben. Und manche Menschen fühlen sich in der arbeitsfreien Zeit am Wochenende einsam und sind froh, wenn die leere Langeweile endlich vorbei ist.

„Einsamkeit" – nicht identisch mit Alleinsein – ist seinerseits ein komplexes und kulturgeschichtlich interessantes Thema. Das mhd. Wort „Einekeit" verweist auf Einheit und Eintracht. Für die Mystik beispielsweise bedeutet Einsamkeit die ersehnte Vereinigung der Seele mit Gott, wozu es erforderlich ist, sich von allem Irdischen zu lösen. Die Aufklärung lehnt, wie erwähnt, religiös bedingte Einsamkeit ab, schätzt aber die Zurückgezogenheit des Menschen auf geistige Tätigkeiten hoch ein. Im 20. Jahrhundert überwiegt eine negative Empfindung von Einsamkeit, die – so eine These – zu einem kulturkritischen Thema (geworden ist), jedenfalls wenn sie negativ als krankhafte Isolierung und Vereinzelung verstanden wird.

Und das wird für die moderne Gesellschaft seit langem immer wieder behauptet. Ein einflussreicher Diagnostiker der modernen Welt verweist auf die jeweils nur sektorale Einbindung des Menschen in eine Vielzahl von Gruppen und Institutionen, und er meint, dass sich kaum eine wirksamere Methode denken lasse, den Menschen zu vereinsamen, und dass die erheblich zugenommene Vereinzelung des modernen Menschen seine Einsamkeit ausmache aufweisbar u. a. an Weltschmerz, Trotz, Langeweile, Verzweiflung bis hin zu Sartres activisme du désespoir. Eine ältere, sehr prominent gewesene Studie heißt „The loneley crowd" – die einsame Masse. Es gibt die These von der „Von der Einsamkeit des Menschen in der modernen amerikanischen Gesellschaft" mit der zugespitzten Behauptung: „Von der Einsamkeit des modernen Menschen". Die Beschäftigung mit der Einsamkeit in der Postmoderne darf natürlich nicht fehlen. Vor allem in zeit- und kulturkritischer Sicht gilt Einsamkeit als ein weitverbreitetes und viele Menschen erheblich belastendes Phänomen. Kritik an solchen verallgemeindernden Aussagen gibt es zuhauf.

Konkreter sind zahlreiche psychologische/psychiatrische Untersuchungen. Ein aussagekräftiger Titel lautet: Riskofaktor Einsamkeit. Ein anderer Fachmann befasst sich in höchst komplizierter und umfassend empirisch ausgerichteter Weise mit Einsamkeit und darauf bezogener klinisch-psychologischer Diagnostik und

Intervention. Erwähnenswert ist u. a. eine nach der Häufigkeit geordnete Auflistung von Gefühlen der Einsamkeit. Das sind u. a. die für das Trägheitsthema bedeutsamen Kategorien Traurigkeit, Antriebsarmut, Unruhe, Verzweiflung …(153). Eine detaillierte Analyse der genannten und andernorts erhobenen empirischen Befunde erbrächte sicherlich interessante Ergebnisse.[6]

6. nterforderung – oder wie Trägheit/Gewalt möglich wird

a) **Leere Zeit als Zeitbelastung.** Eine der vielen Folgen von Unterforderung hat mit Gewalt zu tun. Wir erfahren es nahezu täglich aus Medien, die vor allem über mehrfach benachteiligte Menschen und deren widrige Lebensumstände berichten: Unterschicht, Bildungsdefizite, fehlende Schulabschlüsse, erheblich reduzierte Berufschancen … Sie hängen träge herum, sind ihrer selbst überdrüssig, langweilen sich zu Tode, vertrödeln Zeit, erleben Frustrationen und entwickeln Bereitschaft zur Gewalt, die sich irgendwann und immer mal wieder auch entlädt. Es sind sowohl rowdyhafte Anwendungen von Gewalt gegen Sachen als auch tätliche Angriffe gegen wehrlose Menschen. Die Umwelt erschrickt über solche – wie es ihr scheint – sinnlose Gewalt mit häufig grenzenloser Gefühllosigkeit.

Es geht um „nicht-instrumentelle" Gewalt. Irgendwelche Ziele und Zwecke, deretwegen Gewalt ausgeübt wird, sind auf den ersten Blick nicht erkennbar. Man spricht deswegen von grausamen, sinnlosen und gefühllosen Taten. Es sind keine Einzelfälle, denn es gibt Lebensbereiche, in denen Akte ‚sinnloser' erscheinender Gewalt ständig vorkommen. Wir kennen sie z. B. aus heruntergekommenen Großstadtvierteln mit Menschen, die erhebliche Probleme der Zeitverbringung haben, vor allem bandenmäßig organisierte Jugendliche, die pöbeln, randalieren,

---

6   Cassian, 1:419. – Hieronymus; 22. – Einsamkeit/Langeweile, Louf: 682. – Zimmermann, II :122. – Einsamkeit/Alleinsein vgl. dazu beispielsweise: Gemeinsamkeit und Alleinsein – zwei Pole einer anthropologischen Dimension, in: E. Elbing: Einsamkeit. Psychologische Konzepte, Forschungsbefunde und Treatmentansätze, Göttingen 1991:1 ff. Wichtig auch Zimmermann. – Grundlegend auf seine Weise A. Beelmann: Heideggers hermeneutischer Lebensbegriff. Eine Analyse seiner Vorlesung: Die Grundbegriffe der Metaphysik. Welt-Endlichkeit-Einsamkeit, Würzburg 1994. – Kulturkritisches Thema, Schwab: 18. Teilweise auch Dreitzel. – Sektorale Einbindung/Methode, Freyer: 135f. Aus Kapitel „Die Vereinzelung des Einzelnen",133ff. – Ältere Studie, Riesman. – Amerikanische Gesellschaft, D. Oberndörfer: Von der Einsamkeit des Menschen in der modernen amerikanischen Gesellschaft, Freiburg 1961, dort Kap. „Die Einsamkeit des modernen Menschen", 51ff. – Postmoderne, E. Möde: Die neue Einsamkeit der 51ff. – Postmoderne, E. Möde: Die neue Einsamkeit der Postmoderne, München 1995. – Einsamkeit ist auch außerhalb der Wissenschaften ein wichtiges Thema, vgl. G. Dietrich: Der einsame Mensch in der Dichtung. Literaturpsychologie der Einsamkeit und der Einsamkeitsbewältigung, Regensburg 1989. Aussagekräftig. Eder. – Empirisch ausgerichtet, Schwab. Auflistung von Gefühlen, dort: 153.

plündern, prügeln und im Extremfall – wie es scheint und oft vage bezeichnet wird – aus purer Langeweile töten.

Menschen sind auf Aktivitäten hin angelegt. Wenn sinnvolle bzw. als sinnvoll geltende Handlungsziele fehlen, leere Zeit als leidvoll empfunden wird und Lebensenergien brachliegen, dann ist Gewalt durchaus verständlich. Sie „hebt Langeweile nicht nur schlicht auf, sondern tut dies noch auf eine besonders gelungene und nachhaltige Weise, indem sie nämlich in hohem Maße den Lastcharakter des Handelns verringert und dessen lustvollen Aspekte betont".

Das alles ist nicht neu. Pascal begreift den Menschen mit drei Stichworten: inconstance, ennui und inquietude – Unbeständigkeit, Langeweile und Unruhe. Wer viel freie Zeit und nichts Wichtiges zu tun hat, für den gilt in adligen Kreisen: „Das Fechten und Sterben, das Anfachen von Krieg und Revolution ist die abenteuerlichste und gefährlichste Blüte, die der ennui hervortreiben kann".

b) Literarisch: Dostojewski und Camus. Gewalt ist ein literarisch ergiebiges Thema. Hier interessiert freilich nur jene Gewalt, die etwas mit dem Trägheits-/Überdruss-/Melancholie-/Ennui-Syndrom zu tun hat. Es geht insbesondere um torpor = Gleichgültigkeit/Gefühllosigkeil – eine der zahlreichen Arten und Weisen, mit denen Acedia situationsspezifisch auftreten kann.

Ein Beispiel bietet Dostojewskis Werk „Die Beichte Stawrogins". Dieser ist ein von Langeweile zutiefst geplagter Aristokrat, der bekennt: „Vor allem hatte ich vor dem Leben einen tiefen Ekel … ich führte ein ausschweifendes Leben, das mir kein Vergnügen machte." Unter den aus Trägheit und Müßiggang entstehenden Handlungen fällt die Verführung des noch kindlich-jungen Mädchens Matrjoschka auf, die sich einige Zeit später erhängt. Vieles von dem, was Stawrogin tut, geschieht „ohne innere Erregung, ohne Aufruhr, nur aus Langeweile". Zu beachten ist, dass das russische Wort skuka mehr als das umgangssprachlich verwendete deutsche Wort Langeweile bedeute, weil es eine „gute Portion Melancholie und Weltverachtung" in sich berge. Letztlich seien es, wie es in einer Interpretation heißt, der russische Nihilismus und Atheismus, aus denen der Müßiggang und die gelangweilte Einstellung zur Welt erwachsen.

Die angebliche Gefühllosigkeit, aus der heraus Grausamkeit möglich ist, hat Camus in seinem Roman „Der Fremde" im Sinn. Hauptfigur ist ein in Algerien lebender kleiner Büroangestellter namens Meursault, der als acedic french clerk bezeichnet wird. Seine Lebensphilosophie lautet: Es ist mir gleich! Gleichgültig ist ihm auch der junge Araber, den zu erschießen er eigentlich keinen Grund hat. Und dennoch:

Ich war ganz und gar angespannt, und meine Hand umkrallte den Revolver. Der Hahn löste sich, ich berührte den Kolben, und mit hartem betäubenden Krachen nahm alles seinen Anfang ... Dann schoß ich noch viermal auf den leblosen Körper, in den die Kugeln eindrangen, ohne daß man es sah. Und es waren gleichsam vier kurze Schläge an das Tor des Unheils.

Es heißt, dass Meursault einen bestimmten Menschentyp repräsentiere: wer sich von der Welt der Gefühle entferne, der sei prepared to enter the world – as a destroyer. Schon Baudelaire habe von einem Zusammenhang zwischen Langeweile und Aggressivität gewußt, weil er annahm, dass „ihre Sinnlosigkeit zu völliger Verantwortungslosigkeit führen würde."[7] (6)

C

7. Trägheit/ Überdruss – Banalisierung und Trivialisierung

Angesichts der vielen in der Literatur seit jeher benutzten Umschreibungen von Trägheit/Überdruss kann man den Eindruck gewinnen, als ob träges Verhalten bei uns alltäglich und umfassend wirksam wäre. Ein Autor meint: die „Trägheit ist so allgemein und allgegenwärtig wie keine der anderen Todsünden". Gemeint ist natürlich nur jene Trägheit, die üblicherweise mit Apathie/Überdruß/Widerwille/Lebensekel/Gleichgültigkeit/Traurigkeit/Antriebschwäche usw. usf. zusammengesehen wird. Andersartige gegenwartsbezogene begriffliche Verwendungen des Wortes Trägheit beispielsweise in Verbindung mit Wellness-Erlebnissen gehören nicht hierher.

a) **Sündenfreie „Todsünden"**. Es gibt bei uns viele Menschen, die trotz Säkularisierung nach wie vor an einen Gott gegenüber persönlich zu verantwortendes und beichtwürdiges Fehlverhalten glauben und sich entsprechend verhalten. Ob damit aber angstbesetzte Vorstellungen vom endgültigen Verlust des Gnadenstan-

---

7   Lebensbereiche/Lastcharakter/Klinkmann: 266ff. – Hinweis von Lyman auf Dostojewski/ Aristokrat, Die Beichte Stawrogins, dt. München 1922 : 29,15). – Gute Portion Maurina, 1960: 192. – Acedic french clerk/Destroyer, Lyman: 40,41. – Baudelaire, Zijderveld: 3 31. Wichtiger Begriff bei Baudelaire neben Ennui der Spleen = gr.Splen = Milz, angeblich Ort der Melancholie = der schwarzen Galle. Heutzutage in der Regel als exzentrisch verstanden. – Die Vorstellung von einem bestimmten Menschentyp unter Hinweis auf Gleichgültig/Gleichgültigkeit lässt sich unschwer auf ganze Gesellschaften/politische Bewegungen übertragen. Lyman verweist auf imperialistische Staaten, von denen einige beispielsweise die ozeanischen Völker unterjocht und ihnen deren überlieferte kulturelle Basis entzogen hätten: „... the oceanic peoples died because they had lost the will to live" auch: „giving-up syndrome" genannt „an aggravated variant of taedium vitae ..." (Lyman : 38f.) Die australischen Aborigines sind ein anderes Beispiel.

des einhergehen, wenn die schweren Sünden nicht vorschriftsgemäß bereut und vergeben werden, erscheint eher zweifelhaft. Selbst für die meisten überzeugten Christen dürfte der Ausdruck Todsünden nur noch ein Schlagwort sein.

Einleitend wurden die mittelalterliche (= sündige) Acedia und die antike Melancholie als zwei Vorformen der Moderne genannt. Ein erheblicher Bedeutungsrückgang des Kerngedankens der mittelalterlichen (= sündigen) Acedia zugunsten einer fortentwickelten (antiken) Melancholie ist offenkundig. Melancholie ist freilich ebenfalls ein mehrdeutiges Wort, mit dem u. a. psychiatrische Zustände bezeichnet werden.

b) Todsünde und Acedia als Schlagworte. Interessant sind zunächst – dies ein Zwischenergebnis – die vielen Bücher, deren Titel den kulturgesättigten Terminus Todsünde zusammenbringen mit Marketing, Kleinbürger, Wiedervereinigung, Architektur, Medizinkartell, Katholische Kirche, Grappa, Architektur … Von Konrad Lorenz gibt es ein auch heute noch sehr beachtetes Buch: „Die acht Todsünden der zivilisierten Menschheit". Dies sind für den Autor: Überbevölkerung, Verwüstung des natürlichen Lebensraumes, Wettlauf in der Technologie, Schwund aller starken Gefühle und Affekte durch Verweichlichung, genetischer Verfall, Abreißen der Tradition, Zunahme der Indoktrinierbarkeit und Atomtodbedrohung. Das in solchen Büchern angeprangerte angeblich schwerwiegende Fehlverhalten ist sicherlich beachtenswert, es hat jedoch nichts mit dem im Abendland einflussreich und kulturträchtig gewesenen Verständnis von Todsünde zu tun.

Ähnlich verhält es sich mit dem Wort Acedia. Es bedenkt Trägheit, und Trägheit ist weitverbreitet. Es hat aber weder sämtliche Trägheit etwas mit Acedia zu tun, noch entspricht die inflationäre Verwendung des Wortes Acedia dem überlieferten religiösen/anthropologischen Gehalt.

Erstaunlich, was in vielen mehr oder weniger anspruchsvollen Schriften alles als mit den Worten Acedia/Trägheit/ Überdruss bezeichnet wird, beispielsweise:

- Nachlässigkeit von Eltern bei der Erziehung ihrer Kinder
- Gefahr der Faulheit wegen „Müßiggang ist aller Laster Anfang"
- Gähnende Langeweile in der Schule
- Arbeitsunlust
- Reizloser Umgang der Ehepartner untereinander
- Lustlosigkeit bei der täglichen Erwerbsarbeit
- Nachlässigkeit im Umgang mit dem eigenen Körper
- Gleichgültigkeit gegen die Armut in der Dritten Welt

- Langeweile in der Freizeit, Desinteresse an kulturellen Angeboten
- Selbstzerstörung in der letzten Lebensphase.

Kulturverluste gibt es auch im Sprachgebrauch.[8]

8. Innere Leere – Spurensuche in der modernen Gesellschaft

Wir wissen: Das als Todsünden bezeichnete Verhalten gibt es losgelöst von früheren religiös-metaphysischen Bezügen auch in der modernen Welt. Was speziell Trägheit/Überdruss betrifft, so ist das Thema mit der erwähnten Banalisierung und Trivialisierung ebenso wenig erschöpft wie mit den Hinweisen auf Apathie, Einsamkeit und Gewalt. Informationsreicher sind die umfangreichen Arbeiten der Autoren Kuhn, Lyman und Werner. Speziell Werner gelingt es meisterhaft, den kompliziert-spröden Stoff umfassend aufzubereiten, freilich – hier gar nicht kritisch gemeint – in essayistischer Weise, die dem Thema vielleicht sowieso eher gerecht werden kann. Wie dem auch sei, es folgen noch einige abschließende Bemerkungen der These, wonach das moderne Wort für Acedia sei die Melancholie sei.

a) **Psychische Belastungen.** In einem medizinischen Lexikon wird man vom Terminus Melancholie verwiesen auf das Stichwort Depression/endogene Depression und von da aus u. a. auf das Krankheitsbild Psychose mit ihrem vielfältigen Erscheinungsbild. Als Laie versucht man am besten gar nicht erst, die oft unspezifischen diagnostischen Feinheiten zu verstehen. Es genügt, die – sicherlich strittige – These zur Kenntnis zu nehmen: According to Cassian, feelings of anger, acedia, and depression were deadly sins; however today they are regarded as psychiatric symptoms.

Das ist interessant, es müssen daraus aber keine weitergehenden Schlüsse gezogen werden. Man tut beispielsweise Luthers weltgeschichtlicher Bedeutung

---

8 Trägheit allgemein, Engelbrecht: 101. – Jene Trägheit, Schulze (II) spricht von „freiwilliger Trägheit" und behauptet für die Gegenwart eine (begrenzte) „Aufwertung der Trägheit zu einer anerkannten Modalität des Glücks", wie es beispielsweise in „Wellness-Oasen" erlebt würde (68, 67). Das einschlägige Kapitel ist überschrieben: „Trägheit: das süße Nichtstun" (63). So wie Trägheit im Zusammenhang mit dem Acedia-/Melancholie-/Ennui-Syndrom seit jeher und bis auf den heutigen Tag verstanden wird, gibt es zwar u. a. einen Zusammenhang mit Nichtstun, aber dieses Nichtstun ist keineswegs „süß" – ganz im Gegenteil. – Acedia bezeichnet Beiträge mit zahlreichen Beispielen u. a. Engelbrecht, Heckmann, Waugh, Werner, Lyman … Beachtenswert die These: „Die medizinische Wissenschaft hat uns eine gewaltige Bürde der Langlebigkeit aufgeladen. In diesem letzten, unerwünschten Lebensjahrzehnt, da die Leidenschaft erkaltet, der Appetit geschwächt, die Neugier abgestumpft ist und die Erfahrung den Zynismus gezeugt hat, liegt als letzte Versuchung zur Selbstzerstörung die accidia auf der Lauer" (Waugh:119).

keinen Abbruch, wenn ihm –zusammen mit seinen starken und ihn ängstigenden Zweifeln an seinem Gnadenstand – wiederholt eine „angeborene Bereitschaft zur Melancholie" zugeschrieben wird, und man sagt, daß er unter „so starken Depressionen" gelitten habe, dass er sogar „vor Angst und Schrecken in Ohnmacht fiel". Religiös begründete Sünden-/Erlösungsängste kannten und kennen auch andere Menschen.

Dies wird hier nur deswegen erwähnt, weil manche (in der Regel kulturkritisch eingestellte) Diagnostiker der modernen Welt – oftmals so oben hin – auf einen weitverbreiteten Hang zu Stimmungsstörungen und Depressionen hinweisen. Bissig hat schon vor langer Zeit Walter Dirks angemerkt: Das Monopol auf Depressionen hätten die Krankenkassen-Patienten den vornehmen Leuten entrissen: Diese Zustände seien zu Wald- und Wiesenstörungen geworden. Damit soll das schreckliche Leiden der in schweren Depressionen wahrhaft eingekerkerter Menschen nicht geleugnet werden.

b) **Langeweile.** Zum Wortumfeld von Trägheit/Verdruss gehört nach Ansicht vieler Interpreten ganz wesentlich auch die Langeweile. In vielen Aussagen über Langeweile sind wichtige Elemente der Acedia wiederzuerkennen, und dementsprechend wird in einer Abhandlung Acedia/Melancholie/ Ennui zur „Genealogie neuzeitlichen Langeweileforschung" gerechnet. Von dem Aufklärer Zimmermann stammt der Hinweis: Ekel des Herzens und Verdrossenheit zu allen Dingen nenne Cassian diesen trübseligen und leider in der Menschennatur nur allzu sehr gegründeten Zustand. Auf diese These bezieht sich ein präziser Kommentar, wonach die Acedia der Einsiedler deshalb in der modernen Langeweile ihr Pendant habe. Andernorts findet sich der Hinweis auf die als „Acedia bezeichnete Langeweile". Es geht natürlich nicht um die banale Langeweile beispielsweise beim Anhören eines langweiligen Vortrags über Langeweile, vielmehr um schwerwiegende = existentielle = den Lebenssinn betreffende Langeweile, über die sich u. a. schon Kierkegaard ausführlich und eindrucksvoll geäußert hat. Aus dieser Sicht liegt es vielleicht auch nahe, die so verstandene Langeweile als Conditio Humana anzusehen.

Der zutiefst gelangweilte Mensch muss keineswegs aktionslos, sondern er kann hochaktiv sein. Die Spezialisten für Todsünden wussten das, denn zu den sog. Tochtersünden beispielsweise der Acedia rechneten sie u. a. Inquietudo = Unruhe, Pervagatio = Herumschweifen, Instabilitas mentis et corporis = geistige und leibliche Unbeständigkeit. In dem Bemühen, „Stichwörter für das Auffinden von Acedia im heutigen Leben" nennt ein Autor u. a.: Ruhelosigkeit, Ziellosigkeit, Herumfahren, kurzlebiges Engagement …

c) **Lebenssinn**. In diesem Zusammenhang kommt man an der häufig erörterten Großvokabel „Sinn des Lebens" schlecht vorbei. Drei Hinweise:

Erstens: Bei den Mönchen war die Sache klar: wegen des hier gemeinten widrigen Trägheit verfehlten sie ihren hochgesteckten Lebenssinn, Gott so nahe wie möglich zu sein. Sie verloren doppelt: sie zogen sich von der üblichen Welt zurück „horizontal in die Wüste und vertikal auf die Säule" – und sie verfehlten jene andere Welt, die ihr eigentliches Ziel war.

Zweitens: In der modernen Gesellschaft gibt es unstreitig viele Sinndefizite. Überkommene Transzendenz-Religionen sind (zur Zeit jedenfalls) an ihre Grenzen gelangt. Auf dem Markt der Sinngebungen herrscht Hochkonjunktur. Schöne Erlebnisse vielfältigster Art gelten vielen Menschen als Garanten des Glücks, wiewohl im Trubel der Zerstreuungen allemal der Überdruss und die Langeweile lauern können. „Innere Leere" meldet sich tendenziell immer erneut.

Drittens: Zum Sprachumfeld von Acedia gehört auch Schwermut. Wer sie erlebt, der kann über einen Buchtitel wie „Vom Sinn der Schwermut" schon erstaunt sein. Guardini führt aus:

> ... man könnte sagen: die metaphysische Leere. Hier ist der Punkt, wo sich die Schwermut mit der Langeweile verbindet, und zwar eine bestimmte Art von Langeweile, wie gewisse Naturen sie erleben. Sie bedeutet nicht, daß einer nichts Ernsthaftes tue, müßig gehe. Sie kann ein sehr beschäftigtes Leben durchziehen. Diese Langeweile bedeutet, daß etwas in den Dingen gesucht wird, leidenschaftlich und überall, was sie nicht haben. Die Dinge sind endlich. Alle Endlichkeit aber ist defekt. Und dieser Defekt ist Enttäuschung für das Herz, welches nach Unbedingtem verlangt.

In einer pluralistischen und von vielfältigen Verweltlichungen durchdrungenen Gesellschaft ist das aber nur eine Botschaft, die wohl nur wenige und entsprechend disponierte Menschen für ihre Lebensführung ernstnehmen werden und praktizieren können.[9]

---

9   Melancholie/Depression, ein unendliches Thema in Medizin, Psychiatrie, Psychologie, Kulturgeschichte; medizinische Sicht, kurz und verständlich „Springers Lexikon Medizin", Berlin 2004, dort die zahlreichen Stichworte zu „Depression" und der Essay „Psychosen": 177 ff. – Feelings of anger, Altschule : 117. – Luther, Mock: 49, 67 .(„Bitte für mich elenden Wurm, den der Geist der Traurigkeit plagt".) – Diagnostiker, neuerdings Ehrenberg. Er sieht die behauptete weite Verbreitung von (kein eindeutiger Terminus) Depressionen zusammen mit ausgeprägter Individualisierung und behauptet lapidar: „Das Erdbeben der Emanzipation hat zunächst kollektiv die Psyche jedes Menschen erschüttert ... hat uns mehr und mehr zu Menschen ohne Führer gemacht", infolgedessen wir „für uns selbst entscheiden und unsere eigenen Orientierungen konstruieren müssen" (8). Das kostet seinen Preis. – Monopol, Dirks: 108. – Genealogie, Große: 18ff. Vgl.: Die neuzeitliche Entdeckung der Langeweile als eines Sinnindikators menschlichen Seins und kulturellen Tuns wird Pascal zugeschrieben. Sie hat allerdings eine theologische Vorgeschichte ... (a.a.O.: 22). – Zimmermann, zit.Schings: 167. – Kommentar, Schings: 238. – Andernorts, Endres: 168. – Conditio humana, Große:22. – Kier-

1. Einige Überarbeitete Passagen übernommen aus A. Bellebaum: Langeweile, Überdruss und Lebenssinn. Eine geistesgeschichtliche und kultursoziologische Untersuchung, Opladen 2000. Desgleichen gekürzt und ergänzt Bellebaum: Trägheit-Gefährdeter Lebenssinn, in: A. Bellebaum/D. Herbers, Hrsg., Die sieben Todsünden. Über Laster und Tugenden in der modernen Gesellschaft, Münster 2007: 205ff.

2. Herrn Oberstudienrat Guido Kohlbecher aus Neustadt/Wied sowie Herrn Studiendirektor Klaus Barheier aus Traben-Trarbach verdanke aus zahlreichen Gesprächen viele wertvolle und kritische Hinweise inhaltlicher und formaler Art sowie wichtigen Literaturhinweisen. Frau Dr. Karin Gundel aus Göttingen verdanke ich eine letzte Durchsicht des Textes, wodurch wichtige Korrekturen und Ergänzungen erforderlich gewesen sind.

Trägheitssünde: Ausgewählte und benutzte Literatur

Accedia/Trägheit, in: H.-G. Falkenberg, Hrsg., Die sieben Todsünden. Vierzehn Essays, München
Altschule, M.D.: Acedia: Its Evolution from Deadly Seven Sins to Psychiatric Syndrome, in: British Journal of Psychiatry (1965), III. 117ff.
Augst, R.: Acedia-Religiöse Gleichgültigkeit als Logismus und Denkform bei Evagrius Ponticus, Diss. Saarbrücken 1988 , speziell : 3. Kap. Acedia als Kernproblem religiöser Gleichgültigkeit: 142ff Babb, L.: The Elisabethean Malady. A Study of Melancholy in English Literature from 1580 1642, East Lansing 1951
Baur, S.: Die Welt der Hypochonder. Über die älteste Krankheit der Menschen, dt. Stuttgart 1991
Bellebaum, A.: Langeweile, Überdruß und Lebenssinn. Eine geistesgeschichtliche und kultursoziologische Untersuchung, Opladen 1990

kegaard notiert im Tagebuch: „Was wir in einer bestimmten Richtung mit dem Wort ‚Spleen' bezeichnen, was die Mystiker unter dem Namen ‚Die matten Augenblicke' kennen, das kennt das Mittelalter unter dem Namen Acedia (akedia Schlaffheit)". Kierkegaards Ausführungen über „Die Krankheit zum Tode" haben mit dem erwähnten Gemützustand zu tun – was richtigerweise als „Melancholie, Schwermut oder ‚depression'– Niederdrücktheit" bezeichnet wird (Drewermann: 202). – Stichwörter, Illhardt: 316f. – Schwermut, ein Menschheitsthema. Es gibt eine weit in die Geschichte hineinreichende Literatur über Schwermut. – Guardini: 27. Die Rede von einem angeblichen „Sinn der Schwermut" betrifft sicherlich nicht deren Ausprägungen als behandlungsbedürftige; seinerseits ein mehrdeutiges Wort – Depressionen. Diese wiederum werden inzwischen weithin entmythologisiert auf biologische Prozesse zurückgeführt und als organische Krankheit begriffen. Vgl. dazu neuerdings den Forschungsstand reflektierend Holsboer. Kurz und bündig und richtigerweise stellt er fest: „Eine Erkrankung der Neuzeit ist die Depression sicher nicht" (37).

Bellebaum, A./Herbers, D., Hrsg., Die sieben Todsünden. Über Laster und Tugenden in der modernen Gesellschaft, Münster 2007:205ff.

Benjamin, W.: Melancholie und Acedia, in: Ders., Ursprung des deutschen Trauerspiels, Taschenbuch Frankfurt 1955 :119ff.

Bollnow, O.F.: Der Mittag. Ein Beitrag zur Metaphysik der Jahreszeiten, in: Ders., Unruhe und Geborgenheit im Weltbild neuer Dichter, Stuttgart 1954:141ff.

Bunge, G.: Akedia. Die geistliche Lehre des Evagrius Pontikos vom Überdruß, Köln 1983

Burton, R.: ‚Anatomie der Melancholie‘. Über die Allgegenwart der Schwermut, ihre Ursachen und Symptome sowie die Kunst, es mit ihr auszuhalten, (1621) dt. Zürich/ München 1981

Camus, A.: Der Fremde, übersetzt v. U. Aumüller, Reinbek 1994

Cassian(us), J.: Von den Einrichtungen der Klöster Unterredungen mit den Vätern, dt. 2 Bde., Kempten 1877

Cassian, J.: Spannkraft der Seele, Aufstieg der Seele, Ruhe der Seele, 3 Bde., Auswahl, Übertragung und Einleitung G. und Th. Sartory, Freiburg 1981,1982, 1984

Chaucer, G.: Sequitur of Accida, in: Ders., The Parson's Tales, in: Ders., The Canterbury Tales, in: Complete Work of Geoffrey Chaucer, Oxford 1920: 699ff.

Caillois, R.: Les démons de midi, in: Revue de L'Histoire des Religions, CXV (1937), 142ff. CXVI (1937), 35ff 143ff.

Daiber, J.: Der Mittagsdämon. Zur literarischen Phänomenologie der Lebensmitte, Paderborn 2006

Dante: Die göttliche Komödie, italienisch-deutsch, Übersetzung von Zoosmann, Bd. I-IIIf Freiburg 2. Aufl. 1912

Decher, Fr.: Besuch vom Mittalsdämon. Philosophie der Langeweile, Lüneburg 2000

Derwall, F.: Der Mittagsdamon, Graz 1987

Deseille, P.: Acedia according to the monastic tradition, in: Cistercian Studies Quarterly 37.3. (2000): 297ff.

Dirks, W.: Traurigkeit und Trägheit, in: Walter, R., Hrsg. f Literarische Fastenpredigten. Über die Laster in unserer Zeit, Freiburg/Heidelberg 1981:104ff.

Dodds, E. R.: Die griechischen Schamanen und der Ursprung des Puritanismus, in: Ders., Die Griechen und das Irrationale, dt. Darmstadt 1970:72ff.

Dodds, E.R.: Heiden und Christen im Zeitalter der Angst. Aspekte religiöser Erfahrung von Marc Aurel bis Konstantin, dt. Frankfurt 1985

Dostojewski, F.M.: Die Beichte Stawrogins, dt.München 1922

Dreitzel, H.P.: Einsamkeit als soziologisches Problem, Zürich 1970

Drevermann, E.: Schwermut und Melancholie, in: Ders., Ein Mensch braucht mehr als nur Moral. Über Tugenden und Laster, Düsseldorf 2001:193ff.

Eder, A.: Risikofaktor Einsamkeit. Theorien und Materialien zu einem systemischen Gesundheitsbegriff, Wien-New York 1990

Ehrenberg, A.: Das erschöpfte Selbst. Depression und Gesellschaft in der Gegenwart, Frankfurt 2004

Endres, J.: Angst und Langeweile. Hilfen und Hindernisse im sittlich-religiösen Leben, Frankfurt 1983

Engelbrecht, S.: Die Trägheit, in: Hofmeister, K, /Bauerochse , L., Hrsg ., Geil und Geizig. Die Todsünden als Gebote der Stunde, Würzburg 2.Auf 1. 2004 D: 97ff.

Fink, H.: Acedia, in: Ders., Die sieben Todsünden in der mittelenglischen erbaulichen Literatur, Hamburg 1969 : 72ff.

Grinell: G.C.: The Age of Hypochondria. Interpreting Romantic Health and Illness, (Palgrave macmillan???)

Flashar, J.: Melancholie und Melancholiker in den medizinischen Theorien der Antike, Berlin 1966

Freyer, H.: Theorie des gegenwärtigen Zeitalters. Stuttgart 1956 u. ö.

Fuchs, P.: Die Weltflucht der Mönche. Anmerkungen zur Funktion des monastisch-aszetischen Schweigens, in : Kölner Zeitschrift für Soziologie und Sozialpsychologie, 6/1986 : 393ff.

Gontscharow, I.A.: Oblomow, (1859) dt. München 2.Aufl.1983

Grau, D.: Das Mittagsgespenst (daemonium meridianum), Untersuchungen über seine Herkunft, Verbreitung und seine Erforschung in der europäischen Volkskunde, Diss. Bonn 1966

Grosse, D.: Ennui und Entschlossenheit. Zur Genealogie der neuzeitlichen Langeweileforschung, in: Sinn und Form, 1/2006:18ff.

Guardini, R.: Vom Sinn der Schwermut, Zürich 1948 u. ö.

Heckmann, H.: s. Accidia/Trägheit

Hersant, Y.: Acedia und ihre Kinder, in :Melancholie. Genie und Wahnsinn…: 54ff.

Hofmeister, K./ Bauerochse, L., Hrsg., Geil und Geizig. Die Todsünden als Gebot der Stunde, Würzburg 2. Aufl.2004

Holsboer, Fl.: Biologie für die Seele. Mein Weg zur personalisierten Medizin, München 2009

Horstmann, U.: Der lange Schatten der Melancholie. Versuch über ein angeschwärztes Gefühl, Essen 1985

Huxley, A.: Accidie, in: Ders., On the Margin. Notes and Essays, London 1928: 18ff.

Huxley, A.: Die Teufel von Loudun, dt. München 1952 u. ö.

Illhardt, F.J.: Trauer. Eine moraltheologische und und anthropologische Untersuchung, Düsseldorf 1982

Jackson, St. W.: Acedia the Sin and its Relationship to Sorrow and Melancholy in Medieval Times, in: Bulletin of History of Medicine, 55/1981: 181ff.

Jahoda, M./ Lazarsfeld, P.F./ Zeisel, H.: Die Arbeitslosen von Marienthal, (1933) Frankfurt 1986

Jehl, R.: Die Geschichte des Lasterschemas und seiner Funktion. Von der Väterzeit bis zur karolingischen Erneuerung ,in: Franziskanische Studien, H. 3/4 1982 : 261ff.

Jehl, R.: Melancholie und Acedia. Ein Beitrag zur Anthropologie und Ethik Bonaventuras, Paderborn 1984

Kalkühler, F.: Die Natur des Spleens bei den englischen Schriftstellern der ersten Hälfte des 18.Jahrunderts, Diss. München 1920

Kathechismus der Katholischen Kirche, München u. a.1993

Kierkegaard, S.: Die Krankheit zum Tode. Eine christlich-psychologische Entwicklung zur Erbauung und Erweckung, Bremen 1949

Klibanski, R./ Panofsky, E./ Saxl, F.: Saturn und Melancholie. Studien zur Geschichte der Naturphilosophie und Medizin, der Religion und der Kunst, (1964) dt.1992

Klibansk, R./ Panofski, E./ Saxl, F.: Saturn and Melancholie. Studies in the History of Natural Philosophy, Religion and Art, London 1964

Klinkmann, N.. Gewalt und Langeweile, in: Kriminologisches Journal, 4/1982: 254ff.

Korth, L.: Mittagsgespenster. Deutsche Studien und Wanderbilder von Leonard Korth, Hrsg. von Dr. Karl Hoeber, Köln 1915

Kristeller, P.O.: Die innere Erfahrung, in: Ders., Die Philosophie des Marsilio Ficino, (New York 1943) dt. Frankfurt 1972:189ff.

Kuhn, R.: The Daemon of Noontide.Ennui in Western Literature, New York 1976

Lambrecht, R. (I): Melancholie. Vom Leiden an der Welt und den Schmerzen der Reflexion, Reinbek 1994

Lambrecht, R. (II): Der Geist der Melancholie. Eine Herausforderung philosophischer Reflexion, Reinbek 1995

Lepenies, W. (I): Melancholie ist ein aktuelles gesellschaftliches Problem, Radio Feuilleton: Kulturinterview, Deutschland Radio 16.2.06

Lepenies, W. (II).Melancholie und Gesellschaft, Frankfurt 2.Aufl.1982

Louf, A.: Die Acedia bei Evagrius Ponticus, in: Concilium, 10/1974: 82f f.

Lyman, St. M.: Sloth, in. Ders., The seven deadly sins: society and evil, New York 1978, Revised New York 1989: 5ff.(Daraus Beispiele und Hinweise verarbeitet.)

Maurina ,Z.: Langeweile und dergehetzte Mensch, Memmingen 1962

Maurina, Z.: Dostojewski. Menschengestalt und Gottessucher, dt. München 1960

Medina, J.: Trägheit, in: Ders., Am Tor zur Hölle. Die Biologie der sieben Todsünden, (Cambridge 2000 u.d.T.: The Genetic Inferno. Inside the Seven Deadly Sins) dt. Heidelberg 2002: 179ff.

Melancholie. Genie und Wahnsinn in der Kunst, Galeries nationales du Grand Palais, Paris 2005/ 2006; Neue Nationalgalerie, Berlin 2006

Merton, R.K.: Retreatism, in: Ders. Social Theory and Social Structure, New York 1968:207ff.

Mock, A.: Luthers Krankheit, in: Ders., Abschied von Luther. Psychologische und theologische Reflexionen zum Lutherjähr, Köln 1958:32ff.

Nault, J-Ch.: L'acédie entre morale et spiritualité, in: Lettre de Ligué, 299 ,1/2002: 14ff.

Navone, J.: Spiritual acedia, torpor and depression,in : Homiletic&Pastoral Review, Aug./Sept. 1999: 1ff.

Pieper, J.: Über die Hoffnung, München 4. Aufl.1948

Piovano, A.: L'accidia, male de nostro tempo. I und II, in: La Rivista Del Clero Italiano, Anno LXX-XII, Sept. 2001: 592ff. und Okt.2001: 677ff.

Pocai, R.: Heideggers Theorie der Befindlichkeit. Sein Denken zwischen 1927 und 1933. (Verweise aus dem Sachregister auf: Überdruß und acedia)

Rau, St.: Der Mittagsdämon – einer, den ich gut kenne, in: Magnificat. Das Stundenbuch, Mai 2006, Köln, Verlag Butzon & Bercker

Revers, W.J.: Die Psychologie der Langeweile, Meisenheim 1949

Riesmann, D. et. al · Die einsame Masse. Eine Untersuchung der Wandlungen des amerikanischen Charakters, dt. Hamburg 1958

Rushdie, S.: Die siebte Todsünde. Trägheit-das kosmische Laster, in: http://www.fr online.de (30.1.2010)

Schings, H.-J.: Melancholie und Audfklärung. Melancholiker und ihre Kritiker in Erfahrungsseelenkunde und Literatur des des 18. Jahhunderts, Stuttgart 1974

Schreiner, J.: Jenseits vom Glück. Suicid, Melancholie und Hypochondrie in deutschsprachigen Texten des späten 18. Jahrunderts, München 2003

Schulze, G. (I): Hedonismus. Zur sündigen Modernität des Westens, Zürich 2005

Schulze, G, (II): Trägheit. Das süße Nichtstun, in: Ders., Die Sünde. Das schöne Leben und seine Feinde, München/Wien 2006: 63ff.

Schwab, R.: Einsamkeit. Grundlagen für die klinisch-p sychologische Diagnostik und Intervention, Bern 1997

Seneca. De tranquillitate animi/ Über die Ausgeglichenheit der Seele, dt./ lat. Stuttgart 1984

Seneca: Epistulae Morales ad Lucilium/ Briefe an Lucilius über Ethik, Liber I, II, III, Stuttgart 1985 ,z it. Liber III, Brief 24:26

Sofsky, R.: Heil ige Askese. Die religiöse Erfahrung der Wüste, in: Neue Rundschau,2005/4: 21f f.

Starobinski, J.: Geschichte der Melancholiebehandlung von den Anfängen bis 1900, Documenta Geigy, Acta psychosomatica, Nr.4, Basel 1960.

Starobinski, J.: Die Todsünde 'Trägheit' ,in: Starobinki: Geschichte...: 34ff.

Stenzel, K.: Pascals Theorie des Divertissement, Diss. München 1965

Theunissen, M. (I): Vorentwürfe von Moderne. Antike Melancholie und Acedia des Mittelalters, Berlin 1996

Theunissen, M. (II): Melancholisches Leiden unter der Herrschaft der Zeit, in: Drs., Negative Theologie der Zeit, Frankfurt 1991:218ff.

Thomas v. Aquin: Der Überdruß, in : Summa Theologica, II-II 35. Frage, Bd.17B, Heidelberg usw. 1966 :20ff.

Troster, Chr.: Trübsal, geliebter Dämon (Bericht über die Berliner Ausstellung «Melancholie, Genie und Wahnsinn in der Kunst» v.17.2. bis 7.5.2006),in: WamS 12.2.2006)

Völker, L. (I): Langeweile-Untersuchungen zur Vorgeschichte eines literarischen Motivs, München 1975

Völker, L. (II):Muse Melancholie-Therapeuticum Poesie. Studien zum Melancholie-Problem in der deutschen Lyrik von Hölty bis Benn, München 1978

Volker, L.(III): Komm 'Heilige Melancholie. Eine Anthologie deutscher Melancholiegedichte. Mit Ausblick auf die europäische Melancholietradition in Literatur und Kunstgeschichte, Stuttgart 1983

Waugh, E.: s. Accidia/Trägheit

Wenzel, S.: The Sin of Sloth: Acedia in Medieval Thought and Literature, Chapell Hill (1960)1967

Werner, J.: Die Trägheit oder wie der Tod sich ins Leben schleicht fin: Ders., Die Sieben Todsünden. Einblicke in die Abgründe menschlicher Leidenschaften, Stuttgart 1999: 193ff.

Wiegand, S.: The Sin of Sloth: Acedia in Medival Thought and Literature, Chappel Hill, 1960ff.(1

Wiegand, A,: Die Schönheit und das Böse, München/Salzburg 1967

Zijderveld, A.C.: Modernität und Langeweile, in: Schatz, O., Hrsg, Was wird aus dem Menschen?, Graz 1975: 321ff

Zimmermann, J.G.: Über die Einsamkeit, 4 Teile, Leipzig 1884 und 1885

Melancholie. Historische und aktuelle Dimensionen eines psychokulturellen Komplexes

Wolfgang E. J. Weber

1. Einleitung

Mit der ‚kulturhistorischen' Wende in den Sozial- und Geisteswissenschaften seit den ausgehenden 80er Jahren des vorigen Jahrhunderts hat auch die Frage nach den psychokulturellen Voraussetzungen individuellen und kollektiven Verhaltens, dem stets entsprechende Wirklichkeitswahrnehmungen und -einschätzungen vorausgehen, neue Bedeutung gewonnen[1]. Zu den Problemfeldern, die in diesem Zusammenhang wieder entdeckt wurden, zählt maßgeblich der hier zur Debatte stehende Komplex der Melancholie. Dessen seither geleitete Erforschung vollzieht sich freilich nach wie vor in höchst unterschiedlichen Disziplinen – die Bandbreite reicht von der Kunst- bzw. Literaturwissenschaft bis zur Medizin – und unter sehr verschiedenen Erkenntnisperspektiven.[2] Der Zusammenhang des Komplexes, die Wechselwirkungen seiner Teile, seine variantenreiche historische Formierung, seine diversen Aneignungen, Funktionalisierungen und soziokulturellen Wirkungen drohen daher in den Hintergrund zu treten.

Der vorliegende Beitrag möchte deshalb einerseits eine zusammenfassende historische Orientierung bieten. Andererseits versucht er seine Darlegungen auf die zentrale Dynamik der Melancholie im klassischen Verständnis abzustellen, also diejenige, sowohl eine endogen und/oder exogen bedingte Belastung der soziokulturell je unterschiedlich definierten humanen Vitalität als auch eine vor allem künstlerisch und intellektuell kreativitätsfördernde, auszeichnende Besonderheit sein zu können. Wie schwierig diese Zuschreibungen sind, erhellt al-

---

1 Vgl. für die Kulturgeschichte bzw. deren einschlägige Teilrichtung der Historischen Anthropologie Jakob Tanner: Historische Anthropologie zur Einführung, Hamburg 2008; eine höchst aspektreiche aktuelle Darstellung ist jetzt Ute Frevert u. a. (Hrsg.): Gefühlswissen. Eine lexikalische Spurensuche in der Moderne, Frankfurt a. M./New York 2011. – Der Beitrag knüpft unmittelbar an meinen in Anm. 7 genannten Aufsatz an. Ich danke Herrn Kollegen Alfred Bellebaum für die Einladung, meine Überlegungen in vorliegendem Sammelband fortzuführen.

2 Auf eine systematische Darlegung des Forschungsstandes muss hier verzichtet werden, vgl. die im Folgenden an der jeweils einschlägigen Stelle genannten Titel.

lerdings schon der Tatbestand, dass Melancholie nicht nur als ein mehr oder weniger lange andauernder Zustand aufzufassen ist, dessen Qualität zwischen einer
(bloßen) Stimmung und einer zur Verkümmerung oder zum Selbstmord führen-
den Krankheit schwankt, sondern auch als zyklothymer Prozess begegnet, der in
den höheren Stadien manische Symptome hervorruft. An dieser Stelle setzt bekanntlich die moderne Medizin an, die sich seit langem anschickt, die aus ihrer
Sicht diffuse Konzeption der Melancholie durch die klinisch scheinbar oder tatsächlich schärfere Kategorie der Depression zu ersetzen; auch darauf wird zu-
rückzukommen sein.[3]

2. Historische Orientierung

2.1 Von der antiken Melancholie zur mittelalterlichen Acedie

Wie bereits vielfach geschildert, geht der Begriff Melancholie –wörtlich: schwarze Galle bzw. Schwarzgalligkeit– auf die antike griechische Medizin seit um 400
v. Chr. zurück.[4] Er bezeichnet einen der vier Körpersäfte, nach deren Quantität,
Qualität und idealerweise harmonischem Zusammenwirken sich nach der hippo-
kratischen Gesundheits- und Krankheitslehre der menschliche Zustand bestimmte. Im Unterschied zu den drei übrigen Säften des Blutes, des Schleims und der
gelben Galle war die schwarze Galle allerdings nicht nachweisbar, sondern lediglich naturphilosophisch und zahlenmythologisch postuliert. Entsprechend stand
gerade sie in den zeitgenössischen und späteren mythologischen, philosophischen
und religiösen Analogien und Zuschreibungen offen: zum Gestirn Saturn, zum
Element Erde, zu den Qualitäten kalt und trocken, zur Jahres- bzw. Tageszeit
Herbst und Nachmittag, zum Lebensalter (ausgehende) Erwachsenheit, zur Far-
be schwarz, zum Geschmack scharf bzw. sauer, zur Stimmung trotzig bis düster
und von daher traurig. Bereits früh wurde aus der Säftelehre ferner die entspre-

---

3   Unten Abschnitt 2.4. Einen knappen (und weitgehend unkritischen) Überblick dazu bietet
     Hermann Drüe: Von den Vermutungen über Melancholie zur Wissenschaft der Depression, in:
     Pawel Dybel (Hrsg.): Schuld, Gewissen, Melancholie. Akten des deutsch-polnischen Symposiums
     Warschau Oktober 1997, Warschau 2000, S. 123-136. Von den älteren Gesamtdarstellungen
     ist zu nennen: Stanley W. Jackson: Melancholia and Depression. From Hippocratic Times to
     Modern Times, New Haven 1987.
4   Vgl. für eine jüngere Zusammenfassung Roland Lambrecht: Der Geist der Melancholie. Eine
     Herausforderung philosophischer Reflexion. München 1996, S. 17-37, und bereits klassisch
     Hubertus Tellenbach: Melancholie. Problemgeschichte, Endogenität, Typologie, Pathogenese,
     Klinik, Berlin 1967, S. 1-15. Zum weiteren medizinischen Hintergrund jetzt: Arbogast Schmitt:
     Über die Bedeutung der Philosophie in der Medizin der Antike. Hippokrates und Galen, in:
     Klaus Bergdolt (Hrsg.): Was ist Gesundheit? Antworten aus Jahrhunderten, Stuttgart 2011, S.
     27-46.

chende Temperamentenlehre abgeleitet, d. h. postuliert, dass sich aus dem konstitutionell oder akzidentiell (infolge der bewohnten Klimazone, des Alters, besonderer Lebensformen und/oder -umstände, Krankheiten) bedingten Vorherrschen eines bestimmten Körpersaftes die entsprechende Temperamentsdisposition ergebe, die wiederum zu entsprechendem Verhalten führe.

Im Bild des Melancholikers dominierten demzufolge je länger desto mehr die düsteren Farben. Der Schwarzgallige wird erkennbar durch auffallende Introvertiertheit, Einsamkeit, Ängstlichkeit, Argwohn, Grübelei, düster-traurige bis unsymphatisch-kalte Ausstrahlung, Blässe, langsame Bewegungen, dunkle Kleidung, Minderwertigkeitskomplexe, Entschlusshemmung, Handlungsscheu usw. Dass diese Eigenschaften nicht konstant bleiben, sondern sich verändern können, war ebenfalls bereits propagiert. Durch geeignete Therapien erschien das Übergewicht auch der schwarzen Galle immerhin zumindest reduzierbar, wenn nicht sogar überwindbar. Noch augenfälliger erschien indessen, dass aus Introvertiertheit und Grübelei übersteigerte Erregung, Sinnesempfindung, überschäumende Phantasie, Geistesschärfe, ständige geistige Unruhe und gesteigerte Gedankenproduktion, aber auch heroischer Aktivismus erwachsen konnten, die schließlich sogar in Hektik und Besessenheit, am Ende in den Selbstmord mündeten.

An der Stelle des Übergangs von der grübelnden Introvertiertheit zur übersteigerten Empfindung, überschießenden intellektuellen und körperlichen Aktivität und Kreativität bis zur Besessenheit setzte im ausgehenden 4. und frühen 3. Jahrhundert v. Chr. dann der berühmte Absatz XXX,1 der pseudoaristotelischen, mittlerweile Theophrast (372-285 v. Chr.) zugeschriebenen *Problemata Physica* an, der die Konzeption göttlich-genialen, melancholischen Wahnsinns begründete. Die an sich eher schädliche schwarze Galle kann danach imaginativ und intellektuell leistungsstimulierend wirken. Wer über sie verfügt, ist als von den Göttern ausgezeichneter, wiewohl mit hoher Wahrscheinlichkeit nur mit einer begrenzten Lebensspanne im Diesseits bedachter Großer zu betrachten. Diese „Melancholie der Besten", wie sie in der Frühneuzeit genannt werden sollte[5], musste naturgemäß zu entsprechenden Selbstaneignungen, Selbststilisierungen und Fremdzuschreibungen führen, die nicht nur im kulturellen Bereich, sondern auch in Gesellschaft und Politik zu Buche schlugen, ohne dass wir freilich aus der Antike nähere Nachrichten dazu zur Verfügung hätten.

Mehr als eine Akzentverschiebung, sondern einen ausgesprochenen ‚Paradigmenwechsel' bedeutete die Christianisierung der Melancholie, bedingt auch durch den Verlust antiker Vorstellungen über sie.[6] Den neuen Bezugsrahmen

---

5   Lambrecht, Geist, S. 18.
6   Lambrecht, Geist, S. 38-60.

dieses Melancholieverständnisses bildete ideell die Antithese von Welt und Got-
tesreich, sozial die Übernahme der Debatte durch die Kirchengelehrten. Gegenüber der diesseitigen Welt soll der Christ eine Distanz entwickeln, die Trauer und
Ernst mit Heiterkeit und Hoffnung mischt: Trauer über die Geworfenheit noch in
das Irdische, Ernst im Hinblick auf die Bewährung, die von ihm gefordert ist in
diesem Irdischen, Heiterkeit wegen der Gewissheit, als wahrer Christ doch von
Christus gerettet zu sein und alles Irdische schließlich hinter sich lassen zu können, Hoffnung im Hinblick auf diese bevorstehende Erfüllung. Bis der Christ zu
dieser ernsten, vertrauensvollen Gläubigkeit gelangen kann, ist er jedoch mannigfaltigen Anfechtungen des Teufels ausgesetzt, die als gottgewollte Prüfungen
oder wohlverdiente Strafen aufzufassen sind. Diese Anfechtungen zielen sowohl
auf eine Beschwerung der Seele durch zu viel gottlose, lügnerische Fröhlichkeit
am und im Diesseits als auch durch zu starke, die Gewissheit der Erlösung über-
lagernde und schließlich abtötende Trauer. Die Überwindung dieser Anfechtungen gelingt zwar nur mit göttlicher und kirchlicher Hilfe. Zu ihrer Eindämmung
sind aber alle Mittel zugelassen, die Gott dem Menschen zur Erleichterung von
dessen Dasein in seiner Schöpfung unmittelbar eröffnet hat oder zur Erschließung durch den Menschen selbst gewährt.

Zu diesem christlich-therapeutischen Spektrum gehören auch die Ordnung
des gemeindlichen Zusammenlebens der Christen, die Disziplin des Klerus und
insbesondere die Klosterdisziplin. Klerus und Mönchtum als verbliebene Träger der geistigen Kultur entwickelten daher die Konzeption der Acedia, die aus
der Gottesferne allgemein oder der Gottesferne trotz bereits halb erfolgter Welt-
entrücktheit des Geistlichen oder des Mönchs resultierende Variante christlicher
Melancholie.[7] Sie war die lasterhafte, verdrießliche Trägheit, Schwermut, Trauer
oder beginnende Verzweiflung, die den bereits durch seine Weihe Ausgezeich-
neten doch noch daran hinderte, ein wahrhaft gottgefälliges, die jenseitige Erfüllung förderndes Leben zu führen. Als saures (*acidus*) Laster, das zumal in der
Zeit nach dem Mittagsmahl auftritt – also mit der Schwere des üppig gefüllten
Magens als Inbegriff der Auslieferung an das diesseitige Leben zusammenhängt
– und deshalb vielfach mit dem Auftreten einer Art Mittagsdämon in Verbindung
gebracht wurde, war die *acedia* damit eine *melancholia diabolica*, eine Todsünde.

Um sie zu vermeiden oder zumindest einzudämmen, waren Klerus und insbesondere Mönche zu körperlicher Bewegung, geordneter, gemeinschaftlicher Lebensweise, also Vermeidung von Einsamkeit, richtiger Ernährung und Erfolgs-

---

7   Alfred Bellebaum: Langeweile, Überdruss und Lebenssinn. Eine geistesgeschichtliche und
     kultursoziologische Untersuchung, Opladen 1990, S. 15-66; ders.: Trägheit – gefährdeter Le-
     benssinn, in: ders., Detlef Herbers (Hrsg.): Die sieben Todsünden. Über Laster und Tugenden
     in der modernen Gesellschaft, Münster 2007, S. 205-234.

gefühle verschaffender Aktivität angehalten. Nachdem auch der Laienchrist das Vertrauen in die Erlösung mit Hilfe der Kirche verlieren oder zur Trauer als Normalzustand angesichts seiner eigenen und der allgemeinen Unerlöstheit der Menschen gelangen konnte, waren auch für ihn entsprechende Hilfen vorzusehen, wie sie beispielsweise Hildegard von Bingen in Gestalt ihrer diätisch-medizinischen Rezepturen und meditativ-religiösen Übungen entwickelte.

Nachhaltigere Reflexionen und Praktiken in diese pastoralmedizinische Richtung scheint jedoch erst das Spätmittelalter mit sich gebracht zu haben. Abgesehen davon, dass zu dieser Zeit die Klöster stärker in den städtischen Lebenszusammenhang rückten und sich die *acedia*-Problematik an dieser Stelle deshalb abschwächte, war dafür offenbar die Verschärfung der Antithese Welt-Gottesreich im Zuge der zeitgenössischen Frömmigkeitsbewegung verantwortlich. Sie setzte den Akzent auf den Ernst des christlichen Lebens, die allgegenwärtige Sündhaftigkeit und die unablässige Bedrohung durch den Satan. Als Mittel gegen die so erzeugte Sündenangst, Sündentrauer und Erlösungsverzweiflung wurden jetzt enger glaubens- und kirchenbezogene Maßnahmen bevorzugt: das entsprechend häufiger nachgefragte und eingesetzte Bußsakrament, die Kultteilnahme, Ablass, Stiftungen, verschärfte Sittenzucht, also Sozialkontrolle und Sozialdisziplinierung. Mit dieser nicht mehr nur speziell die Kleriker, dann den Adel, sondern auch das Bürgertum betreffenden Entwicklung war durchaus vereinbar, dass Volksprediger ihre Zuhörerschaft mit derbstem Humor aus der Reserve zu locken und dann umso sicherer zur Buße und Umkehr zu bringen versuchten. Das gemeine Volk war schon und noch immer derber weltlicher Ausgelassenheit verhaftet. Wollte man es zum christlichen Ernst erziehen, musste man es zunächst bei dieser seiner Weltlichkeit packen. Dass gerade die Austreibung weltlicher Freude durch Disziplinierung melancholiefördernde Wirkungen haben musste, blieb im Verchristlichungseifer unbemerkt bzw. wurde nicht als Problem empfunden. Dagegen erkannten christliche Denker Jean Gerson (1363-1429) bereits, dass die acedische innere Lähmung und tendenzielle Ausgelöschtheit der eigenen Person auch als notwendiges Vorstadium vor der erhofften gnädigen Annahme durch Gott betrachtet und damit auch positiv gewertet werden konnten.[8]

---

8   Wolfgang Weber: Im Kampf mit Saturn. Zur Bedeutung der Melancholie im anthropologischen Modernisierungsprozess des 16. und 17. Jahrhunderts, in: Zeitschrift für Historische Forschung 17 (1990), S. 155-192, hier S. 160-162.

2.2 Zwischen erneuerter Melancholie und rigoroser Acedie: Renaissance und Konfessionelles Zeitalter

Mit der Wiedererschließung und Neuaufbereitung der antiken Kultur zum Zweck zeitgenössischer kultureller Erneuerung, dem Programm der Renaissance, ging auch die humanistische Rezeption, Aneignung und Weiterentwicklung des melancholischen Komplexes einher. Mehr noch, die Befassung mit ihm spielte eine wesentliche Rolle, weil er an der Nahtstelle zwischen Moralphilosophie, okkulter und empirischer Wissenschaft und Christentum angesiedelt war. Darüber hinaus bot er dem Mediziner die Möglichkeit, als humanistischer Arztphilologe vom Status eines bloßen *mechanicus*, den ihm das Mittelalter vorgab, zum vollgültigen Gelehrten aufzusteigen, und umgekehrt dem humanistischen Philologen, seinen Textansatz entsprechend empirisch zu erweitern. Eine verstärkte Befassungsdynamik und -motivation ergab sich zudem daraus, dass die zunehmende Freisetzung des Individuums von seinen traditionellen Bindungen, die der Humanismus vorantrieb, nicht nur mit Freiheitseuphorie, sondern auch mit Gefühlen der Unsicherheit und deshalb der Suche nach neuer Gewissheit, vermittelt nicht zuletzt durch die Astrologie, verbunden war. Die saturnische Melancholie und die astrologisch unterfütterte Temperamentenlehre bildeten dabei wesentliche Elemente.

Zuerst wurden auch in dieser Richtung des Humanismus wie üblich die autoritativen Texte der Antike gesucht, neu ediert, kommentiert und kritisch ergänzt. Sowohl die pseudoaristotelischen *Problemata physica* als auch das Werk Galens fanden auf diese Weise neue, zentrale Beachtung. Ihre Lektüre und Erörterung führten zunächst zur Bekräftigung der diesseitig-medizinisch-biologischen Qualität der Melancholie und zur Wiedergewinnung des Unterschieds zwischen der melancholischen Veranlagung (Temperament) und der endogen oder exogen verursachten pathologischen Melancholie. Eine weitere Leistung bestand in der Erneuerung des Konzepts, das melancholische Syndrom systematisch auf die Existenz und Konsistenz des schwarzen, der Galle entspringenden Körpersaftes zurückzuführen, was diese Annahme auch der empirischen Überprüfung öffnete. Schließlich begann der Humanismus auch erstmals konsequent, die biologischen Ursachen der Melancholie mit bestimmten konkreten Voraussetzungen, Verhaltensweisen und Lebensformen in Zusammenhang zu bringen, an die entsprechend spezifizierte Therapien anzusetzen hatten bzw. ansetzen konnten.

Auf die ausgefeilte Diagnostik und Therapie, die Renaissance und Humanismus aus diesen Ansätzen heraus entwickelten, kann hier nur kurz eingegangen werden.[9] Als durch krankhafte Melancholie gefährdet erschienen einerseits

---

9   Siehe hierzu und zu diesem gesamten Kapitel meine Ausführungen in Weber, Im Kampf (wie Anm. 8), mit allen erforderlichen Nachweisen.

wieder unter ungünstigen Konstellationen der Gestirne geborene Individuen, Bewohner klimatisch ungünstiger Zonen, Kinder bereits belasteter Eltern, durch Alter oder Krankheit in ihrem Säftehaushalt gestörte Menschen. Andererseits setzten sich Individuen und Gruppen durch Bewegungsmangel, Einsamkeit, Distanz zu lebensweltlicher Freude, z. B. religiös verschärfte, belastende Lebensweisen, durch unablässige Sorge und Einsatz für die ihnen Anvertrauten oder aber verzehrende Ausschweifungen dieser Gefahren aus. Zu den deshalb besonders betroffenen Gruppen zählten demzufolge die Gelehrten, die Bewegungsmangel mit anstrengender geistiger Arbeit, zumeist Einsamkeit und Mangel an Ablenkung und Freude verbanden, alte Menschen, voran die Witwen, aber auch die Regierenden, also die in öffentlicher Verantwortung stehenden Angehörigen des Adels und der bürgerlichen Oberschichten, die sich seit dem ausgehenden 15. Jahrhundert in dem epochenprägenden Prozess der Herrschaftsverdichtung zum Staat und einer sich ständig verschärfender Mächterivalität befanden. Wesentliche Zeichen der erfolgten Befallenheit sind schwarzer Stuhlgang und Urin, Hämorrhoiden, häufiges bis dauerndes Seufzen, unkontrollierte Tränenausbrüche, Nasen- und Lippenzittern, Magerkeit, Austrocknung sowie blasse bis gelbliche Haut, aber auch wieder Rückzug aus der Gesellschaft, Ängstlichkeit, Sturheit, Bevorzugung dunkler Umgebung usw. Die Therapie hatte dem klassischen Grundsatz *contraria contrariis curantur* zu folgen, setzte also auf flüssigkeitsreiche Ernährung, Bäder, Massagen, körperliche Betätigung wie Reiten, Jagen und Ringen, bestimmte Medikamente und Kräuter, aber auch bewusste, verbesserte Teilnahme am ,Rhythmus der Natur' also Aufenthalt in der Natur, auf angemessenen Wechsel zwischen Anstrengung und Entspannung, Einsamkeit und Gesellschaft, Zerstreuung, Spiel, Reisen, Spazierengehen, Musik und den Genuss edler Düfte. Gegen den bereits manischen Melancholiker ist dagegen noch kein Kraut gewachsen; man muss ihn gewähren lassen oder, sofern er zur Gefahr für seine Umgebung wird, isolieren. Was sich abzeichnet, sind damit zumindest diese in die Moderne weisende Tendenzen: der Abbau von Spontanität in der Alltagsgestaltung, die Unterscheidung von Arbeit und Freizeit, die bewusste Zeiteinteilung des Alltags und der zunehmend bewusste, hier kompensatorische Aufeinanderbezug der Arbeits- und Freizeitformen.

Die Renaissancedenker, genauer zuerst Marsilio Ficino (1433-1499) und seine Anhänger als spezielle Gruppe unter ihnen, griffen aber wie gesagt auch das Konzept göttlich-genialen Wahnsinns wieder auf. Sie applizierten es nunmehr gezielt auf den Künstler und den Gelehrten, m. a. W., nahmen es vor allem für sich selbst in Anspruch bzw. ordneten es ihrer Standesideologie ein, um sich erhöhte Legitimität, Anerkennung und Autorität sowohl gegenüber dem Klerus und dem Adel als auch dem gemeinen Volk zu verschaffen. Entweder bereits konstitutionell oder infolge ihrer betätigungstypischen körperlichen Unbeweglichkeit, Einsamkeit und Geistesaktivität, entwickelte der in dieser Epoche noch weitgehend identische Gelehrte und Künstler, so das Bild, erhöhte Sensibilität, Phantasie und Geistesschärfe. Diese gesteigerte Wahrnehmung und Reflexion ließen ihn die Unzulänglichkeiten und die Relativität der Welt überhaupt stärker erkennen und empfinden. Gleichzeitig setzten sie ihn aber auch im Stande, die daraus entspringende Schwermut und Welttrauer produktiv-genialistisch abzuarbeiten. „Die Überzeugung von dieser Korrelation zwischen geistigen Fähigkeiten und dem Zustand der Melancholie mit all seinen Unannehmlichkeiten Krankheitsrisiken" konnte von da an „das Selbstverständnis und Selbstbewusstsein des europäischen Künstlers und Intellektuellen [...] entscheidend prägen".[10] Es kam mithin zu demjenigen intellektualistisch-künstlerischen, weitverbreiteten Melancholiekult, dessen Ausläufer bis in die Gegenwart reichen, und in dessen Vollzug die Melancholie zur Patronin der Künste avancierte, die auch diejenigen unter ihren Mantel nahm und nimmt, die in ihrem Leben kaum melancholische Merkmale aufweisen.

Sowohl aus der humoralmedizinischen wie diese genialistische-kulturellen Perspektive rückten damit der schlechte Zustand der Welt und dessen zumindest versuchsweise Verbesserung oder gar Überwindung in das Zentrum. Der humanistische Gelehrte und Künstler fand naturgemäß zuerst im Tatbestand des Verlusts der antiken Hochkultur und in wachsendem Maße in der Wahrscheinlichkeit ihrer Unwiederherstellbarkeit seinen melancholischen Bezugspunkt. Dann mischten sich entsprechende Reaktionen auf das zunehmend offenkundige Auseinanderfallen der Christianitas erst in unterschiedliche, rivalisierende Mächte, zudem im Schatten der osmanischen Bedrohung, dann auch noch wesentlich bedeutsamer in unterschiedliche Konfessionen bzw. auf den Schwund christlicher Geborgenheit in einem rapide größer, fremder und instabiler werdenden Kosmos ein. Reformation und Konfessionalisierung neigten dazu, wie noch deutlicher auszuführen sein wird, die Antikenbegeisterung und -orientierung des Humanismus und der Renaissancekünste als heidnisch und damit letztlich teuflisch zu denunzieren. Nach der Auftaktphase vergleichsweise freier Wiedererschließung der Antike zogen die weltlichen und geistlichen Obrigkeiten ohnehin die Zügel wieder stärker an. Das Mäzenatentum für die Literatur und Künstler geriet zunehmend zur Auftraggeberschaft.

---

10   Heinz-Günther Schmitz: Physiologie des Scherzes. Bedeutung und Rechtfertigung der ars
       iocandi im 16. Jahrhundert, Hildesheim-New York 1972, S. 150f. Zur in diesem Zusammenhang
       angesiedelten Bildproduktion vgl. jetzt umfänglich Jean Clair (Hrsg.): La Mélancholie, génie
       et folie en Occident; en hommage à Raymond Klibansky (1905-2005), Paris 2005 (dt. Ausgabe
       Berlin 2005), und Maxime Preaud: Mélancolies, livre d'image, Paris 2005.

Der historisch anschließende reformatorische Aufbruch, der in das bis um 1700 anhaltende konfessionelle Zeitalter führte, steigerte die im frommen 15. Jahrhundert zurückgekehrte rigoristische paulinistische Weltsicht zu ihrem Höhepunkt. Das brennende Verlangen der Reformatoren nach Gnade und Heil stellte die ernsteste Angelegenheit überhaupt dar und erforderte daher klar den konsequenten christlichen Lebensernst. Schon für Martin Luther ist die volle Kenntnis der mittelalterlichen Acedia-Konzeption und der wesentlichen Elemente des Melancholiekonzepts der Humoralmedizin nachzuweisen. Er radikalisierte diese Ansätze in seinem Sinne, gipfelnd in der Feststellung: „melior est tristitia spiritus quam securitas mundi", d. h., machte Traurigkeit und fromme Melancholie zu einer wichtigen Grundlage jeglichen christlichen Lebensvollzugs. Das religiöse Leben unter dem Papsttum erschien ihm dagegen nichts als eitel Spiel und teuflischer Scherz. Zum Ernstmachen mit dem Christentum gehörte für ihn naturgemäß aber auch das Ernstnehmen der Anfechtung durch diabolische Anfechtung und Verzweiflung. Dem positiven Verständnis der *melancholia animi* stand mithin die negative Auffassung gegenüber, „caput melancholicum est balneum paratum Diaboli". Um dieser Bedrohung entgegen zu wirken, griff auch der Reformator auf die Rezepte der humoralen und pastoralmedizinischen Melancholietherapie zurück, freilich ergänzt und vollendet durch christliche Mittel, wie sie in seiner Empfehlung des Hörens der „kithara des Evangeliums" als Medikament und Prävention teuflischer Melancholie zum Ausdruck kommt.[11] Das humoralmedizinische Postulat zur bewussten Alltagsgestaltung und Lebensführung krönte er mit der Berufsidee. Diese religiöse Überhöhung der Erwerbsarbeit über den unmittelbaren Zweck der Bedürfnisbefriedigung hinaus bot Chancen psychisch-physischer Stabilisierung, durch die das zur frommen Melancholie verschobene neue Lebensprinzip auf gesteigertem Niveau zumindest tendenziell ausgeglichen werden konnte.

Aber auch die Komponente melancholisch übersteigerter Phantasie war den Reformatoren präsent. Luthers denunziatorische Bezeichnung der Spiritualisten als Schwärmer spielte auf den Zusammenhang zwischen satanischer Melancholie und melancholisch-besessener Manie an. Noch weiter gedacht , konnte nicht nur das gesamte Heidentum, sondern musste erst recht der jeweilige konfessionelle Gegenglaube als Ausfluss melancholisch-satanischer Imagination erscheinen. Auch das Papsttum beteiligte sich an derartiger Polemik; es versuchte, die Ketzer als Verzweifelte, Wahnsinnige und Besessene darzustellen, deren Wirken nur ebenso Verderbliches zur Folge haben konnte.

---

11   Weber, Im Kampf (wie Anm. 8), S. 162-163 (mit Zitatnachweisen).

Die Auffassung des schweizerischen Reformators Huldrych Zwingli (1484-1531) verschob zwar den Akzent: nach biblischem Zeugnis seien die erwählten, wahren Christen fröhlich, nur die Verdammten und Verzweifelten traurig oder melancholisch. Mit dieser Lösung bereitete er aber letztlich nur die noch radikalere Auffassung Jean Calvins (1509-1564) vor, der den Zusammenhang von Melancholie und Erwähltheit radikalisierte und in eine förmliche Prädestinationslehre umsetzte. Statt bloß Indiz und Folge von grundsätzlich akzidentiellen, wenngleich wiederkehrenden, im Rahmen des herkömmlichen religiös-kirchlich-pastoralmedizinischen Angebots und Therapieinstrumentarismus prinzipiell überwindbaren Versuchungen zu sein, wurde die Melancholie direkt mit der existenziellen Frage nach persönlicher Erwählung oder Verdammnis verknüpft. Der Gläubige wird mit der ständigen Warnung konfrontiert, das die fromme Euphorie des vermeintlich Erwählten sich schnell als grausamer Irrtum erweisen kann. Nur die immer Zweifelnde verstehe eigentlich, wahrer Christ zu sein. Den Zweifel und die daraus resultierende Welttrauer auszuhalten, ist die von Gott auferlegte Last. Was sich bei Luther erst andeutet –das Fehlen jeglicher Anfechtung ist eigentlich ein schlechtes Zeichen- wird in der reformierten Glaubenswelt also radikalisiert, während alle üblichen Entlastungsmöglichkeiten entfallen: die *bona opera* und das tröstlich-reinigende Beichtsakrament der römischen Kirche –in den Protestantismen addiert sich das Sündenkonto im Lebenslauf unerbittlich immer weiter auf-, die Bejahung maßvoller weltlicher Leibes- und Herzensfreude, die stabilisierende Idee christlicher beruflich-diesseitiger Pflichterfüllung.

Historische Untersuchungen haben gezeigt, dass die reformierte Prädestinationslehre, die infolge der Verbindung der Reformation Zwinglis mit der ungleich stärkeren Calvins dominiert wurde, in entsprechend erfassten Regionen zu erhöhten Selbstmordzahlen führte. Sie haben außerdem erwiesen, dass Max Webers These, das puritanisch-protestantische Erwerbsstreben, das den Kapitalismus hervorgebracht hat oder zumindest entscheidend weiter gebracht habe, zu differenzieren ist. Nicht diese Lehre selbst, sondern die einzig erfolgsversprechenden Formen der Therapie der Melancholie, die diese Lehre bewirkte, nämlich die unablässige Verschaffung von Erfolgserlebnissen, ständige Beschäftigung und Betätigung gerade auf risikoreichen Feldern, sind als entsprechende Wirkfaktoren anzusehen.[12]

Aus der Dynamik vor allem, aber nicht ausschließlich der reformatorisch-protestantischen Melancholieauffassung entsprang auch wesentlich die im konfessionellen Zeitalter epochalverstärkte scheinbare Wahrnehmung und demzufolge Verfolgung angeblicher Hexen. Dass der Satan überall lauerte, war selbstver-

---

12   Weber, Im Kampf (wie Anm. 8), S. 166-168.

ständlich. Dass dessen Präsenz auch dort anzunehmen war, wo christliche Zuversicht und fromme Heiterkeit kaum mehr auftraten, lag zumindest in bestimmter Perspektive ebenso nahe. Eine Gruppe, die durch besondere Griesgrämigkeit bis Bösartigkeit auffielen, ohne Verteidiger oder Beschützer zu finden, warten aber die sozial isolierten, alten Frauen, zu deren letzten Selbstbehauptungsmitteln es schon immer gehört hatte, erforderlichenfalls Verwünschungen auszustoßen und seltsame Rituale zu praktizieren. So war es kein Wunder, dass sich gerade auf sie der Hauptstoß der Hexenverfolgung richtete. Ebenso wenig verwunderlich erscheint aber auch, dass schon bald eben aus dem melancholischen Komplex auch Entlastungseinschätzungen erwuchsen, die schließlich wesentlich zum Abklingen und dann zum Verschwinden dieses unrühmlichen Kapitels der europäischen Geschichte führten. Zu den Ärzten, die nicht zuletzt in der Konkurrenz um öffentliche Anerkennung und Karrieren mit den das konfessionelle Zeitalter beherrschenden Theologen und Pastoren, fortschreitend entschiedener versuchten, den als Hexen angeklagten Frauen pathologische, aus ihren Lebensumständen abzuleitende und damit entlastende Melancholie zu attestieren, zählte etwa der herzogliche Leibarzt Johann Weyer (1515-1572). Auch dank seines Einsatzes entwickelten sich im Laufe des 17. Jahrhunderts rechtsmedizinische Diagnose-, Prüfungs- und Begutachtungs- sowie Beurteilungsverfahren, die den Komplex der Melancholie weiter differenzierten und schließlich erheblich enttheologisierten. Z. B. in der bahnbrechenden *Disputatio iuridica solemnis De Dementia et Melancholia* des berühmten Zivilrechtlers Samuel Stryk (1640-1710) und seines Schülers Matthias Adam Brösicke von 1683 gerät die *melancholia obsessiva diabolica* bereits zum Sonderfall, während der *melancholia naturalis* und deren grundsätzlich und in den Steigerungsphasen verstärkter Wirkung, die Vernunft und damit das verantwortliche, schuldbegründende Handeln, erheblich größere, wachsende Bedeutung zukommt.[13]

Zu den Motiven der medizinisch interessanten Juristen und der Rechtsmediziner, das Konzept der Melancholie von dessen religiös-theologischen Auswucherungen zu befreien, gehörte zentral, die aus seiner willkürlich erscheinenden Anwendung entsprungene Unordentlichkeit und Turbulenz still zu legen. Dieses Bedürfnis der Ordnungs-, Stabilitäts- und Berechenbarkeitsherstellung trat seit dem ausgehenden 16. Jahrhundert als Reaktion auf den Religionsfanatismus, der zu den religiösen Bürgerkriegen in Frankreich und den Niederlanden geführt hatte, auch im Feld der Politik in den Vordergrund. Es trug, wie die Frühneuzeitforschung sich inzwischen weitgehend einig ist, maßgeblich zur Idee und Praxis des Staates als ordnungserzwingende, höchste Instanz bei.

---

13   Weber, Im Kampf (wie Anm. 8), S. 165f. und 178-181.

Zunächst schritt der Späthumanismus von seiner Suche nach Möglichkeiten, die melancholischen Lähmungen und Besessenheitsausbrüche z. B. in Gestalt des religiösen Fanatismus durch Einsatz entgegengesetzter Affekte und Formen zu bekämpfen, zum Versuch der Distanzierung von den Affekten, die in dieser traumatischen Zeit so zahlreich und widersprüchlich auf ihn einstürmten, überhaupt weiter. Dabei entdeckte er das Instrumentarium der Stoa neu. Stoische Vorstellungen bestimmten demzufolge auch fortschreitend die Erziehung und Beratung der Eliten, von denen sich die Gelehrten aller Coleur die Rückkehr zu ordentlichen Verhältnissen, in denen auch das Gelehrtentum und die Wissenschaft wieder blühen konnten, versprachen. Das waren die Fürsten und deren oberste Helfer, die sekundären Macht eliten. Sie zu realistischen Lageanalysen und konsequentem politischen Handeln im Interesse von Ordnung, Sicherheit und Stabilität zu bringen, war die Zwecksetzung der Selbstdisziplinierungslehren, die jetzt entstanden, ebenso wie der Herrschaftslehren, die die Erkenntnis und Nutzung der Gefühle, Temperamente und Interessen der Untertanen als eigentliche, unverzichtbare Herrschaftsinstrumente empfahlen. Die so anvisierte Nutzung von Not, Angst, Furcht und Unzufriedenheit förderte nicht nur die Intensivierung der Herrschaft zum stabilitätsversprechenden Staat, sondern auch die Optimierung der Herrschaft in diesem Staat.[14]

Der Schlüsselautor dieser Epoche war der niederländische Späthumanist Justus Lipsius (1547-1606), Begründer des Neustoizismus, Militärtheoretiker und als Politiktheoretiker Autor einer der einflussreichsten Herrschaftslehren des gesamten 17. Jahrhunderts überhaupt.[15] Die von ihm, in seinem Umfeld und nach ihm entwickelten Rezepte zur Erreichung und Sicherung der *tranquillitas* und *serenitas animi* der Mächtigen als Voraussetzung erfolgreicher Herrschaft und der Erfassung und Nutzung der Temperaments- und Affektdynamiken der Untertanen sind außerordentlich zahlreich und werden vielfach bis heute als gültig angesehen. Spezifische Erörterungen betrafen z. B. die funktional nützlichste Temperamentsausstattung der Beamten, förmliche Temperaments- und Gemütserkennungslehren z. B. auch im Hinblick auf fremde Diplomaten und affektorientierte Rebellionsbekämpfungslehren. Es versteht sich, dass bei diesen Diskussionen auch sämtliche älteren Motive der Temperaments- und Melancholiebefassung wieder zum Tragen kamen. Das heißt, auch die Reklamation besonderer Melancholiebefallenheit als Ausweis besonderer Erkenntnis- und Geisteskraft für die Philosophen bzw. Intellektuellen wurde beibehalten. Kein geringerer als Jean

---

14   Weber, Im Kampf (wie Anm. 8), S. 183-189.
15   Philipp S. Gorski: The Disciplinary Revolution. Calvinism and the Rise of the State in Early Modern Europe, Chicago 2003; Erik de Bom u. a. (Hrsg.): (Un-)masking the realities of Power. Justus Lipsius and the dynamics of political writing in Early modern Europe, Leiden u. a. 2011.

Bodin referiert in diesem Kontext aber auch schon eine altrömische Fabel, nach der „Jupiter" den „Saturn aus seiner Herrschaft vertrieb", also „der Höfling und Politiker den [saturnalischen, also melancholischen, W.E.J.W.] Philosophen überlisten [kann]", m. a. W. allgemeine Erkenntnisfähigkeit mit politischer Klugheit nicht mehr identisch ist.[16] Ebenfalls einen neuen, modernen Akzent bedeutete, dass die Wirkung des dargelegten Erziehungs- und Disziplinierungsprogramms immer höher eingeschätzt wurde, also die natürliche Temparaments- und Affektausstattung als relativierbar oder gar nahezu revidierbar erschien.

Zu den weiteren Elementen des melancholischen Komplexes dieser Epoche zählen beispielsweise die Erkenntnis, dass sich sexuelle *castitas*, die herkömmlicherweise immer als zur Belastungsmelancholie führend eingeschätzt wurde, auch unschädlich in Träumen kompensieren kann, und sich die Einschätzung, dass die Melancholie des Höflings nicht nur auf dessen ständiges Schwanken zwischen Karriere und Sturz, sondern bereits auf dessen Mangel an echten Aufgaben beruht, allmählich in den Vordergrund schob. Schließlich ist zu notieren, dass das wichtigste frühneuzeitliche Melancholiewerk überhaupt, Robert Burtons *Anatomy of Melancholy* (1621), in dieser Epoche entstand, und zwar sozusagen klimazonen- und melancholietheoretisch korrekt im nebligen England.[17]

2.3 Melancholie und Vernunft: Das Jahrhundert der Aufklärung

Ab dem ausgehenden 17. Jahrhundert fanden mehrere neuerliche Differenzierungen und Transformationen des melancholischen Komplexes und der mit ihm verbundenen Zuschreibungen statt. Nach den Schrecken des Religionsfanatismus und der Durchsetzung des auf seine Weise ebenfalls hinreichend Furcht und Melancholie generierenden absolutistischen Zwangsstaats wurde die Lebensfreude (*iucunditas*) in ihren diversen, handlungsmotivierenden Varianten als legitimer individueller und sozialer Antrieb wiederentdeckt und zunehmend hoch geschätzt. Aus dieser neuen Sicht rückten die neustoische Affektlosigkeit und Ernsthaftigkeit bereits in die Nähe der Melancholie, gegen die sie doch ursprünglich entwickelt worden waren. Dagegen wird das zuvor wenig beachtete, gegen Stumpfsinn, Apathie, Unproduktivität und melancholische Schwermut eingeführte Fröhlich-

---

16   Jean Bodin. Sechs Bücher über den Staat. Buch IV-VI, übersetzt und hrsg. von Bernd Wimmer, München 1986, S. 181.
17   R. Burton: Anatomie der Melancholie. Aus dem Englischen übertragen und mit einem Nachwort versehen von Ulrich Horstmann, Zürich-München 1988.

keitsgebot der Utopien wieder entdeckt, das zur Hebung des Arbeitseifers wie zur
Kontinuitätssicherung der utopischen Gesellschaften eingesetzt werden sollte.[18]
Von diesem Ansatz her war der Weg nicht mehr weit, gestützt z. B. auf dem
Eudaimonie-Konzept des Aristoteles, zur Beendigung der eine Gesellschaft lähmenden Schwermut, öden Stille und Verwahrlosung, die aus den unlängst er-
fahrenen Missständen entstanden waren, als neue politische Zielkategorie die
Herstellung glücklicher Verhältnisse einzuführen. Schon zur Mitte des 17. Jahrhunderts konnte es zum Hauptverdienst eines Monarchen erklärt werden, *om-*
nem tristitiam aufgehoben zu haben. Binnen kurzem avancierte die diesseitige
Glückseligkeit des Staates, der Gesellschaft und ihrer Gruppen sowie schließlich
des Individuums zur soziopolitisch-kulturellen Zweckgröße überhaupt. Sie wurde im Naturrecht fortgeschrieben und legitimiert, staatstheoretisch ausdrücklich
als Endzweck aller Staatlichkeit angegeben und in der Volksaufklärung systematisch propagiert, hier freilich auch instrumentell, um dem gemeinen Volk die
mit der Einübung der ökonomischen und bürgerlichen Tugenden verknüpften Ent-
behrungen schmackhaft zu machen.[19]

Begleitet wurde diese Entwicklung naturgemäß durch eine breite glücksthe-
oretische Debatte. Die konfessionelle Ansiedlung des Glücks erst im jenseitigen
Paradies geriet ins Hintertreffen. Ebenso erschien die stoische Lösung, das Glück
als Seelenruhe und Befreiung von allen Leidenschaften aufzufassen, nicht mehr
überzeugend. Die an diese Tradition anschließende intellektualistische Lösung
etwa von Gottfried Wilhelm Leibniz und Christian Wolff, dass nämlich intellektuelle Lust, das Gefühl einer gewissen Vollkommenheit in Erkenntnis und Denken das Glück sei, war der Mehrheit ebenso wenig wirksam zu vermitteln wie
der Vorschlag Kants, Glück und Pflichterfüllung im Kontext der Moral zu kom-
binieren. Was sich deshalb schließlich durchsetzte, waren die aus England und
Frankreich stammenden sensualistischen oder sinnlichen, später sensualistisch-

---

18   Weber, Im Kampf (wie Anm. 8), S. 188f.; Pierangelo Schiera: Staatsräson, Benehmen und Me-
      lancholie: Ein politischer Teufelskreis der italienischen Renaissance?, in: Luise Schorn-Schütte
      (Hrsg.): Aspekte der politischen Kommunikation im Europa des 16. und 17. Jahrhunderts,
      München 2004, S. 329-346. Zur Aufklärungsphase insgesamt, vgl. Martin Pott: Aufklärung und
      Aberglaube. Die deutsche Frühaufklärung im Spiegel ihrer Aberglaubenskritik, Tübingen 1992,
      S. 267-410; Hans-Peter Nowitzki: Der wohltemperierte Mensch; Aufklärungsanthropologien
      im Widerstreit, Berlin-New York 2003, sowie noch immer Hans-Jürgen Schings: Melancholie
      und Aufklärung. Melancholiker und ihre Kritiker in Erfahrungsseelenkunde und Literatur
      des 18. Jahrhunderts, Stuttgart 1977, der aber stark im Übergang zwischen konfessionellem
      Zeitalter und Aufklärung angesiedelte Motive und Aspekte thematisiert.
19   Herbert Matis (Hrsg.): Von der Glückseligkeit des Staates. Staat, Wirtschaft und Gesellschaft in
      Österreich im Zeitalter des aufgeklärten Absolutismus, Berlin 1981; Alfred Bellebaum (Hrsg.):
      Staat und Glück. Politische Dimensionen der Wohlfahrt, Opladen 1998 (die einschlägigen
      Beiträge).

utilitaristischen Definitionen: Glück ist Lustempfinden oder Lust, die durchaus epikuräische Züge annehmen kann, ohne sofort moralisch-ethisch unstatthaft zu werden. Sexuelle Libertinage oder entsprechender Hedonismus fanden dagegen öffentlich wahrnehmbar nur wenige Anhänger.

Zu einem Problem musste in diesen Erörterungen die Unterscheidung von individuellem bzw. privatem und sozialem bzw. öffentlichem Glück werden. Bereits David Hume, Adam Smith und Francis Hutcheson brachten bekanntlich über die Kategorien Wohlwollen und Sympathie Konzepte zur Verbindung der beiden Perspektiven ein, bis Jeremy Bentham (1748-1838) in seinem Hauptwerk *Introduction to the principles of morals and legislation* (1789) mit der Formulierung des ethisch-politischen Prinzips des ‚größten Glücks der größten Zahl' zur bis heute fortwirkenden Lösung kam. Schon 1776 war in der US-amerikanischen Unabhängigkeitserklärung ‚pursuit of happiness', das Streben nach Glück, in diesem Sinne als unveräußerliches individuelles Menschenrecht und als politisch-staatliche Legitimations- und Zielgröße deklariert worden. Die französische Menschenrechtserklärung von 1793 propagierte das gemeinschaftliche Glück zum Ziel der Gesellschaft.[20]

Vor diesem Hintergrund musste der melancholische Komplex erst rechtzunehmend problematisch erscheinen. Die im Konfessionellen Zeitalter so wichtig gewesene Acedie degenerierte zu „Faulheit, Commoditat, Unachtsamkeit etwas zu verrichten", geriet also ins Bezugsfeld bürgerlicher Arbeitsamkeit und Fleißheit.[21] Stattdessen setzte die *melancholia hypochondria* als Bezeichnung für eine medizinisch zu definierende allgemeine Lebensmüdheit ihren im 17. Jahrhundert begonnenen Siegeszug fort. Roland Lambrecht hat diese neue Variante als Lebens- oder Wirklichkeitsüberdrüssigkeit bzw. -widerwillen ohne vernünftigen Grund rekonstruiert. Es handelt sich also nicht um ständige, ungegründete Krankheitsfurcht im heutigen Sinne. Was er im 18. Jahrhundert abdeckte, war vielmehr Verschiedenes: Resignierende, gedrückte Stimmung angesichts der Unvernünftigkeit der Welt bzw. bestimmter in der Welt wirkenden Kräfte, der Größe der bevorstehenden Aufgabe vernünftiger Durchdringung und Gestaltung der Welt, der eigenen Schwäche in der künftigen oder bereits erfolgten Handhabung dieser Aufgabe bei Philosophen und von der Aufklärung erfassten Politikern; die vorübergehende Verdüsterung des Gemütes des jugendlichen Idealisten bei dessen Konfrontation mit der harten Realität; die diffuse, schmerzliche Empfindsamkeit der von den Aufklärungsideen erfassten, aber ihrer Unterwerfung unter den

---

20   Catherine Newmark: Glück, in: Enzyklopädie der Neuzeit Bd. 4, Stuttgart 2006, Sp. 970-974; Louis Pahlow: Glückseligkeit, in: ebd., Sp. 974-976.

21   Zedlers Großes Universal-Lexikon aller Wissenschaften und Künste, Bd. 1, Halle-Leipzig 1732, Sp.388; vgl. Lambrecht, Geist (wie Anm. 4), S.52.

Mann bewussten, an deren Beendigung zweifelnden Frau. Alle diese Zuschreibungen heben auf die Spannungslage zwischen aufgeklärtem Optimismus, Fort-
schrittsglauben und natürlich-vernünftiger Glücksprojektion einerseits und der
Zähigkeit der realen Welt, sich diesen Erwartungen zu fügen, andererseits. Die
Hychondrie des 18. Jahrhunderts ist also wesentlich aus der Verstärkung der Er-
füllungs- und Glücksideen dieses Säkulums selbstentstanden.[22]
    Diese selbst produzierte Spannungsverstärkung konnte zeitgenössisch auch
spezifischer durchdekliniert werden. Diejenigen Gruppen des Adels, die sich
durch das fürstlich-absolutistische System einerseits und das nach oben drängen-
de Bürgertum andererseits ihrer soziopolitischen Sonderstellung und Selbststän-
digkeit beraubt fühlten bzw. nach ihrer Einschätzung nicht ausreichend an den
neuen Profiten beteiligt wurden, entwickelten angesichts der gar noch als ,ver-
nünftig' und ,natürlich' ausgegebenen neuen Ordnungsprojektionen und -gestal-
tungen entsprechende melancholisch-hypochondrische Verarbeitungsformen.
Fürsten konnten angesichts der Schwere ihrer Aufgaben, die sich im Zuge neuer
Legitimitätsvorstellungen und Leistungserwartungen, gipfelnd in der Rede vom
Fürsten als ersten Diener des Staates, verstärkt hatte, in resignative Schwermut
fallen. Höflingen und Beamten war noch immer das Hin- und Hergeworfensein
zwischen Erhebung und jähem Sturz beschieden; klare, befriedigende Aufgaben
insbesondere aufgrund entsprechender Kompetenz- und Verantwortlichkeitszu-
weisungen setzten sich erst allmählich durch. Das Bürgertum konnte angesichts
der Unvernunft des Adels wie des gemeinen Volkes und infolge seiner noch immer fehlenden kraftvollen, unmittelbaren politischen Partizipation von quälenden Zweifeln erfasst werden.[23] Im Lichte des Fortschritts und des Optimismus
tiefgreifender und direkter Gestaltbarkeit der Welt konnten alle Rückschläge und
Unzulänglichkeiten in negativer Bewältigungsdynamik enden. Lediglich das gemeine Volk, das von den neuen Chancen des diesseitigen Lebens noch kaum etwas wusste oder sie höchstens zu erahnen in der Lage war, blieb seiner spontanen
Fleischlichkeit und damit auch seinem kleinen Glück in einem satten Alltag, bei
guter Ernte, bei der glücklichen Geburt eines Kindes usw. verhaftet.
    Natürlich wirkten auch ältere Komponenten und Einflüsse fort. Die Aufklä-
rung schichtete ihre Perspektiven auf die ihr vorausgehenden Lösungen auf, ohne
diese vollständig zu beseitigen, schleppte diese also weiter mit; von einer *tabu-*

---

22 Lambrecht, Geist, S. 61-90.
23 Wolf Lepenies: Melancholie und Gesellschaft, Frankfurt a. M. 1972; ders.: Melancholie und
    Gesellschaft. Neuausgabe mit einer neuen Einleitung: Das Ende der Utopie und die Wiederkehr
    der Melancholie, Frankfurt a. M. 1998; Pawel Dybel: Das Doppelgesicht der Melancholie.
    Bemerkungen zu ,Melancholie und Gesellschaft' von Wolf Lepenius, in: Dybel, Schuld (Anm.
    3), S. 137-150.

la rasa-Situation kann auch nach der US-amerikanischen und der Französischen Revolution keine Rede sein. Der Bogen der Melancholieerörterungen spannte sich also auch immer noch von der unerfüllten Liebe, dem Tod und dem Fern- und Heimweh bis zur Gottesferne und zum Erwähltheitszweifel. Die klimatheoretische Teildebatte erfuhr nach Jean Bodin neuerlich bei Montesquieu Wiederbelebung. Der *esprit général* eines Volkes, der sich klimatisch-geographisch und kulturell verfestigt hat und in bestimmten Weltregionen zu eher stillen, unfröhlichen Lebensvollzügen führt, kann durch eine Regierung nicht kurzfristig geändert werden. Despotismus – Montesquieu meint durchaus auch den Absolutismus – erzeugt Furcht und Schwermut, die wiederum die Wirtschaftstätigkeit erlahmen lassen und damit das Land in Depression stürzen. Sich nicht aus der Armut befreien zu können, erzeugt Resignation und Apathie. Ungleichheit kann mobilisierende wie fatalistisch-resignative Wirkungen zeitigen. Das produktive, eigentliche politisch-soziale Prinzip, von dem die Glückseligkeit eines Staates abhängt, ist für den französischen Denker die Freiheit.[24]

Komponenten des melancholischen Komplexes spielen schließlich bei der Erklärung des am Jahrhundertende noch deutlicher hervortretenden Sachverhalts mit, dass nämlich bestimmte Individuen, Gruppen und Völker mehr, andere offenkundig weniger für den zivilisatorischen Fortschritt offen sind bzw. diesen aktiv betreiben. Aus der einen Sicht konnte die Ursache nur in krankhafter Befallenheit bestehen, die entsprechend medizinisch zu behandeln war. Für die Individuen stellte die Schocktherapie das exemplarische Therapiemodell dar, Gruppen und Völkern die Trockenlegung schädlicher Sümpfe u. ä. bis hin zur Verlegung ganzer Wohnorte, neben radikalen Gesellschafts- und Bildungsreformen, meist zu Lasten der Kirche, zu empfehlen. Halfen auch die schärfsten Kuren und Reformen nicht, wuchs die Neigung, die Traurigen, Apathischen oder zyklothym bereits bei der Besessenheit angekommenen Melancholiker als Störfaktoren zu separieren und wegzuschließen. Unheilbare Melancholiker passten also zunehmend nicht mehr in die Epoche. Da man die ihnen zugeschriebene, vorherrschende schwarze Galle freilich auch mit modernen Methoden nicht zu finden vermochte, verlor die Konzeption der Temperamentsgattungen einerseits insgesamt an Beachtung und Bedeutung. Andererseits kamen neue iatromechanistisch-vitalistische Theorien auf, die gerade die Unterscheidung von eher passiven, apathischen und schwermütigen Konstitutionstypen von ihrem Gegenteil wieder in den Vordergrund treten ließen. Dagegen fand die Melancholie als erworbenes Merkmal weiter gesteigerte Erörterung. Der Mensch sei „mit der Emp-

---

24   Michael Hereth: Montesquieu. Vom Geist der Gesetze (1748), in: Manfred Brocker (Hrsg.): Geschichte des politischen Denkens, Frankfurt a. M. 2007, S.273-187.

findung eines unaussprechlichen Vergnügens" geboren, stellte der Naturforscher Georges-Louis Leclerc de Buffon fest, erst schlechte Erfahrungen und Misserfolge verschaffen ihm „stillen Gram", der sich bei den Naturvölkern bis zum Dahinvegetieren steigern kann.[25]

Schließlich, aber keineswegs zuletzt: Vernünftige Gedankenführung, die logische und kontrollierte, messende Erschließung der Welt im Sinne der Aufklärung ist nach Erkenntnis des Säkulums allerdings nur einem bestimmten Gelehrtentyp oder jetzt besser: dem Wissenschaftler möglich, der gesteigerte Affektkontrolle und Selbstdisziplin an den Tag zu legen in der Lage ist. Mit dem melancholisch-manisch-genialistischen, unruhigen Philosophen der Epochen davor war dieser Typ in wachsendem Maße nicht mehr in Einklang zu bringen. Demzufolge begannen die wenigen Denker, die sich in dieser Phase überhaupt noch mit dieser Komponente des Melancholiekomplexes befassten, dieses melancholische Geniekonzept für den Künstler zu reservieren, obwohl die Vernunft auch von ihm gesteigerte Reflexions- und Arbeitsdisziplin verlangte. Wer dieses rationalistische Wissenschaftsideal nach einer tiefen persönlichen Depression grundlegend herausforderte, war der ‚Magus des Nordens' Johann Georg Hamann (1730-1788). In seiner einschlägigen Selbstdiagnose benutzte dieser Wegbereiter der Romantik die Kategorie Hypochondrie: "meine ganze Hypochondrie scheint aus tiefen und dunklen Eindrücken zu kommen, die auf mich fortwirken, wenn ich mich nicht mehr besinnen kann." Als ihre vorzügliche Wirkung sah er jedenfalls bei sich jedoch „Stätigkeit oder Starrsucht" an, gekoppelt mit Krankheitseinbildung – hier setzt also der Wechsel zum modernen Begriffssinn ein –, gegen die er mit allen Mitteln ankämpft: „vor allem Übel, besonders aber dem physiologischen [d.h. der „leidenden Einbildungskraft"] behüt uns lieber Gott."[26]

2.4 Melancholie und bürgerliche Kultur im 19. und 20. Jahrhundert

Um 1800 hatte sich das seit dem Ausgang des vorhergehenden Säkulums formierte Muster der Melancholieeinschätzung verfestigt. Zu unterscheiden waren demnach melancholische Erscheinungsformen mit nachvollziehbaren Ursachen oder Anlässen – Verlust-, Belastungs- oder Unerfülltheitserfahrungen – von solchen ohne derartige Gründe.

Der französische Psychiater Philippe Pinel (1745-1826) machte die ursachenlose Melancholie in seinem bezeichnenderweise noch *Traité medico-philo-*

25 G.-L. Leclerc de Buffon. Allgemeine Naturgeschichte (1771), Frankfurt a. M. 2008, S.283 und 896.
26 Hamann's Schriften. Achter Theil. Zweite Abtheilung, Berlin 1843, S. 231 (Registereintrag „Hypochondrie" mit Zitaten und Zitatnachweisen).

sophique [!] *sur l'alienation mentale* betiteltem Werk von 1801 an den Selbstmorden gesunder, anerkannter, reicher Männer in England und Frankreich seiner Zeit fest. Jean-Etienne-Dominique Esquirol (1772-1840) untermauerte diese Annahme durch den Hinweis darauf, dass auch viele von derartiger Melancholie Betroffene selbst einräumten, keine wirklichen Gründe für ihre Ängste und Niedergeschlagenheit zu haben. Wilhelm Griesinger (1817-1868), einer der Begründer der modernen Psychiatrie, führte die Bezeichnung mentale Unordnung oder mentale Perversion für diese Fälle ein, nachdem er von völlig belanglosen Anlässen erfuhr, auf die die Patienten den Beginn oder ständigen Anstoß zu ihrer Melancholie zurückführten. In der näheren Erkundung dieser Unfähigkeit zur mental oder psychisch proportionalen Verarbeitung von Erfahrungen setzten anschließend verschiedene Ärzte zunehmend auf Fehlfunktionen des Nervensystems und des Gehirns infolge von Überreizung oder sonstigen Reizverarbeitungsstörungen. Richard von Krafft-Ebing (1840-1902), Psychiater und Rechtsmediziner, knüpfte an diese Deutung an, führte die Begriffe der ‚Zwangsvorstellung' und des ‚Dämmerzustands' ein und positionierte seine Konzeption der *Psychopathia sexualis* (1889) auch im Randbereich der Melancholie, in deren Einschätzung deshalb die objektiv oder subjektiv unerfüllte oder nach ihrer Erfüllung im Akt wenig dauerhafte Befriedigung schaffende Sexualität an Bedeutung gewann.[27] Hieran sollte wenig später u. a. Sigmund Freud anknüpfen. Für das 19. Jahrhundert als insgesamt bedeutsamer im vorliegenden Kontext ist jedoch die Variante nachvollziehbar verursachter Melancholie anzusehen.

Bereits an historisch einschneidenden Umbrüchen, die entsprechend negative Verarbeitungen hervorrufen konnten, war das 19. Jahrhundert bekanntermaßen reich.[28] Die Revolutionskriege und der gewalttätige napoleonische Hegemoniebildungsversuch ließen sowohl die Gegner zumindest zeitweilig in Verzweiflung und Apathie fallen als auch Revolutionsbegeisterte, die mit diesem unerwarteten Kurs der Geschichte nicht einverstanden sein konnten, unzufrieden, missgestimmt und schließlich depressiv werden. Das Gleiche gilt für die Revolutionen von 1830 und 1848, dann die meisten der zeitgenössischen Kriege jedenfalls in bestimmten Phasen und in bestimmten Bereichen. Ähnliches ist für den strukturellen Prozess der Industrialisierung zu konstatieren, dessen Betreiber und erst recht Betroffene keineswegs nur einen Triumphzug und die Verheißung neuen, ungeahnten Wohlstands erlebten.

---

27   Allen V. Horwitz, Jerome C. Wakefield: The Loss of Sadness. How Psychiatry transformed normal sorrow into depressive disorder, Oxford-New York 2007, S.66-71.
28   Umfassend Jürgen Osterkammel: Die Verwandlung der Welt. Eine Geschichte des 19. Jahrhunderts, München 2009.

Sowohl die Durchsetzung und Festigung der neuen Konfiguration der bürgerlichen Kultur gegen Widerstreben und Unwillen als auch deren Aufrechterhaltung, inneres Funktionieren und seit dem ausgehenden 19. Jahrhundert freigesetzte, krisenhafte Entwicklungsdynamik generierten auch Betroffenheit, Missvergnügen, Unerfülltheit, Resignation, Depression, Apathie und Formen melancholisch-überreizter Manie. Im Ensemble der Werte, Bedeutungen, Artefakte und soziokulturellen Praktiken des Bürgertums waren hinreichende Anlässe und Anreize für Ungenügendheits- und Unerfülltheits- oder Verlusterfahrungen enthalten. Das gilt auch für die Kernelemente der Arbeit, der rationalen und methodischen Lebensführung, der Kontrolle der Emotionen und der Disziplin, der Selbständigkeit, der Bildung und des Kunstverständnisses sowie der Bewährung in den verschiedenen sozialen Rollen und im sich konjunkturell und strukturell verschärfenden ökonomisch-sozialen Wettbewerb in Anstand und Würde. Insbesondere die Intensivierung korrekter Rollenerfüllungserwartung und die mit der Formierung der bürgerlichen Öffentlichkeit verknüpfte Zunahme der Sozialkontrolle wirkten sich entsprechend aus. Aber auch aus der Familie, dem Ort der Privatsphäre, Entspannung und Erholung konnten Überforderung, Missstimmung, Trauer und Depression erwachsen. Der bürgerliche Patriarchalismus konnte den Vater überfordern, zumal wenn der Status und die Lebensverhältnisse der ihm Anvertrauten immer schwieriger zu sichern waren. Frauen konnten sich auch weiterhin um Lebenschancen betrogen sehen, Männer durch Emanzipationsbestrebungen unter Druck gesetzt, wie u. a. Alain Corbin herausgearbeitet hat.[29] Die Problematik einer depressiven, unter Weltschmerz leidenden Jugend, seit 1774, dem Ersterscheinungsjahr, verbunden mit den *Leiden des jungen Werthers* Johann Wolfgang Goethes, wirkte bis weit in das bürgerliche Jahrhundert hinein. Das Motiv kombinierte und arrangierte variantenreich idealistisches Ungenügen an der Realität und Normalität, unerfüllbares Verlangen, Verspätungs- und Verpasstheitsvorstellungen und pessimistisch-unglückliche Bewusstseins- und Stimmungslagen. Seine apathischen Konsequenzen strapazierten die bürgerliche Toleranz; nur genialistisch-künstlerische Stilisierung konnte diese Toleranz sichern. Deshalb taucht in diesem Säkulum allerdings eher marginal auch das Modell des Künstlermelancholikers wieder auf. Auf der Gegenseite nimmt die Zahl der Alten zu, die verpassten, unwiederbringlichen Gelegenheiten nachtrauern müssen, über ungenügende Lebensleistungen grübeln und dem Tod nicht mehr als Durchgang zu einer neuen, besseren Welt, sondern als dem völligen Ende entgegendämmern.[30]

---

29 Alain Corbin: Das trauernde Geschlecht und die Geschichte der Frauen im 19. Jahrhundert, in: ders. u. a. (Hrsg.): Geschlecht und Geschichte, Frankfurt a. M. 1989, S.63-82.
30 Harald Neumeyer: Anomalien, Autonomien und das Unbewusste. Selbstmord in Wissenschaft und Literatur von 1700-1800, Göttingen 2009, S.32-38, 105-122 und 446-453.

Gegen Ende des Jahrhunderts gewinnen die schwarzen Stimmungen mit allen ihren kurz-, mittel- und langfristigen, eher an der Oberfläche bleibend oder tief greifenden Folgen nochmals verstärkt an Boden. Die bürgerliche Gesellschaft hat ihre Verheißungen nicht erfüllt, sondern sieht sich neuen äußeren und inneren Herausforderungen und Widersprüchen ausgesetzt. Die Arbeiterklasse und ihre revolutionäre Ideologie zu überwinden war bis dahin weder gelungen noch erschien diese Lösung in absehbarer Zeit machbar. Die letzten Reste tröstlicher christlicher Gewissheit begannen sich aufzulösen, aber die an ihrer Zerstörung maßgeblich beteiligte historische Wissenschaft ist kein „glücklicher Mythenzerstörer", sondern Pessimismus, Nihilismus und Lebensekel greifen um sich.[31] Nationalismus und Machtstaatlichkeit zersetzen das Ideal des bürgerlich geeinigten und zivilisierten Europa. Kulturpessimistische und zivilisationskritische Tendenzen gewinnen die Oberhand; sie werden von fortschreitendem, dann unumkehrbarem Verlust des Vertrauens in die Vernunftbegabung des Menschen getragen. „Aristokratischer Pathos, Ästhetizismus, Lob der Askese, der Ordnung, des Schmerzes und der Gewalt, apokalyptische Visionen von Entscheidungsschlachten und ‚letzten Dingen', Verherrlichung des Instinkts, antidemokratische Polemik, Ressentiments gegen bürgerliches Mittelmaß und Massengesellschaft" bildeten ein Spektrum epochal empfundenen Krisenbewusstseins und angestrebter, aber keineswegs gewisser oder auch nur wünschbarer Krisenbeendigung, das naturgemäß auch erhebliche melancholische Potenziale und Wirkungen enthält.[32]

Wir können hier nur einige konkrete Aspekte benennen. Die bürgerliche Sexualmoral hat sich als nicht durch haltbar erwiesen, aber ihre Aufhebung kann noch nicht gelingen. Der vernünftige Austausch und die Argument gestützte, kompromisshafte Entscheidung in der Politik ist zur endlosen Debatte und zur lähmenden Unentschiedenheit degeneriert, der u. a. Carl Schmitt einen konsequenten Dezisionismus entgegen stellen zu müssen meint. Die ästhetische Erziehung des Bürgers erweist sich als Amusität und kaum verhehlter profaner Utilitarismus. Substantielle Wahrheit ist relativistischer Gleichgültigkeit gewichen. Der Staat ist kein übergeordnetes *corpus politicum mysticum* mehr, sondern ein Zweckverband, den die wechselnden herrschenden Kreise für sich nutzen und ausbeuten. Aus der eigentlich angestrebten organischen „warmen Gesellschaft" der sich brüderlich verbunden fühlenden bürgerlichen Individuen ist die gefühllose „kal-

---

31   Lambrecht, Geist (Anm. 4), S.169; Uffa Jensen, Daniel Morat (Hrsg.): Rationalisierungen des Gefühls. Zum Verhältnis von Wissenschaft und Emotionen 1800-1930, München 2008.

32   Anne Pütz: Der Feind als Spiegel des Ich. Antibürgerlichkeit und Nationalismus bei Maurice Barrès und Ernst Jünger, in: Günter Meuter, Henrique Ricardo Otten (Hrsg.): Der Aufstand gegen den Bürger. Antibürgerliches Denken im 20. Jahrhundert, Würzburg 1999, S.51-64, Zitat S.51.

te Gesellschaft" der materialistischen Egoisten geworden, aus der u. a. die „resignative Haltung einer heroisch-pessimistischen Bürgerlichkeit" erwachsen ist.[33]

Es konnte nicht ausbleiben, dass auch die psychowissenschaftliche Erforschung der Melancholie von diesen Tendenzen erfasst wurde. Sigmund Freuds neuer Ansatz bestand in dem Versuch, alle pathologischen Symptome auf unbewusste mentale Prozesse statt auf biologische Ursachen zurückzuführen. Damit beendete er die über 2000 Jahre alte Suche nach physiologischen Melancholie- oder Depressionsursachen. Zu den psychologischen Ursachen zählte er vor allem unterdrückte Begierden, psychologische Konflikte und die Transformation unterdrückter motivationaler Energie besonders aus dem Sexualtrieb in Ängste. Was diagnostisch und therapeutisch zu tun war, war demzufolge, diese psychogenen Prozesse herauszufinden und bewusst zu machen, wobei die Grenze zwischen Unbewusstem und Bewusstem allerdings zu verschwimmen begann. Auch die Unterscheidung zwischen pathologischer Depression und Melancholie musste so neu bestimmt werden. Freud unterschied zwischen in der Regel durch Verlust entstandener, natürlicher Trauer, die üblicherweise vom Betroffenen mit der Zeit selbst überwunden werden konnte, und Melancholie als oft an diese natürliche Trauer anschließende, durch mangelndes Selbstbewusstsein des Betroffenen bewirkte und verschärfte, bereits therapiebedürftige Krankheit. Sein Schüler Karl Abraham verfeinerte diese Argumentation.[34]

Emil Kraepelin (1856-1926), Freuds und Abrahams Zeitgenosse, schlug dagegen wieder den Weg der Rückführung aller depressiv-melancholischen Formen auf biochemische Voraussetzungen und Störungen ein, verbunden mit nochmaliger Differenzierung und Positionierung der verschiedenen Varianten im dynamischen Zusammenhang sowie, was seinem Ansatz entscheidend zum Durchbruch verhalf, relativ treffsicheren Prognosen über derartige dynamische Abläufe. Von Kraepelin stammt deshalb der wichtigste zeitgenössische Katalog der Symptome, anhand derer die jeweiligen Formen und Stadien des melancholisch-depressiven Komplexes identifizierbar erschienen. Und von ihm stammt die Vorstellung, dass alle diese Formen auf einen einzigen melancholisch-depressiven Prozess zurückzuführen seien, der immer von internen, bereits angeborenen biologisch-chemischen Störungen ausgehe. Dieser Richtung sollte die Zukunft gehören.[35]

---

33   Winfried Gebhardt: „Warme Gemeinschaft" und „kalte Gesellschaft". Zur Kontinuität einer deutschen Denkfigur, in: Meuter-Otten, Aufstand, S.165-184, Zitat S.182.

34   Horwitz-Wakefield, Loss, S.73-75. Leticia Glocer Fiorini: On Freud's „Mourning and Melancholia", London 2007; Johannes Dirschauer: Melancholie des Heils: Zur therapeutischen Zeugenschaft Sigmund Freuds, Gießen 1996; Tellenbach, Melancholie (Anm. 4), S. 53-57; Pawel Dybel: Das Konzept der Melancholie bei Freud, in: ders., Schuld (Anm. 3), S. 173-186.

35   Horwitz-Wakefield, Loss, S.75-82.

In der Tradition Freuds, der externen Erfahrungsverursachung entsprechender neurotischer Prozesse nicht nur nicht ausschloss, sondern im Gegenteil in den Vordergrund rückte, stand dagegen Hans Prinzhorn, dessen Konzeption eng mit der Krise der bürgerlichen Kultur zusammenhängt. Für ihn erwuchs die teils trauernde, vitalitätshemmende, teils überschwängliche Selbstentfremdung, die er auch für sich selbst reklamierte, aber als epochenspezifisch begriff, aus der Erfahrung radikaler persönlicher Emanzipation ('Entwurzelung') im Gefolge des bürgerlichen Individualitäts- und Freiheitsprinzips. Als Ausweg aus der rastlosen Suche nach Sicherheit und Geborgenheit, die dann unweigerlich einsetzte, bleibt für ihn nur die Annäherung an Individuen mit entsprechender Ausstrahlung, also charismatische Persönlichkeiten, bzw. 'wahre', regelmäßig von diesen Persönlichkeiten gestiftete Gemeinschaften. Auch die Bilder von Geistesgestörten, mit denen sich Prinzhorn erstmals systematisch befasste, interpretierte er in diesem Sinne. Er selbst und diese geisteskranken Künstler stellten sich also, ohne dass er das so explizierte, in gewisser Weise in die genialistisch-pathologische Tradition des Melancholiekomplexes: erhöhte Sensibilität, in seinem Falle Einsicht in die Notwendigkeit und Erkenntnis 'wahrer Gemeinschaft', als Wirkung melancholischer Befallenheit.[36]

Eine neue Interpretationsperspektive stellte demgegenüber die im evolutionstheoretisch-sozialdarwinistischen Kontext entwickelte Deutung dar, dass Depression als eine Art psychologischer Sterilisation aufgefasst werden könne, bedingt durch Zurückbleiben im evolutionären Wettbewerb um Reproduktionschancen und daraus resultierende Unterwerfung unter die stärkeren Rivalen. Angeblich weisen auch moderne Laboruntersuchungen an Tieren nach, dass „social defeat […] depressive behaviour and lasting physiological changes such as increased secretion of corticosteroids, which is also seen in depressed patients", produziert.[37]

Mit diesen Entwicklungen, Wahrnehmungen und Einschätzungen war das 20. Jahrhundert eingeleitet und auf seine Bahnen gebracht. Die melancholisch-depressiven Wirkungen von Weltkrieg, unerwarteter Niederlage, Revolution, Untergang der Dynastien, höchst widersprüchlicher und turbulenter Zwischenkriegszeit, der faschistischen und nationalsozialistischen Regimes, neuerlichen Weltkriegs und

---

36   Tellenbach, Melancholie (Anm. 4), S. 135-145 (zu Hans Bürger-Prinz, der ebenfalls die Entwurzelungstheorie vertrat); Michael Großheim: Politischer Existenzialismus. Versuch einer Begriffsbestimmung, in: Meuter-Otten, Aufstand, S.127-163, hier S.157f. Zum historischen Kontext der Weimarer Republik vgl. die unten genannten Titel sowie spezifischer Wolfgang Hardtwig (Hrsg.): Ordnungen in der Krise. Zur politischen Kulturgeschichte Deutschlands 1900-1933, München 2007.

37   John S. Price: Implications of Sexual Selection for Variation in Human Behaviour, in: Johan M.G. van der Dennen u.a. (Hrsg.): The Darwinian Heritage and Sociobiology, Westport CT 1999, S.295-308, Zitat S.303.

des mühsamen, erst ab den 1950er Jahren optimistischen Wiederaufbaus, der jedoch durch den Kalten Krieg nebst dessen atomaren Schlacht- und Vernichtungs-
horizonten überschattet wurde, bedürfen kaum näherer Erläuterung. Was sich im
Westen Europas dennoch herausbildete, war eine neue maßgeblich US-amerikanisch beeinflusste Version europäischer bürgerlicher Moderne.[38]

Dass ein bürgerlicher Neustart nur teilweise gelingen konnte, diese durchaus auch resignativ-depressiv verarbeitete Einsicht konnte sich nach 1945 auf viele Faktoren stützen. In Deutschland setzten diese schon ein bei der ungeklärten
oder beschädigten Territorialität, der staatlichen Spaltung, dem provisorischen
Charakter der neuen Ordnung, der Schuld an Holocaust und Vernichtungskrieg,[39]
der Verunmöglichung eines erneuerten, gesunden Patriotismus, dem Verlust der
Heimat, von Elitepositionen und Vermögen bei den einen und der Unsicherheit
in der Erhaltung des neu Erworbenen bei den andere. Der aktive, sein Schicksal selbst bestimmende Staatsbürger blieb ebenso unvollendet wie die neue, entschieden bessere Ordnung, die sich viele Gruppen und Individuen in wechselnden
Varianten erhofft hatten. Stattdessen rückte der Konsument in den Vordergrund,
ermuntert und gefördert durch einen Amerikanismus, der vielen äußerlich, hohl
oder dekadent vorkommt, aber gleichzeitig unwiderstehlich erscheint. Dessen
konservativ-kulturkritische Abwehr seit Kriegsende wie die marxistisch-sozia-
listische Offensive von 1968 gegen ihn blieben weitgehend erfolglos und zeug-
ten ihrerseits Depression und Resignation. Seit Mitte der 1970er Jahre scheint die
amerikanisierte Moderne daher bestimmend, und mit ihr wurden auch in ihrem
Rahmen angenommene oder tatsächliche Verknüpfungen und Wechselwirkungen mit dem melancholisch-depressiven Komplex entscheidend.

Die oben bereits erwähnte Unabhängigkeitserklärung der USA explizierte in
ihrer Erhebung des Strebens nach Glück zum unveräußerlichen Menschenrecht
und Staatszweck die Ursache, die dem europäischen Drang nach Amerika zugrunde lag. U. a. Benjamin Franklin, der an der Abfassung der Unabhängigkeitserklärung beteiligt gewesen war, konkretisierte dieses Streben als materiell auf
der Grundlage des von den Neuankömmlingen entwickelten und bald habituali-
sierten Blicks auf die Welt als unendliche, Reichtum verheißende Ressource. Zur
Erschließung dieser Ressource bedurfte und bedarf es eines Erschließungs- und

---

38   Hermann W. von der Dunk: Kulturgeschichte des 20. Jahrhunderts, 2 Bde., München 2004;
      Harold James: Geschichte Europas im 20. Jahrhundert: Fall und Aufstieg 1914-2001, München
      2010; Victoria de Grazia: Das unwiderstehliche Imperium. Amerikas Siegeszug im Europa
      des 20. Jahrhunderts, Stuttgart 2010.

39   Vgl. zu diesem Komplex jetzt Ulrike Jureit, Christian Schneider: Gefühlte Opfer. Illusionen
      der Vergangenheitsbewältigung, Stuttgart 2010, bes. S. 105-210, und bereits zuvor Irmgard
      Wagner: Historischer Sinn zwischen Trauer und Melancholie: Freud, Lacan und Henry Adams,
      Bielefeld 1995.

Nutzungsoptimismus, der sich auch durch Rückschläge nicht entmutigen lässt. Nach zahlreichen Erörterungen und Beschwörungen dieses Optimismus im 19. Jahrhundert verfasste der reformierte New Yorker Pastor Norman Vincent Peale (1989-1993) mit dem Buch *Die Kraft des positiven Denkens* (1952) das einflussreichste Handbuch dieses Ansatzes überhaupt. „Seine Methode, alle negativen Gefühle aus dem Leben zu eliminieren, besteht in der ständigen Wiederholung einer Reihe von positiven Sprüchen – Sätze, die wir heute als Affirmation bezeichnen würden. Wer diese Mantras täglich wiederkäut, wird, so verspricht Peale, ein erfolgreiches Leben führen: ein Leben, in dem alle Träume – nicht nur die amerikanischen – wahr werden. Entscheidend ist, diese Sätze zu wiederholen, bis sie ins Unterbewusstsein absinken und insgeheim unser Leben organisieren. Beispielsweise kann man sich [...] mindestens zehn Mal am Tag eine von Peales höchsteigenen Affirmationen zuflüstern: ‚Ich erwarte das Beste, und mit Gottes Hilfe werde ich das Beste bekommen‘. Wenn wir das oder eine ähnliche Wendung oft genug wiederholen, werden wir, so Peale, zu Gefährten des Göttlichen, einer Macht, deren höchstes Ziel darin besteht, daß wir Erfolg haben." Peales Botschaft wurde von einflussreichen Predigern wie z.B. Billy Graham übernommen. Jesus wurde also zum „allmächtige[n] Heiler, der alle größeren Beschwerden wie etwa Depressionen mit einem Augenzwinkern wegputzen kann", die von Peale und ihm entwickelte, in alle US-amerikanisch erfassten Weltteile exportierte Vorstellung von Christentum wurde zu einer „Süßstoff-Version".[40]

Bereits im Jahr des Erscheinens des amerikanischen Originals erschien auch eine deutsche Übersetzung von Peales Werk. Über die US-Besatzungstruppen und deren religiöse Gemeinschaften, die schon bald in Europa zu missionieren suchten, und im Zuge der Amerikanisierung insgesamt erreichte die Botschaft die europäische Welt. Seither herrschten auch in dieser Weltregion ein Glückspostulat und ein Glücksstreben vor, dessen soziokulturelle Wirkungen kaum überschätzt werden können. Das ist auch deshalb der Fall, weil über die mit ihnen verbundenen ökonomischen und sozialen Interessen parallel eine erfolgreiche Deklassierung und Transformation des eigentlich zum normalen Lebensvollzug gehörenden Unglücklichfühlens, der Trauer, Entschluss und Handlungshemmung bis zur Apathie zur therapiebedürftigen Krankheit gelang.

Dieser Prozess setzte mit Adolf Meyer (1866-1950), dem einflussreichsten US-Psychiater der ersten Hälfte des 20. Jahrhunderts, Schweizer Herkunft, ein.

---

40   Eric G. Wilson: Unglücklich glücklich. Von europäischer Melancholie und American Happiness, Stuttgart 2008, S. 67f. Von den zahllosen Nachahmungen und Nachfolgern von Peales Klassiker – die deutsche Erstausgabe erschien in Thalwil/Schweiz – sei nur erwähnt David Burnes: Feeling Good. Depressionen überwinden, Selbstachtung gewinnen, Paderborn 2006 u.ö.

Er definierte „simple melancholia as ‚an excessive and altogether unjustified' depression, and simple depression as, more or less ‚excess of normal depression'." Die Grundlage für diese Form unproportionaler Reaktion auf Erfahrungen und Reize bildete nach ihm die je individuelle konstitutionelle, also biologische Anlage. Während er „normal sadness" aus seiner Betrachtung ausschloss, plädierte er dafür, „disordered individuals as reacting dysfunctionally to their enviromental contexts" aufzufassen, wobei der Komplex der Ängste eine wesentliche Rolle spielte. Seine Aufzählungen pathologisch-depressiver Symptome brachte jedoch keine klare Abgrenzung zur normalen Trauer insbesondere infolge von Verlust mit sich.[41] Das erste *Diagnostic and Statistical Manual of Mental Disorders*, publiziert 1952, das verbindliche Handbuch der US-amerikanischen Psychiatrie, knüpfte an dieser Stelle an. Zwischen normalen und pathologischen Reaktionen auf belastende Umstände wird nicht unterschieden. Ängste, Schuldgefühle, Unsicherheit spielen eine entscheidende Rolle; der Schwerpunkt ist auf die Formen der Reaktion auf Umwelteinflüsse gelegt. DSM-II, erschienen 1968, unterschied zwar explizit zwischen „involutional melancholia", reaktiver Depression und „manic-depressive illness", ließ aber die Frage nach einer Behandlungsbedürftigkeit auch der normalen Melancholie noch offen. Mit der dritten Ausgabe des Manuals 1980 – die einschlägige psychiatriehistorische Darstellung spricht von der „DSM-III revolution" – änderte sich diese Lage jedoch grundsätzlich. Aus inneren wie äußeren Gründen, voran dem Bedürfnis der Psychiatrie, sich als ‚harte' Wissenschaft darzustellen zu können, entsprechende Anerkennung zu finden und damit ihre Dienstleistungen und sonstigen Produkte besser zu verkaufen, wurde zur Diagnose vollständig auf eine erweiterte, begrifflich verfeinerte Symptomatik abgestellt, die Tradition der Unterscheidung zwischen Melancholie und Depression „with or without cause" aufgegeben, die Differenz zwischen ‚normal grief' und Depression hauptsächlich an der Dauer der Symptome festgemacht und gleichzeitig eingeräumt, dass zwischen Gesundheit und Krankheit kaum klar zu trennen sei, was die psychiatrische Behandlung zur Dauerbetreuung werden lassen konnte.[42]

Ebenfalls in den 1950er Jahren setzte in den USA der Massengebrauch von Beruhigungsmitteln ein, der über die Vorgaben und Vorschriften insbesondere von DSM-III bald einen erheblichen Schub erfuhr. Nach dem frühen Bestseller Miltown eroberten in den 1960er Jahren verschiedene Varianten von Librium und Valium den US-Markt. 1969 war Valium erstmals das meistverkaufte Arzneimittel in den USA; es wurde von 15-25% der Bevölkerung zunehmend dauerhaft

---

41   Horwitz-Wakefield, Loss, S.83.
42   Horwitz-Wakefield, Loss, S.85-87 und 90.

eingenommen. Hauptkonsumenten waren schon damals Frauen; die Werbung der Hersteller versuchte in Bezug auf sie am frühesten, die Dauereinnahme ihrer Produkte als normale Rollen- bzw. Lebensbewältigungs- und Zufriedenheits- bzw. Glücksvermittlungshilfe darzustellen. Erst als die Gefährlichkeit dieser Stoffgruppen klarer wurde und kritische Gegenstimmen sich stärker Gehör verschaffen konnten, ebbte diese erste Medikamentierungswelle ab. Ihr folgte indessen mit noch größerer Wirkung schon bald die Welle der auf das Serotoninsystem des Gehirns abgestellten Antidepressiva, gefördert auch durch DSM-III, aber noch mehr, weil sich Kauf und Gebrauch dieser Mittel bereits von der psychiatrischen Behandlung lösen konnten und das Gebrauchsziel von der Bekämpfung vorhandener, leistungs- und vitalitätsschwächender Phasen zur ständigen Aufrechterhaltung und Steigerung von Leistungsfähigkeit und Vitalität durch Optimismus und Glücksgefühl wandelte.[43]

Wer nach eigener Einschätzung und aus Sicht entsprechender Optimierungswissenschaften ganz besonders auf Leistungsfähigkeit angewiesen war, waren (und sind) die Manager. Es verwundert daher nicht, dass auch die weltweit ausstrahlende US-amerikanische Managementwissenschaft sich dem Melancholiekomplex in spezifischer Hinsicht zuwandte. Als Beispiel sei der Betriebspsychologie Michael Maccoby herangezogen, der 1977 den Bestseller *The Gamesman* (1979 dt. u. d. T *Die neuen Chefs*) und 1988 die Studie *Why Work? Motivating the new workforce* veröffentlichte, die sich anthropologisch-psychologisch mit der Problematik optimaler Führungspersönlichkeit und optimaler Betriebsführung in Form der Mitarbeitermotivation befassten. In der Manager- und Temperamententypologie, die der Sohn eines Rabbis entwickelte, kamen auch wieder ausdrücklich melancholische Elemente zum Tragen. Obwohl dem zurückgezogen, ernsten, auf seine Arbeit konzentrierten, wenig sympathischen Fachmann eine wesentliche Rolle zugesprochen wurde, war nach Maccoby im Unternehmen der sogenannte Spieler zu bevorzugen und bestand der Schlüssel der betrieblichen Motivation in der Vermittlung von Glücks- und Erfolgsgefühlen in einem möglichst optimistischen Betriebsklima. Diese aus der oben angesprochenen gemeinamerikanischen Glückstradition abgeleiteten spezifische Betriebspsychologie verfolgten auch andere angewandte Wissenschaften und Wissenschaftler. Schon bald bestimmte sie das betriebspsychologische und managementwissenschaftliche Denken insgesamt. Folge war, dass der eher einem melancholischen Typus entsprechende Mitarbeiter und Manager tendenziell zum Minderleister oder weniger erfolgsträchtigen Akteur geriet, den man vielleicht in begrenztem Arbeitsumfeld isoliert beschäftigen konnte, aber insgesamt eher als verzichtbar erachtete. Entsprechend rückten

---

43   Horwitz-Wakefield, Loss, S.179-183.

auch in den Stellenanzeigen und in der Personalrekrutierung Qualifikationen in
den Vordergrund, die dem melancholisch erscheinenden Bewerber wenig Chancen eröffneten. Seither scheint das Instrument Temperamenten- oder Typenleh-
re zwecks Prüfung von Leistungsfähigkeit und grundlegenden Charaktereigen-
schaften weitgehend aufgegeben; übriggeblieben ist der psychologische Test, der
die erwünschten und unerwünschten Merkmale direkt zu erfassen verspricht.[44]

Dass das allgemeine Glückspostulat, die glücksverheißenden Therapien und
Medikamente, die Glücksangebote der Warenwelt und des Komforts des modernen Lebensstils und das Austreiben neuerlicher, einschneidender Krisen und
Schicksalsschläge Traurigkeit, Apathie, Depression und sogar Verzweiflung auch
am Ende des 20. Jahrhunderts nicht zum Verschwinden bringen konnten, bedarf
kaum eines gesonderten Beweises. Auch die gängigsten Ursachenidentifikatio-
nen dieses Befundes sind bekannt: zu entsprechenden Wirkungen führende Gottesferne bzw. geistig-kulturelle Verarmung; Entfremdung als Wesenselement der
kapitalistischen Produktionsweise; die auf Dauer nicht nur unbefriedigende, sondern depressiv machende vordergründige und flüchtige Freude des Konsums, die
lediglich zu neuem Konsum führt und explizit führen soll;[45] die melancholisch-
depressiven Wirkungen des Fernsehens; die Unaushaltbarkeit zu weitgehenden
Individualismus; die Wurzellosigkeit auch infolge gesteigerter geographischer
Mobilität, usw. Was die erneuerte Moderne der Epoche nach 1945 im Westen hervorgebracht zu haben schien, war mithin eher eine Dämpfung aller Emotionen
einerseits und das kurzfristige, übersteigerte Aufflackern medial eindrucksvoll
in Szene setzbarer emotionaler Ausbrüche andererseits. Der ‚Sieg des Westens‘
1989/90 generierte jedenfalls kein intensives, nachhaltiges Zufriedenheits- oder
Glücksgefühl in eben diesem Westen.

Mehr noch: auch der traurige Künstler und Literat, dem seine Melancholie
jedenfalls nach eigenem Bekunden erhöhte Sensibilität für das Offenkundige wie
das Verborgene, gesteigerte Wahrnehmung, und schließlich verschärfte intellektuelle Verarbeitung beschert, kehrte zurück. Die bereits Verstorbenen auf der „er-
habenen Liste melancholischer Innovatoren" wurden wiederentdeckt. Neue Namen kamen hinzu. Melancholische Musik, entsprechende bewegte und unbewegte
Bilder erscheinen nicht mehr nur kompensatorisch-kontrastiv unverzichtbar, sondern gewinnen einen Eigenwert. Die erstmals in der Krise um 1900 stilisierte melancholisch kränkliche, deshalb geheimnisvolle und interessante Frau, tritt in der
Welt der Mode und des Modischen immer wieder auf und hat sich inzwischen in

---

44   M. Maccoby: Die neuen Chefs, Reinbek 1979; ders.: Warum wir arbeiten. Motivation als
     Führungsaufgabe, Frankfurt a. M. 1989; Wolfgang Korndörfer: Allgemeine Betriebswirt-
     schaftslehre, Wiesbaden 2003 (Erstauflage 1976), S. 175f.
45   Alfred Bellebaum, Detlef Herbers (Hrsg.): Glücksangebote in der Alltagswelt, Münster 2006.

der Variante der abgemagerten, scheinbar Drogenabhängigen einen festen Platz auf den Laufstegen erobert. Das Glücks- und Schönheitspostulat, verbunden mit hellen, kräftigen, warmen Farben, brachte auf seiner Gegenseite nicht nur den Junkie, sondern auch die schwarze und bleiche Gothic-Kultur hervor. Akzeptiert ist der offenkundig Traurige und scheinbar Apathische freilich nur als Exot und Zurschausteller einer Attitüde, die vorübergehend Interesse erweckt oder attraktiv erscheint. Produktivität, Kreativität, eigentliche Leistung wird ihm letztlich eher nicht zugestanden. Vielmehr sieht auch er sich mit der Forderung und Erwartung konfrontiert, sich ,endlich zusammenzureißen' bzw. sich einer Therapie zu unterziehen oder sich der doch so leicht zur Verfügung stehenden, einschlägigen pharmazeutischen Präparate zu bedienen.[46]

3. Rückkehr der Melancholie? Die Gegenwart

Auch die neue welthistorische Phase, die nach dem ,Sieg des Westens' 1989/90 eingetreten ist, scheint eher durch ein Nebeneinander von Fortschritt und Krise, Optimismus und Pessimismus, Zufriedenheit oder Glück und Unzufriedenheit, Missvergnügen, Niedergeschlagenheit, Trauer, Unerfülltheit, Erschöpfung und wie immer gearteter diffuser Sehnsucht und Schmerzempfindung gekennzeichnet.[47] Anlässe für derartige Verarbeitungsformen, die proportional oder aus einer etablierten Sicht von Rationalität disproportional oder im Hinblick auf ihre Ursache oder Veranlassung gerechtfertigt oder nicht sein mögen, gibt es erneut genug. Im letzten Jahrhundertjahrzehnt der eigentümliche Eindruck des ,Endes der Geschichte' oder des ,rasenden Stillstands'; neue Kriege, Terroranschläge ungeahnten Grades, wachsende Kriminalität u. ä. stehen neben ökologischer Bedrohung, Finanzkrisen bislang unbekannten Ausmaßes, fortschreitender Öffnung der Schere zwischen arm und reich, unaufhaltsamer Beschleunigung der Konkurrenz um sozialen Aufstieg und lebensnotwendige Ressourcen, zunehmender

---

46   Vgl. für diesen Komplex in der US-amerikanischen Variante jetzt Jonathan Flatley: Affective mapping: melancholia and the politics of modernism, Cambridge u. a. 2008.
47   Hartmut Rosa: Beschleunigung. Die Veränderung der Zeitstrukturen in der Moderne, Frankfurt a. M. 2005; ders.: Am Ende der Geschichte. Die Generation X zwischen Globalisierung und Desintegration, in: Karsten Fischer (Hrsg.): Neustart des Weltlaufs? Fiktion und Faszination der Zeitenwende, Frankfurt a. M. 1999, S. 246-264; Dybel, Schuld (Anm. 3), Kapitel V und VI, S. 229-293; Ludger Heidbrink: Melancholie und Moderne. Zur Kritik der historischen Verzweiflung, München 1994; Alain Ehrenberg: Das erschöpfte Selbst. Depression und Gesellschaft in der Gegenwart, Frankfurt a. M. u. a. 2004; vgl. auch die einschlägigen Passagen bei Gerhard Schulze: Die Sünde. Das schöne Leben und seine Feinde, München-Wien 2006, besonders S. 63-76 (Ambivalenzen des Trägheitsverbots), wo der melancholische Komplex allerdings insgesamt zu wenig Beachtung findet.

Hektik in allen Lebensverhältnissen, wachsendem Umschlagen der Individualisierung vom Freiheitsgewinn in Egoismus, Vereinsamung und Orientierungslosigkeit, Aushöhlung des Rechts, negative Konsequenzen des Lebensstils wie z. B.
Adipositas, Brutalisierung des sozialen Umgangs, Entpersönlichung und inhalt-
liche Entleerung der Kommunikation, Zusammenbruch des Optimismus, durch
Leistung zu Auskommen und sozialer Sicherheit zu gelangen, neue Ängste vor
Alter und Altersarmut, deshalb tiefgreifender Vertrauensverlust, wachsende Sinnlosigkeit usw. Das aus diesen und anderen, u. U. noch nicht wirklich bewussten
Entwicklungen erwachsende diffuse bis schwermütige Unbehagen scheint sich
immer weiter zu verbreiten.

Entsprechend steigt der Bedarf an Antidepressiva zumal in den stärksten von
der US-amerikanischen Happiness-Kultur erfassten Weltregionen. In den USA
selbst beschleunigte sich mit Peter Kramers Buch *Listening to Prozac: A Psy-
chiatrist Explores Antidepressant Drugs and the Remaking of the Self* (Erstausgabe 1993) der Aufstieg von Antidepressiva als Mittel „to energize people and to
boost their self-esteem", also, "to transform personal identity more than to treat a
disease."[48] Als ‚normale' Lebenshilfe konnten diese neuen Medikamente nunmehr
auch von Allgemeinärzten verordnet werden. Der massive Ausbau der direkten
Kundenwerbung durch die großen Pharmaunternehmen bewirkte, dass die Zahl
derjenigen rasant anwuchs, die ihre Ärzte zur Verschreibung dieser Mittel auf-
forderten, und die illegale Beschaffung förmlich explodierte. Mittlerweile haben
sich die tatsächlich oder vermeintlich besonders depressionsanfälligen Gruppen
der Kinder, Heranwachsenden und Alten als Hauptabnehmer herausgeschält. Bei
den Erwachsenen im besten Erwerbsalter scheinen dagegen die kulturell bedingten Vorbehalte gegen Medikamentenkonsum zumal an dieser Stelle noch weniger
abgebaut. Stattdessen gilt es als Status- und Leistungsausweis, depressive Anwandlungen selbst oder lediglich mit Hilfe des eigenen Psychiaters überwinden
zu können. Nichtsdestotrotz meint die wichtigste Darstellung des Problems aus
dem Jahre 2007 konstatieren zu können: „Over the past few decades, the public's
judgement has certainly swung in the direction of medication; tolerance for normal but painful emotions has declined." Dass das so ist, sei auch als ein erschre-
ckendes Versagen der zuständigen Sozialwissenschaften anzusehen.[49]

Ausdrücklich gegen jegliche Form von Depression einschließlich ihrer aus
seiner Sicht in keiner Weise vorhandenen sensibilitäts- und kreativitätssteigern-
den Variante wandte sich konsequenterweise Peter Kramer in seinem weiteren
Bestseller *Against Depression* (2005). Ein im gleichen Jahr erschienener Sam-

---

48   Horwitz-Wakefield, Loss, S.183.
49   Horwitz-Wakefield, Loss, S.187, 192 (Zitat), 194-211.

melband versuchte zwar erstmals genauer, der depressionsträchtigen Spezifik der westlichen Kultur auf die Spur zu kommen; seine Beiträge blieben aber letztlich dabei stehen, die zunehmenden Anforderungen der industriellen Arbeitswelt und Gesellschaft sowie deren wichtigstes, unbeabsichtigtes Produkt, den wie immer definierten Stress und neuerdings das Burnout, zur Verantwortung zu ziehen.[50] Die Reihe der wirtschafts- und sozialwissenschaftlichen Studien, die Depression und Burnout als pandemische Beeinträchtigung des Wirtschaftswachstums und damit der Welt insgesamt beschwören, reißt nicht ab.[51] Entsprechend ist die Zahl der mehr oder weniger überzeugenden populären Ratgeber für Stress- und Burnout-Bekämpfung, die meist an der Erfindung der positiv-optimistischen Autosuggestion anknüpfen, mittlerweile unübersehbar geworden.[52] Die für 2011 zur Verabschiedung vorgesehene fünfte Fassung des *Diagnostic and Statistical Manual of Mental Disorders*, an dem sich auch die nunmehr weitgehend amerikanisierte europäische Psychiatrie orientiert, sieht vor, tiefe, anhaltende Trauer um einen verlorenen Menschen als Gemütsleiden zu pathologisieren und damit der therapeutischen und medikamentösen Behandlung zuzuführen.[53]

Gewiss auch aus der Logik des Publikationsmarktes heraus, durch provokante Herausforderung einer gesellschaftlich-kulturell etablierten Konzeption Aufmerksamkeit zu erregen und daher einen Bestseller zu landen, liegen mittlerweile aber auch nachdenkliche und entschiedene Plädoyers für bestimmte Komponenten produktiver Melancholie vor. Lesley Hazleton propagiert ein Recht, sich schlecht fühlen und traurig sein zu dürfen, um Schicksalsschläge und Schwankungen der persönlichen Stimmung menschenwürdig verarbeiten bzw. ausleben zu können. Frederic F. Flach beschwor bereits früh *The secret strength of depression* (1974) dahingehend, dass eigentlich nur Depression Konzentration und Besinnung auf das eigene Selbst, die eigene Position in der Welt und damit wirkliche Persönlichkeitserkenntnis, aber auch Persönlichkeitsstiftung, Selbstmotivation und damit aus dem Innersten stammende persönliche Kraft ermögliche. Die Neuauflage dieses Werkes 2009 könnte eine entsprechende Rückbesinnung indizieren.[54] James Hillman, ebenfalls ausgewiesener Psychiater, plädierte in verschiedenen Büchern für das Gewährenlassen und Durchleben aller Formen ‚normaler Trau-

---

50 Jeremy T. Devito (Hg.): Focus on Depression research, 2005.

51 Maurice J. Henry (Hg.): Trends in depression research, 2007.

52 Exemplarisch Jutta Kramer: Burn On statt Burn Out, 2009.

53 Christian Weber: Das Buch des Wahnsinns. Sind wir nicht alle ein bisschen irre? Ein neuer Diagnosekatalog für die Psychiatrie entscheidet über die Grenzen der Normalität, in: Süddeutsche Zeitung 156 vom 9./10. Juli 2011, S.22.

54 L. Hazleton: The Right to feel bad, New York 1986; dt. Dein Recht dich schlecht zu fühlen, Hamburg 1987 u. ö.; Frederic F. Flach: The secret strengt hof depression, New York 1974; dt. Depression als Lebenschance, Reinbek 1975 u. ö.

er', deren Bereich er entgegen dem vorherrschenden Trend sehr weit absteckte, weil diese Trauer bis hin zu leichten Formen der Depression für die Psyche und deren Festigung unerlässlich sei. Ronald W. Dworkin analysierte in seinem Werk *Artificial Happiness: The Dark Side of the New Happy Class* (2006) die Qualität, Dauerhaftigkeit und Wirkungen des postulierten Glücks der US-amerikanischen Glückseligen kritisch mit u. a. dem Ergebnis, dass es mit der motivierenden und mobilisierenden Kraft des Glückstheorems nicht so weit her sei, sondern – ganz im traditionellen Sinne – harmonische Balance von Glücks- und Unglücks- oder Trauergefühlen nötig erscheine. In diese Richtung weist auch trotz seiner Bevorzugung des Glückstheorems der derzeit aktuellste Ratgeber von Peter Warr und Guy Clapperton *The Joy of Work: Jobs, Happiness and You* (2009, dt. 2011): Arbeitszufriedenheit und damit die höchste Profitabilität eines Unternehmens zu erreichen setzt die Berücksichtigung auch weniger unmittelbar auf die etablierte Vorstellung von Glück ausgerichtete persönliche Dispositionen, darunter Zurückgezogenheit, eher vorsichtige bis pessimistische Grundeinstellungen, Abneigung gegenüber Fröhlichkeitsäußerungen usw. voraus. Selbst der Zusammenhang von Glück, Religion und Wohlstand wird derzeit erneut unter die Lupe genommen.[55]

Ein dezidiertes Plädoyer für eine Abkehr von der Glückskultur zugunsten der Melancholie nicht nur im Hinblick auf deren kompensatorische anthropologisch-soziale Unverzichtbarkeit, sondern ausdrücklich wegen deren produktiver und kreativer Kraft hat schließlich unlängst der US-amerikanische Anglist Eric G. Wilson vorgelegt. Diese engagierte Abhandlung *Against Happiness. In Praise of Melancholy* (2008, dt. 2009) versucht einerseits nachzuweisen, dass derjenige, der „eine Gesellschaft umfassenden Glücks propagiert, letztlich eine Kultur der Angst (befördert)", und die Interpretation des Christentums als diesseitige Glückslehre unhaltbar ist. Andererseits unterstreicht sie die nach Meinung ihres Autors erwiesene kulturelle Unverzichtbarkeit der Melancholie in ihren verschiedenen Formen: nicht nur als Quelle von Sensibilität, zugeschärfter Wahrnehmung, kreativer Umsetzung und Verarbeitung von Sinneseindrücken und inneren Vorstellungen, sondern auch als unverzichtbares Mittel, Distanz zum Weltbetrieb zu gewinnen und zu mit der unaufhebbaren Unvollkommenheit der Erkenntnis

---

55   J. Hilman: Die Begegnung mit sich selbst: Psychologie u. Religion, Stuttgart 1969; ders.: Hundert Jahre Psychotherapie – und der Welt geht's immer schlechter, Düsseldorf-Solothurn 1993; R.W. Dworkin: Artificial Happiness: The Dark Side oft he New Happy Class, New York 2006; P. Warr, G. Clapperton: The Joy of Work: Jobs, Happiness and You, London 2010; diess.: Richtig motiviert mehr leisten. Konzepte und Instrumente zur Steigerung der Arbeitszufriedenheit, Stuttgart 2011; John R. Atherton: The practices of Happiness: political economy, religion and well being, London u. a. 2011.

und der Welt fertig zu werden.[56] Diese Argumentation nähert sich entsprechenden Komponenten der postmodernen Philosophie, die von einem grundlegenden Scheitern der Moderne aufgrund deren Widersprüchlichkeit und eigenen Komplexitätsdrucks ausgeht, ohne dieser gescheiterten Moderne einen eigenen Entwurf entgegensetzen zu können, weil dieser unausweichlich ebenfalls ‚modern‘ sein müsste. Einer der Propheten der Postmoderne, Jean-François Lyotard, soll die Postmoderne deshalb „als einen Gemüts- oder vielmehr Geisteszustand" bezeichnet haben, dessen Merkmale aus der vorliegenden Perspektive klar auf den melancholischen Komplex verweisen.[57]

Zurück zur Konzeption Freuds jedenfalls in bestimmter Hinsicht kehrt demgegenüber der britische Psychiater Darian Leader. Für ihn ist Melancholie derjenige Teil einer Verlusttrauer, der im Unbewussten angesiedelt ist und sich dort notwendigerweise abspielt, d. h. nur ansatzweise über das therapeutische Gespräch erreicht werden kann und für jede Persönlichkeitsbildung und -bewahrung unverzichtbar ist. Psychopharmazeutisch-chemische Eingriffe mit therapeutischem Erfolg sind hier also weder möglich noch erwünscht, vielmehr ist derartige Trauer und die je persönliche Trauerarbeit unaufhebbar notwendig. Zu dieser Trauerarbeit können im Übrigen der Umgang mit der Kunst und eigene künstlerische Betätigung helfen, ohne dass von einer Kreativitätssteigerung im älteren Sinne durch diese Trauerarbeit gesprochen werden könne.[58] Ebenfalls als natürliche Form der Reaktion auf eigenen Verlust insbesondere eines nahen Menschen, aber auch fremden Verlust und fremde Trauer, vermittelt über das natürliche Mitgefühl, definiert der US-amerikanische klinische Psychologe George A. Bonnano *The other side of sadness*, also die nichtpathologische, oft mit einer Persönlichkeitsveränderung verbundene, vorübergehende oder dauerhafte traurige Ernsthaftigkeit vieler Individuen. Er wendet sich in seinem Buch dabei ausdrücklich gegen die in der US-Psychiatrie mittlerweile offenbar etablierte und Diagnose wie Therapie und Prognose leitende Annahme, dass jede Depression fünf Stufen durchlaufe und es sich beim Ausbleiben einer der postulierten je nächsten Stufe nur um eine Zeitverzögerung handeln könne. Der von ihm untersuchte traurige Ernst aufgrund von direkter oder indirekter Verlusterfahrung oder sogar Verlustmöglichkeit angesichts der Allgegenwart des Todes soll also bewusst vor jegli-

---

56   Wilson, Unglücklich (wie Anm. 40), S. 178 (Zitat); für die Akzeptanz von Melancholie – hier: vormorbide Depression – plädieren auch Stephan Hau u. a. (Hrsg.): Depression – zwischen Lebensgefühl und Krankheit, Göttingen 2005; die Beiträge dieses Bandes unterscheiden jedoch nicht zwischen Moderne und Postmoderne.

57   Walter Reese-Schäfer: Lyotard zur Einführung, Hamburg 1995, S. 46.; Alexandra Staehelin: Materie und Melancholie. Die Postmoderne zwischen Adorno, Lyotard und dem pictoral turn, Wien 2004.

58   Darian Leader: The new Black. Mourning, melancholia and depression, London 2009.

cher Pathologisierung und Medikalisierung geschützt werden.[59] In die gleiche Richtung zielen die Argumentationen der Psychologin Susan A. Berger, die fünf Typen der Reaktion auf Verlust unterscheidet.[60] Sollten sich diese jüngsten Neukonzeptionen des melancholischen Komplexes durchsetzen, wäre die Phase des totalen Glückspostulats und der radikalen Bekämpfung von Trauer, introvertiertem bis düsterem Ernst und der daraus resultierenden Transformationen der Vitalitätsäußerungen abgeschlossen.

4. Fazit

Unsere gezwungenermaßen holzschnittartige Rekonstruktion der Geschichte des melancholischen Komplexes hat eine beeindruckende Variantenvielfalt, Anpassungsfähigkeit und Dynamik dieses psychokulturellen Phänomens erwiesen. Der bereits in der Antike konzipierte Komplex konnte weder im Mittelalter noch in der Renaissance und im Konfessionellen Zeitalter, der Aufklärung, der Moderne des 19. und 20. Jahrhunderts und der bisherigen Postmoderne völlig in Einzelteile zerlegt oder stillgelegt oder durch andere Konzeptionen verdrängt werden. Auch die Einschätzung der Melancholie als gleichzeitig Belastung und Auszeichnung entwickelte sich in verschiedenen Varianten weiter; in der Postmoderne ist sie zu einem Mittel der Distanzwahrung und der Bewahrung des Zugangs zum möglichen Anderen oder gar Besseren, letztlich des psychischen Überlebens geworden.[61] Das ist in jedem Fall ein eindrucksvoller, zu weiterem Nachdenken anregender Befund.

---

59   George A. Bonnano: The other side of sadness. What the new science of Bereavement tells us about life after loss, New York 2009.

60   Susan A. Berger: The five ways we grieve. Finding your personal path to healing after the loss of a loved one, Boston 2009. Die Reaktionstypen seien der ‚Nomade', der ‚Memorialist', der ‚Normalisierer', der ‚Aktivist' und der ‚Sucher'; reaktiver Aktivismus und reaktive Passivität können in unterschiedlicher Mischung auftreten.

61   Vgl. dazu ohne systematische Erörterung der Melancholie jetzt Wilhelm Schmid (Hrsg.): Leben und Lebenskunst am Beginn des 21. Jahrhunderts, München 2005.

Melancholy, Spleen, Hypochondria: Mental diseases in Europe and England from the Sixteenth to the Eighteenth Century

Angus Gowland

According to the London physician Nicholas Robinson in his *New System of the Spleen, Vapours, and Hypochondriack Melancholy* (1729), '[t]he World … has been a long Time at a Loss to know what to make of those Disorders we call the Spleen, Vapours, and Hypochondriack Melancholy; nor have they been less puzzled to discover, under what Class of Diseases they might most properly range them.'[1] Three years later, in an essay 'Of the Hypp' in the periodical *The Gentleman's Magazine*, Robinson recorded a conversation with an elderly doctor, 'Mr Stonecastle', on the same subject, in which the latter recalled how

> When … I first dabbled in this Art, the old Distemper call'd *Melancholy,* was exchang'd for the *Vapours,* and afterwards for the *Hypp,* and at last took up the new current Appellation of the *Spleen,* which it still retains, tho' a learned Doctor of the *West,* in a little Tract he hath written, divides the *Spleen* and *Vapours,* not only into the *Hypp,* the *Hyppos,* and the *Hypocons;* but subdivides these Divisions into the *Mark-ambles,* the *Moon-palls,* the *Strong-Fiacs,* and the *Hockogrokles.*[2]

Robinson was well-known for his strict adherence to the principles of Newton, but he also retained a sense of the fallibility of human understanding in medicine,[3] and as his essay continued, its author's scepticism about the contemporary diagnostic categories for such conditions became clearer. 'At first', he wrote, 'the *Spleen* was said to be the entire Property of the Court Ladies', even if sometimes 'a fine

---

1   Nicholas Robinson, *A New System of the Spleen, Vapours, and Hypochondriack Melancholy: Wherein All the Decays of the Nerves, and Lownesses of the Spirits, are Mechanically Accounted For. To Which Is Subjoin'd, a Discourse upon the Nature, Cause, and Cure, of Melancholy, Madness, and Lunacy* (London, 1729), II.2, p. 175. Robinson continues: 'This is the Reason, why some Gentlemen, when they cannot reasonably account for those surprizing Phaenomena that often arise in the Spleen, are so ready to resolve all into Whim, or a wrong Turn of the Fancy.'

2   Nicholas Robinson, 'Of the Hypp', *Gentleman's Magazine*, vol. 2, no. 23, November 1732, p. 1062.

3   Nicholas Robinson, *A New Theory of Physick and Diseases, founded on the Principles of the Newtonian Philosophy* (London, 1725), pp. 2-4.

Gentleman was pleas'd to catch it, purely in Complaisance to them.' But then, according to Robinson, 'Dr. *Radcliff*, out of his well-nown Pique to the Court Physicians, perswaded an Ironmonger's Wife of the City into it', with the result that 'the City Physicians took the Hint'. Next, 'the Country Doctors removed it into the Hundreds of *Essex*, whence a learned Academick brough it with him to *Cambridge*.' Before long, 'it was heard of in the Fenns of *Lincolnshire*', and then 'it cros'd the *Humber* in 1720'. Most lately, '[t]he Contagion has at last extended itself into *Northumberland*.'[4] Robinson did not mean to imply that physicians were themselves responsible for the spread of the disease referred to by the name of 'spleen' throughout England—though for our part, we might be tempted to view such conditions as iatrogenic or even 'doxogenic' in some respects[5]—but he certainly intended to draw attention to the complex fluctuations in the terminology in this area of medicine across time as well as space. Moreover, despite his humorously sceptical tone, the observation that the range of conditions that were once typically described as distinct forms of the single disease of *melancholia* (in English 'melancholy') had by his time acquired a number of different names was both serious and correct.

The development and proliferation of terminology for the mental conditions once associated with solely with melancholy is a familiar problem for scholars of the seventeenth and eighteenth centuries, though it has not always been treated with the care it deserves.[6] In this essay, I shall be tracing the passage from the later sixteenth century, when it was generally agreed across Europe that 'melancholy' included a wide range of mental disorders—mostly but not exclusively of a depressive nature—that were widespread among the populace, to the middle of the eighteenth century, when, taking England as a case-study, the relationship between the conditions referred to by the terms 'melancholy', 'hypochondria', 'vapours' and 'spleen' had become more complex. My concern will not be

---

4   Robinson, 'Of the Hypp', p. 1062.

5   See Alan V. Horwitz and Jerome C. Wakefield, *The Loss of Sadness: How Psychiatry transformed normal Sorrow into Depressive Disorder* (Oxford: Oxford University Press, 2007); Ian Hacking, *Mad Travelers: Reflections on the Reality of Transient Mental Illness* (Charlottesville and London: University of Virginia Press, 1998), p. 11.

6   See the comments in Clark Lawlor, 'Fashionable Melancholy', in *Melancholy Experience in Literature of the Long Eighteenth Century: Before Depression, 1660-1800*, eds. Alan Ingram, Stuart Sim, Clark Lawlor, Richard Terry, John Baker, and Leigh Wetherall-Dickson (Basingstoke: Palgrave MacMillan, 2011), pp. 27-33; George Rousseau, 'Depression's Forgotten Genealogy: Notes towards a History of Depression', *History of* Psychiatry, xi (2000), pp. 71-106, at 73-4, and id., *Enlightenment Crossings* (Manchester and New York: Manchester University Press, 1991), p. 106. According to Babb, 'Eighteenth-century spleen is the direct descendant, in medical tradition, of hypochondriacal melancholy' (Lawrence Babb, 'The Cave of Spleen', *Review of English Studies* 12 (1936), 165-76, at p. 167).

with the empirical analysis of changes in the patterns of diagnosis or treatment of these conditions by medical practitioners, but rather with with the development and fluctuation of their meanings in medical discourse, and the broader cultural relevance of these meanings.

I

The orthodox understanding of melancholy in the sixteenth and early seventeenth century in England, and indeed throughout Europe, was based upon a core of medical doctrines that had originated in the ancient Greek world. Across the centuries, despite being elaborated within a series of broader physiological and psychological schemes that evolved in substantial and complex ways, the theory of the disease had remained noticeably static, being rooted principally in the writings of the Hippocratic *corpus*, Rufus of Ephesus, and Galen. From the middle ages onwards, most orthodox physicians in Europe agreed that *melancholia* was a chronic species of madness, without fever, originating from a preponderance or corruption of the cold and dry humour black bile, and usually involving apparently groundless fear and sorrow as well as other forms of emotional perturbation, hallucinations and delusions, and somatic symptoms such as insomnia, paleness, and leanness. Its prognostics depended upon the severity of the case, but it was commonly acknowledged to be a condition that was difficult, and sometimes impossible, to treat. Recommended therapics were multifarious, ranging from phlebotomy and purgatives to cordials and various kinds of pharmaceuticals, to bathing, exercise, wine, and comforting company, all designed to counteract the effects of the pathogenic humour.[7]

Three connected aspects of the theory of melancholy made it especially interesting—and in some ways even appealing—to dramatists, poets, and philosophers as well as physicians in the early modern era, and so also gave the condition a remarkably pervasive cultural significance in literate circles across Europe. The first was the sheer variety and complexity of the different kinds, causes and symptoms of melancholy. According to Galenic medical teachings, which dominated the university faculties of the Middle Ages and the Renaissance, *melancholia* had three principal subspecies, each deriving from the bodily location

---

7   For useful summaries of the medical theory of melancholy from antiquity onwards, see Hellmut Flashar, *Melancholie und Melancholiker in den medizinischen Theorien der Antike* (Berlin: de Gruyter, 1966); Raymond Klibansky, Erwin Panofsky, and Fritz Saxl, *Saturn and Melancholy: Studies in the History of Natural Philosophy, Religion and Art* (London: Nelson, 1964); and Stanley Jackson, *Melancholia and Depression from Hippocratic Times to Modern Times* (New Haven and London: Yale University Press, 1986).

where black bile either in its natural or or adust ('burnt') form, was preponderant; and each having its own distinctive causes, symptoms, prognostics and therapies alongside a set of shared features: melancholy of the head, whole body, or hypochondrium (the upper lateral region of the abdomen). However, there were also two further kinds of melancholy sometimes recognised in this period: the first was 'love melancholy', roughly speaking a medicalised conception of lovesickness that had been fully elaborated for the first time by medieval Arabic physicians, and the second was 'religious melancholy', a more nebulous pathological category which had ancient roots, but became increasingly significant in the course of the seventeenth century.

The extraordinarily broad intellectual scope of the theory of melancholy is immediately apparent from the detailed account given by the English writer Robert Burton in his encyclopedic *Anatomy of Melancholy* (first edition 1621), which serves as a generally reliable guide to the Renaissance understanding of the disease. Its causes fall into supernatural, natural, 'non-natural' categories: in the first, and applying to all forms of melancholy, Burton lists God—a 'cause' in the sense that all diseases are divine punishments for sin—and demonic spirits— which can manipulate the bodily humours and mental faculties. In the second, he includes the stars—which exert physical influences upon terrestrial creatures, old age—which involves the cooling and drying of the body, and so exacerbates the effects of black bile—and the humoral complexion inherited from parents. In the third, 'non-natural' category, closely following Galenic medical method, he lists bad diet, faulty retention and evacuation of blood and bodily waste, bad air, lack of exercise, excessive or defective amounts of sleep or waking, and immoderate passions of the mind.[8] He also includes a series of 'accidental' causes of melancholy such as being nursed on 'corrupt' milk, and what we would describe as social or environmental causes, which induce the disease by upsetting the psychological equilibrium of the sufferer: a harsh education, frightening experiences, abuse, imprisonment, servitude, poverty, and different kinds of personal loss.

As well as sharing a number of common supernatural, natural and 'non-natural' features, each subspecies of melancholy has its own set of causes, symptoms and therapies. Hypochondriacal melancholy, for example, is said to be caused sometimes by obstructions within the mesenteric veins or by excessive coldness in the liver, but often just by the sudden occurrence of an emotional perturbation; remedies are prescribed to treat the affected bodily part (or parts) accordingly.[9]

---

8   See L. J. Rather, 'The "Six Things Non-Natural": A Note on the Origins and Fate of a Doctrine and a Phrase', *Clio Medica* 3 (1968), pp. 336-47.

9   Robert Burton, *The Anatomy of Melancholy*, eds. R. Blair, T. Faulkner, and N. Kiessling, 6 vols (Oxford: Clarendon Press, 1989-2000), 1.2.5.4, vol. I, pp. 478-9; 2.5.3.1-2, vol. II, pp. 260-6.

Love melancholy can arise from some of the same internal and external origins as the other forms of the disease,[10] but it is also induced by the perception of beauty and the 'artificiall allurements'—such as gestures, clothing, and cosmetics—that induce erotic desire.[11] It has its own distinctive symptoms—crying, sighing, 'lascivious gestures', jealousy, and obsessive fixation upon the object of love[12]—and also its own therapies, such as distraction, persuasion, or even coitus.[13] Similarly, religious melancholy shares a physiological origin with other forms of the disease, since black bile may induce an excessive fear of God, but it also has its own distinctive causes (in Burton's account, false beliefs about divine matters), symptoms (forms of behaviour and affect associated with superstition or despair) and therapies (true beliefs, prayer, measures to induce spiritual comfort, and even magical objects).[14]

To our eyes, then, perhaps the most striking feature of early modern writings about melancholy is the manner in which they traverse a number of apparently distinct intellectual and cultural territories. Although the core of the theory lies in the humoral physiology elaborated within the medical discipline, it draws heavily upon psychology (at that time associated with the discipline of natural philosophy) for explanations of the faculties of the soul and the emotions, and also impinges subtantially upon domains of ethics, theology, and practical spirituality. Burton's *Anatomy* is not the only Renaissance work on melancholy that ranges beyond the confines of conventional Galenic medical discourse: to name just a few well-known works, the same holds for Marsilio Ficino's *De vita triplici* (1489), which fused medicine with Neoplatonic philosophy and astrology to articulate an influential theory of melancholic genius, for Timothy Bright's *Treatise of Melancholie* (1586), which included a lengthy religious consolation for those suffering from an 'afflicted conscience', and for Jacques Ferrand's, *De la maladie d'amour ou melancholie erotique* (1623), which incorporated a host of poetic quotations and moral aphorisms illustrating the medical theory of love melancholy.[15] Insofar as the disease encapsulated a wide range of symptoms and forms of behaviour—somatic, psychological, moral, demonological, and spiritual—it also attracted a multiplicity of different perspectives that (unlike most diseases in this period)

---

10 Burton, *Anatomy*, 3.2.2.1, vol. III, pp. 59-60.
11 Burton, *Anatomy*, 3.2.2.3-5, vol. III, pp. 90-138.
12 Burton, *Anatomy*, 3.2.3.1, vol. III, pp. 139-96.
13 Burton, *Anatomy*, 3.2.5.1-3.3.4.2, vol. III, pp. 201-329; Burton is unusual in including an account of jealousy as a subspecies of love melancholy.
14 Burton, *Anatomy*, 3.4.1.1, vol. III, pp. 330-446.
15 This was the second, expanded edition of a work originally entitled *Traité de l'essence et guérison de l'amour ou mélancholie erotique* (Toulouse, 1610).

drew it out of the exclusive domain of the physician. By the end of the sixteenth century, melancholy had also become the concern of the priest and the moralist.

A second, and more specific aspect of the orthodox medical understanding of melancholy that heightened its cultural significance in the early modern era was the important role it bestowed upon the power of imagination. At least since Galen, melancholy had been theorised as a condition that involved irrational delusions and hallucinations, and by the Renaissance it was usually agreed that the two mental powers (sometimes called 'faculties') that were affected, in all forms of the disease, were the reason and the imagination, both of which were seated in the brain.[16] According to the Aristotelian psychological theory that physicians typically used to explain the workings of the mind, this meant that melancholy affected not only processes of reasoning—as one would expect in a species of madness (*delirium*)—but more particularly of sense-perception. In fact, most early modern physicians emphasised that the principal symptoms of *melancholia* were due above all to the fact that it primarily affected the imagination, which was responsible for processing the sense-data (in the form of 'phantasms') received from the external senses before passing them on to be stored in the memory.[17] In this theory, the imagination of the melancholic becomes dysfunctional when dark vapours emanating from black bile, or quantities of the humour itself, rise up from the hypochondrium to the head. The cause of such emanations, in turn, is often traced to the spleen, where the black bile is mostly settled, and whose usual function is to purge the body of any quantity of the humour that is putrefied or superfluous to the body's requirements.[18] When it fails to do so (as Bright explains) the complexion is altered as black bile floods the veins, but also, as the spleen becomes filled with 'melancholicke excrement', it swells and overheats, causing flatulence and pain in the left side of the hypochondrium and sending 'noysome vapours' upwards through the body to the brain.[19] These dark and cloudy vapours corrupt the animal spirits flowing through the brain, which leads the imagination to pro-

---

16   See Angus Gowland, 'Melancholy, Imagination and Dreaming in Renaissance Learning', in Yasmin Haskell (ed.), *Diseases of the Imagination and Imaginary Disease in the Early Modern Period* (Brepols, forthcoming), pp. 56-65.

17   See the account in Burton, *Anatomy,* 1.1.3.2, vol. I, pp. 164-5.

18   Timothy Bright, *A Treatise of Melancholie: Containing the causes thereof, & reasons of the strange effects it worketh in our minds and bodies* (London, 1586), XVI, p. 102, and XX, p. 125; Levinus Lemnius, *The Touchstone of Complexions*, trans. Thomas Newton (London, 1581), fols 138ᵛ, 141ᵛ on the spleen and melancholy.

19   Bright, *Treatise of Melancholie*, XX, p. 125, XVI, p. 102.

duce distorted and shadowy phantasms, and these in turn provoke irrational fear and sorrow as well as hallucinations and delusions.[20]

The early modern perception of melancholy fundamentally a disease of the imagination, producing strange and sometimes disturbing symptoms, made melancholics a subject of considerable interest, and sometimes also of social and political significance. Physicians and philosophers had long relished describing melancholic hallucinations at length, sometimes with an undisguised note of ridicule,[21] but from the later sixteenth century onwards, theologians and demonologists across Europe—such as the Dutch Lutheran Johann Weyer, the French polymath Jean Bodin, and the English country gentleman Reginald Scot—entered into heated debates over whether cases of apparent witchcraft and demonic possession were actually attributable to the depraved imaginations of melancholics.[22] At the same time, the medical theory of melancholy intersected with the religious politics of the European Reformation. For sixteenth-century Lutherans, the Calvinist doctrine of predestination was responsible for innumerable cases of despair and religious melancholy; and in seventeenth-century England, the idea of religious melancholy expanded into a fully-fledged tool of contemporary polemic—being levelled by supporters of Anglican orthodoxy against the destabilising influences of Catholics (demonised as 'superstitious' melancholics), puritans (denounced and ridiculed as zealous 'enthusiastic' melancholics).[23] Mean-

20 For example in Bright, *Treatise of Melancholie*, XV, pp. 100-101 and XVI, p. 102.

21 For example, see Thomas Walkington, *The Optick Glasse of Humors* (1607), p. 139, which presents some 'merry examples' of melancholic delusions, and describes one as '[a]nother ridiculous fool [who] verily thought his shoulders, and buttocks were made of brittle glass' (p. 139). For discussion see Winfried Schleiner, *Melancholy, Genius and Utopia in the Renaissance* (Wiesbaden: Harrassowitz, 1991), pp. 145-69.

22 Johann Weyer, *De Praestigiis Daemonum, et Incantationibus ac Veneficiis Libri V* (1563), in *Opera omnia* (Amsterdam, 1660), III.7, pp. 179-83 ('De melancholicorum depravata imaginatione'). On witchcraft, demonology and melancholy generally see Jean Céard, 'Folie et demonologie au XVIe siècle', and Sydney Anglo, 'Melancholia and Witchcraft: The Debate between Wier, Bodin, and Scot', both in Alois Gerlo (ed.), *Folie et Déraison à la Renaissance* (Brussels: Éditions de l'Université de Bruxelles, 1976), pp. 129-48, 209-22; Noel L. Brann, *The Debate over the Origin of Genius during the Italian Renaissance: The Theories of Supernatural Frenzy and Natural Melancholy in Accord and in Conflict on the Threshold of the Scientific Revolution* (Leiden and Boston: Brill, 2002), pp. 3-10, 33-7, 153-88, 205-46, 342-6, 332-41.

23 John F. Sena, 'Melancholic Madness and the Puritans', *Harvard Theological Review*, vol. 66, no. 3 (1973), pp. 293-309; Michael MacDonald, 'Religion, Social Change, and Psychological Healing in England 1600-1800', in W. J. Sheils (ed.), *The Church and Healing* (Oxford: Blackwell, 1982); Michael Heyd, *'Be Sober and Reasonable': The Critique of Enthusiasm in the Seventeenth and Early Eighteenth Centuries* (Leiden: Brill, 1995); Jeremy Schmidt, *Melancholy and the Care of the Soul: Religion, Moral Philosophy, and Madness in Early Modern England* (Aldershot: Ashgate, 2007), pp. 83-128; Claire Crignon-De Oliveira, *De la mélancolie à l'enthousiasme: Robert Burton (1577-1640) et Anthony Ashley Cooper, comte de Shaftesbury (1671-1713)* (Paris: Honoré Champion, 2006).

while in popular literature, the depraved imagination of the melancholic became a suitable vehicle for explorations of the relationship between erotic desire and poetic creativity. As Burton recorded in his discussion of the symptoms of love melancholy, no sooner does someone fall in love than they become 'Rimers, Ballet-makers, and Poets'.[24] Little surprise, then that love is (as Burton wrote) 'the sole subject almost of Poetry, all our invention tends to it, all our songs ....',[25] and the indeed is source of almost

> all good conceipts, neatnesse, exornations, playes, elegancies, delights, pleasant expressions, sweet motions and gestures, joyes, comforts, exultancies, and all the sweetnesse of our life .... All our feasts almost, masques, mummings, banquets, merry meetings, weddings, pleasing songs, fine tunes, Poems, Love-stories, playes, Comoedies, Attellans, Jigges, Fescenines, Elegies, Odes, &c proceeded hence .... Symbols, Emblems, Impreses, devisees ... [26]

The melancholy lover given to eloquent poetic exaltations of their loved one is accordingly a staple of early modern drama, as in the cases of Shakespeare's Romeo,[27] or *The Lover's Melancholy* (1629) by John Ford.[28]

The idea that the melancholic imagination could be the source of creativity brings us to another reason for the early modern preoccupation with the condition. Since antiquity melancholy had been associated not only with disease, but also with supernatural inspiration, and from the mid-fifteenth until well into the seventeenth centuries, the apparently exceptional artistic and intellectual abilities of melancholics was a virtually continuous topic of discussion amongst European intellectuals.[29] 'Why is it', asked the author of the pseudo-Aristotelian *Problemata* XXX.1, 'that all men who have become outstanding in philosophy, politics, poetry or the arts are melancholic, and some to such an extent that they are afflicted by the diseases arising from black bile?'[30] Medical writers had subsequently developed the association between melancholy and thinking,[31] but it was

---

24   Burton, *Anatomy*, 3.2.3.1, vol. III, p. 190.
25   Burton, *Anatomy*, 3.2.3.1, vol. III, p. 193.
26   Burton, *Anatomy*, 3.2.3.1, vol. III, p. 192, adding that 'Most of our arts and sciences, painting amongst the rest, was first invented, saith *Patritius ex amoris beneficio*, for loves sake.'.
27   William Shakespeare, *Romeo and Juliet* I.1.157-234.
28   John Ford, *The Lovers Melancholy* (London, 1629), III.3, pp. 45-6.
29   The classic study is Klibansky, Panofsky and Saxl, *Saturn and Melancholy*. See also Schleiner, *Melancholy, Genius and Utopia* and Brann, *The Debate over the Origin of Genius*.
30   Aristotle, *Problems II: Books XII-XXXVIII*, trans. W. S. Hett (London and Cambridge, Mass.: William Heinemann and Harvard University Press, 1937), pp. 154-5. On the later reception of this work see P. de Leemans and M. Goyens (eds.), *Aristotle's 'Problemata' in Different Times and Tongues* (Leuven: Leuven University Press, 2006).
31   The key authority here was Rufus of Ephesus: see Peter Toohey, 'Rufus of Ephesus and the Tradition of the Melancholy Thinker', in Rufus of Ephesus, *On Melancholy*, ed. Peter Pormann (Tübingen: Mohr Siebeck, 2008), pp. 221-43.

the reformulation of the ancient notion of melancholic genius in the work of the Neoplatonist astrologer Marsilio Ficino that established it as a commonplace of Renaissance philosophy and art. According to Ficino's *De vita*, astral influences could combine with black bile to induce a condition of 'genial' melancholy, involving solitary episodes of 'divine frenzy' in which the melancholic became alienated from himself as a human being, and capable of extraordinary accomplishments in philosophy, prophecy, poetry, and other areas of human endeavour. Ficino's theory of supernaturally inspired melancholy held particular appeal for artists; it found its way into a host of Italian Renaissance paintings, and was portrayed most famously by by Albrecht Dürer in the engraving *Melencolia I* (1514).[32] Although Ficino's arcane astrological explanation did not survive the sustained attacks it suffered throughout the course of the sixteenth century, the notion of the melancholic genius retained its appeal in European philosophical and literary circles throughout the early modern era.[33] Ridicule and critique testify to its persistence: from the English playwright Ben Jonson's mockery of the contemporary vogue for melancholy as a pretentious aristocratic affectation in *Every Man in His Humour* (1598),[34] to the fifth of James Boswell's essays 'The Hypochondriac' (1778), which was devoted to a rebuttal of the Aristotelian doctrine 'that melancholy is the concomitant of distinguished genius.' According to Boswell, himself a self-professed melancholic, the disease 'like the fever or gout, or any other disease, is incident to all sorts of men, from the wisest to the most foolish', and it was important to realise this,

> because I am certain that many who might have prevented the disease from coming to any heights, had they checked its first appearances, have not only resisted it, but have truely cherished it, from the erroneous flattering notion that they were making sure of the undoubted though painful characteristick of excellence, as young ladies submit wihtout complaint to have their ears pierced that they may be decorated with brilliant ornaments.[35]

Three points should be made about the social influence of the theory of melancholy in this period. The first is that we cannot assume that this theory, no matter

---

Particularly Rufus of Ephesus: see Peter Pormann edn.

32   In addition to the works cited in n. 29 above, see Maria Ruvoldt, *The Italian Renaissance Imagery of Inspiration: Metaphors of Sex, Sleep, and Dream* (Cambridge: Cambridge University Press, 2004).

33   See, for example, Bright, *Treatise of Melancholie*, XXII, pp. 126-7; Walkington, *Optick Glasse*, pp. 131-2; Burton, *Anatomy*, 1.3.1.2, vol. I, p. 391, and 1.3.1.3, vol. I, p. 400.

34   Ben Jonson, *Every Man in His Humor* (London, 1601), II.3, sig. E 3ᵛ.

35   James Boswell, 'The Hypochondriack', no. 5 (February 1778), in *The London magazine. Or, Gentleman's monthly intelligencer* (London, 1778), p. 5. On Boswell's melancholy see Allan Ingram, *Boswell's Creative Gloom: A Study of Imagery and Melancholy in the Writings of James Boswell* (London: Macmillan, 1982).

how consistently it was formulated within contemporary medical writings, formed the basis for medical practice in precise or straightforward ways. Although there is evidence to suggest that physicians across Europe would diagnose and treat melancholic patients in accordance with the Galenic theory, there are also studies that suggest many doctors, especially the less learned ones, did not always adhere in practice to the orthodoxy recorded in learned medical texts.[36] The second point is that the representation of melancholy in literary and dramatic genres was similarly flexible. Whilst there are instances where the details of the medical doctrine were reproduced with a high degree of accuracy, it is not surprising to find that it was more usual for creative writers to appropriate the learned theory and transform it for their own purposes. In a study of depictions of melancholy in the literature of Elizabethan England, Lawrence Babb found several melancholic 'types' whose contours originated in but rarely adhered closely to medical and philosophical discourse: the hypochondriac, the maniac, the love melancholic, religious melancholic, witch, and inspired philosophical genius, but also the refined melancholic gentleman, and no fewer than four types of melancholic 'malcontents': travellers, villains, cynics, and scholars.[37]

However, despite these qualifications, it is important to emphasise that we have ample historical evidence—in the form of medical case histories, personal letters and autobiographical works—to suggest that a significant number of the early modern populace, particularly those who were literate—interpreted the occurrence of melancholy (in others and in themselves) through the conceptual schemes that were propagated by physicians in the first instance, but also by philosophers, dramatists and poets. From the middle of the sixteenth century until the middle of the seventeenth century, there was no shortage of writers who thought that melancholy, in its different forms, had reached 'epidemic' proportions in their own country and across the continent.[38] In one sense, this is hardly surprising, since by this time the theory of melancholy had become so diversified

---

36   For learned physicians' own written case-histories concerning cases of melancholy treated in accordance with Galenic principles, see for example, Giambattista da Monte, *Consilia medica* (Nürnberg, 1559), XVI, XIX, XVIII, XXX, CLXX, CLXXIII; and Pieter van Foreest, *Observationum et curationum medicinalium ac chirurgicarum opera omnia quatuor tomis digesta* (Rouen, 1653), X.12. For the more flexible implementation of such principles, absorbing popular beliefs about spiritual madness, see the case study in Michael MacDonald, *Mystical Bedlam: Madness, Anxiety, and Healing in Seventeenth-Century England* (Cambridge: Cambridge University Press, 1981).

37   Lawrence Babb, *The Elizabethan Malady: A Study of Melancholia in English Literature from 1580 to 1642* (East Lansing, MI: Michigan State College Press), esp. pp. 98-102.

38   See Jean Delumeau, 'L'âge d'or de la mélancolie', *L'histoire* 42 (1982), pp. 28-37; Erik Midelfort, 'Melancholische Eiszeit?', in Wolfgang Behringer, Hartmut Lehmann, and Christian Pfister (eds.), *Kulturelle Konsequenzen der 'Kleinen Eiszeit'* (Göttingen: Vandenhoeck & Ruprecht,

that it could be used to account for almost any form of emotional or psychological disturbance, whether it was of a social, spiritual or even a political nature.[39] To be melancholic did not mean simply to be 'depressed' in any straightforward sense of that modern term, but rather to be psychologically disturbed in an almost bewildering variety of ways. As Burton put it, '[t]he foure and twenty letters make no more variety of words in divers languages, th[a]n melancholy conceipts produce diversity of symptomes in severall persons. They are irregular, obscure, various, so infinite, *Proteus* himselfe is not so divers ...'.[40]

II

By the later seventeenth century, however, this situation had changed.[41] Physicians continued to write about melancholy, but it was no longer employed as a unifying nosological category that encompassed a range of otherwise seemingly heterogeneous psychological disorders. Instead, symptoms that had previously been interpreted as melancholic signs came to be allocated to other species of disease, which were now more or less sharply distinguished from melancholy. Most importantly, it became increasingly common to dissociate melancholy from mental disorders that were seated in the hypochondrium, and the term 'hypochondriacal melancholy' gradually became replaced by simple 'hypochondria'. At the same time, however, the religious subspecies of melancholy continued a parallel but increasingly disconnected existence in spiritual and literary discourse. These trends can be found in writings published across Europe,[42] but in the rest of this essay I shall be focusing upon English sources for two reasons. In the first place, the period *c.* 1650-1800 is notable for the proliferation of English vernacular works, medical and literary alike, which discuss hypochondria, 'spleen', 'vapours' and other conditions that in previous eras would almost certainly have been identified as subspecies of melancholy, alongside a host of spiritual works discussing religious

2005), pp. 239-254; Angus Gowland, 'The Problem of Early Modern Melancholy', *Past & Present* no. 191 (2006), pp. 77-120.

39   On the political dimension of melancholy see Adam H. Kitzes, *The Politics of Melancholy from Spenser to Milton* (London: Routledge, 2006); Angus Gowland, *Worlds of Renaissance Melancholy: Robert Burton in Context* (Cambridge: Cambridge University Press, 2006), pp. 205-94;

40   Burton, *Anatomy*, 1.3.1.4, vol. I, p. 407.

41   For a general overview see Roy Porter, *Mind Forg'd Manacles: A History of Madness in England from the Restoration to the Regency* (Cambridge, Mass.: Harvard University Press, 1987).

42   See Stanley W. Jackson, 'Melancholia and Mechanical Explanation in Eighteenth-Century Medicine', *Journal of the History of Medicine and Allied Sciences*, 38 (1983), pp. 298-319, at p. 299; and George Rousseau, 'Depression's Forgotten Genealogy: Notes towards a history of Depression', *History of Psychiatry*, xi (2000), pp. 71-106.

melancholy. In the second, this is also the period when it is possible to detect a transition in perceptions: whereas in the sixteenth and early seventeenth centuries melancholic diseases were frequently seen to be widespread throughout Europe, by the eighteenth century it became increasingly common to observe that the incidence of hypochondria and related disorders was most concentrated in England.

By about 1750, melancholy had lost its place as the most significant and prevalent form of mental disorder in English medical discourse. In part, this can be attributed to the development and propagation of the methods of the 'new science', which prompted the gradual decline of humoral theory and its replacement by alternative physiological systems of explanation that incorporated atomist, mechanistic, chemical, and pneumatic or vitalist concepts. More specifically, as belief in the significance—and eventually the existence—of black bile waned, the disease of melancholy came to be seen as a disorder of the nervous system. In the *De anima brutorum* (1672), for instance, the influential natural philosopher and physician Thomas Willis rejected 'what some *Physicians* affirm, that *Melancholy* doth arise from a *Melancholick* humor', and expressed doubt that such a substance existed in the places it had been posited, 'unless perhaps some be planted in the Spleen'.[43] According to Willis, the causes of melancholy were actually to be found in the composition of the blood (in the heart) and the animal spirits (in the brain), which in turn cause disordered movements in the soul.[44] Willis's account did remain faithful to the ancient understanding of not just the symptoms of and therapies for melancholy,[45] but also, in acknowledging that the spleen— where the 'nervous fibres' are concentrated'[46]—was often affected in the disease, preserving the traditional category of '*Hypochondriack*' melancholy.[47] By dissociating melancholy from black bile, however, he was able to relate it more closely to other diseases that originated in the blood and animal spirits, particularly hysteria, which was presented as a nervous disease that particularly afflicted women.[48]

43   Thomas Willis, *Two Discourses concerning the Soul of Brutes, which is that of the vital and sensitive of man*, trans. S. Pordage (London, 1683), ch. XI, p. 192.
44   Willis, *Two Discourses*, II.11, pp. 188-93.
45   He also acknowledged the subspecies of erotic and religious melancholy: Willis, *Two Discourses*, XI, p. 200.
46   Willis, *Two Discourses*, II.1, p. 112.
47   Willis, *Two Discourses*, II.11, pp. 192-3, insisting nevertheless that the origin of the disease remained the blood.
48   Willis, *Two Discourses*, II.1, p. 111 (hysteria arises in the nerves rather than the 'ascent of vapours'); II.2, p. 113 (on 'Hypochondriack or Hysterical distempers'); II.15, p. 228: women suffer more from hysteria. On the gendering of melancholy and hysteria in this period, see Schmidt, *Melancholy and the Care of the Soul*, esp. pp. 77-82, 171-3.

Gradually, the language employed by English physicians to describe mental disorders shifted away from the traditional terminology of melancholy.[49] Like Willis, Thomas Sydenham perceived a close connection between (mostly male) hypochondria and (mostly female) hysteria, though he maintained the importance of distinguishing between the two conditions. But although Sydenham's account of these two diseases in the *Dissertatio epistolaris ad .. Gulielmum Cole, M.D., de observationibus nuperis circa curationem variolarum confluentium nec non de affectione hysterica* (1682) drew heavily upon previous theories of melancholy, Sydenham claimed that they both arose not from black bile but from '*irregular motions of the animal spirits*'.[50] In Sydenham's work, the term 'melancholic' does not formally denote a species of disease, but is used only in a loose adjectival sense, for example to describe hysterics and hypochondriacs as 'these melancholic persons.'[51] In the following fifty years or so, if we sample the titles of works on specific mental disorders as a general indication of their content, it is clear that 'melancholy' was increasingly ceding ground to 'hypochondria', but also to 'spleen', and 'vapours'—both terms drawing upon particular aspects of the earlier physiology of melancholic disease. This is evident in the following works: Richard Browne's, *Medicina Musica ... to which is annexed a new Essay on the Nature and Cure of the Spleen and Vapours* (1674); John Purcell's *Treatise of Vapours, or Hysterick* Fits (1702); Bernard Mandeville's *treatise of the Hypochondriack and Hysterick Passions* (1711); John Midriff's, *Observations on the Spleen and Vapours ... these Melancholy Disorders since the Fall of the South-sea, and other publick Stocks* (1721); William Stukeley's, *Of the Spleen, Its Description and History, Uses and Disease, particularly the Vapors, with their Remedy* (1722); Richard Blackmore's, *A Treatise of the Spleen and Vapours: or, Hypochondriacal and Hysterical Affections* (1725); and perhaps most famously, George Cheyne's, *The English Malady: Or, A Treatise of Nervous Diseases of all Kinds, as Spleen, Vapours, Lowness of Spirits, Hypochondriacal, and Hysterical Distempers, &c.* (1733). We do occasionally encounter the term 'melancholy' in these works, usually in reference to its hypochondriacal form—as in Nicholas Robinson's *New System of the Spleen, Vapours, and Hypochondriack Melancholy* (1729)—but this was increasingly the exception rather than the rule.[52] By

---

49   Thomas Sydenham, *The Entire Works of Dr Thomas Sydenham* (London, 1742), pp. 367-9.
50   Sydenham, *The Entire Works*, p. 376.
51   Sydenham, *The Entire Works*, p. 374, also referring to the Aristotelian observation 'that *melancholy persons are the most ingenious*'.
52   See, for example, Anon. ('A Physician'), *A Treatise of Diseases of the head, Brain, and Nerves ... to which is subjoin'd, A Discourse of the Nature, real Cause and certain Cure of Melancholy in Men, and Vapours in Women* (1711), pp. 90-5, 111-12.

the second half of the eighteenth century, it had become typical to refer to hypo-chondria (or 'hypochondriasis') without any mention of 'melancholy', as in John Hill's *Hypochondriasis* (1766), or James Rymer's *Tract upon indigestion, and the hypochondriac disease ...* (1785).[53]

Perhaps unsurprisingly, there was not complete consensus amongst these works on the meanings denoted by the diagnostic terms of 'melancholy', 'hypo-chondria', 'spleen', and 'vapours'; but some general tendencies can be observed. In the first place, melancholy was often understood to be the most serious and se-vere of the other nervous disorders to which it was related. For Robinson, there were several different species of 'Melancholy Disorders' that were 'improv'd in different Constitutions, or in the different Habits of different Sexes, which excite different Symptoms, according to the different Motions of the Animal Fibres'.[54] Each form of nervous disorder shared symptoms of physical discomfort as well as psychological dejection, but in Robinson's account such symptoms increased in severity in a progression from 'spleen', to 'vapours', 'hypochondriack melan-choly', and finally 'melancholy madness'.[55] 'Spleen' principally brought mental dullness and unease, emotional and imaginative hypersensitivity, as well as pain and flatulent discomfort in the stomach.[56] 'Vapours' involved almost identical symptoms, but in addition tended to afflict the whole body and involved convul-sive fits. It was also to be observed more frequently in women than men, 'either from a stronger Impulse of those Passions, or a finer Texture of their Nerves'.[57] 'Hypochondriack Melancholy' for Robinson was 'only the last or highest Degree of the Spleen or Vapours, wherein all the Symptoms are heighten'd to a surpriz-ing Degree.' For sufferers of this disease, 'nothing but Horror reigns' the Ideas are dark, unsteady, and confus'd: Sometimes the Exercise of Reason it self is in-terrupted, and the Mind harrass'd with terrible Perturbations, Anxieties, and sad Despair'. Finally, 'melancholy Madness' was 'only the Hyp. Improv'd upon the Constitution from Length of Time, and a Continuance of the Disease'.[58]

As these works suggest, it was becoming common to emphasise the dis-tinction between melancholy and other forms of nervous disorder, usually on the

---

53   James Rymer, *A treatise upon indigestion, and the hypochondriac disease; and upon the in-flammatory and atonic gout*, 5th edn (London, 1789). Rymer does refer on one occasion (p. 4) to 'the influence of melancholy' on 'all the great powers and generous passions of the mind', but this seems to use the term as a synonym for 'sadness'.

54   Robinson, *New System of the Spleen*, II.3, pp. 200-1.

55   Robinson was in agreement with Hermann Boerhaave in this respect: see Jackson, 'Melancholia in the Eighteenth Century', p. 304.

56   Robinson, *New System of the Spleen*, II.4, pp. 202-11.

57   Robinson, *New System of the Spleen*, II.5, pp. 2112.

58   Robinson, *New System of the Spleen*, II.6, pp. 226-7.

grounds that melancholy was a more or less permanent affliction, or sometimes a more severe one. In Purcell's *Treatise of Vapours, or, Hysterick Fits*, vapours and hysteria sometimes progress into melancholy, which becomes evident when 'the Patients avoid and shun Company' and become suicidal–at which point they may 'fall into a melancholy Madness' which is 'hard to be cur'd'.[59] Robert Whytt's, *Observations on the nature, causes, and cure of those disorders which have been commonly called nervous hypochondriac, or hysteric* (1765) differentiated hypochondria, hysteria and 'low spirits' from mania and 'the higher degrees of melancholy' along similar lines.[60] According to Blackmore melancholy differed from 'Hypochondriack Affections' of 'spleen' and 'vapours', since in the former 'the Mind is under a total and lasting Eclipse', whereas in the latter there are 'frequent lucid Intervals' and their mental powers were often enhanced.[61] This seems to be an indication of the manner in which descriptions of hypochondria (along with vapours and spleen) originated in traditional accounts of hypochondriacal melancholy, which, when redescribed as hypochondria, was less frequently identified as a species of the melancholic disease.[62]

Another tendency detectable in late-seventeenth and eighteenth-century English medical works on nervous disorders is the increasing concern of physicians to rebut claims that melancholy, hypochondria, spleen and vapours were not only imaginative but imaginary. As we have seen, melancholy had long been considered to be a disease of the imagination, and Burton had noted in 1621 that hypochondriacal melancholics suffered especially from 'many terrible Conceipts and

---

59   John Purcell, *A Treatise of Vapours, or, Hysterick Fits* (London, 1702), p. 170.

60   Robert Whytt, *Observations on the nature, causes, and cure of those disorders which have been commonly called nervous hypochondriac, or hysteric* (Edinburgh, 1765), XVII, pp. 311-on 'low spirits, mania and melancholy', where hypochondria, hysteria and 'low spirits' are differentiated from melancholy and mania—the latter two being 'A MANIA, and the higher degrees of melancholy, may proceed from some noxious matter in the blood, carried from the *viscera* of the lower belly or other parts, where it was chiefly lodged, to the brain .... SUDDEN terror, excessive grief, or other violent passions of the mind, in people whose nervous system is very delicate, may affect the brain so as to produce a continued *mania* or melancholy. But in what manner the passions, or the morbid matter of nervous diseases change the state of the brain or *common sensorium*, and occacsion such disorders, is entirely unknown' (p. 313).

61   Richard Blackmore, *A Treatise of the Spleen and Vapours: Or, Hypochondriacal and Hysterical Affections. With Three Discourses on the Nature and Cure of the Cholick, Melancholy, and Palsies* (London, 1725), pp. 156-7. See also pp. 161-2, stating that unlike hypochondriacs, melancholics 'often entertain the most idle, absurd, and ridiculous Fancies'.

62   Burton, *Anatomy*, 1.3.2.2, vol. I, p. 412, where it is noted that hyponchondriacal melancholics have '*lucida intervalla*', and that 'their symptomes and paines are not usually as so continuate as the rest, but come by fits'. Later, Boswell noted that '[p]erhaps there is a distinction between Melancholy and Hypochondria, the first gravely dismal ... the other fantastically wretched .... In my opinion, however, they are only different shades of the same disease ...' (Boswell, 'The Hypochondriack', p. 60).

Chimeras'.[63] In the course of the seventeenth century, however, a distinct scepticism emerged about the reality of melancholy and related disorders: the notion
that hypochondria was an imaginary condition was expressed most famously in
Molière's *Le malade imaginaire* (1673), and it was reiterated in England in 1681
by Sir William Temple in his *Essay upon Health and Long Life*. According to
Temple, 'spleen' and 'vapours' were the kinds of nebulous complaint exhibited
by 'Persons, whose Bodies or Minds ail something, but they know not what', and
were vogueish diseases, which 'like Birds of Passage, very much seen or heard
of at one Season, and disappeared at another, and commonly succeeded by some
of a very different Kind'.[64] To judge from the physicians' response, this was an
idea that did not go away. As I noted at the beginning of this essay, Robinson observed that there had long been confusion amongst physicians about 'those Disorders we call the Spleen, Vapours, and Hypochondriack Melancholy', which
was 'the Reason, why some Gentlemen, when they cannot reasonably account
for those surprizing Phaenomena that often arise in the Spleen, are so ready to
resolve all into Whim, or a wrong Turn of the Fancy.[65] For Robinson, however,
this was completely wrong; he was adamant that 'the Spleen, Vapours, &c. are
real Diseases, and no Ways depending on the imaginary Whims of Fancy.'[66] For
the same reason, John Hill opened his treatise of 1766 with the pointed observation that '[t]o call the Hypochondriasis a fanciful malady, is ignorant and cruel.
It is a real, and a sad disease ...'.[67]

   In fact, where physicians and writers in the sixteenth and early seventeenth
centuries saw an epidemic of melancholy, in the later sevententh and eighteenth
centuries they were seeing a prevalence of spleen and vapours or hypochondria
and hysteria.[68] Literary authors, it seems, were the first in England to employ the
popular terminology—often used interchangeably with the more technical medical vocabulary of 'hypochondria' and 'melancholy'—to describe their country-
men's particular susceptibility. In William Killigrew's dramatic comedy *Pandora* (published in 1664), the character Geta describes Lonzartes as suffering from

63   Burton, *Anatomy*, 1.3.2.2, vol. I, pp. 411-12.
64   Sir William Temple, *Miscellenea. The Third Part* (London, 1701), pp. 162-4. See also the
      scepticism voiced in Temple's *Observations upon the United Provinces of the Netherlands*
      (London, 1673), pp. 162-3, noting the absence of the condition amongst the Dutch.
65   Robinson, *New System of the Spleen*, II.2, p. 175.
66   Robinson, *New System of the Spleen*, II.2, pp. 176, 181, 185-6, 188-9, quote at II.3, p. 192.
67   John Hill, *Hypochondriasis. A Practical Treatise on the Nature and Cure of that Disorder;
      Commonly called the Hyp and Hypo* (London, 1766), I, p. 3.
68   See Oswald Doughty, 'The English Malady of the Eighteenth Century', *Review of English
      Studies* vol. 2, no. 7 (1926), pp. 257-69; Cecil A. Moore, 'The English Malady', in *Backgrounds
      of English Literature 1700–1760* (Minneapolis, 1953), pp. 179-235.

'some fumes from his heart' which 'makes his head addle, 'tis called the Spleen of late, and much in fashion'.[69] England, according to Sir William Temple in his essay 'Of Poetry' (1690), 'must be confest to be what a great [unnamed] Foreign Physician called it, The Region of Spleen', partly on account of 'the great uncertainty and many suddain Changes of our Weather in all Seasons of the Year', but also by 'our different Opinions in Religion, and the Factions they have raised or animated for Fifty Years past'—which have induced 'more Avarice, Ambition, Disguise (with the usual Consequences of them) than were before in our Constitution.'[70] Before long, physicians were diagnosing a high national incidence of hypochondria and hysteria. Blackmore opened his *Treatise of the Spleen and Vapours* with the observation that just as the English were peculiarly susceptible to 'Coughs, Catarrhs, and Consumptions' because of the climate,[71] so 'they are no less obnoxious to Hypochondriacal and Hysterick Affections, vulgarly called the Spleen and Vapours, in a superior and distinguishing Degree'. For Blackmore, the prevalence of this type of disorder in England was so notable that it would be appropriate to use the term 'the *English* Spleen; since it has here gained such a universal and tyannical Dominion over both Sexes, as incomparably exceeds its Power in other Nations'.[72]

Contemporary foreign travellers agreed, although they typically adhered to the terminology of 'melancholy'. To cite just two examples: according to the Swiss observer Béat Louis de Muralt in his *Lettres sur les anglois et les françois* (1725), the English were 'assez mélancoliques pour ne s'ocuper que de leur Chagrin';[73] and Pierre Jean Grosley devoted a chapter to the diverse natural and customary

---

69   William Killigrew, *Four New Playes, viz: The SEEGE of URBIN, SELINDRA, LOVE and FRIENDSHIP, Tragy-comedies, PANDORA, a Comedy* (Oxford, 1666), p. 17.
70   Sir William Temple, 'Of Poetry', p. 440, in *Miscellanea. The Second Part* (London, 1696), pp. 359-60.
71   On the epidemical proportions of consumptions in England at this time see Gideon Harvey, *Morbus Anglicus: or, The anatomy of consumptions* (London, 1666), I, pp. 2-4. At VII, pp. 32-6, Harvey discusses 'hypochondriack consumption', which can supervene upon the condition of hypochondriacal melancholy (considered in traditional terms to originate in the effects of black bile); and at IX, pp. 39-56 he discusses consumption from love melancholy.
72   Blackmore, *Treatise of the Spleen and Vapours*, pp. iii-v. Cf. Purcell, *Treatise of Vapours*, p. 1, where it is claimed that *'Vapours*, otherwise called *Hysterick Fits* ... is a Disease which generally afflicts Humane Kind, than any other whatsoever'.
73   Béat Louis de Muralt, *Lettres sur les Anglois et les François. Et sur les Voiages* (London[?], 1725), III, p. 91; in the contemporary English translation (*The Customs and Character of the English and French* Nations (2nd edn, 1728), III, p. 46, this is given as 'too melancholy for any Business but their Chagrin'). See also III, p. 34, where the English are described as 'melancholy and passionate' (translating 'sombres & emportez dans leus Passions' (p. 65) in the original), and p. 32 where he notes that English opera is '"more suitable to the Taste of melancholy People than others"' (III, p. 32, translating "plûtöt du goût des personnes mélancholiques que des autres", III, p. 62). On Muralt and and other, mainly French, views of English as subject to melancholy

causes and effects of the prevailing 'English Melancholy' in his *Tour to London* (1765), noting that 'Notwithstanding all the involuntary and premeditated efforts of the English, to dispel the melancholy, which so predominates in their constitution .... It produces amongst them a thousand effects as well general as particular'.[74] The English physician George Cheyne, indeed, labelled these nervous distempers in explicitly national terms, prompted in part by the *'Reproach* universally thrown on this *Island* by Foreigners, and all our Neighbours on the *Continent*, by whom *nervous* Distempers, *Spleen, Vapours,* and *Lowness of Spirits,* are in Derision, called the ENGLISH MALADY'. 'And I wish', Cheyne lamented, 'there were not so good Grounds for this Reflection.'[75] James Boswell was a rare dissenter: *'Hypochondria* ... is not peculiar to Britain. We may trace it in all countries in one shape or another.'[76]

IV

By the eighteenth century, then, conditions that had previously been subsumed within the category of melancholy in medical works were typically diversified under the rubric of 'nervous' disorders, with 'melancholy'—sometimes now just 'hypochondriacal melancholy'—being one of several conditions such as 'vapours' or hypochondria, and 'spleen' or hysteria, that were related but technically distinct. Although it persisted, melancholy was no longer the mental disease *par excellence* in English medical discourse. And with the transition from 'epidemics' of melancholy to those of hypochondria/spleen and hysteria/vapours, there came a gradual alteration in the cultural significance of these conditions. Where melancholy in its different forms had represented a potentially destabilising force (represented by the melancholic types of the witch, the political malcontent, the religious heretic), and so had been used outside medical circles as a means of delineating social, political and religious norms, and more particularly for expressing concerns about disintegrating forces in European societies after

---

and spleen, see Eric Gidal, 'Civic Melancholy: English Gloom and French Enlightenment', *Eighteenth-Century Studies* vol. 37, no. 1 (2003), pp. 23-45.

74   Pierre Jean Grosley, *A Tour to London: Or, New observations on England, and its inhabitants* (Dublin, 1772), pp. 181-216, 251-60; quotation at p. 181.

75   George Cheyne, *The English Malady: Or, a Treatise of Nervous Diseases of all kinds, as Spleen, Vapours, Lowness of Spirits, Hypochondriacal, and Hysterical Distempers* (London, 1733), p. i.

76   James Boswell, 'The Hypochondriac', no. 1 (October 1777), in *The London Magazine. Or, Gentleman's monthly Intelligencer* (London, 1777), p. 492.

the Reformation,[77] the most frequent mental diseases of the eighteenth century, in England at least, were portrayed as pathological accompaniments of a sensibility within a progressively civilised society. As English civilisation progressed, so its populace were becoming increasingly 'softened' and susceptible to nervous disorders; these were considered for physicians like Blackmore and Cheyne to be the price being paid for increased wealth and luxury and the spread of delicate and refined sensibility. They were seen to be causing individual suffering, but not to be fundamentally threatening to the social order, and were appropriated by those in the higher echelons of society seeking to express their sensitivity and polished wit.[78] One anonymous, witty correspondent to *The Spectator* periodical, writing in May 1711, captured the new social meanings of nervous disorders very effectively and with a clear note of irony:

> I am a gentleman who fro many years last past have been well known to be truly splenetic, and that my spleen arises from having contracted so great a delicacy, by reading the best authors, and keeping the most refined company, that I cannot bear the least impropriety of language, or rusticity of behaviour. Now, sir, I have ever looked upon this as a wise distemper; but by late observations find, that every heavy wretch, who has nothing to say, excuses his dulness by complaining of the spleen. Nay, I saw the other day, two fellows in a tavern kitchen set up for it, call for a pint and pipes, and only by guzzling liquor to each other's health, and by wafting smoke in each other's fact, pretend to throw off the spleen. I appeal to you whether these dishonours are to be done to the distemper of the great and the polite. I beseech you, sir, to inform these fellow that they have not the spleen because they cannot talk without the help of a glass at their mouths, or convey their meaning to each other without the interposition of clouds. If you will not do this with all speed, I assure, for my part, I will wholly quit the disease, and for the future be merry with the vulgar.[79]

Although the significance of melancholy for physicians was on the wane, it was becoming increasingly important as a spiritual condition for theologians and philosophers, for whom the condition retained its spiritually and socially destructive potential. This burgeoning interest was partly due to the continued applicability of religious melancholy in contemporary polemics about heterodoxy. After Burton had bifurcated the religious subspecies of melancholy into superstition and enthusiasm, and applied both categories to contemporary forms of spiritual error,

---

77   See Wolf Lepenies, *Melancholie und Gesellschaft* (Frankfurt am Main: Suhrkamp, 1981); for Burton as a case study in this light, see Gowland, *Worlds of Renaissance Melancholy*.

78   See Roy Porter, 'Civilization and Disease: Medical Ideology in the Enlightenment', in Jeremy Black and Jeremy Gregory (eds.), *Culture, Politics and Society in Britain, 1660–1800* (Manchester: Manchester University Press, 1991), pp. 154-83, and 'The Rage of Party: A Glorious Revolution in English Psychiatry?', *Medical History* vol. 27 (1983), pp. 35-50; John Mullan, *Sentiment and Sociability: The Language of Feeling in the Eighteenth Century* (Oxford: Clarendon Press, 1988), pp. 201-40.

79   *The Spectator*, 8 vols, 8th edn (London, 1726), vol. I, no. 53, p. 202.

a preoccupation with religious melancholy as a cause of heterodoxy infused English political-religious polemics: from the writings of the Cambridge Platonists (Méric Casaubon's *Treatise Concerning Enthusiasme* (1654) Henry More's *Enthusiasmus triumphatus* (1656)[80] and Joseph Glanvill's essays 'The Usefulness of Real Philosophy to Religion' and 'Anti-Fanatical Religion, and Free Philosophy' (1676), through to Jonathan Swift's *Tale of a Tub* (1704) and David Hume's essay 'Of Superstition and Enthusiasm' (1742). Such writings, however, were dwarfed by the proliferation of treatises and sermons on religious melancholy offering spiritual comfort to sufferers. Hence, whilst the term 'melancholy' appeared less frequently in the titles of medical writings, it became increasingly prominent in those of works concerned with despair and the affliction of conscience: Edmund Gregory's *Historical Anatomy of Christian Melancholy* (1646); Richard Baxter's sermon *The Cure of Melancholy and Overmuch-Sorrow by Faith and Physick* (1683); Timothy Rogers' *Discourse concerning trouble of mind and the disease of melancholly* (1691); John Moore's sermon 'Of Religious Melancholy' (1691/2);[81] Robert Blakeway's *Essay Towards the Cure of Religious Melancholy in a Letter to a Gentlewoman afflicted with it* (1717); Edward Synge's *Sober Thoughts for the Cure of Melancholy; Especially that which is Religious* (1738); Samuel Clarke's sermon 'Of Religious Melancholy' (1749);[82] John Langhorne's, *Letters on religious retirement, melancholy, and enthusiasm* (1762); and Benjamin Fawcett's *Observations on the nature, causes and cure of melancholy; especially of that which is commonly called religious melancholy* (1780). In such works, we can see the spiritualisation of melancholy, as it became increasingly detached from medical discourse about hypochondria and related diseases. As John Wesley observed in his *Thoughts on Nervous Disorders* (1786), physicians' diagnoses of 'nervous disorders' were frequently 'a good cover for learned ignorance', and referred to conditions that were rooted not in a 'natural disorder of the body, but the hand of God upon the soul'.[83]

---

80   See also Henry More, *Divine dialogues containing sundry disquisitions & instructions concerning the attributes and providence of God: the three first dialogues treating of the attributes of God and his providence at large* (London, 1668), where the spiritual aspects of melancholy are also portrayed.

81   Printed in John Moore, *Of religious melancholy. A sermon preach'd before the Queen at White-Hall, March 6. 1691/2. By the Right Reverend Father in God. John Lord Bishop ...* (London, 1705[?]).

82   Sermon XIV, in Samuel Clarke, *Sermons by Samuel Clarke in XI volumes*, 11 vols (London, 1749), vol 10, pp. 205-221.

83   John Wesley, 'Thoughts on Nervous Disorder; Particularly that which is usually termed Lowness of Spirits', in *The Works of the Reverend John Wesley, A. M.* (New York, 1831), p. 575. Wesley goes on to admit the reality of 'nervous disorders which are purely natural', which are 'often termed the *spleen*, or *vapours*; often, *lowness of spirits*', but his analysis intrudes ag-

At the same time, melancholy continued to be a preoccupation of English literary authors, who gradually refigured its traditional association with both disease and inspired genius into a form of heightened sensibility which could both threaten and foster the creative imagination.[84] In some cases, poetic explorations of melancholy conflated it with the popular conception of 'spleen' and drew upon conventional medical detail: here we can cite 'The Spleen' (1701) by the poet Anne Finch, Countess of Winchilsea,[85] which was reprinted in the preface to William Stukeley's medical work *Of the Spleen* (1722) and presented the condition as a sinful, physically and psychologically destructive disease stifling artistic creativity; or 'the Cave of Spleen' in Alexander Pope's *Rape of the Lock* (in the expanded version of 1714).[86] Alongside Samuel Johnson,[87] perhaps the most famous of the many melancholic poets of this era was Thomas Gray,[88] whose *Elegy Written in a Country Churchyard* (1751) concluded autobiographically in the 'Epitaph' that 'Melancholy mark'd him for her own' from the outset of his life.[89]

But in Gray's writing we can also perhaps see the beginnings of a birfurcation of melancholy into forms of spiritual sensibility that are either destructive or lead to heightened sensitivity and creativity. In a letter to Richard West in June

---

gressively upon the terrain of the physician with the conviction that a cure 'can only be done by the mighty power of God' (p. 578).

84 Arguably the first literary expression of this development is in Burton's poetic 'Authors Abstract of Melancholy': Burton, *Anatomy*, vol. 1, pp. lxix-lxxi.

85 Anne Finch, *The Poems of Anne Countess of Winchilsea*, ed. Myra Reynolds (Chicago: University of Chicago Pres, 1903), pp. 248-52. Finch also composed an early poem entitled 'Ardelia to Melancholy' (pp. 15-16).

86 Alexander Pope, *The Rape of the Lock & Other Poems*, ed. Geoffrey Tillotson (London: Methuen, 1962), 3rd edn, IV. 11-88 , pp. 183-191.

87 See Ariel Sachs, *Passionate Intelligence: Imagination and Reason in the Work of Samuel Johnson* (Baltimore: Johns Hopkins University Press, 1967); Nicholas Hudson, *Samuel Johnson and Eighteenth-Century Thought* (Oxford: Clarendon Press, 1988).

88 In addition to Pope and Gray, we can include the following (often self-proclaimed) melancholic poets in writing in England and Scotland: Edward Young (1681–1765), Thomas Tickell (1685–1740), Thomas Parnell (1679-1718), William Broome (1689–1745), William Collins (1721–1759), Robert Blair (1699–1746), James Hammond (1700–1742), James Thomson (1700–1748), William Shenstone (1714–1763), William Whitehead (1715–1785), Thomas Warton (1728–1790), and William Cowper (1731–1800). See A. L. Reed, *The Background of Gray's 'Elegy': A Study in the Taste for Melancholy Poetry 1700-1751* (New York: Russell & Russell, 1962); Eleanor M. Sickels, *The Gloomy Egotist: Moods and Themes of Melancholy fom Gray to Keats* (New York: Columbia University Press, 1932); Allan Ingram, *The Madhouse of Language: Writing and Reading Madness in the Eighteenth Century* (London and New York: Routledge, 1991); and more recently, Allan Ingram, Stuart Sim, Clark Lawlor, Richard Terry, John Baker, and Leigh Wetherall-Dickson (eds.), *Melancholy Experience in the Literature of the Long Eighteenth Century: before Depression, 1660–1800* (Baskingstoke: Palgrave MacMillan, 2011).

89 Thomas Gray, *An Elegy Wrote in a Country Church Yard: The Eton Manuscript and First Edition, 1751*, ed. Alastair MacDonald (Ilkley: Scolar Press, 1976), p. 40, line 145,

1742, Gray wrote that there were two kinds of melancholy, one wistful and almost pleasurable, another wholly painful:

> Mine, you are to know, is a white Melancholy, or rather Leucocholy for the most part which though it seldom laughs or dances, nor ever amounts to what one calls Joy or Pleasure, yet is a good easy sort of a state, and *ça ne laisse qu de s'amuser*. The only fault of it is insipidity; which is apt now and then to give a sort of Ennui, which makes one form certain little wishes that signify nothing. But there is another sort, black indeed, which I have now and then felt, that has somewhat in it like Tertullian's rule of faith, *Credo quia impossibile est*; for it believes, nay, is sure of every thing that is unlikely, so it be but frightful; and, on the other hand, excludes and shuts its eyes to the most possible hopes, and every thing that is pleasurable; from this the Lord deliver us! For none but he and sunshiny weather can do it.[90]

Around the same time the poet Elizabeth Carter composed her 'Ode to Melancholy' (1739), where melancholy appeared as a state to be cultivated ('Come Melancholy!'), as a 'Companion' in solitude and a 'sweetly-sad ideal guest' with 'soothing charms' and a 'philosophic dream'. For Carter, melancholy was to be cherished as a means of turning the 'pensive mind' away from the 'transient forms' of this world: 'Sublim'd by thee, the soul aspires / Beyond the range of low desires, / In nober views elate'.[91] A few years later, Thomas Warton wrote at greater length of 'The Pleasures of Melancholy' (1747), addressing condition as 'Mother of musings, Contemplation sage' to 'lead me, queen sublime, to solemn glooms / Congenial with my soul'.[92] Melancholy would soon appear in its full Romantic incarnation, as a bittersweet spiritual sensibility which fostered creativity and supplied imagery for poetic expression, and which enveloped the soul of the poet in sublime sorrow—descending '[s]udden from heaven', as John Keats would write, 'like a weeping cloud'.[93]

---

90   Thomas Gray, Letter to Richard West, 27 May 1742, in *The Correspondence of Gray, Walpole, West and Ashton (1734–1771)*, ed. Pagett Toynbee and Leonard Whibley, 3 vols (Oxford: Clarendon Press, 1915), vol. II, pp. 42-3. Cf. the figure of 'Black Melancholy' in Pope's *Eloisa to Abelard* (1717), in *The Rape of the Locke & other Poems*, XI.163-70, pp. 332-3; and see also William Mason's Ode 'On Melancholy. To a friend', in *Odes by Mr. Mason*, Cambridge, 1756), pp. 14-18,

91   Elizabeth Carter, 'Ode to Melancholy', in *Memoirs of the Life of Mrs Elizabeth Carter, with a new edition of her poems*, ed. Montagu Pennington, 4th edn, 2 vols (London: James Cawthorn, 1825), vol. II, pp. 32-5. See also Carter's later melancholic 'Reflections Suggested by the Sight of Ruins' (1767) in ibid., vol. II, pp. 151-5.

92   Thomas Warton, *The Pleasures of Melancholy. A Poem* (London, 1747), pp. 3-4.

93   John Keats, 'Ode on Melancholy' (1819), in *Complete Poems,* ed. John Barnard, 3rd edn (Harmondsworth: Penguin Classics, 1988), p. 349, line 12.

Der Dandy und seine Verwandten

Elegante Flaneure, vergnügte Provokateure, traurige Zeitdiagnostiker

Robert Hettlage

Das Wort „Dandy" hat im Deutschen keinen guten Klang. Es steht für Geck, Protz, feiner Pinkel, Kleidernarr, Renommist, Großtuer, Snob und Narziss, oder adjektivisch gewendet für: aufgeblasen, eitel, hochmütig, selbstgefällig,, theatralisch, arrogant, eitel, ruhmsüchtig und unverfroren (vgl. Dornseiff 1965:328,430). Die Anmaßung der Dandys scheint eher auf bedauerliche Charakterfehler als auf eine gesellschaftlich bedeutsame Rolle hinzudeuten. Was hier ohne Umstände an Qualifikationen nebeneinander gesetzt ist, muss jedoch aus der Vereinseitigung befreit und in seine Teile zerlegt werden, damit andere Facetten des Begriffsfelds in den Vordergrund treten können. Aber in Kern ist er weder der galante Schmeichler, Frauenheld und Verführer nach Art des Don Juan Noch ist er die komische Figur, die zu faul, selbstbezogen und ungeschickt ist, um es zu etwas zu bringen, wie Sir George Etheridge (1635-91) und seine Figuren in „The Man of Mode"(1676)) (vgl. Ritchie 2007:105 ff.). Es mag schon sein, dass „von außen" oder aus der Sicht des Volksmunds die Attitüde des Lächerlichen im Vordergrund steht. Mit dem Selbstbild des Dandys, sei es aus eigenem Antrieb gewählt oder von „signifikanten Dritten" an ihn herangetragen, muss das nicht unbedingt übereinstimmen. Neid und Schadenfreude sind als treibende Kräfte der Abwertung nie ganz ausgeschlossen.

Dass hinter dem öffentlichen Auftreten des Dandys etwas anderes stehen könnte als nur die zur Herabsetzung einladende Attitüde des aufs Äußerliche bedachten, dreisten Aufschneiders, zeigt sich schon an der Tatsache, dass sich verschiedene Länder seit Jahrzehnten um die „Urheberrechte" des Wortes „dandy" bemühen. Briten, Franzosen und Amerikaner zeigen ein erstaunliches Interesse daran, das Wort etymologisch für sich zu vereinnahmen und somit etwas vom Glanz und der Originalität des Dandys auf die eigenen Mühlen zu lenken.

Die Briten machen geltend, dass das Wort „dandy" schottischen Ursprungs sei und ab 1780 für junge Leute verwendet wurde, die in außergewöhnlicher

Kleidung auf den Jahrmarkt gingen (dainty) und dabei wohl etwas künstlich und affektiert wirkten (dandilly). Andere sehen darin eine Kurzform von „Jack-a-Dandy" eine seit 1650 geläufige Bezeichnung für selbstbezogene, unverschämte Menschen (wobei das Präfix „jack" eine Verkleinerung andeutet) (vgl. Hörner 2008:246). Mit dem Lied „Yankee Doodle Dandy" wurden die als affektiert erlebten Uniformen der amerikanischen Truppen im Unabhängigkeitskrieg von den Briten parodiert(„maccaroni"). Die Amerikaner sehen das anders. Sie betonen die lautmalerische Verbindung von handy-dandy in diesem Lied und setzten somit auf den Aspekt der Geschicklichkeit.

Anders die Franzosen. Sie verweisen auf das altfranzösische „dandin" bzw. „dandiner" (tändeln) oder auf die französischen Dichter La Fontaine. Racine, Rabelais und Molière (1668), die mit der Figur des Perrin Dandin oder Georges Dandin jemanden bezeichnen, der in die feine Gesellschaft einheiratet, dort aber nicht „ankommt" und somit in selbst verschuldete Schwierigkeiten gerät (Carassus 1971:6). Nicht weit davon ist der Wortsinn von „dandelion" (dens de lion: Löwenzahn), um denjenigen zu kennzeichnen, der sich, trotz aller sozialen Unsicherheit, als Salonlöwe in der mondänen Gesellschaft festbeißt (Coblence 1988:20). Wieder andere verweisen sogar auf indische, persische oder griechische Wurzeln des Wortes.

Eine eindeutige Herkunft konnte bisher nicht herausgefunden werden. Dennoch fällt anhand der etymologischen Zuordnungen auf, dass offensichtlich mehr zur Debatte steht als nur der eitle Fatzke. Gemeint ist wohl ein sozialer Verhaltenstypus, der mit der ihn umgebenden Gesellschaft in einer spannungsvollen Beziehung steht. Die Tatsache, dass um die Originalität der Herkunft gestritten wird, macht uns aufmerksam darauf, dass in manchen Gesellschaften, vielleicht in jeder Gesellschaft, mit einem Orientierungs- und Handlungsmuster („pattern") zu rechnen ist, das in diese Gesellschaft nicht vollständig hineinpasst. Zwei auf den ersten Blick gegensätzliche Varianten sind denkbar: entweder will der Dandy mit aller Energie dazu gehören oder er wehrt sich dagegen, ganz den Erwartungen zu entsprechen, die an ihn gerichtet werden. Beides kann in komplizierter Weise miteinander verbunden sein.

1. Der Prototyp des Dandy: George B. Brummell

1.1 Die historische Figur

Auffällig ist, dass die meisten Autoren das Phänomen des Dandyismus als Erscheinung des frühen 19. Jahrhunderts begreifen und an die historische Figur des George Bryan Brummell („Beau Brummell") (1778-1840) binden. Brummel, selbst nicht von adligem Stand, wurde doch der Salon-Dandy der britischen aristokratischen Gesellschaft (Erbe 2009:18). Immerhin Student in Eton und Oxford war seit ihrer gemeinsamen militärischen Ausbildung vor allem ein Freund des Prince of Wales, des späteren Königs George IV. Durch diese Verbindung, aber auch dank seines eleganten, geistreichen und provokatorischen Benehmens hatte er es erreicht, auf die „besseren Kreise" einen außerordentlichen Einfluss auszuüben. Im Militär hatte er es zum Hauptmann gebracht, dann 1798 die Armee quittiert und es schließlich erreicht, als Mitglied eines exklusiven Clubs aufgenommen zu werden. Einer festen Tätigkeit ging er danach nur noch kurzzeitig als Konsul in Caen (1830) nach. Seine finanzielle Absicherung war offenbar unproblematisch. 18 Jahre dauerte seine „Herrschaft" über die Londoner Salons und Clubs. Für manche, wie Lord George Byron (Freund von Brummell und selbst ein einflussreicher Dandy), war er für diese kurze Spanne so bedeutsam wie Napoleon(!), der von 1796 bis 1815 Europa militärisch beherrschte, und mit dem er fast gleichzeitig unterging. Nur hatte Napoleon bei Waterloo die entscheidende Schlacht verloren und war 1815 nach St. Helena verbannt worden, während Brummell 1816 wegen Spielschulden aus London floh, sich in Calais/ Frankreich niederließ, dort 1835 ins Schuldgefängnis kam und später im Armenhaus an Syphilis starb (1840). Der eine war ein politischer, der andere ein gesellschaftlicher Draufgänger. Ebenbürtige Nachfolger konnte man sich in beiden Fällen nicht vorstellen.

Beau Brummell führte auf paradoxe Weise in Sachen Mode und Auftreten die Tradition der französischen „incroyables" des späten 18.Jahrhunderts weiter. Während diese sich nämlich höchst auffällig, extravagant und selbstgefällig schmückten, gab sich Brummell zwar exquisit, aber eher kontrolliert einfach. Er war auch von der Physiognomie her kein „beau". Dennoch hatte er offenbar alles, was eine Identifikationsfigur benötigte. Bald galt er als der „arbiter elegantiarum" im ganzen Land. Er behauptete von sich, alles zur Mode erheben zu können, und sei es das Gegenteil. Sein Auftreten wurde von vielen in der „upper class" nachgeahmt, ja in Sachen Mode und Stil war er schnell zur Messlatte der „besseren" Gesellschaft um die Jahrhundertwende zum 19. Jahrhundert geworden. Auf ihn soll zurückzuführen sein, dass das Perückentragen abgeschafft wurde und der moderne Anzug sich durchsetzte. Er war der „König der Dandys" (Barbey II: 673) und gilt bis heute als unerreicht.

Das ist höchst erstaunlich. Aber vielleicht kommen wir den Phänomen näher, wenn wir beachten, dass es weniger seine Kleidung war, die ihm einen solchen Ruf einbrachte, als die Bemühung, sein Leben als „Gesamtkunstwerk" (Pückler-

Muskau 1830) in Szene zu setzen. Denn er war in allem darauf aus, „sich dank seines verfeinerten Geschmacks und seiner gepflegten Erscheinung sowie mittels eines geistreich-zynischen Konversationstons und einer gleichgültig-arroganten Haltung über das Alltägliche, „Mittelmäßige" und „Vulgäre" der bürgerlichen Existenz hinwegzusetzen" (Rossbach 2002:14).

Dabei hatte er „nichts außer sich selbst" (J. Barbey) und seine Persönlichkeit vorzuweisen: er war weder von Adel, noch war er mit gesellschaftlichen Vorrängen gesegnet. Er konnte sich auf keine formelle Machtstellung stützen und hatte wohl auch nicht genügend Geld (wie sich später herausstellen sollte), um längerfristig unabhängig zu sein. Dennoch rief er als Bürgerlicher den Adligen in der Zeit der industriellen Revolution ins Gedächtnis, dass Adel etwas mit Distinktion zu tun habe. Als Nicht-Adliger gab er dem Adel gegen das gesellschaftlich mächtig werdende Bürgertum wenigstens eine „facon de parler", vielleicht sogar auch eine spielerisch vorgetragene „raison d'agir" vor: Man darf sich von den Verhältnissen nicht unterkriegen lassen. Als Adliger muss man immer, auch in Zeiten des gesellschaftlichen Niedergangs (décadence) Haltung und Stil bewahren. Man darf sich *durch nichts aus der Ruhe bringen lassen.* Mag die bisherige Welt in ihren Grundfesten erschüttert werden und zu Gefühlen der Verängstigung und des Unbehagens Anlass geben, man muss den Kopf immer hoch tragen, und sich – im Wissen um die eigene, *innere Überlegenheit,* und sei sie auch noch so aufgesetzt – unerschütterlich, *distanziert und desengagiert, ja gelangweilt* zeigen.

Das musste der verunsicherten Adelsgesellschaft und auch dem Prinzen und späteren Prinzregenten George IV. (seit 1811) gefallen haben. Von George wird berichtet, dass er Brummell oft bei dessen herrschaftlicher Ankleidungszeremonie, ganz den berühmten Morgenempfang im Schlafzimmer der französischen Könige des 17. und 18. Jahrhunderts – das „lever" – imitierend, zusah und ganze Tage mit ihm essend und trinkend verbrachte. Er war aber nicht nur der Dandy des Königs. Brummell nahm, hier wohl in der Nachfolge des traditionellen Hofnarren (hierzu Dörr-Backes 2003), aber auch seinen Monarchen nicht vom Spott und der spielerischen Umkehrung der Machtverhältnisse aus. Dafür steht beispielsweise seine Bemerkung zu Betrachtern seiner exquisiten Sammlung von Tabakdosen: „Diese Tabakdose wäre für den Prinzregenten gewesen, wenn er sich mir gegenüber besser benommen hätte". Erst als er dem König mit seiner Arroganz und Anmaßung wirklich zu nahe getreten war, bekam er die reale Macht im Lande zu spüren. König George IV. entzog ihm seine Wertschätzung. Damit war eine wichtige Säule seiner öffentlichen Geltung eingeknickt, und die Geldverleiher trauten sich nun, ihre Darlehen zurückzufordern. Das war das Ende von

Beau Brummells kurzer, aber unvergleichlicher, theatralischer Herrschaft über die Mode, die Salons und die atemlosen Gerüchte.

1.2 Die Brummelliana

Dabei kommt ein weiterer, fast subversiver Zug des Brummell'schen Dandyismus zum Tragen. Ein Großteil seiner sozialen Wirkung beruhte auf der Legende. Er selbst unternahm nichts dagegen, aber viel dafür, dass alle möglichen Geschichten, Bonmots und Provokationen von ihm und über ihn in den gesellschaftlichen Umlauf gelangten. Matte Dementis stützten nur den Verdacht, dass die Vorgänge doch wahr, oder Brummell jedenfalls zuzutrauen seien.

1. Schon bald nach seinem Tod gab es erste Sammlungen seiner Heldentaten (Jesse, 1844), die immer wiederholt und im Geiste Brummells situationsgerecht abgewandelt wurden. Das gab ihm die Aura des Herausragenden und dem Adel ein fiktives, handlungsentlastetes Orientierungsraster.

    Berühmt wurden seine kunstvoll drapierten Krawatten und „gestylten" Kragen, die nachzuahmen, beinahe unmöglich schien, oder seine Stiefel, die er angeblich mit Champagner polierte. Ein ähnliches Bild entwarf die Anekdote, dass er immer zwei Handschuhmacher, einen extra für die Daumen, beauftragte und drei Friseure benötigte, einen für das Stirnhaar, einen für das Nackenhaar und einen für das Haupthaar.

    Dieses Pochen auf exzentrischer Distinktion diente der Überhöhung („Aura") seiner modischen Regentschaft.

2. Anders die Anekdoten über das Verhältnis der beiden George. Sie sind von unmittelbar politischem Kaliber, zeugen von Mut, kalkuliertem Normbruch und: frecher Selbstüberschätzung. Die am häufigsten kolportierten „On dits" gehen so:

    Als beide Freunde einmal in des Königs Schloss eintraten, soll Brummel gesagt haben: „Wales, ring the bell!" Und als Brummel den dicklichen Regenten einmal nicht zu einem seiner großen Dinners eingeladen hatte, dieser aber trotzdem erschienen war und den Gastgeber dafür mit Missachtung strafte, soll letzterer daraufhin, die Situation ironisch auf die Spitze treibend, einen anderen Gast gefragt haben, wer denn der fette, alte Freund an dessen Seite eigentlich sei (Woolf 1930).

    Der Wahrheitsgehalt dieser und anderer „Begebenheiten" stand bald nicht mehr zur Debatte. Nach dem Thomas-Theorem wird das zur sozialen Wirklichkeit, was die Menschen für real halten Die „Brummelliana" waren vorbildhafte Stellvertreter und *Masken* in einer sensationslüsternen, aber wenig mutigen und inaktiven Gesellschaftsschicht geworden. Beau Brummells „Beispiel" diente als detachiertes Orientierungsmuster, das den Test am realen, machtgeladenen Verhalten nur *spielerisch*, aber nicht wirklich selbst suchte. Die konkurrenzhafte Auseinandersetzung mit den sozial Überlegenen wurde dabei höchstens auf den ungefährlichen Bereich der Mode beschränkt. Vielleicht kommt hier Lepenies Überlegung zum Zug, dass Etikette, Mode, Stil, Eleganz, Zeitvertreib und Bewegung gesucht werden, weil man nichts „Bewegendes" tun kann. (1972:50). Da die Energien im primären Ordnungssystem der realen Machverteilung nicht eingebunden sind, werden sie auf das abgeleitete Ordnungssystem des politisch machtlosen, aber gesellschaftlich mächtigen Verhaltens in den Clubs und Salons umgeleitet. Der naheliegende „Spielplatz" des Dandys ist daher der Hof des Herrschers und die höfische Gesellschaft. Denn hier werden die Manieren nicht nur geprägt, sondern auch nachgeahmt und zu einem Instrument der sozialen Kontrolle ausgebaut. N. Elias hat das eindrücklich beschrieben.

3.   In der Figur des Beau Brummell offenbart sich auch eine gewisse Hybridität, die zwischen historischer und literarischer Figur, eigenem Verhaltensmodell und Fiktion hin und her schwankt. Das wurde schon manifest als Benjamin Disraeli und Edward Bulwer-Lytton ihren Dandy-Romane „Vivian Grey" (!)(1826) resp."Pelham, or the adventures of a gentleman" (1828) veröffentlichten und dabei den Aspekt der Selbstkonstruktion der Autoren gar nicht verheimlichten. Ihre Texte waren noch zu Lebezeiten Brummells geschrieben worden und galten als „dandy-novels". Zwar ist das Leben des Dandy George Brummell ein dramatisches Exempel für rasanten Aufstieg, kurzer Blüte und tiefem Fall zu nehmen, die die Figur interessant macht. Wichtiger aber noch schien dieser asteroidenartige Aufprall auf die Londoner Gesellschaft sich als Projektionsfläche für politische und gesellschaftliche Träume mancher Schichten und Einzelpersönlichkeiten auch jenseits des Inselreiches anzubieten. Der Dandy sucht und braucht ein Publikum. Nur über seine Fama und über manche Nachahmer seines Lebensstils kann er seinen Einfluss ausüben. Und so lebte der Dandyismus auch fort. Diesmal waren die höfische und dann die bürgerliche Gesellschaft Frankreichs an der Reihe.

2. Der „Export" des Dandyismus nach Frankreich: Der Schriftsteller-Dandy (écrivain-dandy)

Mit dem Sieg der Heiligen Allianz über Napoleon und nach der Restauration im Frankreich Karls X. setzte sich dort zwischen 1815 und 1830 – mit anderen Ausprägungen – der Dandyismus durch. Das war den vielen Emigranten zu verdanken, die vor Napoleon nach England geflohen waren und dort Brummells Stildiktat über die Gesellschaft erlebt hatten. Alles Britische, von den Clubs über Zeitschriften, Literatur, Essen, Lebensweise bis zur Kleidung und manchen Ausdrucksweisen, wurde nun imitiert. Allerdings waren sie weniger von Brummells Eleganz angezogen gewesen, als von der angeblichen Exotik alles Englischen. Unter dem Einfluss der heraufziehenden Romantik und der Imitation der englischen Clubs wurde das gepflegte Auftreten der sog. „élégants" wie etwa des künstlerisch ambitionierten Grafen Arthur d'Orsay zur empfindsamen Affektiertheit, ihre Eleganz zur Extravaganz und auffallenden Verkleidung, ihre Ästhetik zur arroganten, aber oberflächlichen Parade. Davon zeugen einige kurzlebige Zeitschriften oder Magazine, die in ihren Titeln offen auf den Dandyismus anspielten („Le Dandy" (1833), „L'Elégant"(1835), „Le Capricieux" (1838), „Le Lion"(1842)).

Als aber die romantische Bewegung abflaute und sich ab 1830 das Bürgertum langsam politisch durchsetzte, veränderte auch der Dandyismus seinen Charakter Er mutierte von der reinen Modefixierung (so noch nach Jesses(1842) sich fälschlicherweise auf Brummell abstützenden Meinung) zur intellektuellen Revolte gegen den heraufziehenden utilitaristischen und ökonomistischen Ungeist der Epoche.

2.1 Der Dandy-Schriftsteller (écrivain-dandy)

Dieser Dandyismus wurde von den französischen Philosophen und Literaten getragen. In der Lebensform des Dandys der Jahre 1830-1900 kristallisierte sich nun die theoretische Auseinandersetzung um die neue bürgerliche Gesellschaftsordnung. Da man nicht mehr in einer ungebrochenen Adelsgesellschaft lebte, musste man Zugeständnisse machen. Idol konnte nicht mehr der wirtschaftlich abgesicherte „Salonlöwe" sein. Vielmehr musste man nun, manchmal mehr schlecht als recht, von seiner eigenen Arbeit leben. Allerdings durfte man sich nicht an „die Verhältnisse" verkaufen. Träger dieser Stilvariante waren die „Bohèmiens", die – da sie meist arm waren – sich nicht auf die Überlegenheit ihrer modischen Erscheinung, sondern eher auf Stil- und Gesellschaftskritik verlegen mussten.

Anders die „écrivains-dandy", allen voran Balzac, Barbey d'Aurevilly und Baudelaire, die in ihren Essays über den Dandy von 1830,1845 und 1863 ganz explizit an Beau Brummell anknüpften. Brummell war aber auch für diese Kommentatoren nicht so sehr wegen seiner modischen Erscheinung, sondern wegen seiner durch die Eleganz getragenen Intellektualität als sozio-kulturelle Erscheinung von Interesse (Barbey II:673 f.). Denn in der „Urform" des Dandy komme etwas, der sichtbaren Welt Überlegenes und für diese Vorbildhaftes zum Tragen (ebenda 691 f.). Der wahre Dandy fällt als „philosophical man of fashion"(Symons) aus seiner Zeit heraus und *macht sich nicht mit ihr gemein.*

2.2 Literarische Rollenexperimente: Müßiggänger, Beobachter und Provokateure

Diesen Stil und Auftrag machten die Schriftsteller-Dandys sich selbst für ihr eigenes Leben und Arbeiten zum Maßstab. Dadurch waren nicht nur durch die von ihnen geschaffenen Figuren, sondern auch die Autoren selbst durch ihr eigenes Auftreten gesellschaftlich von Bedeutung. Neben den Dandy als historische Figur tritt nun auch sein Modellcharakter für den Künstler als Außenseiter, Beobachter und kritische Instanz.In seiner gesellschaftlichen Tragweite war diese Haltung kaum zu überschätzen.Dabei werden entscheidende Präzisierungen seines Rollenverständnisses sichtbar:

1. *Honoré de Balzac(1799-1850),* selbst ein „élegant" (er verwendet das Wort Dandy nicht), plädiert in seinem noch für die französische adelige Oberschicht geschriebenen „Traité de la vie élegante" dafür, die Rolle des *Müßiggängers* (l'oisif) zu kultivieren. In einer Welt, in der die Schichtgrenzen zur vita activa der berufstätigen Menschen (l'homme occupé) ständig eingeebnet würden, bliebe als Haltung nur übrig, die geistige Überlegenheit durch einen eleganten Lebensstil zu dokumentieren. Aber Eleganz hat weniger mit Mode, aber viel mit Einfachheit, Konzentration der Mittel, Disziplin und Geist zu tun. Im Wissen, dass diese Lebensform nur noch wenigen vorbehalten ist und als Gesamthabitus einer Schicht ihren Höhepunkt hinter sich hat, ist der elegante Müßiggänger im Grundton doch etwas müde, bekümmert, melancholisch, wenn nicht gar etwas misanthropisch gestimmt. Er ist, wie der Romancier Balzac selbst, ein „homme de gout", der die unvergänglichen und die vergänglichen Dinge liebt, aber zu gut weiß, dass eine Wiedergeburt der Eleganz und des Müßiggangs als Lebensstil nur noch punktuell gelingen wird. Dennoch weigert er sich zu kapitulieren. Balzacs literarische Figuren, die Dandys Rastignac, Rubempré, Marsay und viele andere, zeugen davon. Zu farbig ist die „menschliche Komödie", um ihr nicht als Beobachter, Spötter und Verächter ein Faszinosum abgewinnen zu können.

An dieses Verständnis des Dandy knüpfen die reichen *bürgerlichen Parvenüs* nur insofern an, als sie sich zur Welt des gentilen Ehre unwiderstehlich hingezogen fühlen. Sie sind überzeugte „Arrivisten". Sie wollen „oben" ankommen. Als Epigonen und Nachahmer sind sie jedoch zur kritischen Distanz, aber auch zur lässigen Selbstverständlichkeit des Lebensstils der „élegants" gar nicht fähig. Das ist der ursprüngliche Sinn des Wortes „Snob" (sine nobilitate). Als Nutznießer des sozialen Aufstiegs können sie eine kritische Spiegelung gesellschaftlicher Verhältnisse gar nicht im Sinn haben. Sie gehen als „gentlemen", anders als Brummell, kein soziales Risiko ein.

2. *Charles Baudelaire* geht einen Schritt weiter. Er widmet sich in seinem „Le peintre de la vie moderne" einem anderen Dandy, dem Illustrator Constantin Guys, der nach der Auffassung des Autors das Werk des eleganten Müßiggängers Brummell zeitgemäß weiterführt. Guys war kein blasierter „élegant", der unter seinesgleichen Eindruck machen wollte. Er war vielmehr ein Produkt veränderter gesellschaftlicher Verhältnisse.

Der neuere Typus von Dandy hat sich zwangsläufig von der Adelsgesellschaft gelöst und ist – mehr als eine Generation nach Brummell – in der aufstrebenden bürgerlichen Erwerbs- und Stadtgesellschaft angekommen, zu der er aber in Opposition steht. Als auf seine Arbeit angewiesener Künstler lag ihm nicht mehr so sehr an der eleganten Distinktion und melancholischen Selbstbezüglichkeit (die Baudelaire persönlich durchaus noch stilisierte). Vielmehr war er (beruflich) neugierig auf alle Äußerungen von Menschen jeglicher Art, und seien sie auch noch so dekadent, flüchtig, korrupt und abartig. Der *Künstler-Dandy* gestaltet sein eigenes Leben nicht zwingend als „élegant" und „oisif" wie Brummell, sondern stellt ein Kunstwerk her, das sich nicht in der Selbstdarstellung erschöpft. Sein ästhetisches Material ist auch nicht die Natur, sondern die Umbruchgesellschaft der modernen Großstadt in allen ihren ambivalenten Daseinsformen. Der Dandy des späten 19.Jahrhunderts ist nach Baudelaires berühmter Formel kein autistischer Solitär, sondern der (nunmehr bürgerlich gewordenen) Welt zugewandt: „un moi insatiable du non-moi" (Baudelaire 1961:1161).

Stendhal (Henri Beyle) und *Théophile Gautier* stimmen mit dieser Charakterisierung überein, verschärfen aber die ästhetizistische Seite. Auch die eigene Arbeit als Künstler-Dandys unterliegt demselben Habitus des überaus geistreichen, ironischen Parodisten, weswegen sie sich, wie Graf Robert de Montesquiou, selbst als Dilettanten bezeichnen müssen. Das gilt später auch für Oscar Wilde und Hugo von Hofmannsthal.

Im ausgehenden 19. Jahrhundert geht der Dandy mit dem dekadenten Ästheten eine Symbiose ein. Der *Dandy-Ästhetizist* eines Stéphane *Mallarmé* und auch der Dandy Duc *Jean Floressas Des Esseintes* in *Joris Karl Huysmans* „A Rebours" (Gegen den Strich) (1884) ist vordergründig kein „homme revolté" mehr, sondern ganz nach innen gerichtet. Statt zu reisen, sammelt er Fahrpläne für mögliche Reisen. Das eigene Selbst verdrängt das Interesse an „der Welt" als solcher. Folglich zieht er sich auf seinen Landsitz zurück und bricht die Kommunikation nach außen weitgehend ab. Des Esseintes ist nur noch vom Verfall fasziniert und feiert die Schönheit des Untergangs. Bar jeder zupackenden Energie schlägt er sich auf die Seite des Raffinements und der Innerlichkeit. Um den Kontrast zu seinem Mobiliar zu erhöhen, malt er beispielsweise den Panzer seiner Schildkröte golden an und bestückt ihn mit Edelsteinen. Er zeigt nur noch Freude an der Lektüre antiker Autoren und insbesondere an den abgründigen Seiten des dekadenten spätrömischen Alltagslebens wie sie Petronius beschrieben hat. Diese Seite war Beau Brummell gänzlich fremd, während Oscar Wilde sich sehr von Des Esseintes angesprochen fühlte.

3.   Eine noch entschieden kulturkritischere Note des Dandy arbeitet *Jules Barbey d'Aurevilly* in seinem Essay „Du dandysme et de George Brummell" heraus. Beau Brummell war für ihn ein Zeitdiagnostiker, der es verstand, die sogenannte bessere Gesellschaft auf unterhaltsame und daher leicht zu verkennende Weise zu kritisieren. Ausdruck der Revolte ist *sein Kunstwerk, welches sein eigenes Leben war.* Damit faszinierte und irritierte er den Spießbürger, aber auch den Adel, sofern dieser in Gefahr stand, sich der materialistischen Versuchung des banalen Lebens zu überantworten. Sicher ist der Dandy blasiert und hochmütig. Er kultiviert sein Ich. Aber er hat einen triftigen Grund für seinen Personenkult. Er liegt nicht in der Eitelkeit als solcher, sondern darin, dass er sich gedrängt sieht, sich durch schockierende Originalität gegen die heraufziehende Uniformierung und Trivialität des modernen Lebens abzusetzen. Epochen übergreifend wichtig und gesellschaftlich heilsam am Flaneur und Dandy ist nicht, dass er ganz rückwärts gewendet auf den Privilegien der traditionellen Elite besteht, sondern dass er seine Zeit und besonders die sich entfremdende Gesellschaft scharf beobachtet und sie – den Effekt genau kalkulierend – mit der provozierenden Maske der Ironie und Indifferenz diagnostiziert.

Sein herausfordernd inszenierter Lebensstil ist seine Waffe (Barbey II:694f.). Aber er ist kein Krieger und kein „homme d'action", sondern ein Ästhet, der die Gesellschaft auf andere, symbolträchtige Weise zu beeinflussen sucht und der seine Zielgruppe mit seiner Lebensphilosophie verführt. Schwächlich ist er hingegen nicht.

Vom avantgardistisch-*exzentrischen Revolutionär* unterscheidet er sich jedoch dadurch, dass er die gesellschaftlichen Normen auf den ersten Blick gesehen nicht abzulehnen scheint und gewaltsam „umwälzen" will, sondern indem er sie in spielerischer Weise auf die Spitze treibend aushebelt. Mit subtilen ästhetischen Mitteln, einem *komplexen Zeichensystem,* einem ausgefeilten Zusammenspiel von Kleidung, Gesten, Sprachwitz, Objekten und Räumen, gibt er einer Lebensphilosophie Ausdruck, zu der er seine Zielgruppe weniger durch Argumente als durch „lebendige Bilder" verleiten will. Solche Überlegungen zur sozialen Rolle des Dandys klingen wie die vorweggenommene Selbstbeschreibungen des gesellschaftskritischen Künstlers im 20. Jahrhundert (vgl. auch den Aufsatz von G. Kohler in diesem Band).

3. Zurück in England: Oscar Wilde der Dandy der bürgerlichen Gesellschaft

Ende des 19. Jahrhundert hat Oscar Wilde (1854-1900) diesen Typus des bürgerlichen Dandy-Ästheten exemplarisch in Szene gesetzt. In seiner Person und in seinen Schriften als Dramatiker, Lyriker und Erzähler versuchte er, die verschiedenen Charakteristika des Dandy – Balzacs Eleganz, Baudelaires Blasiertheit, Brummells Ironie und Barbeys Verführungskunst – zusammenzubinden und an die heraufziehende Massengesellschaft anzupassen.

Wilde wurde in Dublin als Sohn eines Arztes und einer Dichterin geboren, ging zum Studium nach Oxford und lebte ab 1879 als bekannter Exzentriker und Dandy in London und wurde bald der Führer der ästhetischen Bewegung in England. Die offen zur Schau getragene Liebesbeziehung zum jungen Lord Alfred Douglas und die Vernachlässigung seiner eigenen Familie, brachte ihm die gesellschaftliche Ächtung ein, gegen die er sich mit einer Verleumdungsklage gegen Douglas' einflussreichen Vater wehrte. Dieser setzte seinerseits eine Klage wegen sexueller Perversität durch, die Wilde 1895 eine zweijährige Zuchthausstrafe einbrachte und ihn gesellschaftlich wie finanziell ruinierte. Nach seiner Entlassung 1897 zog er aus England fort, lebte mit finanzieller Unterstützung seiner Freunde unter einem Decknamen in Frankreich, starb aber innerlich gebrochen schon bald (1900).

Sein Dandytum hat eine biographische Dramatik, die derjenigen Brummells nicht unähnlich ist. Allerdings ist Wilde in der weitgehend bürgerlich gewordenen

Welt Englands zu Hause, gegen die er seinen antibürgerlichen und bewusst provozierenden, amoralischen Schönheitskult setzt. Im Vorwort zu seinem Roman „The
Picture of Dorian Gray" formulierte er seine ästhetische Weltsicht. Danach ist der
Künstler-Dandy bzw. Dandy-Ästhet der Schöpfer schöner Dinge, hinter denen er
sich verbirgt und zugleich offenbart. Wer als Künstler und Schriftsteller anderes
als Schönheit im Sinn hat, und sich vorgeblich in den Dienst moralischer Überzeugungen stellt, ist korrupt. Denn es gibt weder moralische noch unmoralische
Bücher. „Books are well written or badly written. That is all. …the morality of
art consists in the perfect use of an imperfect medium. No artist desires to prove
anything… No artist has ethical sympathies…Vice and virtue are to the artist ma-
terials for an art… All art is at once surface and symbol. Those who go beneath
the surface do so at their peril…It is the spectator, and not life, that art really mir-
rors…. When critics disagree the artist is in accord with himself" (Wilde: V ff.)
    Hierin ist er sich mit *Théophile Gauthiers* „l'art pour l'art" und der ästhetizis-
tischen Weltsicht des (post-)modernen „*Camp*" (Sontag 1968) einig. Seine größten Erfolge hatte Oscar Wilde mit seinen Gesellschaftskomödien, in denen er die
viktorianischen Konventionen, die arrivierte Mittelschicht und die Verklemmun-
gen des Bürgertums insgesamt mit geschickten Zuspitzungen, witzigen Dialo-
gen und verblüffender Sinnumkehr bekannter Redewendungen verspottete – und
gleichzeitig begeisterte. Seine geistreichen Inszenierungen selbst der verdräng-
ten Perversionen und verbotenen Begierden sind nun nicht mehr gratis und auf
die Salons beschränkt. Die britische Öffentlichkeit muss sie sich jetzt im Theater
abholen und dafür auch noch Geld hinlegen. Wilde war bekannt dafür, grundsätzlich das Gegenteil von dem zu behaupten, was als gesellschaftlich anerkannt
und „normal" galt. Er – und eine Generation später sein „Nachfolger" *Noel Co-
ward* in seinen Romanen und Kabaretts – provozierten, wo sie nur konnten. Wilde missachtete die bürgerliche Moral, aber versteckte „seinen Unmut hinter der
Maske der Frivolität" (Wilpert 1988, I: 1628). Sein Einfluss auf den Dadaismus
z.B. ist ebenso unbestreitbar wie Cowards Bedeutung für die Pop-Musik und
Truman Capotes für das Theater. Hugo Ball war sehr angetan davon, dass Oscar
Wilde seinem Publikum auf witzig-ironische Weise klar machen konnte, dass es,
wir alle, immer ein Teil des Problems sind.
    Das kann auf Dauer nicht gut gehen. Die Lebensweise des Künstler-Dan-
dys ist, wie Oscar Wilde selbst erfahren musste, nicht ohne Risiko der Anfein-
dung, ja der Tragik. Auch und gerade sein Dandy „Dorian Gray", das Bild eines narzisstischen Genussmenschen, der der kultischen Verehrung seines Selbst
verfällt, ist zunächst gegen Langeweile und Melancholie und schließlich gegen
die Verzweiflung nicht gewappnet. Denn wer sein (wahres) Gesicht im Spiegel

erblickt und sich von seiner Lebenslüge befreit, findet das meist doch nicht sehr amüsant. „Wilde reißt die Tür zu einer überaus geschmückten Kammer auf, in der wir uns zu unserem Erstaunen alle schon befinden" (Garelick zit. nach Rossbach 20). Der anfängliche Spaß und die Gelegenheit zur gönnerhaften Selbstironisierung schlagen schnell in Entsetzen und Wut um. Diese suchen ihr Opfer im Überbringer der schlechten Botschaft.

Hiermit diktieren sich die Künstler-Dandys eine bedeutsame gesellschaftliche Funktion zu. Sie sehen sich – aller vorgeschobenen ästhetizistischen A-Moralität eines O. Wilde zum Trotz – als herausgehobene intellektuelle und moralische Instanz.

4. Dandyismus: Über England und Frankreich hinaus

4.1 Dandyismus im übrigen Europa

Kein Wunder, dass im 19.und frühen 20.Jahrhundert sich so viele Schriftsteller in der Rolle des Dandys wieder fanden. Gestützt auf F. Hörners keineswegs erschöpfenden Hinweise (2008:22f.) kann man in Frankreich von 12, in England von 6 „kanonisierten Dandys" ausgehen. Nimmt man die von verschiedenen Autoren sporadisch als Dandy bezeichneten Schriftsteller hinzu, dann kommen in Frankreich noch einmal 13, in Großbritannien 10 hinzu. Die Gesamtzahl von 35 steht in einem eklatanten Gegensatz zur immer wieder betonten hohen Kulturbedeutung des Phänomens insgesamt.

Von einiger Unsicherheit zeugt auch, dass man die offensichtlich geringere Verbreitung des Dandytums in Italien (Vittorio Alfieri), Spanien (Manuel Machado, Roberto de las Carreras, Julio Herrera y Reissig) und Deutschland nicht so recht erklären kann. Als Erklärung wird von Stauffer (2008) angeboten, dass beide Länder, Italien und Deutschland, erst spät (1860 und 1871) zu einer nationalen Einheit gelangt waren, von einer übergreifenden höfischen Kultur also keine Treibkraft ausgehen konnte. Die Fürstenhöfe waren zu klein und provinziell, um von ihnen Anstöße von „nationaler" Geltung verlangen zu können. Dagegen spricht allerdings die traditionelle Weltgeltung so kleiner Provinzen und Stadtstaaten wie Venedig, Toskana, Genua etc. Für Deutschland zentraler dürfte das Argument sein, dass die Einigung Deutschlands unter preußischer Führung zustandekam, die ein militaristisch-maskulines Gepräge durchsetzte, das in weiten Teilen auch noch die Weimarer Republik beherrschte. Dieses erwies sich für den verfeinerten Stil eines Dandys als wenig aufnahmebereit. Dennoch gab es ihn. Neben dem genannten Fürst Pückler werden immer wieder Stefan George und sein

Kreis, Rainer Maria Rilke, Ernst Jünger, Konrad Wiener, Carl Einstein, Alfred Schuler, Ludwig Klages, Thomas Mann, der frühe Gottfried Benn u. a. genannt. Der Tragweite und gesellschaftlichen Bedeutung des Dandys wird man zudem nicht gerecht, wenn man nur die Schriftsteller in die Betrachtung einbezieht. Würde man sich auf die Künstler im Allgemeinen beziehen, also die Bildenden Künste, die Malerei, die Graphiker und (heute) die Designer berücksichtigen, dann ließe sich die Gesamtzahl von etwa 50 Schriftsteller-Dandys vermutlich leicht mehr als verdoppeln. Eine verlässliche Forschung dazu gibt es nicht. Das Problem ist, dass die Kriterien und Motivationen ihres Dandytums oft im Unklaren blieben, die Zurechnung zur Kategorie der Dandys also etwas willkürlich bleibt. Denn der elegante Ästhetizist allein, und sei er auch sonst ein noch so bekannter, exzentrischer Egomane, macht den Dandy noch nicht aus. Unter anderen sozialen Umständen ist auf dieses Kriterium vielleicht zu verzichten, und sei es nur, weil die Zeichenhaftigkeit von Eleganz in diejenige von Extravaganz umschlagen kann.

4.2 Der Dandy in der Antike

Auch erhebt sich die Frage, wie weit man in der europäischen Geschichte zurückgehen soll, um die Ursprünge des Dandyismus zu verorten. Denn für Europa gibt es Autoren, die das Phänomen „Dandy" schon in der Spätantike aufspüren. Ob Sallust dazu gehört, ist fraglich, ob Caesar einer war, ist noch fraglicher. Ein genuiner Dandy scheint jedoch der Schriftsteller, Satiriker („Satyricon", „Cena Trimalchionis") und zeitweilige römische Konsul Petronius gewesen zu sein, der als Freund des Kaisers Nero in Rom bald zum Maßstab aller Eleganz aufstieg. In den Augen seiner Zeitgenossen (Sueton, Cassius Dio) ging vom weltmännisch-eleganten Lebensstil des Petronius eine große Faszination auf den ganzen Kaiserhof und die römische Gesellschaft aus. Sie hatte wohl damit zu tun, dass sich der Hof auf diese Weise von Kaiser Neros vulgärer Überspanntheit in Sachen Kleidungs- und Lebensstil innerlich und äußerlich distanzieren konnte. Gegen die Haltlosigkeit Neros setzten viele als Vorbild die elegante, aber auf das rechte Maß bedachte Lebens- und Erscheinungsweise des Petronius – seines ganzen Hauses, seiner Frau, seiner Kleidung, seiner Tischsitten. Petronius war nicht nur das Gegenbild des Kaisers in Sachen äußerer Lebensführung, sondern verkörperte durch seine zur Schau gestellte Muße auch eine Alternative zum römischen, auf politische Karriere, Prestige und Ehre abgestützten Wertkanon. Vor allem die ausgesuchte Überschreitung geltender (kaiserlicher) Verhaltensnormen beinhaltete ein beträchtliches Maß an Gesellschaftskritik, ohne dass es direkt ruchbar wurde. Über Petronius' Verbindung von Eleganz und Wagemut, ja seine Indifferenz gegenüber jeglicher Gefahr schreiben übereinstimmend Tacitus, Plinius der Ältere und Plutarch (Whittaker 2004:19). Wie zu erwarten war, zog Petronius den Neid mancher Höflinge auf sich, die ihm eine Teilnahme an einer Verschwörung gegen Nero andichteten und ihn damit erfolgreich vom Kaiser entfremdeten. Einem wahrscheinlich gewordenen Todesurteil Neros kam Petronius durch seinen – im entspannten Stil des Symposiums eines Sokrates inszenierten – Freitod zuvor. Brummells Vita kann manche Ähnlichkeiten mit Petronius nicht verleugnen. Dieser wie jener wurden in ihrer gewinnenden Leichtigkeit zugleich eine kalkulierte Herausforderung des Herrschers. Petronius' Tod vor allem war ein letzter Triumph seiner Überlegenheit über die schlechten Sitten des Hofes (Vgl. Whittaker 2004:22 ff.).

Obwohl selbst kein Vorkämpfer des eleganten Lebensstils, sondern der stoischen Askese, ist die Parallele zum Tod des Seneca (65 n.Chr.) augenfällig. Beide hatten auf je verschiedenen Wegen – in ihrem Leben und in ihrem Tod – die moralische und politische Dekadenz ihrer Zeit im Blick. Petronius war – wie Jahrhunderte nach ihm Brummell – Vorbild für manche spätere Darstellung des Dandytums. So lässt Edward *Bulwer Lytton* in seinem Buch „The Last Days of Pompeii" (1834) einen gewissen Glaukos als Dandy auftreten, um an ihm die Dekadenz der spätantiken Kaiserzeit, aber auch des Regency im England seiner Zeit zu geißeln. Er ist dem Vorbild des Petronius angenähert und trägt auch auffällige Züge von George Brummell. Ähnliches gilt für Prosper Castaniers (1897) „L'orgie romaine" oder, in eingeschränktem Verständnis, auch für Huysmans „A Rebours" (1884).

Die wahren Dandys waren vollendet im Luxus (erudito luxu) und Maßstäbe des guten Geschmacks (arbiter elegantiae), was offenbar zusammengedacht wurde. Ihre demonstrative, gewinnende und leichte Weise ein (bei Petronius nur scheinbar) unproduktives, müßiges Leben zu führen, wurde als unerlässlicher Hinweis auf die Bedeutsamkeit der *Idee des Schönen* gewertet, ihre geistreiche Arroganz und ihre enttäuschungssichere Situationsgewandtheit als ein lebendiger Beweis für die Wichtigkeit von Zivilcourage und Mut vor restriktiven Herrscherthronen begriffen (vgl. Carassus (1971:19). In der Beschreibung dieser Qualitätsmerkmale waren sich später Charles Baudelaire, Francois René Chateaubriand („léger, insolent, conquérant") und Jean Lorrain („Monsieur de Bougrelon" (1897)) einig. Aber auch darin, dass die notorische Unangepasstheit zu einer Verkettung aus Spleen, Langweile und Melancholie führen kann: „… peut-être le mal du siècle de tout dandy. Le masque n'est qu'une protection contre un malaise intérieur" (Barstad 2004:175).

4.3 Außereuropäische Dandys

Dass das Dandytum über Europa hinausreicht, ist von D. Tamagni (2009) in seinem Band „Gentlemen of Bacongo" dokumentiert worden. Er gibt Eindrücke über
die Bewegung der „Sapeurs" wieder. Ein Sapeur ist ein Angehöriger von „la sape"
(société des ambianceurs et des personnes élegantes), einer Vereinigung von meist
jüngeren und mittellosen(!!) schwarzafrikanischen Männern, die z. B. im Kongo
(Brazzaville, Kinshasa) einem extravaganten Kleidungsstil huldigen. Dieser ist
umso auffälliger als er sich vom französischen Kleidungsstil inspirieren lässt. In
den 50er Jahren war Ziel der Nachahmung das Auftreten der Existentialisten, heute wird auf hoch elegante, „gestylte" „westliche" Anzüge wert legt. Dies steht in
einem starken Kontrast zu den verarmten Slums, aus denen die „Sapeurs" meist
stammen. Außerdem sind sie sehr religiös, gehorchen einem strengen Ethikkodex
und vertreten das Ideal der Gewaltfreiheit. Offenbar ist dieser Kontrast im „Auftritt" nicht nur ein Mittel der Selbstdarstellung und des Reputationsgewinns, sondern hat eine weitere Botschaft. Es ist die Strategie, für „Augenmenschen" (hier:
der Slums) nicht über den Intellekt, sondern über das Bild ein unmittelbar greif-
bares Zeichen für einen möglichen Wandel zu setzen. Sie sehen sich als Symbol,
das der Bevölkerung mit Mitteln der Visualisierung einen Ausweg aus der depressiven Teufelsspirale von Armut, Perspektivlosigkeit, Desintegration und Gewalt
sinnlich erfahrbar macht. Dass dies auf die eigene Haltung, sich aus der scheinbar aussichtslosen Lage befreien zu wollen, zurückwirkt, dürfte einleuchten; es
ist ein aus Mimesis und Metanoia zusammengesetzter Akt der persönlichen Rebellion. Die Ableger der „Sapeurs" in Frankreich verstehen sich als Symbolträger
der neuen gesellschaftlichen Integration. Ihre ironische Zuschaustellung von west-
licher Eleganz gilt als spielerischer Ausdruck dafür die politische Haltung, dass
sie im Paris der verarmten Vorstädte „als Franzosen" angekommen sind und nicht
mehr in der unentschiedenen Zwischenposition der nicht-integrierten schwarzen
oder arabischen Bevölkerungsschichten zu verharren gedenken.

Eine andere Variante des außereuropäischen Dandys hat Peng (2010) für Chi-
na und Japan ans Licht gehoben. Sie geht den Spuren nach, die bestimmte, eu-
ropäisch beeinflusste Dandy-Flaneure in den vor-maoistischen 1930er Jahren in
Shanghai (und in Tokio) auf die im Umbruch befindliche Lokalkultur ausübten.
Sie verstanden sich und ihren „urban exotism" – etwa gestützt auf den französischen Dandy-Schriftsteller und Reisenden Paul Morand (1888-1976) – als Mitt-
ler und Übersetzer, die die Brücke zwischen klassischen und modernen Institutionen, Traditionen, Konzepten und Lebensweisen zu schlagen versuchten. Die
„Neo-Sensation"-Gruppe der Literaten um Liu Na'ou (1905-1940) in Shanghai
und Kawabata und Yokomitsu in Tokio etwa ließ sich nicht im Fluss des Wandels

treiben, sondern sah sich ausdrücklich als kreative Träger des Kulturkontakts. Sie verstanden ihre Leistung als Bindeglieder zwischen Menschen und Praktiken verschiedener Kulturen und damit als bewusste Arbeit am gesellschaftlichen Umbauprozess. Deshalb versuchten sie ständig die Grenzen der „gegebenen" Traditionen (der Sprache, der Bilder, der Verhaltensweisen) auszuloten und diese zu übersteigen. Hier tut sich ein weites Forschungsfeld auf.

Als Dandys versuchten sie sich von den *reinen Flaneuren* abzuheben. Denn ihr müßiggängerisches Eintauchen („Lektüre der Straße") in der traurig stimmenden „Menschenwüste" erschöpfte sich nicht im aufmerksamen Betrachten von zutiefst flüchtigen Ereignissen. Als reine Zuschauer hätten sie damit zufrieden sein können, ihre Augen offen zu halten „um ein Warenlager von Erinnerungen aufzustapeln" " (Foucault 1984:40). Der *Dandy-Flaneur* hingegen sieht seinen peripatetischen Müßiggang als Labor, als „Arbeit" und Berufung, wie Baudelaire und, trotz mancher Unterschiede, Benjamin (1980:10 ff.) meinen. Der Dandy sucht dabei nach einer anderen höheren Qualität, nach etwas Bleibendem, Geistigem: dem Verstehen der Gegenwart bzw. Modernität (vgl. V,3).

4.4 Der weibliche Dandy (femme dandy, dandette)

Dem Wandel in der Modernität nachzuspüren, ihn zu illustrieren und nach Kräften zu fördern, war auch das Ziel der matriarchalischen (und feministischen) Bewegung, aus der der weibliche Dandy hervorging. Eigentlich sollte es diesen gar nicht geben, denn der Dandy war üblicherweise ein Mann. Genau das aber, das hinter diesem Faktum stehende Geschlechterstereotyp, kann selbst zum Anlass von exzentrischer Revolte von Männern und Frauen werden.

Dieser Topos weist selbst weiter in die Vergangenheit zurück. Schon Stendhal hat in „Le rouge et le Noir" (1830) mit seiner Figur der „Mathilde de la Mole" den Dandy nicht nur als Schöpfer seines Selbst, sondern sogar als Überschreiter der Grenze zwischen dem Männlichen und dem Weiblichen gesehen. Erste Anfänge finden wir bei den Frauen der Regency-Zeit, die berühmte Salons organisierten und damit gegen die Sitte zu Felde zogen, Frauen nach dem Essen aus dem Raum zu schicken, damit die Männer in Ruhe ihren „ernsten" Gesprächen nachgehen könnten.

In der Zeit um die Wende zum 20. Jahrhundert wurden in München-Schwabing mit Ausläufern in Wien, Paris, London und USA die theoretischen und praktischen Grundlagen für die „sexuelle Revolution" und der Freisetzung des „dionysischen" Potentials (Nietzsche) der Menschen gelegt. Mit einer Mischung aus Religionskritik, Romantik, Okkultismus, Antirationalismus und Zivilisationsmüdigkeit zielte die Bewegung in erster Linie auf die Befreiung der libidinösen

Kräfte und erst in zweiter Linie auf die Opposition gegen die extreme Ausformung der patriarchalischen Familien- und Gesellschaftsstruktur sowie auf die Revision der herrschenden Rollenverteilung zwischen den Geschlechtern. Um neue Formen der Gemeinschaft zu erproben, müsse sich die erotische Bewegung der „polymorphen Konstitution" des Menschen (so der Psychoanalytiker Otto Gross) stellen. Erst so sei ein freies, individuelles Leben, ja eine neu-archaische goldene Epoche möglich. Getragen wurde die Bewegung von „Außenseitern wie Schriftstellern, Artisten, Homosexuellen, ausgeflippten Komtessen, Professorentöchtern und identitätskranken Juden" (Sombart 1987:32). Sie waren sich darin einig, damit den Schlüssel zur menschlichen Kommunikation, zur Freiheit und zum Glück gefunden zu haben:

„weil der Mann noch nicht die Herrschaft an sich gerissen, den Privatbesitz noch nicht zur Basis seiner Macht, den Staat noch nicht zum Instrument der Unterdrückung, den Krieg noch nicht zur ‚regelmäßigen Verkehrsform' der Völker erhoben hatte – in dem vielmehr die Frau, oder, um genauer zu sein, das weibliche Prinzip die Formen der Vergesellschaftung und des kulturellen Lebens bestimmte" (Sombart 1987:32).

(Davon haben sich die spätere feministische Emanzipationsbewegung, der Existentialismus und die 68er-Revolte kräftig bedient).

Die Verkörperung dieser erotischen Revolution und des „ewig Weiblichen" war die Gräfin *Franziska zu Reventlow*, ein weiblicher Dandy, der ohne Rücksicht auf seine gesellschaftliche Reputation die Emanzipation als Mischung aus eleganter Dame, Intellektueller, Künstlerin und Prostituierter, Mutter und Geliebter vieler Männer vorlebte. Andere weibliche Dandys, die „existentiell" an dieser Befreiung arbeiteten, sind die Psychoanalytikerin Lou Andreas-Salomé, die Von Richthofen-Schwestern Frieda und Else, die „Muse" Alma Mahler, Eleonora Duncan, die Modeschöpferin Coco Chanel, Anais Nin, und später die Schriftstellerin Francoise Sagan, Juliette Greco u. a. Ihr Ziel war weniger die politische Aktion oder die Aufklärung als solche, als das Vertrauen auf ihre *persönliche Ausstrahlung*, die von ihrer inneren Befreiung ausging.

Dafür muss der Geschlechter-Dualismus aufgebrochen werden. Entweder wird die männliche Ordnung durch weibliche Charakteristika revidiert und erneuert (Stauffer 2008:98) oder das weibliche Prinzip (oder schließlich ein „polymorphes Drittes") wird für zentral erklärt. Die männlichen Dandys bevorzugten durch die Betonung der meist „weiblich" konnotierten Modebewusstheit den ersteren Weg und riskierten, als effeminiert und unmännlich wahrgenommen zu werden. „Cross-dressing" auf der Bühne war schon seit langem ein bekannter Topos. Die „Garconne" galt als spannungssteigerndes Moment oder als billiger Schwank in der „Commedia de l'Arte" beinahe als unverzichtbar. Im realen Leben brauchte der Rollenwechsel seine Zeit, besonders dann, wenn das Spielerische mit Ernst versetzt war.

Manche Zeiten zeichnen sich dadurch aus, dass in ihnen die Geschlechterbilder nicht so festgelegt waren, dass das Tragen weiblicher Mode-Accessoires keine Identitätsproblematik und keine entsprechende Stigmatisierung hervorrief. In der Ära des Sonnenkönigs zu Beginn des 18. Jahrhunderts etwa waren die Männer der höfischen Gesellschaft gepudert. Sie trugen hohe Absätze und „zeigten Bein", Unterkleider und Balletpose, ohne dass das als anstößig erfahren wurde. Ludwig XIV selbst ließ sich von H. Rigaud als Androgyn portraitieren (1701) als wollte er sagen: „la femme c'est moi" (Peng 2010:5). Diese demonstrative *Transgression* ist der Grund, warum Peng ihn in die Ahnenreihe der frühen Dandys aufnehmen will (2010:2ff). Denn die „nuancierte Ambiguität" ist für sie ein zentrales Element des Dandytums. Später wurden die Zeiten wieder rigider und riefen nach einer eindeutigen „Gender"–Typik. Das machte die Geschlechterpolarität für den Dandy interessant, um den Versuch zu wagen, die strikt erscheinenden gesellschaftlichen Grenzen zu überschreiten. Der männliche Dandy drückte die Umkehrung der traditionellen Geschlechtscharakteristika durch effeminierte Eleganz aus – als Mann. Beim weiblichen Dandy war die Transgression komplizierter.

Auch die weiblichen Dandys waren – wie Franziska Reventlow – auf dem Gebiet der Mode überaus versiert (sogar z. T. beruflich: wie die Modeschöpferin Coco Chanel) und eroberten sich und ihrem Publikum – im 19. Jahrhundert nur zaghaft in „Hosenrollen" verkleidet wie Théophile Gauthiers „Mademoiselle de Maupin"(1835) – im frühen 20.Jahrhundert die männlichen Freiheiten und Ausdrucksformen. Chanel gilt Moran zufolge (1976:8) als „Würgeengel des aufwendigen Salon-Stils des 19. Jahrhundert". Sie „befreite den Körper" und die Frisur. Die Schriftstellerin Francoise Sagan („Bonjour Tristesse") und die Chansonnette Juliette Greco experimentierten in der Zeit nach dem 2. Weltkrieg erfolgreich mit der „existentialistisch"- verruchten, schwarzen „Gegenmode". Dem vorgegebenen „Mann-Frau-Schema" wollten sie sich jedoch alle entziehen. Jedenfalls spielten sie alle mit der ironischen Geschlechterverwirrung (Feldman1993:6) und steigerten dadurch ihre Rätselhaftigkeit und Attraktivität. Das konstante Spiel mit den Topoi der großen Mutter, der femme fragile, der femme fatale, dem Geschlechterwechsel und der Androgynie (als drittem Geschlecht) erfolgte nicht ohne die Absicht, die gängige Auffassung von der Frau als „naturnahem" und passivem Wesen zu ironisieren und dadurch auszuhebeln. Ironie lebt von der Spannung der Paradoxie, wenn nicht von der Übersteigerung und dem Bruch.

Davon zeugen das Leben und die Romane der Reventlow. Mit ihren „Liebes-brevieren" will sie den Teufelskreis von Beherrschung und Unterwerfung durch-brechen (Stauffer 2008:150). Sie hat keine Lust auf den (gesellschaftlichen) „Zir-kus", der von ihr verlangt, „durch den Reifen zu springen", sondern erprobt das Unvorhergesehene. Männer als „elegante Begleitdoggen" sind ihr zu langweilig und Frauen als reine „Gattungswesen" zu banal. Überdies behindert ein geregeltes Arbeiten nur das Leben. „Beruf ist etwas, woran man stirbt" (Reventlow 1912:89). Aber die Lebensweise als Dandy braucht viel Geld. Das freie Dasein muss nun mal finanziert werden: durch Schreiben, durch Liebhaber, durch Freundinnen, durch Schnorrerei … und, wenn es denn sein muss, durch den Strich. „L'art pour l'art ist sicher schöner, erfreulicher, aber unrentabel" (ebenda 68). Reine Geldgier wäre hingegen zu vulgär. „… un crédit indéfini pourrait lui suffir" hört man mit blasiert überlegener Ironie Baudelaire (1975:710) aus dem Off sagen. Eine andere Version des Dandy-Stils bot die scharfzüngige Chanel Sie war bekannt für ihre persönlichen erotischen Capricen, verachtete aber die undisziplinierten Frauen. Denn Freiheit und Arbeit wachsen über das Medium Geld zusammen. Nur über Arbeitsdisziplin kann man sich die gewünschten Freiheiten kaufen, ohne in neue Abhängigkeiten zu fallen.

5. Der Habitus des Dandy

Nach den Exkursen in die verschiedenen Spielarten des Dandyismus ist es höchs-te Zeit, sich über eine Realdefinition des Dandys zu verständigen. Denn die be-trächtliche Unsicherheit, wann und wo das Phänomen zuerst aufgetreten ist und welche Exponenten und Gruppierungen dem Dandyismus zuzurechnen sind, hängt damit zusammen, dass die Kriterien seiner Bestimmung recht diffus ge-blieben sind. Das muss nicht so sein, denn bei genauer Durchsicht der Literatur ergibt sich doch ein typisches Denk-, Gefühls- und Handlungsmuster, das sich in 4 Aspekten niederschlägt: Distinktion, Transgression, Charisma und Melancholie.

5.1 Vergnügliche Distinktion: Inszenierung und Genuss

Fast alle stimmen darin überein, dass Dandytum viel mit gepflegtem Müßiggang und Mode zu tun hat. Dandys sind keine „Helden der Arbeit", denn um zu „wir-ken", brauchen sie viel Zeit. Sie müssen ihr Publikum finden, um es zu unter-halten und damit zu beeinflussen. Wenn sie einer regelmäßigen Arbeit nachge-gangen sind, dann haben sie sich jedenfalls viel Zeit genommen, um ihre zweite, die öffentliche Seite als Flaneur zu pflegen. Das nötige Geld hatte man einfach, oder man tat wenigstens so (Brummell). Denn es kam wesentlich darauf an, dass man seine Unabhängigkeit von der Arbeitswelt dokumentierte. Denn das Reich der „geistlosen" Gütervermehrung musste für alles herhalten, was als Verkrümmung, Versklavung und „Fellachentum" (Max Weber) des Menschen anzusehen war. Demgegenüber stand das Reich der Freiheit und Schönheit, wenigstens als Ideal. Das ist ein alter Topos der europäischen und außereuropäischen Kultur- und Sozialgeschichte, in der die Unterscheidung zwischen dem aktiven Leben des Menschen in der Welt und der davon abgehobenen Lebensführung einer Vita contemplativa immer lebendig war. Schon in der griechischen Antike konnte man sich die wahre Freiheit nur als Gegenwelt vorstellen. Denn der freie Bürger, der ernsthaft der Philosophie, der Schönheit und der Ordnung des Staatswesens frönte, musste – dem Ideal der Unabhängigkeit folgend – ein Müßiggänger, ein Rentenbezieher und vermögender Privatier sein. Denn nur der vom Arbeitszwang Freie ist souverän. Müßiggang (otium) hatte deswegen nicht die negative Konnotation, wie sie erst in der Industriekultur (neg-otium) ausgeprägt wurde. Muße ist aller Weisheit Anfang. Der rastlos Tätige ist davon weit entfernt. „Denn wer von seinem Tage nicht zwei Drittel für sich hat, ist ein Sklave; er sei übrigens wer er wolle: Staatsmann, Kaufmann, Beamter, Gelehrter" (Nietzsche 1968:173).

Das müßige Leben der Dandys dient dazu, seine kontemplative Lebensführung theatralisch zur Geltung zu bringen. Sie bedient sich des Stilelements der ausgesuchten Eleganz. Daher ihre Vorliebe für die Kleider-, Schuh- und Haarmode, mit der sie sich gegenüber ihren Zeitgenossen in auffälliger Weise absetzten. Die Richtung ist nicht unbedingt vorgegeben, denn die meisten Dandys setzen sich zwar „nach oben" ab und betonen auf diese Weise ihren Primat und ihre Einzigartigkeit. Es gibt aber auch einige Dandys, die gerade deswegen den Weg „nach unten" durch Unterbietung der gängigen Standards des Schönen, Gefälligen oder Normalen beschreiten („Gegenmode"). Auch dadurch kann man sich absetzen. Unerlässlich ist jedenfalls die Qualität der Darstellung, ja die „narrative Gewalt", die von ihr ausgeht (Rossbach 2002: 186 ff.). Im Gegensatz zum „Kriegertypus" des umstürzlerischen Revolutionärs ist der Dandy („dandy-narrateur") ein „Verführertypus", der alles daran setzt, um die Gesellschaft „zu erstaunen, zu irritieren und zu faszinieren"(ebenda 192, 196) – und zu unterminieren. Seine „Waffen" sind die Momente der Spannungserzeugung: die Augenfälligkeit des „outfit", der Schock des ironisch-treffenden Wortes, die Kunst, Sensation und Skandal zu erzeugen und die Maskierung des eigenen Selbst durch Rätselhaftigkeit und (möglicherweise) gespielte Unerschütterlichkeit („coolness"). Wichtig ist dabei jeweils, dass die stilisierte Erscheinung einen hohen Demonstrations-, Narrations- und Distinktionswert hat. Denn Distinktion ist das, was in der Gesellschaft sozialen Rang garantiert, besonders dann, wenn Zuschreibung von Attributen an die Stelle von erworbenen Privilegien, Positionen und Rechten getreten ist. Soziale Geltung muss dann beinahe ausschließlich durch eine *personalistische Aura und Liturgie hergestellt* werden. Denn der Dandy hat nichts, wodurch er Wirkung erzielen kann, als seine eigene Persönlichkeit und sein Auftreten. Sein Stilmittel ist (meist) die Eleganz, aber auch der Witz und die Unverfrorenheit. Jules Barbey zufolge war Brummell als Prototyp des Dandy ein „Genie der Ironie", die ihn zugleich zum größten „mystificateur" machte, den Englands je hervorgebracht hatte (1927:225 vgl. Stauffacher; ähnlich Erbe 2002: 214, Gnüg 1988:275))

Je kultivierter das Auftreten und je anspruchsvoller der Geschmack, desto einzigartiger ist nicht nur der Genuss, sondern auch der Rang als echter Kenner. Dieser wird ein Muss für alle diejenigen, die sich ihn leisten können und „ein Schlüssel für die Anderen, die daran ihren Blick, ihren Geschmack bilden und dann am geringsten Objekt – einem Schal, Rock, Schuh, irgendein Kleidungsstück – erkennen können, ob es schön ist" (Bourdieu 1984:437f). Von höchstem Distinktionsvermögen ist das, „was am besten auf die Qualität... des Besitzers schließen lässt, weil seine Aneignung Zeit und persönliche Fähigkeiten voraussetzt, da es... nur durch anhaltende Investition von Zeit...erworben werden kann, und daher als sicherstes Zeugnis für die innere Qualität der Person erscheint" (ebenda 440). Die Neigung zur Begeisterung für die Einzigartigkeit der Person des Dandys ist großenteils in dieser Liturgie verankert. Stilisierung durch extravagante Mode, Körperkult, erotische Verführungskunst oder Inszenierung der Eleganz à la Brummell weisen auf dieses zeitaufwändige, luxuriöse und spielerische Moment jenseits des Arbeitslebens hin. Kein Wunder, dass mit der Existenz des Dandys das Ritual des Müßiggangs und der Mut zur Exposition verbunden werden.

Stilsicherheit und Selbststilisierung gehören zusammen, so wie Exzentrizität und narzisstischer Selbstgenuss nicht weit entfernt sind. Vom Vergnügen auf andere zu wirken, sie zur Gefolgschaft zu zwingen, ganz zu schweigen. Allerdings sind die Stilelemente durchaus austauschbar, je nachdem welche intellektuellen, moralischen oder ästhetischen Werte darin verkörpert sind, die Begeisterung und Nachahmung auslösen. Sie sind von der jeweiligen sozialen Situation abhängig. Deswegen steht und fällt der Dandy nicht mit dem überbordenden Luxus als solchem. Er kann Distinktion im Prinzip auch über die Gegenmode der Schlichtheit erfolgreich symbolisieren, sofern er sein Zeichensystem beim Publikum verankern kann. Kleidermode, Tischsitten und Kunstgeschmack jedenfalls waren in der Geschichte der Dandys und sind bis heute höchst geeignete Vehikel, um Distinktion und Nachahmung bei breiteren Schichten zu erzeugen. Intellektuelle und sportliche Exzellenz versperren sich der Nachahmung eher, da sie nur schwer „auf fremde Rechnung" erworben werden können. Das heißt nicht, dass die *Stars und Diven* aller Art mit ihrem kulturellen Kapital heute nicht für andere Produkte werben können.

5.2 Dauerhafte und vergebliche Arbeit am Charisma

Zweifellos ist der Dandy ein charismatischer Charakter, der mit Hilfe seiner strategisch eingesetzten „Außeralltäglichkeit" seine Gefolgschaft und ein weiteres Publikum beeinflussen will. Das verweist uns auf Max Webers typologische Herrschaftstriade: Danach legitimiert sich der traditionale Herrscher durch den Glauben als das von je her Geltende, während rational-legale Herrschaft durch den Glauben der Gefolgschaft an die Rechtmäßigkeit der Verfahren abgesichert ist. Der charismatische Führer hingegen findet Zustimmung und „Hingabe" wegen des unterstellten Vorbildcharakters, der Heldenhaftigkeit oder Heiligkeit seiner Person. Man folgt ihm kraft seines Charismas. Es ist aufschlussreich für unser Thema, dass Weber dabei auf die altgermanischen Könige, die chinesischen Kaiser, die taoistischen Mystiker, die jüdischen Propheten – und auf den Stefan George-Kreis verweist (Weber 1976:142).

Auch der Dandy ist ein solcher „außergewöhnlich" Begabter oder als einzigartig Stilisierter, der seinen Führungsanspruch aber allein aus der Bewährung seiner Qualitäten ableitet. Er kann auf eine als äußere oder innere Notlage empfundene Situation so antworten, dass er „die Masse" in einen Zustand der Hoffnung, Begeisterung und Erregung versetzt und sie die Lösung der Probleme seiner persönlichen „Gnadengabe" zuzuschreiben gewillt ist. Auch wenn Charisma nicht wirklich gelernt werden kann, so muss es doch geweckt und in Gang gehalten werden. Denn es bedarf einer permanenten „Arbeit" an der entsprechenden Wahrnehmung seitens der möglichen oder schon bestehenden Gefolgschaft. Sein Anspruch und Einfluss als Dandy gilt nämlich nur so lange, als es ihm gelingt, mittels Taten, Worten und Ereignissen, Anerkennung bei einer weiteren Öffentlichkeit zu finden.

Damit deutet sich eine „*konstitutive Labilität*" (Weber: 1976:661) seiner Herrschaft an. Jeder Charisma-Träger „verliert seinen Anspruch wieder, sobald die Herrschaftsunterworfenen nicht mehr an die außeralltäglichen Fähigkeiten des Herrschers glauben" (Käsler 1977:161). Seine Wirkung bedarf also einer gewissen Selbst-Disziplin, auch wenn er sich gerade gegen die Zurichtung des Menschen durch die disziplinierte Arbeitsgesellschaft richtet. Mischungen sind möglich (vgl. Coco Chanel). Auch stößt sich, wie wir sahen, die Außergewöhnlichkeit des Dandys an den wirtschaftlichen Zwängen, denn rein charismatische Autorität beruht gerade auf einem emotionalen Befreiungsakt gegenüber der organisierten „Rechenhaftigkeit", ist insofern „wirtschaftsfremd". Erfahrungsgemäß kann ihm die auf „alltägliches", regelmäßiges Einkommen angewiesene Öffentlichkeit auf Dauer nicht folgen, es sei denn, es handelt sich dabei um die „leisure class" (Th.Veblen).

Spannung durchzieht die „Arbeit" des Charismatikers auch in einer anderen Hinsicht. Da er als Einzelkämpfer oder mit einer kleinen Gruppe von „Jüngern" auftritt, stellt sich bald für alle die Frage, ob der strukturlose Zustand den Bedürfnissen der Gruppe und der Masse gerecht werden kann, nämlich für eine geregelte Dauerleistung des Charisma zu sorgen. Die „mäzenatische" Bedarfsdeckung (Schenkung, Bettelei, Beutemachen) kann das „charismatische Wirtschaften" nicht in befriedigender Weise sicherstellen. So wird es entweder abrupt zusammenbrechen oder längerfristig einen dem Versachlichungsprozess bzw. dem kontinuierlichen fachmännischen Betrieb geschuldeten „Erstickungstod" durch „Veralltäglichung" erleiden (Weber 1976 :669,671 ff). Der rationale „Betrieb" in Wirtschaft, Politik und Verwaltung ist das „Schicksal" und zugleich das Ende des Charismas. Das heißt aber nicht, dass es nicht immer wieder Gelegenheiten zum Aufflackern des Dandy-Heldentums gibt. Eine gewisse resignative Note ist, für den Akteur selbst, daraus aber nicht wegzudenken. Vermutlich ist ein Teil seiner (selbst-)ironischen Haltung auf die punktuell aufscheinende Selbsterkenntnis zurückzuführen, den „Apparat" und die Institution allein und mit den verfügbaren „narrativen" Mitteln weder umstürzen noch ersetzen zu können. „le calme même du dandysme est la pose d'un ésprit qui doit avoir fait le tour de beaucoup d'idées et qui est trop dégoûté pour s'animer" (Barbey II,1927: 309, Stauffacher 2008:163)

5.3 Subtile Revolte und Missvergnügen

Im Unterschied zum reinen Selbstdarsteller, dem heutigen *Medienstar*, dem Modezaren, dem verführerischen Sexidol und dem erotomanen *Playboy* oder Gigolo etwa, beschränkt sich der „Auftritt" des Dandys nicht auf die narzisstische Überhöhung des eigenen Ego (und die Camouflage von hinter dem Star sich verbergenden Brancheninteressen). Der wahre Dandy aller Zeiten will mit seiner ästhetischen „Selbstverkunstung" (K. Barthels 1999) mehr. Er setzt seine Aura gezielt ein, um die bestehende Gesellschaft seiner Zeit herauszufordern. Wie schon Stendhal wusste (1830,1989:439), ist er ein subversiver Grenzüberschreiter, sei es in Sachen „gender performance", sei es im gezielten Bruch anderer gesellschaftlich scheinbar gesicherter Verhaltensnormen. Brummell hatte sich die Regeln der englischen high society vorgenommen. Es gelang ihm während seiner kurzen „Herrschaft", diese Normen subtil zu unterlaufen, ohne sie eigentlich aufzuheben.

Daran wird ein weiteres Merkmal aller Dandys deutlich. Es ist die „subtile Revolte" (Rossbach 2002:196) gegen die herrschenden Definitionen des Normalen, Wohlanständigen, Vernünftigen, unabweisbar Richtigen, Realistischen, kurz: des alltäglichen, fraglos hingenommenen Standard-Diskurses. Brummell nahm hierbei die Regency-Zeit und den Salon aufs Korn, die französischen Schriftsteller-Dandys die aufkommende bürgerliche Gesellschaft. Spätere Dandys zielen auf die Philister der Moral (O. Wilde), auf die Usurpatoren des „guten Geschmacks", auf die Dumpfheit „der Masse", auf den Kult der Arbeit oder auf die institutionalisierte Sensationsgier (der heutigen Mediengesellschaft). Sie spielten mit den „vorgegebenen" Regeln, ohne sie ganz beiseite zu schieben. Jedenfalls gelang es ihnen punktuell, die Vorderbühne der gesicherten sozialen Rollenübernahmen zu verlassen, um dem amüsierten oder schockierten Publikum einen Blick auf die Hinterbühne der dabei verursachten, aber verdeckten „Leiden an der Gesellschaft" zu gönnen. Die Dandys unterzogen sich dem Geltungsanspruch des gesellschaftlichen Regelwerks, rächten sich aber gleichzeitig an ihm, indem sie ihm den nötigen Ernst verweigerten und damit mögliche Alternativen aufblitzen ließen. Die doppelgesichtige szenische Darstellung von Anpassung und skandalträchtiger Auflehnung war es, die ihnen eine hohe allgemeine Kulturbedeutung, zuweilen auch eine große Macht über die Gesellschaftsleben ihrer jeweiligen Zeit eingetragen hat. Sie wurden zu Hoffnungsträgern für eigene kleine Fluchten und Ausbrüche ihrer Gefolgschaft aus dem „stahlharten Gehäuse", vornehmlich der Moderne.

Der Künstler-Dandy als Teil der *Avantgarde*, ist deswegen auch nicht der reine Flaneur, den noch Walter Benjamin aus marxistischer Perspektive geißelte. Denn als solcher tritt er zwar wie ein detektivischer Beobachter auf den gesellschaftlichen Märkten auf. Es bleibt ihm aber verhüllt, dass er selbst mit seinen Hervorbringungen nur Käufer sucht, also dem Zauber und dem Rausch der Ware unterliegt. Er wird als „beobachtender Teilnehmer" zum Symptom oder: wie die Hure, selbst zur Ware. Das liegt daran, dass er sich auf illusionäre Weise in einer prekären gesellschaftlichen Zwischenlage einzurichten versucht und dabei unversehens von den Kräften der alten Gesellschaft überwältigt wird. Anders wäre es, wenn er – wie der Bohème oder die Intelligentsia – sich zwar noch als abhängig von den „patrons" erfahren, aber entschieden auf die Seite der geschichtlichen Kräfte schlagen würde, die die alte Gesellschaft umstürzen wollen. Das ist der Unterschied zwischen oberflächlicher Revolte und tiefgreifender Revolution.

Foucault (1983:1381ff.) pflichtet dieser Auffassung nicht bei. Für ihn ist der Dandyismus vielmehr die Quintessenz von Modernität, sofern man darunter weder eine Epoche noch das Bewusstsein von diskontinuierlicher Entwicklung versteht. Dabei stützt er sich ausdrücklich auf Baudelaires (1863,1961:710) Vorstellung, der Dandy-Flaneur sei ein eleganter Müßiggänger, der sich in stoischer Überlegenheit außerhalb der Gesetze stelle, um desto strikter den eigenen Gesetzen von Eleganz, Perfektion und Originalität gehorchen zu können. Ein Schuss Askese ist ihm bei dieser Selbst-Erfindung nicht fremd. Dem Habitus nach ist der Dandy nicht Teil der Menge, sondern bewusster Akteur, der das Schwergewicht seines Zeitalters als transkultureller „Modernisierer" übersteigt und somit auf neue Freiheitsräume verweist. Sich ständig wie eine Kippfigur an der Grenze zwischen Innen und Außen zu bewegen, unentwegt die Grenzen auszuloten und den Status quo zu überwinden, ist sein Ethos. Sein *Grenzverhalten* äußert sich darin, dass er die gegebene Wirklichkeit zwar ernst nimmt, denn sie ist sein Material, dass er sie aber nicht unbedingt festhalten, bewahren und verlängern will. Vielmehr will er die institutionelle Ordnung „durchdringen", also wenigstens fiktiv und mit Imagination hinter sich lassen. Das ist die Praxis jeglicher Wahrheit und Freiheit. Dabei konzentriert der Dandy sich auf 3 Aufgaben: auf die Ironisierung der Gegenwart, auf die Arbeit an sich selbst und auf die spielerische Transformation der Wirklichkeit (ebenda 1983: 1387,1393).

5.4   Unbehagen, Trauer, Melancholie und Missvergnügen

Diese Denk- und Gefühlshaltung ist in ihrer Gesamtheit nicht immer eine vergnügliche. Sie hat auch ihren Preis. Wohl wird die Provokation als solche Spaß bereiten, sie ist aber auch mit Verachtung und Traurigkeit verbunden. Denn die Revolte richtet sich gegen die Stil- und Mutlosigkeit der Menge, die sich aus ihrem angstvollen Sicherheitsstreben nicht befreien will, sondern lieber den hohen Preis der Perspektivlosigkeit und Banalität des Lebens zu bezahlen bereit ist. Der Provokateur mag bewundert werden, aber die Wirkung auf sein Publikum ist zeitlich und in der Tiefenwirkung begrenzt. Die angestrengte Selbststilisierung gewinnt das Publikum nicht auf Dauer. Sie führt nur zur Affektüberlastung (Gehlen). Die Maske der „coolness" kann nicht darüber hinwegtäuschen, dass die Menge dem Dandy nicht treu ist. Sie verlässt ihn, wenn der Unterhaltungswert seines frivolen „Spiels" verflacht, und sucht nach neuen modischen Unterhaltungen. Auch die Erlösungssehnsucht durch den Außeralltäglichen bemisst sich an dessen konkreten Leistungen („Bewährung"). Der Symbolwert des alternativen Lebens, so wichtig er aus einer gesellschaftsphilosophischen Perspektive auch ist, hat angesichts drängender Entscheidungszwänge des Lebens für die Mehrzahl der Beobachter nur begrenzte Überzeugungskraft. Darin liegt die unabänderlich „melancholische Verfassung der Zeit" (Heidbrink 1994:212f.) -und die des Dandys selbst (nicht nur des „Décadent" wie Gnüg meint (1988: 284,290)). Denn im Grunde kann er der Erfolgswahrscheinlichkeit seines subtilen Widerstands selbst nicht ganz trauen.

Überdies weiß oder ahnt die Menge, dass sie dem gemeinten Lebensernst hinter der ironischen Darstellung nicht folgen kann, denn das hieße im Allgemeinen, die Dramatik der eigenen Daseinsgewinnung bis zum Bersten zu übersteigern. Die Lebensweise des Dandys führt dem Normalbürger diese Spannung sogar warnend vor Augen. Denn schon seinen demonstrativen Müßiggang, als erstes Spiel mit Noblesse und Opulenz, kann er selbst meist nicht durchhalten. Wenn er nicht auf reiche Eltern oder einen Lottogewinn zurückgreifen kann, ist er doch auf Mäzene oder langmütige Gläubiger angewiesen – oder doch auf Arbeit wie fast jedermann. Selbst ein so „freier" Erfolgsschriftsteller wie Balzac war „ein Genie im Schuldenmachen und musste viel kostbare Zeit dafür opfern, vor irgendwelchen lästigen Gläubigern zu fliehen" (Schütt 2012:28). Und Baudelaire musste sich für seinen Lebensunterhalt bei den damaligen Medien verdingen.

Die Nervosität und „betrübliche Nachdenklichkeit" (Reventlow), ja die inhärente Tragik des Dandys beruht darauf, dass er eine „untergehende Sonne" ist (Baudelaire 1861,1975:712). Er kann sein Leben nicht ausbalancieren, denn er lebt im Paradox der „konstitutiven Kurzlebigkeit" seiner Herrschaft über das Publikum. Er muss disparate, nicht verbindbare Lebenserfordernisse ausgleichen. Das macht ihn unglücklich. Auf der einen Seite steht sein charismatisches Einzelkämpfertum, auf der anderen Seite die schwergewichtige Alltagswirklichkeit der Menschen. Er will sich als singuläres Modell (oder als Institution) selbst darstellen, kann es aber nur im Rahmen vorgegebener, institutioneller Formen tun. Im Affektüberschwang seines ästhetischen (Selbst-)Genusses muss er sich an der Notwendigkeit hoch kontrollierter stoischer Selbstzucht reiben. Seine Überheblichkeit gegen die Normen der bürgerlichen Gesellschaft wird von der verkleinernden Perspektive der Einkommenssicherung Lügen gestraft. Seine Ironie zerschellt in der Brandung „banaler" Erwerbshaltung. Als Herausforderer der Traditionen, Konventionen und Sitten gelingt ihm der Umsturz der bestehenden Werte und Normen nicht. Das muss zur Frustration, zu Ermüdung und Langeweile (ennui), wenn nicht zum verbitterten Zynismus führen. Die unerfüllte Utopie der „ewigen Jugendlichkeit" birgt jedenfalls ein erhebliches Resignationspotential in sich. Deswegen ist er in einem gesteigerten Ausmaß jenes „melancholische Thier", von dem Nietzsche (1988:571) mit Blick auf „den" prometheischen Menschen insgesamt sprach.

Damit kann nun auch die Frage beantwortet werden, ob der Dandy ein Produkt der höfischen Gesellschaft, der beginnenden Moderne und der Romantik ist, dessen Auftreten in der zur Blüte gekommenen Moderne oder gar in der reflexiven Moderne unwahrscheinlich oder gegenstandslos geworden ist. Es scheint so, als würde sich die industrielle Standardisierung der Originalität versperren. Apodiktisch formulierte Roland Barthes (1982:308): die Konfektionsmode als Massenphänomen vernichtet den Dandy. Dieser Meinung scheinen Gnüg (1988:317) und Erbe (2009: 29 ff) und mit Einschränkungen auch Stauffer(2009: 50 ff.) zuzuneigen. Hat sich das Potential des Dandys heute erschöpft?

6. Abgesang an den Dandy in der Postmoderne?

Die Beantwortung der Frage hängt entscheidend davon ab, welches Verständnis von Moderne als sozialer Lebensform ihr zugrundeliegt. Wenn Dandys in der modernen Gesellschaft eine Chance haben sollen, muss ihr Habitus, wenigstens als Gegenentwurf, auf diese Gesellschaft passen. Nun spricht einiges dafür, dass dieser Habitus vom genuin modernen Lebensstil derart vereinnahmt und generalisiert wurde, dass sich der Dandy durch den Bruch seiner Authentizität sozusagen selbst überholt hat. Es scheint deshalb so, als sei seine Figur nur noch in einer historisierenden Sicht auf das Fin de Siècle verständlich. Offenbar lässt sich der Dandyismus eines Beau Brummell und eines Fürsten Pückler-Muskau, der Ästhetizismus eines Oscar Wilde oder eines Stefan George, die Gender-Provokation einer Franziska zu Reventlow nicht wiederholen. Denn die Moderne hat deren Ansatzpunkte zertrümmert. Aber sehen wir näher zu.

6.1 Das Zeitalter der (Post-)Moderne und des Individualismus

Es kann hier natürlich nicht darum gehen, die soziologische Debatte um die Moderne zu resümieren. Das wäre unmöglich. Vielmehr sollen nur einige, für unser Thema zentrale Aspekte (post-)moderner Gesellschaften zur Sprache kommen. 3 Elemente moderner Kultur stehen hier im Vordergrund:

a) Individualisierung und Selbstästhetisierung

Im Gegensatz zu den klassischen Individualisierungskonzepten, die überwiegend sozialstrukturell argumentierten, hat die neuere Debatte sich auch der kulturellen Aspekte angenommen. Sie geht wie immer von der Verschiebung durch Massenproduktion und Massenkonsum (("Multioptionsgesellschaft") aus, die auf komplizierten Wegen große Teile der Bevölkerung von traditionellen Wertbindungen, Arbeitsbiographien und Lebensstilen freisetzen. Dadurch ist es möglich (und auch zwangsläufig) geworden, Bedürfnisse, Entscheidungen und ganze Lebensläufe zu privatisieren. Angesichts der gleichzeitig anwachsenden Vereinnahmung durch den Verwaltungs- und Leistungsdruck wächst offensichtlich die Notwendigkeit für viele, sich selbst und die eigene Individualität in den Mittelpunkt zu stellen. „Das Ich wird zum Jäger des eigenen Ich"(Gross 1999:79).

Die eigene Lebensführung wird Ausdruck von Persönlichkeit, die eigenen Wünsche werden für das Handeln immer wichtiger. Engagement wird selektiv, sofern es eben mit den eigenen Lebensentwürfen in Einklang zu bringen ist. Anhand von Texten der Pop-Musik wurde jüngst empirisch erhärtet, dass zwischen 1980 und 2007 die Wir-Komponente der Aussagen zu Gunsten der Ich-Thematik stark an Gewicht verloren hat (Krebs 2012: 44f.) Die heftigen Debatten um die Entpolitisierung und um die sog. postmateriellen Werte (Freiheit, Selbstentfaltung, soziale Anerkennung) spiegeln diese Entwicklung wieder. Neuerdings zeigt sich als interessanter Trend die Bereitschaft, nicht nur Biographien von bekannten Persönlichkeiten zu lesen, sondern die eigene Lebensgeschichte attraktiv aufzubereiten. Das wäre früher als eitel, unbescheiden, schamlos gewertet worden.

In der Tat glaubt heute beinahe „jeder", seine Lebensgeschichten sei der öffentlichen Erinnerung wert. Schreibkurse, Agenturen für Autobiographien, Erzählcafés, Internet-Darstellungen, Museen für Lebensgeschichten stehen in Blüte. Peter von Matt führt den Boom darauf zurück, dass immer dann, wenn die „große Geschichte", also die Theorien, „großen Erzählungen", Wahrheiten, Überzeugungen zusammenbrechen, ein neuer Pragmatismus aufkommt. Ausdruck dafür ist die fremde und eigene Biographie. Sie bleibt als das untrüglich Faktische übrig und erlebt einen Aufschwung (Kuhn 2012:24). Das große wird durch das kleine „Narrativ" ersetzt. Desengagierte Blasiertheit („coolness") ist zum Charakteristikum der urbanisierten Lebensweise geworden (vgl. Simmel). Gesteigertes, verfeinertes und verallgemeinertes Identitäts-Management, so scheint es, entzieht den bewährten Techniken des Dandys tendenziell den Boden. Öffentliche Wirkung durch Eleganz und Provokation erzeugen zu können, stößt sich daran, dass sich alle dieser Strategie bedienen und sich schon daran gewöhnt haben.

Eine ähnliche Schattierung der Selbst-Technologie ergibt sich im Hinblick auf den Zusammenhang von Körper und Identität. Es sind nicht nur die Film-, Fernseh- und Musikstars, die omnipräsent sind und ihr Äußeres mediengerecht verkaufen. Der *Körperdiskurs* hat an sozialer Präsenz stark zugenommen, wie sich am Streben nach Jugendlichkeit, an der Bedeutsamkeit von Sport und Gesundheit, an körperbezogenen Sinnstiftungssystemen esoterischer und okkulter Art, aber auch an künstlich präparierten Körpern (Körperwelten, Cyborgs, Cyberbodies und realen Körperveränderungen) zeigt. Überall haben wir es mit einem stark angewachsenen Körperbewusstsein großer Menschengruppen zu tun (Fitness, Ferien- und Freizeitsport, Körperpflege, Tätowierung, Bodykult etc.). „Jeder" ist heute mit Leidenschaft dabei, seinen gesellschaftlichen „Auftritt" öffentlichkeitswirksam zu planen. Melanie Knijff (2006) spricht sogar von „Heil-suche" über den menschlichen Körper. Sie schreibt:

> „Vollendung liegt nicht mehr in Gottes Hand, sondern zunehmend in der des Menschen... Er definiert Vollendung und auch vollzieht er die Durchführung selbst. Das Ich ist wenig durch Geburt bestimmt, da sich die Schichtungsmodelle, die vornehmlich auf Herkunft gründen, immer mehr auflösen zugunsten von individualistisch orientierten Distinktionsmodellen. Selbst-vollendung stellt den Menschen selbst in das Zentrum des Lebens. Vor allem der Körper dient als Medium für die Präsentation der Identität, da der Körper ein deutliches Zeichen- für alle Gesellschaftsmitglieder wahrnehmbar – darstellt." (Knijff 2006:29)

Die Darstellung des elegant geschmückten Körpers als besonderes Symbol für Rang und Einfluss ist kein Privileg einer bestimmten Schicht oder herausgehobe-ner Lebensereignisse mehr. Massenkonfektion und Konsumexzess sind das Ende von Originalität. Sich hier nach „oben" abzuheben, ist zwar prinzipiell noch mög-lich, hat aber seinen demonstrativen Wert zur Steigerung einer dauerhaften Son-derstellung weitgehend eingebüßt.

b) Selbstreferentialität und Ironismus

Die wachsende Pluralisierung der Lebensstile zersetzt die übergreifende gesell-schaftliche Solidarität und verwandelt die Gesellschaft in „feinkörnige priva-tisierte Lebenswelten"(Beck 1983:59). Postmodern oder „reflexive modern" ist laut Beck unsere Epoche aber auch deshalb, weil sie ihren ursprünglichen Fort-schrittsoptimismus verloren hat und sich zunehmend auf sich selbst und die von ihrer Lebensweise selbst geschaffenen Folgeprobleme (etwa die Ökologiefrage) rückbesinnen muss. Ihre gesellschaftlichen Teilsysteme sind seither überfrachtet mit Steuerungsfragen wirtschaftlicher, politischer und sozialer Art, die sich aus dieser Rückbindung ergeben.

Eine besondere Form der Selbstbezüglichkeit ist durch die neue Informatik- und Medienrevolution eingeleitet worden. Durch sie werden die realen Objekte in informationelle Zeichen verwandelt und aus ihrem raum-zeitlichen Zusammen-hang herausgelöst. Dadurch werden die gewohnten Sinneswahrnehmungen aus dem Gleichgewicht gebracht. Die Entsprechung von Wirklichkeit und Zeichen wird aufgesprengt. Baudrillard (1978) nennt diese neue Realität die „Ordnung der Simulation". Die als originär erlebte Wirklichkeit wird beiseite geschoben und durch eine „Hyperrealität" der medial inszenierten Welt ersetzt. Sie kommt ohne jeden Bezug auf „Reales" aus. Die Zeichen flottieren frei; sie beziehen sich nicht mehr auf ein eindeutig Bezeichnetes, sondern auf eine Sphäre, die von ori-ginären Bedeutungen befreit ist. Symbole lösen sich von gesellschaftlichen Be-zügen und werden austauschbar. Zeichen korrespondieren tendenziell nur noch mit Zeichen (Bücher beziehen sich auf Bücher, Nachrichten auf Nachrichten, Verordnungen auf Verordnungen, Filme auf Filme, Reden auf Reden etc.). Es entsteht eine selbstbezügliche Ordnung von Zeichen, die durch nichts als durch sich selbst bestimmt wird.

Gegen diese „Agonie des Realen" und Authentischen hilft nur noch die Absetzung ins Private oder Ironie und Spaß. In der Philosophie hat sich Rorty (1989) diese Auffassung zu Eigen gemacht. Wenn sich im erkennenden Bewusstsein oder in den Aussagen über Dinge kein Bezug mehr zu einer den Wahrheitsgehalt garantierenden Instanz finden kann, bleibt nur noch die postmoderne Relativierung von aller Erkenntnis – ihrem Vokabular verhaftet und ohne kritische Instanz für Wirklichkeitsbezug. Erkennen ist peripher und ohne Wahrheitsanspruch. Es gibt nichts Echtes, Originäres, keinen festen Standpunkt. Der Umgang mit der modernen Gesellschaft erzwingt folglich eine neue Form der Distanzierung. Man muss „so tun als ob": es herrscht eine Art augenzwinkernder Ernst, die Maskerade, die Collage, das Zitat, die versuchsweise Gleichrangigkeit des Ungleichen, der Kult der Auflösung der Grenzen, die Vermischung von schön und hässlich, die in Aussageform gekleidete Verweigerung der Aussage. Es bleibt nur das ironisch Spiel mit den Vokabularien, den pluralistischen Denkansätzen und der Verhaltensvielfalt (vgl. auch Eco 1988: 75).

Dieser „Ironismus" hat mittlerweile die Ästhetik und Philosophie weit hinter sich gelassen und ist zur Verhaltensmaxime breiter Bevölkerungsschichten geworden. Feste Überzeugungen und der von Max Weber geforderte Ernst der Wertentscheidungen sind im Schwinden begriffen. Vielmehr werden sie eingeklammert und „offen" gehalten, damit man seine Anschlussfähigkeit an die sich in hohem Tempo wandelnde öffentliche Meinung nicht verliert. Man weicht in die Welt der beliebigen Zeichen, der Verfremdungen und der „Mischkulanz" aus. Es ist sinnlos geworden, andere von etwas überzeugen zu wollen. Wahrheit fällt mit dem zusammen, war gerade gilt. Und da gibt es vieles, das nebeneinander gilt. Es bleibt nur das richtungslose, sozial verträgliche Mitschwimmen im Diskurs, so wie er von den Leitmedien vorgegeben wird. Wie sollte da die Originalität und Ironie des Dandys noch öffentliche Aufmerksamkeit erwecken? Wenn Zeichensetzungen als beliebig und plural eingeordnet werden, ist der Aufmerksamkeitswert für ein besonderes Zeichen, die Lebensweise des Dandys, jedenfalls sehr eingeschränkt. Sie ist nur eine unter vielen Möglichkeiten und verfällt daher der Beliebigkeit.

c) Temposteigerung und Entwertung

Individualisierung und Pluralisierung der Lebensstile führen zu immer weiterer Ausdifferenzierung und beschleunigen daher die Verfallszeit des jeweils Bestehenden. Dies wird durch die kulturelle und mediale Globalisierung wesentlich verstärkt. Je näher uns alles bisher Unbekannte und Fremde rückt, desto heterogener erscheint die Welt. Je mehr wir im permanenten Übergang leben, desto mehr muss einer über Exzesse und Übertreibungen versuchen, Aufmerksamkeit zu erringen und desto mehr gerät alles zum Spektakel und zur kulturellen Mode. Kaum ist eine neue Leitfigur gewählt oder im Amt, wird auch schon an ihrer Destruktion gearbeitet.

Eco (1986:172) spricht von einem *inflationären Zyklus* von Ignoranz-Information-Konsens-Mode-Widerwillen. Je tiefer der mediale Durchgriff in den Alltag hineinreicht und je weiter bestimmte Begriffe, Klischees, stereotype Argumente sich als derzeit „angesagtes" Wissen „nach unten" verbreiten, desto mehr müssen sie „umgegossen", korrigiert und revidiert werden. Das erzeugt neue, wiederum noch rascher wechselnde Moden. Das Problem ist nicht der Wandel, sondern der überaus rasche und sich beschleunigende Übergang. Denn er führt zu einer „immensen Bastelarbeit auf der Kippe zwischen Hoffnung, Nostalgie und Verzweiflung" (Eco 1986:33). Kaum ist eine Kleider-, Sprach-, Essens-, oder Kunstmode etabliert, wird schon die Axt an ihren Untergang gelegt. Das jeweils Neuere gilt kraft seiner Neuigkeit als das Bessere: wenigstens ist es der Feind des Etablierten. Also muss man immer nach dem Neuesten spähen. Im 18. Jahrhundert war die „Querelle des Anciens et des Modernes" auf den Bereich des Spezialistenwissens beschränkt, heute ist sie zum verallgemeinerten Lebensstil selbst geworden.

Walter Benjamin hat diese Tendenz zur Beschleunigung mit den modernen technischen Möglichkeiten verbunden, beliebig viele Kopien des ursprünglich einmaligen Kunstwerks anfertigen zu können. Durch Reproduzierbarkeit verlieren alle jene Objekte, deren Wert in der Unmittelbarkeit, Einmaligkeit, Echtheit und Originalität besteht, ihren spezifischen Charakter. Diesen nennt Benjamin die „Aura" (2007:12,17). Da Objekte in der Moderne und Postmoderne jederzeit und überall wahrgenommen werden können, verkümmern und verfallen sie paradoxerweise („*Zertrümmerung des Auratischen*"), obgleich sie gerade vervielfältigt werden. Wir leben deshalb in einer post-auratischen Welt. Das gilt nicht nur für die Kunstwerke, sondern auch für alle Objekte und Charakteristika der Exklusivität und Außerordentlichkeit. Epochen, die wie die (Post-)Moderne auf Massentauglichkeit, radikale Vervielfältigung (Vielfalt) und soziale Nivellierung aus sind, also wenig Chance zur Besonderheit bieten, verlieren auch ihre Aura.

Der heute übergewichtige *Starkult* ist wohl der Versuch, gegen Modeinflation und Kopie anzukämpfen und Elemente des Auratischen zu erneuern. Gleichzeitig unterliegt der Star dem gleichen Zyklus von Begeisterung, Nachahmung und Entwertung (Kermol et al. 1998). Jede Avantgarde, selbst der Exzess und der Kulturbruch wird dadurch banalisiert. Diese Akzelerierung zwingt im Grunde zu einer „nomadischen" Geisteshaltung, die kein endgültiges Engagement, keine Überzeugung, keine Ethik, keinen Geschmack, keine Sitte, kein gesichertes, stabiles Verhalten zulässt, sondern alles in allen Richtungen in Bewegung hält (*Trans-Avantgarde*) und zum potenzierten Spiel ohne Grenzen erklärt. Diese postmoderne Offenheit dürfte es dem Dandy schwer machen, sich mit seiner Eleganz, seiner Provokation und mit seiner Revolte Gehör zu verschaffen.

6.2 Der Dandy in der Postmoderne

Dennoch ist es nicht so, dass die postmoderne Welt für den Dandy gar keinen Platz mehr hätte. Nur sind seine Strategien, sich in der neuen gesellschaftlichen Wirklichkeit Geltung zu verschaffen, andere und komplexere geworden. Denn sie müssen mit den postmodernen Zeitzeichen der ironischen Verfremdung ihrerseits wieder kreativ umgehen. Für diese Meta-Ebene neuer dandyistischer Verhaltenselemente gibt es einige Hinweise:

a) Dandys in der Pop-Kultur

Dem ersten Anschein nach scheint der Dandy in der Epoche der Pop-Kultur eine neue Plattform zu finden (vgl. Stauffer 2009:45). Ausgangspunkt waren die Jugend- und Gegenkulturen der späten 60er Jahre, die sich zu einer wahrhaften Kulturrevolution in der westlichen Welt auswuchsen. Mit einer Mischung von Ernst und Spiel setzten sie sich für den Umbau der Gesellschaften, besonders der kapitalistischen Wirtschaftsordnung, ihrer Besitzideologie, ihrer Arbeitsdisziplin und ihrer Vereinnahmung weiterer Lebensbereiche ein. Im Gefolge davon standen unter dem Stichwort der Emanzipation alle gesellschaftlichen Institutionen und Autoritäten in der Kritik: die Politik, die Religion, die Familie, die Erziehung etc. Gekämpft wurde gegen das Pflichtethos und für die Gefühle, gegen Rollenklischees und für sexuelle Befreiung, für Hedonismus, Individualität, Bürgerrechte und internationale Solidarität. Das Leben sollte ein großes, freies Experimentierfeld sein.

Diese Revolte gegen alles „Apollinische" wurde von der Rock- und Pop-Musik im Theater und der darstellenden Kunst aufgenommen und populär zur herrschenden (Jugend-)Kultur umgestaltet. Besonders die Rock-Musik und der *Punk* waren ihr trotziger, radikal-kritischer Ausdruck: „undiszipliniert und motzend, asozial, desperat und giftig, selber vergiftet von Heroin und lauerndem Missmut" (Grondahl 2012:55). In den 80er- und 90er Jahren des letzten Jahrhunderts kamen zur jugendlichen Avantgarde-Haltung die typischen Fin de Siècle-Themen die Künstlichkeit und Orientierungslosigkeit des Lebensstils hinzu: die unüberwindbare Selbstdarstellung durch „outfit" und distinktiven Auftritt, der ziellose Ego-Trip, die mediale Abhängigkeit und Vermittlung, und die durch technische Rekombinationsmöglichkeiten (Sampling, Zitate) induzierte Unübersichtlichkeit und Temposteigerung (vgl. Drügh 2009:85). Pop sein und Pop machen hat seither viel mit anti-bürgerlichem Ressentiment, Jugendkult, schnellem Modewechsel, provokativer Stil-Über- und -Unterbietung und Faszination der Stilmischung zu tun. Gleichzeitig muss die Pop-Performance mediengerecht und massewirksam bleiben. Dies sind auch die Themen des postmodernen *Pop-Dandys*, nur geht er sie mit einem anderen Habitus und veränderten Stilelementen an.

(1) Pop-Literatur

Bei dieser Literaturgattung geht es darum, der eitlen Selbststilisierung der Schriftsteller und dem falschen Ernst der Literatur-Pose den demonstrativen Unernst und Kitsch als parodistische Anti-Haltung entgegenzusetzen. Weder Themenangaben, noch Grammatik, weder Sprach-Duktus noch erzählerische Details „stimmen". Sie liegen quer zu den Erwartungen und signalisieren die Selbstbezüglichkeit des Spiels. Die Ironie kann und soll das Gefühl des Unbehagens aber umso deutlicher hervortreten lassen. Zentral für diese Haltung sind *Christian Kracht* und sein Roman „Faserland" (1995), in dem er die „vestimentäre Selbstinszenierung" (Stauffer 2009:39) des postmodernen Lebensstils der Kritik unterzieht. Der „Marken-Dandy" als Ich-Erzähler entzieht sich seinem überwertigen „label-thinking" am Ende dadurch, dass er seine exquisite Kleidung verschmutzt, verkotzt und „entsorgt". Ähnlich geht *Benjamin von Stuckrad-Barre* in „Deutsches Theater"(2003) mit der modischen Esskultur und der Fresswelle um. Nach einer Auflistung der In-Lokale und dem Genuss der exquisiten Speisen überfällt ihn nicht nur die Langweile. Der Ennui schlägt um in den Drang zum Erbrechen und in die Lust auf vulgäre Notdurft. Das Fatherland wird vollends zur Schwatzbude in „Tristesse Royale"(1999), in der das „pop-kulturelle Quintett" mit *Joachim Bessing, Eckart Nickel, Alexander von Schönburg* und den bereits genannten *Kracht* und *von Stuckrad-Barre* angeblich zum „wichtigen" Zeitgespräch im Berliner Hotel Adlon antritt. Statt dessen machen sich die Fünf, gespickt mit allen Bildungsattributen, über Literatur und Reich-Ranitzkis „Literarisches Quartett" lustig, indem sie die erwartete Diskussion durch eine dandyistische Performance unterlaufen. Zwar stimmt das äußere Styling des Quintetts, aber ihr Diskurs hat gar keinen erkennbaren Erzähl- oder Argumentationsstrang. Die ernste „Narration" wird durch ästhetizistische Versatzstücke, Anspielungen, Zitate sowie Ironie unterlaufen und zerstört. So demontieren sie die Norm kritischer Intellektualität, die politische Korrektheit, den Männlichkeitskult etc.

Zwischen den Zeilen aber wird deutlich, welches (post-)moderne Problem sie umtreibt: die *cultural correctness*". Alles ist dem Warenfetisch, dem Etikett und dem Kommerz verfallen. Gegen die Vorherrschaft der Marken, die Zwänge der Moden und Zumutungen, sich politisch, wissenschaftlich und kulturell korrekt zu verhalten, gibt es definitionsgemäß keinen Raum mehr für Originalität, Exklusivität und Distinktion. Alles ist gesagt, alles hat man schon gehört. Die Suche nach „unerhört Neuem" zwingt zum permanenten Ausloten von Spielräumen und zieht neue inflationären Verwerfungen nach sich, aus denen es kein Entrinnen mehr gibt. Deswegen verweigern sie sich den literarischen Stilvorgaben, versuchen aber als Marken-Dandys mediale Aufmerksamkeit für ihr Anliegen zu erringen. Sie sind sich des darin liegenden Paradoxons durchaus bewusst. Deutlich illustriert wird es durch den Pariser Dandy *Frédéric Beigbeder*, der sich in seinen „Mémoires d'un jeune homme dérangé"(1990) als Werbefachmann Octave darstellt. Dieser setzt alles daran, durch sein Buch – einschließlich der dazu notwendigen Werbestrategien – zu erreichen, dass seine Werbeagentur ihn entlässt. Der geschlossene Kreislauf aus Kritik und Vereinnahmung der Kritik wird aber dadurch deutlich, dass er immer stärker in Werbephrasen spricht, die ihm aber Gehör und solchen Markterfolg verschaffen, dass er für seine Agentur unverzichtbar wird.

Es gibt keinen Ausweg aus der Gesellschaft. Auch der Dandy muss innerhalb des Systems verbleiben. Er kann nur mit den Normen spielen, sie aber nicht vollständig überspielen (vgl. Hörner 2009: 145). Die Ironisierung des etablierten Sinngebäudes ist sein „Beruf", sein Konflikt und sein Leidwesen. Das wusste schon Beau Brummell. Vieles deutet dem ersten Anschein nach auf eine konsumistische Oberflächlichkeit der Dandys hin, und manche lassen es in ihrer Bewertung bei diesem Eindruck bewenden. Manchmal aber scheint das eigentliche Dandy-Prinzip durch, aus dem sich ein tieferer Sinn seines Verhaltens gewinnen lässt. Da nämlich, wo die gängigen Haltungen der Menge – und seien es auch die Macht-, Reichtums- und Kritikeliten – folgsam antrainiert sind und deshalb weitgehend inhaltsleer und unreflektiert bleiben, muss der Dandy diese Leere und den Schein zur Sprache bringen. „Im Spiel mit den Zeichen des Verschwindens…kann der Verschwindende performativ eine neue Sichtbarkeit erhalten und das Zentrum für sich beanspruchen" (Glawion/Nower2009:116).

Genau dieser Habitus des intelligenten, gezielten Widerstands aber hebt den Dandy vom reinen *Dressman* und von den korrekt gestylten *Promis* ab, die in dieser Hinsicht kaum mehr als Kleiderständer oder Schaufensterfiguren der Mode-, Spaß-, Genuss- und Kulturindustrie darstellen. Subtile Revolte gehört nicht einmal ansatzweise zu ihrem Programm.

(2) Pop-Art

Der bedeutendste Vertreter der Pop-Art ist der amerikanische Graphiker, Verleger, Musikproduzent und Filmemacher *Andy Warhol* (Andrew Warholla 1928-1987). Er war ein Dandy reinsten Wassers und hatte auf die Gegenwartskunst einen kaum zu überschätzenden Einfluss. Denn nicht nur die schiere Fülle seiner Arbeiten (11 Bücher (ohne Werkkataloge),280 Filme, 4000 Videos entstanden in seiner „Factory" in New York) ist an sich schon beeindruckend, entscheidend war vor allem, dass er mit seinen Inszenierungen und Provokationen wie wenige andere die moderne Massenproduktion auf ironische Weise mit der Kunstproduktion verband. Er lenkte den Blick der Betrachter und Künstler weg vom Motiv und hin auf die industrielle Machart der Vorlage bzw. auf den manipulativen Charakter ihrer medialen Herstellung. Deswegen war ihm das Trivialste wie Postkarten, Zeitungsausschnitte von Hollywood Stars, Comic und Cartoon Figuren (Micky Maus, Superman), Werbebilder, Coca Cola Flaschen und die ganze Palette der Gebrauchsgüterwelt wie Autos, Eisschränke, Autounfälle gerade recht, um sie zur Kunst zu erklären. In seiner „Factory" verkehrten Dalí, Marcel Duchamp, Basquiat, Mick Jagger, Bob Dylan u. a. mehr. Sein Slogan: „all is pretty", macht deutlich, dass er den Alltag als glamourös und sensationell empfand, ihn zumindest unter strikt ästhetizistischen Kriterien betrachtete.

Um dies der erstaunten Kunstwelt mitzuteilen, erfand er die sog. „multiples", die serielle Wiederholung und das ungewöhnliche Arrangement des immer Gleichen. 30 Mona Lisa Postkarten werden miteinander verbunden („30 are better than one"), 20 Suppendosen der Marke Campbell, 4, 6 oder 10 Reproduktionen desselben Porträtphotos von Marilyn Monroe, Liz Taylor, James Dean, Elvis etc. Nicht nur er war manisch an der Wiederholung interessiert („I love to do the same thing over and over again"), er öffnete dem Publikum vielmehr die Augen für die Serienproduktion der industriellen Warenwelt und der medialen Kunstwelt. Aber er beklagte nicht, wie etwa Benjamin, den Verlust der Aura, sondern betonte geradezu den Kunstcharakter dieser Lebensweise (Re-Auratisierung der Moderne). Ein in der Sache umgekehrter, aber in der Wirkung ähnlicher Blickwechsel gelang ihm in seinen Filmen, in denen er die schnelle Bildsequenz der modernen Medien (Temposteigerung) durch Verlangsamung unterlief. Seine

Camp-Filme wie „Sleep", „Eat", und „Empire" unterlaufen das rasante Tempo des Films und der Videoclips durch Anhalten der Bewegung („unbewegte Kamera"). Warhol zwingt das Auge des Betrachters zur aufreizenden Ruhe, indem er gnadenlos, in klinischer Distanz einen Vorgang, z. B. das Schlafen oder Essen einer Person ohne Schnitt über Stunden hinweg filmt. Andere eingespurte Erwartungen werden ebenfalls systematisch enttäuscht. So wird der Voyeurismus mit sexuellen Provokationen „hoffähig" gemacht (und gleichzeitig damit die voyeuristische Gesellschaft vorgeführt), indem nackte Männer und Frauen bei Drogen-Exzessen, Sex-Partys, Verwahrlosungen und psychotischen Ausbrüchen filmisch und mit kaltem Auge beobachtet („The Chelsea Girls", „Couch", „Trash") oder Männlichkeits- und Gewaltstereotype persifliert werden (homosexuelle „Lonesome Cowboys", „Blood for Dracula"). Warhol hat obsessiv „alles" im Bild und als ästhetisches Ereignis festgehalten. Dazu gehörte auch seine Person selbst, die er in allerlei exzentrischen Posen („queerness") und Maskierungen – er besaß 65 Perücken!! –, in öffentlichen Zurschaustellungen ausprobierte und damit das Publikum schockierte und zugleich voyeuristisch animierte.

Warhols scheinbar achtlos hingeworfenen Happenings, die in Wirklichkeit aber ausgeklügelten Pop-Inszenierungen von Dekadenz und modernem Exzess sind, wurden weltberühmt. Sie präsentieren den Körper, die Libido, den Starkult, die Statuskämpfe etc. auf schamlose Weise und marginalisierten im Großexperiment die herrschende Sicht auf Konsumpraktiken. Seine Inszenierungen entzaubern unsere Anstandsvorstellungen und Wahrnehmungsnormen (visual codes), sowie die modernen Wichtigkeiten und Wirklichkeitserfahrungen. Der dabei zur Schau getragene Bierernst („unshockable") lässt die Nähe zur Parodie überdeutlich werden. Normbruch macht Normgeltung sichtbar und bestätigt sie. Diese Grunderkenntnis der großen Soziologen von Durkheim bis Goffman wird hier als künstlerisch-spielerische Transgression vorgeführt. Die diesem Vorgehen innewohnende Doppeldeutigkeit zielt auf den Herstellungscharakter unserer sozialen Praxis und: „corresponds to aspects of dandyism in the nineteenth and early twentieth centuries that paved the way for celebrity culture in the late twentieth century (Hawkins 2009: 105).

c) Pop-Musik

Dieser Dekonstruktionsrituale bedienen sich seit den späten 1970er Jahren eine beinahe unüberschaubare Vielzahl von Pop-Musikern. Sie sind beileibe nicht alle Dandys. Hawkins nennt aber immerhin 23 zeitgenössische Pop Dandys allein in der Britischen Musikszene (2009: IX), darunter Sänger und Liedermacher wie David Bowie, Bryan Ferry, Mick Jagger, Steven Morrissey, Rod Stewart und Robbie Williams. Er räumt aber ein, dass sich diese Zahl unschwer ausweiten ließe. Warhols Bedeutung für diese Dandys ist aber unbestritten: sei es als Musik-Produzent, sei es als Unterstützer von Musik-Gruppen („The Velvet Underground"), sei es dadurch, dass sich Musikgruppen direkt auf seinen Namen beziehen („The Dandy Warhols"). So tief war der Eindruck, den er auf David Bowie machte, dass dieser 1971 sogar einen Song mit dem Titel „Andy Warhol" schrieb. Alle Musik-Dandys glorifizieren den Alltag als Kunstprodukt und den Individualismus. Sie alle ziehen gleichzeitig gegen wirtschaftliche, soziale und kulturelle Konventionen zu Felde. Ihre exzessive Körperdarstellung und Selbstvermarktung durch auffälliges Outfit, die den Platz der früheren Eleganz eingenommen haben, sind nicht selten wichtiger als die Musik und der Text selbst. Brummell hatte mit seiner „performance" die englische Aristokratie im Auge, Warhol und seine Adepten zielen auf die Spannungs- und Aktionsorientierung der „dandified masses" (Walden 2002: 47). Durch sie wurden der euro-amerikanischen Volkskultur neue ästhetische Standards von Spiel, Spaß, Vergnügen und Permissivität gesetzt, die sich nicht mehr in den Furchen der Hochkultur bewegen.

Bowie wie viele andere ist berühmt-berüchtigt dafür, dass er auf der Bühne sein Ego voll auslebt und sich ständig neu erfindet. Das gilt für seinen Musik-Stil ebenso wie für die äußere Ausstattung u. a. m. Dahinter stecken der Wille und das Erfolgsrezept, die Grenzen des Machbaren ständig auszuweiten und zu testen. Realität ist nichts Festes: das gilt auch für das Image, die eigene Person, die Rolle, das Geschlecht, die Kleidung, die Rasse, die Nation. Alles wird gemischt, recycled, imitiert, verschoben und parodiert. Das geschieht nicht ohne Witz und Esprit. Ganz ernst soll auch die ernste Musikerzählung nicht genommen werden. Vielfach mockieren sich die Dandys über die Mode, die Medienkultur, über die Angst vor der Homosexualität (z. B. Mick Jagger über den unfairen Prozess gegen O. Wilde), über die Politik, ja selbst über ihre Musik. Der Darsteller und seine „dandified performance" ist die Botschaft, Musik nur Medium und Maske (Hawkins 2009:153 ff.). Was als „wirklich" gelten soll, wird jeweils strategisch erarbeitet. Berühmt für diese Haltung wurde Bowie mit seinem Pierrot-Kostüm. Zu anderen Gelegenheiten parodierte er die Reagan-Thatcher Ära durch einen Anzug, der zur Hälfte aus der britischen, zur anderen aus der US-amerikanischen Flagge bestand. Mick Jagger der Mephisto und Sartyr der Rolling Stones unterlief das Modediktat durch abgewetzte Jeans, nackte Brust und hoch gestylte Designer-Jacken. Für den Auftritt vor Publikum findet jeweils die passende Maskierung statt, die stark an Brummells Krawatten erinnert (Hawkins 2009:154).

Spektakuläre Selbstästhetisierung und Glamour bis hin zur „auto-idôlatrie" (Baudelaire) gehörten immer zum Dandy. In der Pop-Musik trat die provokative, coole und selbstsichere Zurschaustellung des Körpers und der Sexualität noch stärker in Erscheinung. Die Musik-Shows sind nicht ohne Widersprüchlichkeit, denn alle diese Pop-Künstler sind musikalische Könner, aber auch gewiefte Entertainer. Sie wissen sehr wohl um die Gesetze der Massenkultur und der Publikumswirksamkeit. Das ist der Boden, auf dem sie stehen. Solche Strukturvorgaben werden nicht oder nur ganz vorsichtig in Frage gestellt. Die Experimente mit der Transgression sind hoch kontrolliert.

b. Erschlaffung, vanitas und melancholia

Zweifellos muss Warhol auch als einer der Wegbereiter gelten, die in den angelsächsischen und kontinentalen Medien seit den 1980er Jahren gepflegten „Berühmtheitskultur" mit ihren flachen *chat shows, game shows ,food shows* und *fashion shows* (fashionistas) den Boden bereitet haben. Beim wöchentlichen TV-und Zeitschriften-Ausstoß von „one-day celebrities" hat sich allerdings das für den Dandy mit-konstitutive spielerisch-verächtliche Widerstandsmoment völlig verflüchtigt. Sie, die flüchtigen Berühmtheiten, sind mit ihren Auftritten nur daran interessiert, in den Shows und Magazinen „anzukommen" und sich so einen meist schnell verblühenden und lokal begrenzten Namen zu machen. Sie sind das mediokre Unterfutter eines gierigen Marktes für aufgeregte Neuigkeiten und scheinbaren Sensationen. Über die systemimmanenten Grenzen ihres kurzen Auftritts sind sie kaum im Bilde. Die Macher im Hintergrund wohl, nicht aber die Stars und Sternchen, die mit dem verführerischen, aber flüchtigen Schein abgespeist werden.

Und doch ist Langlebigkeit seiner Projekte auch des wahren Dandys Sache nicht. Von ganz wenigen Ausnahmen (wie Bowie und Jagger vielleicht) abgesehen, gleichen sie Meteoren, die nach kürzester Zeit erlöschen. Auch sie stehen im Zeichen der *Vanitas:* in ihrer alten Mehrfachbedeutung von Eitelkeit, Vergeblichkeit und Vergänglichkeit. Wenn alles im Recycling, Remodeling, Relaunching durchgespielt ist, wenn alles neu arrangiert, alles Provokative gesagt und getan ist, wenn jedes Tabu gebrochen ist, kann es nur noch eine wenig innovative Verwaltung der Bestände geben. Diese muss im Bewusstsein enden, dass alles altbekannt und daher langweilig ist. Die kurzfristige Verblüffung, die Unterhaltung, der Glamour und der Spleen verfallen selbst dem Gesetz, dass alles anders sein könnte und – deswegen – schnellstens entsorgt zu werden verdient. So erstarrt und erschlafft auch die (Pop-)Moderne vor der von ihr selbst beschworenen und gefeierten Kontingenz der Welt. Die passende Mentalität der Postmoderne ist nach Lyotard deshalb Ekel und Überdruss, kurz: die *Melancholia* (1982:131).

Folglich sehen manche Beobachter auch nicht Brummell, sondern die Dekadenz eines Des Esseintes als Modell des postmodernen Dandytums an (vgl. Erbe

2009:30 Werber 2009,75ff; Drügh 2009:83ff.; Gnüg 1988:291). Dieser sei das Vorbild der massenkulturell abgestimmten, ästhetizistischen „Camp-Mentalität" (Sontag 1968: 269 ff.), der es vorrangig um die Vorliebe für alles Konstruiert-Künstliche, Gierig-Übertriebene und Glamourös-Theatralische oder Exzentrische geht. Das mag stimmen. Nicht aber kann Des Esseintes gemeint sein, wenn dessen äußerst überfeinerte, dekorative Kultiviertheit in den Blick gerät. Zumindest Pop-Art und Pop-Musik finden sich darin nicht wieder. Die modernen Zeiten verteilen die Aura der Bedeutsamkeit weniger nach dem Kriterium der Distinguiertheit als nach dem Prinzip des Aktionismus. Des Esseintes sucht konsequenterweise das innere Exil. Es ist Ausdruck seiner Zeitkritik. Rückzug aber war Brummells Sache nicht. Er wollte, wie auch die Pop-Dandys (jene, die den Namen verdienen), aus dem Rahmen fallen, um öffentlich zu wirken. Wer diesen Auftrag zur Transformation nicht spürt, wem es nur um spektakuläre „action" geht, allein um aufzufallen, um im Gespräch zu bleiben und Geld zu machen, der kann nicht mehr als eine oberflächliche Imitation des Originals sein (Carassus 1971:176). Er mag sich Dandy nennen oder so genannt werden, ist es aber nicht. Die überbordende Dandy-Literatur leidet unter dieser begrifflichen Unschärfe (vgl. dazu Hörner 2008: 294 ff.). Wen wundert es, dass der Begriff „Dandy" heute schon von der Werbebranche als verkaufsträchtiges „label" vereinnahmt worden ist.

Des Esseintes war ein negativistisch gefärbter Ästhetizist, den seine Abscheu vor dem Vulgären und Banalen in die Isolation zwingt, Brummell hingegen der Prototyp des brilliant impertinenten Ästheten, der seine Provokation zum künstlerischen Gegenentwurf gegen seine Zeit wendete. Beide, der Décadent und der Dandy, kämpfen auf ihre Weise gegen die Herrschaft des „Man" (Heidegger 1967:126ff.), und das heißt: gegen die alltägliche Durchschnittlichkeit des Massengeschmacks und die herrschsüchtig einebnende Botmäßigkeit der Popularisierung. Gegen diese „Normalität" setzen sie – mit paradoxen Mitteln – die Herrschaft des Ich. Aber sie wissen oder ahnen, dass beide Versionen sich berühren. Die Dandys treffen sich deshalb auch in der Erkenntnis, dass das exzentrische Spiel mit den etablierten Normen nicht auf Dauer zu stellen ist. Die mediale Massengesellschaft wird dessen schnell müde und frisst ihre Kinder. Darin mag der dandy-typische Zug zur Schwermut begründet sein. Melancholie ist nicht nur eine „Begleiterscheinung der Schönheit" (Gnüg 1988:291) oder des Exzesses, sondern haftet unserem Denken und Handeln insgesamt als „Virus der Unerfüllbarkeit" an (Steiner 2008:67).

Dass Denken und Verwirklichung höhnisch auseinanderklaffen ist eine beständige Quelle von Traurigkeit aller Menschen. Aber selbst wenn es manchmal gelingen sollte, die Kluft zu überbrücken, dann haben auch die Erfolge ihre Fußangeln. Denn: „Eine verräterische Leere, eine traurige Sattheit folgt dem erfüllten Begehren. (Goethe und Proust sind schonungslose Erkunder dieser accidia)" (Steiner 2008:68). Der Dandy und einige seiner Verwandten sind alte und neue Zeugen dieser Crux.

Literatur

Balzac, Honoré (de) (1830, 1938): Traité de la vie élégante.(1830) In: Oeuvres complètes. Vol. 2.: 152-185 . Paris

Barbey d'Aurevilly, Jules (1843, 1966): Du Dandysme et de George Brummell. In: Oeuvres romanesques complètes. Vol.2:667-733. Paris

Barstad, Guri Ellen (2004): Jean Lorrain: Monsieur de Bougrelon. Chute du dandy, fête de language. In: Barstadt, G.E./ Federhofer, Marie-Thérèse (Eds.): Dilettant, Dandy und Décadent. Hannover : 151- 183

Barstad, Guri Ellen / Federhofer, Marie-Theres (Hg.) (2004):: Dilettant, Dandy und Décadent. Hannover

Barthes, Roland (1982): Das Dandytum und die Mode.. In: Von der Heyden-Rynsch, V.(Hg.): Riten der Selbstauflösung. München, 304-308

Baudelaire, Charles (1863,1976): Le peintre de la vie moderne. Le Dandy In: Oeuvres complètes. Vol. 2 :683- 724.Paris

Baudrillard, Jean (1978): Agonie des Realen. Berlin

Bauman, Zygmunt (1999): Unbehagen in der Postmoderne. Hamburg

--- (1997): Flaneure, Spieler und Touristen. Essays zu postmodernen Lebensformen. Hamburg

Beck, Ulrich (1986) Jenseits von Klasse und Stand? Gesellschaftliche Individualisierungsprozesse und die Entstehung neuer sozialer Formationen und Identitäten. In: Ders. Risikogesellschaft. Frankfurt/Main

Beerbohm, Max (1989): Dandys. Ausgesuchte Essays und Erzählungen. Zürich

Benjamin, Walter (1980): Charles Baudelaire. Ein Lyriker im Zeitalter des Hochkapitalismus. Frankfurt/Main

Berger, Peter L./ Berger, Brigitte/ Kellner, Hansfried (1987): Das Unbehagen in der Modernität. Frankfurt/Main , New York

Byron, George (1847): The Life of Byron. London

Bruckner, Pascal (1992): Ich leide, also bin ich. Die Krankheit der Moderne. Berlin

Carrassus, Émilien (1971): Le Mythe du Dandy. Paris

Coblence, Francoise (1988):Le dandysme, obligation d'incertitude. Paris

Derveaux, René (2002): Melancholie im Kontext der Postmoderne. Berlin

Dörr-Backes, Felicitas (2003): Exzentriker. Die Narren der Moderne. Würzburg

Drügh, Heinz (2009): Dandys im Zeitalter des Massenkonsums. Popliteratur als Neo-Decadence. In: Tacke/Weyand (Hg.): Depressive Dandys. Köln u. a. 80 – 100

Eco, Umberto (1986): Über Gott und die Welt. Essays und Glossen. München, 4. Auflage

--- (1988): Postmodernismus, Ironie und Vergnügen. In: Welsch, Wolfgang (Hg.): Wege aus der Moderne. Schlüsseltexte der Postmoderne-Diskussion. Frankfurt/Main

Erbe, Günter (2002): Dandys. Virtuosen der Lebenskunst. Eine Geschichte des mondänen Lebens. Köln

--- (2004): Der moderne Dandy. In: Aus Politik und Zeitgeschichte B 46/2004:

--- (2009): Der moderne Dandy. Zur Herkunft einer dekadenten Figur. In: Tacke, A./ Weyand, B.(Hg.): Depressive Dandys. Spielformen der Dekadenz in der Pop-Moderne. 17-38. Köln, Weimar / Wien

Feldman, Jessica F. (1993): Gender on the Divide. The Dandy in Modernist Literature. Ithaca,NY/ London

Foucault, Michel (1983) Qu'est-ce que les Lumières? In: Ders.: Dits et écrits. Vol 2,1381-1397. Paris

Garelick, Rhonda K.(1998): Rising Star. Dandyism, Gender, and Performance in the Fin de Siècle. Princeton, NJ

Glawion, Sven/ Nover, Immanuel (2009):Das leere Zentrum. Christian Krachts „Literatur des Verschwindens". In: Tacke/Weyand (Hg.): Depressive Dandys. Köln u. a. 101-120

Gnüg, Hiltrud (1988): Kult der Kälte. Der klassische Dandy im Spiegel der Weltliteratur. Stuttgart

Gross, Peter(1999): Ich-Jagd. Im Unabhängigkeitsjahrhundert. Frankfurt/Main

Grondahl, Jens Christian (2012): Ich möchte auch einmal jung sein. In: Neue Zürcher Zeitung Nr 47, 25. 2. 2012, S.55

Grundmann, Melanie (2007): Der Dandy – wie er wurde, was er war. Eine Anthologie. Köln

Hawkins, Stan (2009): The British Pop Dandy. Masculinity, Popular Music und Culture. Farnham / Burlington

Heidbrink, Ludger (1994): Melancholie und Moderne. München

Hörner, Fernand (2008): Die Behauptung des Dandys. Eine Archäologie. Bielefeld

---(2009): „Dandyism's not Dead". Auf- und Abtauchen des Dandys am Beispiel Frédéric Beigbeders. In: Tacke/Weyand (Hg.): Depressive Dandys. Köln u. a. 142-159

Huysmans, Joris-Karl (1884,1977): A Rebours. Paris

Jesse, William (1844): The Life of George Brummell, Esq. commonly called Beau Brummell. London. Neuauflage 1893

Käsler, Dirk (1977): Revolution und Veralltäglichung. München

Kermol, Enzo / Tessarolo, Mariselda (1998): Divismo Vecchio e Nuovo. La trasformazione dei modelli di divismo. Padova

Knijff, Melanie (2006): Hybride Sinnsysteme in Informationsnetzwerken. Moderne Identitätsbildung und Heilssuche über den menschlichen Körper.Frankfurt/Main

Krebs, Marco (2012): Wir waren die Welt. In: TagesWoche Nr.7 , 2. Jahrgang. 17.2.2012: 44-45

Kuhn, Daniela (2012): Das eigene Leben- schwarz auf weiss. In: Neue Zürcher Zeitung Nr 24, 30. 1. 2012: S. 24

Lemaire, Michel (1978): Le dandysme de Baudelaire à Mallarmé. Montreal / Paris

Lepenies, Wolf (1972) Melancholie und Gesellschaft Frankfurt/Main

Lyotard, Francois (19829. Beantwortung der Frage: Was ist postmodern?.In: Tumult 1982,No 4:131-142

Morand, Paul (1976,1999): L'allure de Chanel. Paris

Nietzsche, Friedrich (1988): Nachgelassene Fragmente 1884-1885. Kritische Studienausgabe (KSA) Bd. 11. München / Berlin

--- (1968): Menschliches, Allzumenschliches. Ein Buch für freie Geister. Frankfurt/Main

Papcke, Sven (2001): Gesellschaft der Eliten. Zur Reproduktion und Problematik sozialer Distanz. Münster

Peng, Hsiao-yen (2010): Dandyism and Transcultural Modernity. The dandy, the flaneur, and the translator in 1930s Shanghai, Tokyo und Paris. London/New York

Pückler-Muskau, Fürst Herrmann von (1830,1991): Briefe eines Verstorbenen. Frankfurt/Main

Reventlow, Franziska Gräfin zu (1912): Von Paul zu Pedro. Amouresken. München

Ritchie, Chris (2007): The Idler and the Dandy in Stage Comedy, 500 B.C. – 1830. A History of a Dramatic Character Type. Lewiston, NY/ Queenston,Ontario

Rorty, Richard (1989): Kontingenz, Ironie und Solidarität. Frankfurt/Main

Rossbach, Susanne (2002): Des Dandys Wort als Waffe. Tübingen

Schickedanz, Hans J. (2000): Ästhetische Rebellion und rebellische Ästheten. Frankfurt /New York

Schütt, Julian (2012): „La grrrrrande comédie". In: Basler Zeitung vom 5.2.2012, S. 28

Sombart, Nikolaus (1987): Nachdenken über Deutschland. Vom Historismus zur Psychoanalyse. München

Sontag, Susan (1968): Anmerkungen zu ‚Camp'. In: Dies.: Kunst und Antikunst. 24 literarische Analysen. Reinbek b. Hamburg: 269-284

Stauffer, Isabella (2008): Weibliche Dandys, blickmächtige Femmes fragiles. Ironische Inszenierungen des Geschlechts im Fin de Siècle. Köln/ Weimar / Wien

Stein, Gerd (Hg.) (1985): Dandy – Snob – Flaneur. Dekadenz und Exzentrik. Kultfiguren und Sozialcharaktere des 19. und 20. Jahrhunderts. Bd. 2, Frankfurt/Main

Steiner, George (2008): Warum Denken traurig macht. 10 (mögliche) Gründe. Frankfurt/Main

Tacke, Alexandra/ Weyand, Björn (Hg.)(2009): Depressive Dandys. Spielformen der Dekadenz in der Pop-Moderne. Köln/Weimar/Wien

Tamagni, Daniele (2009):Gentlemen of Bacongo. London

Walden, George (2002): Who Is a Dandy? London

Weber, Max (1921,1976): Wirtschaft und Gesellschaft. Grundriss der verstehenden Soziologie. Tübingen

Werber, Niels (2009): „Das graue Tuch der Langeweile". Der Dandy als Motiv und Verfahren in der Literatur 1900/2000. In: Tacke / Weyand (Hg.): Depressive Dandys. 60-79

Whittaker, Helène (2004): Petronius. A Dandy in Antiquity?: In: Barstadt, G. E. / Federhofer, M.-Th.(Eds.): Dilettant, Dandy und Décadent. Hannover, 17-28

Wilde, Oscar (1974): The Picture of Dorian Gray. London/Oxford

Woolf, Virginia (1930): Beau Brummell. New York

Weltschmerz – Krankheit und Tod der Vernunft

Erwin Hufnagel

Die anthropologische Dimension

Der Mensch ist keine Substanz, sondern ein lebenslanger Prozess fragiler, Orientierung suchender Sinnsetzung. Als ein Wesen, das im evolutiven Kontext der Natur steht, hat es diesen Kontext zugleich überschritten. Damit gewinnt er die fundamentale Freiheit des Fragens und Befragens.[1] Seine naturale Herkunft und fortwährende Bestimmtheit werden für ihn grundsätzlich zum Problem. Denkend distanziert sich der Mensch von der Natur, die er ist und die ihn als gegenständlicher Horizont umgibt. Zu solcher zugleich befreienden und gefährdenden Stellungnahme ist er zeit seines Lebens gezwungen. Welt hat er nur im Sinn-Gefüge von Frage und Antwort. Jeder Gegenstand ist eine Sinnbestimmtheit – der Hammer, mit dem er hantiert nicht weniger als der Tod, der ihn als unausdrückliche Stimmung oder in philosophischer Reflexion bedrängt. Das, was wir alltäglich-naiv als gegenständliche Welt setzen und bearbeiten, ist ein Totum von tradiertem und entworfenem Sinn, dem die kleine und große Sinnlosigkeit eingeboren ist.

In der abendländischen Metaphysik bezeichnen die begrifflichen Konstruktionen Tier und Gott die gänzlich sinn-losen und gänzlich sinnvollen Dimensionen, auf die der Mensch sich in seiner Selbstverständigung bezieht. Das Tier ermangelt der Distanzierungsfähigkeit vom Nexus der Natur: Es kennt weder Sinn noch Sinnlosigkeit. Gott ist Inbegriff sich selbst durchsichtigen Sinnes. Beide sind in ihrer totalen Gegensätzlichkeit vollkommen; beide kennen das Rätsel des eigenen Seins nicht. Nur der Mensch ist sich wesensmäßig ein Rätsel.[2] Überheblich, demütig oder neidvoll blickt er auf die Wesen, die solche konstitutionelle Rätselhaftigkeit nicht kennen. Aus der allgegenwärtigen Not seiner Rätselhaftigkeit erzeugt er die perfekte tierische und göttliche Seinswelt. In solcher Kontrastierung sucht er sich über sich selbst zu verständigen. So erkennt er sich in seiner Imperfektheit. Der Mensch weiß – in welcher Ausdrücklichkeit auch immer –, dass er

---

1 Vgl. Josef Derbolav, *Grundriß einer Gesamtpädagogik*, hg. v. Bruno H. Reifenrath, Frankfurt a.M., 1987, S. 33–48.
2 Vgl. Eugen Fink, *Grundfragen der systematischen Pädagogik*, Freiburg 1978, S. 34–46.

unvollkommen ist, dass ihm das Leid und das Leiden an sich selbst zugehörig sind. In keiner Kultur fehlen die Symbole des Tieres und Gottes. Mythologische Welterklärungen, in denen die humane Distanzierungsmöglichkeit und -notwendigkeit vom bergenden und bedrohenden kosmischen Horizont eine urbildliche Gestalt gewinnt, zentrieren sich in diesen Symbolen. Die Metaphysik übersetzt diese bildbestimmte mythologische Welt in begriffliche Bezüge. Gott, Mensch und Welt werden gemeinsam bedacht.[3] In der anthropologischen Bewegung der Aufklärung wird der Gottesbezug eliminiert.[4] Der Mensch-Tier-Vergleich beherrscht das anthropologische Denken. An der Eigentümlichkeit des Tieres sucht der Mensch sich seiner Besonderheit zu vergewissern.[5] Im Sensualismus wird die prinzipielle Sonderstellung des Menschen bestritten. Aber auch der Sensualismus ist eine Antwort, die der sich selbst fragliche, um Selbstaufklärung ringende, an seiner Rätselhaftigkeit leidende Mensch sich zumisst.

Aus dem unergründlichen Gott der Theologie wurde der im Tiefsten unfassbare, rätselhafte, um sich selbst letztheitlich nicht wissende Mensch (*homo absconditus*). Bei Licht besehen erweist sich der Deus absconditus als Manifestation des um seine Selbstverständigung ringenden Menschen. Das theologische Denkmuster ist anthropologisches Derivat. Es ist Ausdruck einer schmerzenden, nie aufzuhebenden Not, die sich mindernd-erlösend theologisch wendet. Aber die Rätselhaftigkeit in ihrer schmerzenden Not, in ihrer Nötigung zur Selbstverständigung bleibt. Nur der Mensch kennt diese Not-wendigkeit der Sinnsetzung und Entscheidung. Als Lebewesen ist er zugleich das Wesen des Sinns. Wie diese beiden Wesenhaftigkeiten miteinander verbunden sind, weiß er nicht. Selbst die subtilste philosophische Reflexion vermochte dieses Grundproblem nicht überzeugend zu lösen.[6] Und selbst wenn dies gelänge, bliebe der Mensch zum selbstverantwortlichen Sinn-Entwurf gezwungen.

---

3   Vgl. Karl Löwith, *Gott, Mensch und Welt in der Metaphysik von Descartes bis zu Nietzsche*, Göttingen 1967.

4   Vgl. Claude-Adrien Helvétius, *De l'esprit*, hg. v. Jacques Moutaux, Paris 1988 (1. Aufl. 1758). Ders., *De l'homme, de ses facultés intellectuelles et de son éducation*, London 1772.

5   Rousseaus *2. Discours* („Abhandlung über den Ursprung und die Grundlagen der Ungleichheit"; in: Jean-Jacques Rousseau, *Schriften*, Bd. 1, hg. v. Henning Ritter, München / Wien 1978, S. 165–302) dokumentiert diese anthropologische Wendung in einer besonders tiefsinnigen Form. Diese Abhandlung ist eine Grundschrift des Antisensualismus.

6   Vgl. Immanuel Kants Transzendentalphilosophie erwuchs aus dieser anthropologischen Problematik und verstummte letztlich vor dem Geheimnis des Menschen. Kants Polemik gegen Herders *Ideen* („Recensionen von J. G. Herders Ideen zur Philosophie der Geschichte der Menschheit"; in: *AA*, Bd. 8, S. 43–66. Ders., „Mutmaßlicher Anfang der Menschengeschichte", a.a.O., S. 107–124) wollte auch die Rätselhaftigkeit des Menschen vor evolutiven Erklärungsmustern bewahren.

Durch Arbeit in und an Sinnbestimmtheiten erzeugt sich der Mensch in seiner Geschichtlichkeit. Sinnhaft-geschichtlich, zweifelnd an der Entscheidung und verzweifelnd an der Winzigkeit seiner Existenz im (welt)geschichtlichen und kosmischen Zusammenhang lebt nur der Mensch. Er lebt im Horizont der umgreifenden Geschichte und erzeugt seine eigene Geschichtlichkeit. Der Loslösung aus dem naturalen Kontext entspricht der Zwang zur individualen und kollektiven geschichtlichen Selbstgestaltung. Der Mensch ist ein Gefüge tradierten und aktualisierten geschichtlichen Sinns. Seine Freiheit gestaltende Geschichte bleibt riskant. Die Geschichte zum Heil des gelingenden Lebens ist immer auch durchtränkt von möglichem Verderben und sicherem Tod. Der Mensch lebt in der Welt als Ganzheit von Sinn, Unsinn und Sinnlosigkeit. Was er als Welt begreift, ist seine Setzung.

Der Kosmos als zeitloser unverbrüchlicher Ordnungszusammenhang ist eine Setzung des Erfahrungen machenden und verarbeitenden Menschen. Die Idee des Kosmos wandelt sich im kulturellen Kontext der Menschen. In der Antike bedeutete sie den umgreifenden Seinszusammenhang, in den sich der Mensch demütig-tragisch einstellte. Für Kant schrumpfte die Welt zur unerlässlichen regulativen Idee aller Erfahrung. So wurde die ontologische Weltdeutung zurückgenommen. Im alltäglichen Weltverständnis und im Positivismus bleibt die schlicht ontische Setzung noch gegenwärtig. Der Mensch benötigt den Glauben an partielle und totale Sinngefügtheiten, um denken und handeln zu können. Schon in der (vermeintlich) fraglos substituierten Idee der Welt waltet die Not des Fragens und die Angst möglichen Scheiterns. In Glaube und Hoffnung sichert er seine ephemere Existenz. Im Glauben an Sinn, Berechenbarkeit und Ordnung schafft sich der Mensch die Welt des Handelns und der Selbstgestaltung, eröffnet er sich den Horizont der Geschichte, in dem er sich, das Andere und die Anderen erkennt. Wir wissen vorreflexiv um diesen Erzeugungscharakter der Welt, die in mehrfachem Sinne immer unsere Welt ist. Grund solcher Erzeugung ist die Einsamkeit resp. naturale Entsicherung des Menschen, die uns zur universalen Sinnstiftung und zur Schöpfung unendlich vieler kleiner Sinnwelten zwingt. Den nötigenden, ängstigenden Grund der Kultur scheinen wir in allem Wissen um die Not unserer Existenz zu vergessen. Dennoch ist dieses Wissen omnipräsent. Vergessen und Wissen gehören gleicherweise zu dieser fundamentalen Not, in der die *conditio humana* gründet. Welt ist bewältigter, sinnhaft gestalteter Schmerz, leidgeborenes, vom Tode bedrängtes Sinnversprechen, das wir uns hoffend und verzweifelnd abringen. Der Weltschmerz ist so alt wie der Mensch und die Welt, in die er sich glaubend-hoffend und scheiternd-verzweifelnd erzeugt.

Wissen-um und urteilshafte Reflexion sind nicht identisch. Das Wissen um die Marginalität des Menschen und die Belanglosigkeit des Einzelnen in der Unendlichkeit des Kosmos und Unüberschaubarkeit der Geschichte durchstimmt das menschliche Leben, ohne dass es zu einer urteilsbestimmten Reflexion auf die Winzigkeit und Flügelschlag-Zeitlichkeit des Menschen kommen müsste. Heftig sind die Widerstände des Lebens gegen eine solche Ausdrücklichkeit. Leben und Reflexion stehen antagonistisch zueinander. In der Reflexion potenziert sich das originäre Herausgefallensein des Menschen aus den sichernden Armen der Natur. Er übersteigt das unausdrückliche, als Grundstimmung mitgegebene Denken, in dem ein dunkles Wissen um den eigenen Tod gegenwärtig ist. Reflexion leuchtet in die Abgründe des Lebens, die es niemals gänzlich zu erhellen vermag.

Sie treibt die Distanzierung vom Leben auf die Spitze und produziert einer selbstgewählten Eigenlogik gehorchende künstliche Systeme wie Philosophie, Recht, Religion und Wissenschaft, die mannigfach auf das Leben zurückwirken. So erwacht das menschliche Leben aus seinem vorreflexiven Traum, in dem doch auch gedacht und um existentielle Bestimmtheiten sicher gewusst wurde. Rückbezüglichkeit wohnt dem menschlichen Leben unaufhebbar inne. Aber rückbezügliches Wissen fällt nicht einfach mit urteilshaft-reflexivem, an klare Kriterien gebundenen, sich vor sich selbst rechtfertigendem Wissen zusammen. In Schmerz und Liebe erschließt sich uns die Welt als Sinngefüge. Das Wissen der Stimmungen kündet von Tod und Scheitern und von den Möglichkeiten des Lebens. Lachen und Weinen sind die Pforten des Seins. Die Eule der Minerva fliegt spät vermessend-abschattend in einem längst eröffneten Raum. Weit hat sie sich über das Leben in der vorbegrifflichen Komplexität und Vieldeutigkeit seines Wissens erhoben. In der europäischen Geschichte monopolisiert sich die Reflexionskultur als höchstmögliche Distanzierung vom Leben, das immer wieder gegen diese artifiziellen Verabschiedungen protestiert. Rousseaus Kulturkritik[7,] der Sturm und Drang und die romantische Bewegung sind Markierungspunkte dieses Aufbäumens der rational überformten, weithin vergessenen Natur. Hinter diesem Protest steht das Wissen um ein dem Leben näheres, die Logik der Natur achtendes, sich ihr anschmiegendes Denken. Barbarische Naivität und ressentimentgetränkte Regression sind damit nicht gemeint.

Denken gibt es in einer Vielzahl von Variationen und mit höchst unterschiedlichen Folgen. Immer besteht die Tendenz, dass ein Modus des Denkens sich verabsolutiert und die anderen Möglichkeiten vergisst, verdrängt oder bekämpft. So schwinden ganze Erkenntniswelten. Die am Satz, an der Sprache orientierte apophantische Logik des Aristoteles hielt noch Kant für alle Zeiten verbindlich. In

---

7   Jean-Jacques Rousseau, „Abhandlung über die Wissenschaften und Künste"; in: Rousseau, *Schriften*, Bd. 1, S. 27–60.
     Ders., „Abhandlung über den Ursprung und die Grundlagen der Ungleichheit", a.a.O.

unserer europäischen Tradition wurde das Urteil zum nicht bedachten Vorurteil. Denken reduzierte sich zum unendlichen, ideengeleiteten, sich selbst bedenkenden Zusammenhang von Urteilen. Begriffliche Reflexivität avancierte zum Königsweg des Denkens. Der Begriff wurde zum Fetisch. Noch das heutige alltägliche Denken unterstellt sich, sofern es öffentlich wird, seinem Diktat. Alle begrifflichen Konstruktionen und Reflexionen erheben sich aus einem originären vorbegrifflichen Horizont des Wissens. Ohne den Gedanken des Todes, der Verletzlichkeit, Hinfälligkeit, Abgründigkeit und Endlichkeit gäbe es nicht die Tendenz zum philosophischen System und zur Elaboration kultureller Systeme. Kants erkenntniskritische Reflexion will von diesem fundamentalen, sie selbst ermöglichenden, auf den Weg bringenden Wissen nichts mehr wissen. Ohne das Wissen um den Tod und die fortwährende Riskiertheit der eigenen Existenz gäbe es weder Wollen noch Erkennen noch das ästhetische Urteil als interesseloses Wohlgefallen. Kants Kritizismus ist keine Philosophie des Ursprungs, sondern eine vermeintlich letztrangige Spezifikation des Denkens. Im radikalen Sinne ursprünglich ist die Philosophie des Wissens-um, des vorbegrifflich-rückbezüglichen Denkens in seiner eigentümlichen Kategorialität, die sich nicht am Gängelbande des Syllogismus führen lässt.

Es ist für die Philosophie verhängnisvoll naiv, von kultureller Faktizität auszugehen. Die Welt der Kultur ist ein Problem: Sie ist begründungsbedürftig. Ihre Kategorien sind derivat. Das Wissen-um lebt aus anderen Grunderfahrungen. Tod, Endlichkeit, Verlorenheit, Ersetzt- und Vergessenwerden, Sinnzwang und durch nichts zu bannende Sinnlosigkeit gehören dazu. Aus diesen Erfahrungen gestalten wir Kultur. Auf diese Erfahrungen beziehen wir uns fortwährend. Sie müssen wir mit dem Leben versöhnen, obwohl wir um das ewige Scheitern solcher Versöhnung wissen. Der Weltschmerz ist uns eingeboren. In der antiken Tragödie sucht er seine das Ur-Leid lindernde ästhetisch-religiöse Selbstgestaltung im öffentlichen Raum. Der Erlöser Dionysos verweist auf die Allgegenwart des Leids. Hoffnung verkündet er in der Möglichkeit der Vernichtung. Sein Tanz bindet Leben an Tod – und alle folgen ihm. Jedwede Individuation leidet am Gesetz der Welt, das deren Aufhebung unerbittlich fordert. In vielen Formen übt der Vereinzelte seine Selbstaufhebung. Er weiß, dass er dem vernichtenden Gesetz der Vernichtung endgültig preisgegeben ist. Alle Tiere und Pflanzen sind Botschafter des Todes und der Hoffnung auf wiederkehrendes Leben. Das hegende Kind weiß um den Tod im Gefüge des Lebens. In jeder Trennung erlebt es den Schmerz des Lebens in seiner Vergänglichkeit und Unwiederbringlichkeit.

Ohne die Ahnung des Todes blühte keine Liebe. Den Urerfahrungen des Menschen bleibt die polyvalente Logik des Mythos verbunden. Alle Götter-Ge-

nealogien künden von Kampf, Schmerz und Vergänglichkeit und der tragischen
Symbiose zwischen Leben und Tod. Aus diesem originären Erinnerungen wah-
renden Wissen-um fanden alle kulturellen Systeme ihre Gestalt. In allen Kategorien versteckt sich der Tod. Bild und Sprache, jede Gestalt und jedes Darüber-
hinaus keimen aus dem Grunde des Wissens um Vernichtung. Geschichte und
Geschick, Tradierung und Zeugung, Erstreben und Verwerfen sind dem Logos
des Untergangs eingezeichnet, den wir um des Lebens willen zu vergessen trach-
ten. Aber er bleibt als Grundstimmung – in welcher Form auch immer – bei Jung
und Alt gegenwärtig. Kein Kind, kein Text entstünde ohne den gefühlten Schmerz
endgültiger Vernichtung. Zwischen der huschenden, spurenlosen Zeitlichkeit des
Menschen und der Zeitlichkeit der Welt klafft ein Abgrund.

   In allem Denken, Fühlen und Wollen des Menschen wird um diese Ur-Tra-
gik gewusst. Diesem Schmerz sucht der Mensch sich zu entwinden, obwohl er
weiß, dass er an ihm endgültig in kosmischer Einsamkeit zerbrechen wird. Am
Anfang war der Schmerz. Die kulturellen Welten sind seine Kinder. Manchmal
erinnern sie sich an den Vater. Alle wissen im Grunde ihres Herzens, dass sie einen haben. Kulturen oszillieren zwischen Erinnern und Vergessen des sie zeugenden Schmerzes. Im Urschmerz eröffnet sich die Welt des Menschen im Horizont ihres Unterganges. In den ineinander wechselnden, unlöslich miteinander
verbundenen Gestalten des Apollo und Dionysos manifestiert sich – die asiati-
sche und griechische Kultur übergreifend – dieser Anfangsschmerz aller Humanität, der auch in der ästhetischen Gestaltung seinen Schrecken nicht verliert.[8]

Kants geheimer Gedanke – die Kritik der pathologischen Vernunft
Weltschmerz: das tränenlose Adieu an Geschichte und Welt

Im Jahre 1764 veröffentlichte Kant eine kleine launige Abhandlung, in der gehei-
me persönliche Gedanken, die einen wesentlichen Teil seiner existentiellen Orientierung ausmachen, in einem vermeintlich schlicht klassifikatorischen Essay,
dessen einführende, ziemlich marginale Bedeutung betont wird, zum Vorschein
kommen. Er gibt diesem Text den zutreffenden und zugleich ablenkenden Titel
„Versuch über die Krankheiten des Kopfes". Psychologen und Mediziner fühlen
sich angesprochen. Und in der Tat liefert Kant ihnen ein systematisch angeleg-
tes Panorama psychopathologischer Phänomene, das bis auf den heutigen Tag als
Einteilungsmuster fungiert. Kantianer und Neukantianer haben sich über diesen
Versuch keine grauen Haare wachsen lassen. Sie folgten dem naiv-verhängnisvol-
len Schema einer vorkritischen und kritischen Schaffensperiode. Im Schatten der

---

8   Vgl. Friedrich Nietzsche, *Die Geburt der Tragödie*, KSA 1, S. 9–156.

Kritiken war dieser Denk- und Selbstverständigungsversuch kaum sichtbar. Die sogenannten vorkritischen Schriften wurden insgesamt abgewertet; und innerhalb dieser Schriften, unter denen sich ja auch Glanzlichter wie die „Beobachtungen"[9] finden, schien dieser schillernde Text ziemlich bedeutungslos. Täuschung und Selbstkaschierung waren gelungen.

Im 18. Jahrhundert rückt die experimentierende, Vermutungen entwerfende und (vorläufig) prüfende Methode ins Zentrum der wissenschaftstheoretischen Überlegungen.[10] Der Titel der kantschen Abhandlung stellt sich in diesen Kontext. Eine vorsichtig psychologische Hypothesen entwerfende Untersuchung kündigt sich an. Das Feld der Wissenschaft wird betreten und scheinbar nicht verlassen. Auch das ziemlich spekulative Finale fügt sich diesen wissenschaftlichen Vorgaben, indem es sich als Spekulation kennzeichnet. Freilich gab es auch eine andere semantische Linie. Erasmus hatte sein *Lob der Torheit* nicht nur im Anschluss an die rhetorische Begrifflichkeit als Essay[11] bezeichnet, sondern auch seinen die Menschenwelt als Ganzes demaskierenden Versuch als tragisch-ernstes, im Grunde heilloses Spiel inszeniert.[12] Montaigne folgte ihm in seinen *Essais*[13], in denen er skeptisch-undogmatisch seine eigenen Erfahrungen und das situative Schwanken seiner Identität bedachte. Erasmus und Montaigne bannen ihren Schrecken über die Welt und die absonderliche Verranntheit des Menschen in monologisches Spiel mit sich selbst. Beide ziehen sich aus der Welt zurück. Es gibt Anlässe: Montaigne vermag den Tod des geliebten Freundes Étienne de la Boétie nicht zu verwinden und Erasmus erzittert vor dem Bündnis von ideologischer Verkrustung und politisch-territorialem Anspruch der religiösen Gemeinschaft, der er sich zugehörig fühlt. Es gibt ein tiefes bedrückendes, das Leben lähmendes Wissen: Beide ahnen die Unheilbarkeit und Unbildbarkeit des Menschen, die ihre Blutspuren in die Geschichte träufeln. Der Rückzug in den einsamen Monolog geschieht bei beiden in der Öffentlichkeit, die im gedruckten Wort gegeben ist. Selbst das leidbeherrschte Verstummen geschieht im Medium des Wortes.

Über persönliche Erfahrungen oder gar Leid zu reden ist verpönt. Der ciceronische Humanitas-Begriff mit seiner Deutung des Ehrenhaften und Schicklichen bestimmt die Haltung der Gebildeten über Jahrhunderte hinweg. Andere Formen der Leid-Expression müssen gefunden werden. Kant wählt die hypothetisch-iro-

---

9   Immanuel Kant, „Beobachtungen über das Schöne und Erhabene"; in: *AA*, Bd. 2, S. 205–256.
10   Vgl. Ernst Cassirer, *Die Philosophie der Aufklärung*, 3. Aufl., Tübingen 1973.
      Siehe auch: Karl R. Popper, *Logik der Forschung*, 4., verbesserte Aufl., Tübingen 1971.
11   *declamatiuncola*: kleine Lehrrede.
12   Erasmus v. Rotterdam, *Moriae Encomium sive Laus Stultitia. Das Lob der Torheit*, hg. v. Werner Welzig, Darmstadt 1995.
13   Michel de Montaigne, *Die Essais*, hg. v. Arthur Franz, Stuttgart 1996.

nische, ihren eigenen Gehalt täuschend minimierende Abhandlung in dezidiert essayistischer Sprache und Gedankenführung. Ein Balanceakt, in dem Leid und Resignation neutralisiert werden. Kant flüchtet in die Beschreibung psychischer Krankheiten. Mehr als eine „kleine Onomastik"[14], mehr als eine terminologisch-propädeutische Skizzierung und Systematisierung von wesentlichen Krankheiten des Kopfes und des Herzens verspricht er seinen Lesern nicht. Welch reiche persönliche und historische Erfahrung hinter dieser Namenskizze steht, erschließt sich nur dem Leser, der die Borniertheiten der blanken Wissenschaftlichkeit zu übersteigen vermag. Zwar wird der Gelehrte offiziell angesprochen, aber er ist im Grunde als Leser nicht gemeint. Kant spricht im Tiefsten nur mit sich selbst. Er leistet Trauerarbeit. Nur derjenige, der analoge Erfahrungen und Sensibilitäten hat, vermag ihn zu verstehen.

Ein Mann von vierzig Jahren droht am Weltschmerz zu zerbrechen. Die geschichtlich-soziale Welt bietet ihm keine Identifikationsmöglichkeiten mehr. Vom aufklärerischen Pathos der Weltverbesserung hat er sich endgültig verabschiedet. Anders als Rousseau, der als imaginärer Gesprächspartner in dem Text allgegenwärtig ist, glaubt Kant nicht an die Veränderung der bürgerlichen Gesellschaft. Im Tableau psychischer Krankheiten kaschiert er seine Verzweiflung an Mensch und Geschichte. Er sagt Adieu und springt aus der Zeit. Während Rousseau den Fortschritt der Wissenschaften und Künste[15] kulturkritisch als Grund für die Deformiertheit des Menschen und die heraufziehende Konkurrenzgesellschaft markierte, wählt Kant die den Menschen zutiefst durchleuchtende Argumentationsebene der Psychopathologie. Damit sprengt er die Simplizität und Harmlosigkeit des rousseauschen Antagonismus von *amour de soi* (Selbstliebe) und *amour-propre* (Eigenliebe) in einer Weise auf, die geradezu verstören muss. Ein neues Menschenbild kündigt sich an, das mit antiken und christlichen anthropologischen Überzeugungen bricht. Selbst die Tradition der französischen Moralisten, die für Rousseaus Interessenlehre so bedeutsam war und vielen schon als anstößige Entthronung des Menschen erschien, wird von Kant als psychologisches Oberflächenphänomen marginalisiert.

Kants Desillusionierung der menschlichen Selbstinterpretation tötet den Glauben an den Menschen und die Hoffnung auf eine menschliche bürgerliche Gesellschaft. Die bürgerliche Welt ist das Perpetuum mobile von Heillosigkeiten. Verständigung zwischen Menschen ist entweder gar nicht oder nur partiell möglich. Im Grunde hat es keinen Sinn, zu reden. Sowohl die Liebe wie die Interes-

---

14   Immanuel Kant, „Versuch über die Krankheiten des Kopfes"; in: *AA*, Bd. 2, S. 257–271; hier: S. 260. [im Folgenden: Krankheiten des Kopfes]

15   Rousseau, „Abhandlung über die Wissenschaften und Künste", a.a.O.

sen- und Kommunikationsgemeinschaft des Staates und der gesellschaftlichen Gruppen sind lebensdienliche Illusionen. Kant nimmt in geradezu musikalisch durchkomponierter Form in diesem „Versuch" Abschied von der Liebe und allen beglückenden (totalen) Formen gelingender, unverzerrter, unversehrter Kommunikation. Er ist gänzlich vereinsamt. Er müsste ohne die Künstlichkeit des kaschierten wissenschaftlichen Sprechens verstummen. Seine Geschichte als sinnvoller Lebensentwurf ist beendet, mag die Zeit auch noch ein Weilchen ihr Spiel mit ihm treiben. Auch das Gespräch über die Zeiten hinweg[16] vermag ihn nicht mehr zu verlocken. Weil er von diesem tiefsten Schmerz der Kommunikationslosigkeit nicht sprechen kann, schreibt er in typologisch-theoretischem Gestus über die Krankheiten des Kopfes, in denen die Zerstörung der Vernunft sich vollzieht.

Der Verlust von Glauben, Hoffnung und Liebe

Glaube, Hoffnung und Liebe, die Grundfesten des christlichen Weltbildes stürzen in sich zusammen.[17] Damit entschwinden auch die zentralen Sinnfiguren der Lebensgestaltung. Kants Antwort auf diese Vernichtung des Sinn entwerfenden und gestaltenden Lebens ist ein musikalischer, stilistisch durchgearbeiteter und dennoch spontaner Text, dessen Titel schon täuscht und in die Irre führt. Man hat diese Antwort auf eine erschütternde Grenzerfahrung nahezu vergessen und fast immer verharmlosend missverstanden. Dass der Glaube an die Vernunft und die Idee der Bildung qua zunehmende Vernünftigkeit als Schimären erfahren und verabschiedet werden, übersieht man zumeist. Kants psychologisch-soziale, geschichtsphilosophische Philosophie der konkreten Vernunft verschwindet nahezu hinter der Kritik der „reinen", übergeschichtlich-transzendentalen Vernunft, die Epoche machen wird. Im transzendentalen Kritizismus zieht Kant sich aus der Geschichte und aus der Kultur- und Geschichtsphilosophie zurück. Er wird zum *homo ludens*, der artifiziellen Sinn als einzige Sicherung des zur Sinnlosigkeit verdammten Lebens sieht. In prometheischen Konstruktionen waltet der schmerzhafte Verlust einer Welt. Wenn Welten zusammenbrechen, schafft der Mensch sich eine neue, einzig seinen Kriterien unterworfene Welt.[18] In Kants *Kritiken* formt sich Schmerz zu neuen Welten, die von Leid und Tragik geheilt sind. Sie sind auch kaschierte Verzweiflung. Die Dimension des Lebens ist endgültig überschritten.

Fundament dieser Erfahrung der Sinnlosigkeit aller geschichtlich-kulturellen Progression sind Rousseaus kulturkritische Diskurse, die ein europaweites Echo

---

16 Vgl. Karl Jaspers, *Philosophische Logik*, 1. Bd.: *Von der Wahrheit*, München 1958.
17 Vgl. Erik H. Erikson, *Der vollständige Lebenszyklus*, 4. Aufl., Frankfurt a.M. 1998.
18 Vgl. Hans Blumenberg, *Die Legitimität der Neuzeit*, erneuerte Ausgabe, 2. Aufl., Frankfurt a.M. 1999.

fanden. Kants Abhandlung über die „Krankheiten des Kopfes" erweist sich bei genauer Lektüre als vernunft- resp. vernehmenstheoretische Radikalisierung der rousseauschen Kulturkritik. Der Mensch steht exzentrisch zur Welt: Er ist Kultur und zur kulturellen Differenzierung gezwungen.[19] Dieser Zwang zur Gestaltung und Entwicklung führt ihn ins Verderben. Kant operiert in dem „Versuch" mit der Gegenüberstellung einer „natürlichen", nicht entarteten, nicht fortschreitende Differenzierungen suchenden Kultur mit einer höchst künstlich-rationalen Kultur, die durch ihre zunehmende Komplexion die Menschlichkeit des Menschen vernichtet. Im Gegensatz zu Rousseau[20] zeichnet Kant keinen „reinen" Naturzustand, in dem der sprachlose, nicht-individualisierte, unmittelbare Triebbefriedigung erstrebende Mensch, der sich nur durch seine *perfectibilité* vom Tier unterscheidet, vorgesellschaftlich existiert. Bei Licht besehen kontrastiert Kant die Sozialform der primitiven autark-zyklischen Gemeinschaft mit der fortwährend Komplexionen und rational-moralische Verkünstelungen erzwingenden Gesellschaft.[21]

Beide Zuständlichkeiten des Menschen sind defizitär. Anders als Rousseau gibt es für Kant kein Nähe und Distanz, Individualisierung und Gesellschaftlichkeit versöhnendes *l'âge d'or de l'humanité*[22], das ewig hätte währen sollen. „Natürliche" und hoch verkünstelte Kultur sind beide Kinder des Fluchs, Formen missratenen Menschseins, also Weisen der Unmenschlichkeit. Kein gangbarer Weg der persönlichen und sozialen Gestaltung eröffnet sich. Töricht wäre es, das einfache Leben elegisch zu stilisieren oder als Hoffnung zu feiern. Undifferenziertheit ist des Menschen nicht würdig. In holzschnittartiger Begrifflichkeit und „plumper Redlichkeit" erreicht er keine sich selbst durchsichtige Sittlichkeit.[23] Und an exuberanter rationaler Differenzierung geht er in seiner Menschlichkeit zugrunde. Gleich im ersten Satz des kantschen Essays werden alle Hoffnungen auf eine gelingende geschichtliche Selbstgestaltung des Menschen zerstört. Die bürgerliche Gesellschaft ist ein expandierendes, einer nicht steuerbaren eigenen Logik folgendes, „Üppigkeit", d. h. Progression erzeugendes Zwangssystem, das die Vernünftigkeit des Menschen in typologisch beschreibbare Unvernüftigkeiten verwandelt. Die bürgerliche Gesellschaft, in der sich doch Vernunft sozial expliziert, ist ein unvollendbares Projekt. Sie zerstört den Menschen an Kopf und

---

19   Vgl. Arnold Gehlen, *Der Mensch. Seine Natur und seine Stellung in der Welt*, GA, Bd. 3, hg.
       v. Karl-Siegbert Rehberg, Frankfurt a.M. 1993.
20   Rousseau, „Abhandlung über den Ursprung und die Grundlagen der Ungleichheit", a.a.O.
21   Vgl. Ferdinand Tönnies, *Gemeinschaft und Gesellschaft. Grundbegriffe der reinen Soziologie*,
       3., unveränd. Aufl., Darmstadt 1991.
       Alfred Bellebaum, „Ferdinand Tönnies"; in: Dirk Käsler (Hrsg.), *Klassiker des soziologischen
       Denkens,* Bd. 1, *Von Comte bis Durkheim*, München 1976, S. 232–266.
22   Rousseau, „Abhandlung über den Ursprung und die Grundlagen der Ungleichheit", a.a.O.
23   Krankheiten des Kopfes, S. 259.

Herz. Als Vernunft gebiert die bürgerliche Gesellschaft Unvernunft. In der bürgerlichen Gesellschaft hebt sich die Vernunft auf. Sie scheitert, indem sie sich geschichtlich-sozial bewährt. Die geschichtlich-konkrete Vernunft ist krank. Ein Sprung in die Geschichtslosigkeit ist dem Menschen – außer im Suizid – verwehrt. In allen Stadien seiner geschichtlichen Selbst- und Systemformung verwirklicht sich Unvernünftigkeit – die des Barbarischen und die der potenzierten, fortschreitenden Rationalisierung. Dem Menschen als *animal rationale* – oder in Kants vorsichtiger Formulierung: als *animal rationabile*[24] – bleibt nur die Entscheidung für eine Wirklichkeit der Vernunft, die zugleich bis ins Mark von Unvernunft durchtränkt ist.

Diese (Selbst-)Verkehrung der Vernunft ins Unvernünftige darf nicht durchschaut werden. Sonst verlören wir die Bereitschaft, am Spiel der Geschichte teilzunehmen und ihrem verlockenden Sinnversprechen zu glauben. Der Schleier der Maya[25] darf nicht zerrissen werden. Kant begeht diesen Frevel, ohne ihn einzugestehen. Diese Form der Selbstbefreiung, von der das emanzipatorische Geschwätz nichts weiß, bedeutet Tod und Rückzug. Im Träumen artifizieller Welten verwirklicht sich Verzicht.

Künste drängen zur Künstlichkeit, zur raffinierten Ausnutzung des Anderen, die im feinen anständigen Ton als soziale Tugend gefeiert wird. Verständigkeit dominiert und täuscht Tugendhaftigkeit vor. Die gesellschaftliche Wirklichkeit huldigt dem Schein und der wechselseitigen Inszenierung. Tugend verkommt zum Gerede, an das niemand glaubt. Der Mensch wird eindimensional. Rechtschaffenheit mutiert zum sittsamen Schein. Jeder betrügt die anderen und sich selbst. Artisten der Verständigkeit betreten die Bühne. Vernunft wird zum Instrument der Überwältigung, der Täuschung und der Kaschierung. Gesellschaftlich verwirklichte Vernunft vernichtet die Würde des Menschen. Die rational strukturierte Gesellschaft ist eine Tragödie. Der Bürger verkommt zum Schelm und Betrüger.[26] Rousseaus Unterscheidung zwischen *citoyen* und *bourgeois* verliert für Kant ihren Reiz. Der Bourgeois beherrscht die bürgerliche Welt. Das Ideal des Citoyen hat geschichtlich endgültig ausgespielt. Die Logik des Scheins, die sich in der aufgeklärten Gesellschaft realisiert, lässt sich nicht mehr durchbrechen.

Vorsichtig deutet Kant an, dass er Tugend, Größe und Selbstlosigkeit des Menschen, denen sein geliebter Phantast Rousseau in antikischer Wendung noch nach-

---

24 Immanuel Kant, *Anthropologie in pragmatischer Hinsicht*, AA, Bd. 7, S. 117–333.
25 Vgl. Arthur Schopenhauer, *Die Welt als Wille und Vorstellung*, SW, Bd. 1, hg. v. Wolfgang Frhr. v. Löhneysen, Darmstadt 1973.
   Novalis, *Gedichte. Die Lehrlinge zu Sais*, hg. v. Johannes Mahr, Stuttgart 1997.
26 Krankheiten des Kopfes, S. 259.

trauert, für geschichtlich obsolet hält.[27] In der modernen bürgerlichen Gesellschaft wird menschliche Größe unnachsichtig zermahlen. Kant glaubt auch nicht mehr an die verändernde Kraft veröffentlichter Meinung. Die Logik der Gesellschaft verkehrt alles in ihr eigenes Gesetz des Scheins. Ideale verkommen zu Ideologien, die solche Täuschungs-Logik stützen. Das humanistische Erbe der Identität stiftenden Rede-Kultur verflacht sich zur interessegeleiteten, jeder Aufrichtigkeit baren Zerredungskultur. Für Kant ist der Bruch mit dem antiken, vor allem stoisch-ciceronischen Erbe geschichtlich endgültig vollzogen. Es wäre sinnlos, Umkehr zu predigen. Den „altväterischen Plunder"[28] der Sittlichkeit und Aufrichtigkeit vernähme niemand mehr. Rousseaus Kultur- und Gesellschaftskritik vermag letztlich nichts mehr auszurichten. Die bürgerliche Gesellschaft wird unverbesserlich bleiben. Kant weiß, dass er ein im Tiefsten unverstandener Fremdling unter diesen kalkulatorisch-anständigen Betrügern, die sich Stolz Bürger nennen, bleiben wird. Er droht am Ekel vor dem verbürgerlichten Menschen zu ersticken.

Entlastung von diesem nicht-mitteilbaren Schmerz verschafft er sich durch anthropologische Reflexionen, die sich zunächst an den Grundeinteilungen seiner bis ins Spätwerk bewahrten Vernunftlehre orientieren, um dann erfahrungs- und leidgesättigt die aristotelisch-logizistische Tradition der Selbstverständigung des Menschen aus den Angeln zu heben. Dem Menschen sind grundsätzlich Vernunft (Witz), Verstand und Urteilskraft als Erkenntnisvermögen gegeben. In der gesellschaftlichen Wirklichkeit tummeln sich Dummköpfe, die nichts verstehen, deren analytische Potenz gegen null tendiert und die deshalb als Gesprächspartner gänzlich ausfallen. Grenzfall dieser Dummköpfigkeit ist die unheilbare Blödsinnigkeit.

Diese Realfaktoren der bürgerlichen Gesellschaft gilt es endlich wahrzunehmen. In großen Bereichen muss die bürgerliche Gesellschaft unverständig bleiben. Viele Bürger sind des Sachverstandes nicht mächtig. Gesteigerte rationale Organisation und beschädigte, eingeschränkte Verständigkeit stoßen in der bürgerlichen Gesellschaft aufeinander. Ihr ist immer der Keim der Narrheit, der Fetischisierung und Lebenslüge beigemischt. Mündigkeit als sachverständige Kritikfähigkeit zerbirst an hermetischer Tollheit. Die aufgeklärte Verständigungsgemeinschaft ist ein Wahn. Wem gelüstet danach, sich in diesem Tollhaus einzurichten?!

Kant jedenfalls schwinden die Menschen, mit denen er sich verständigen könnte. Mögen die Philosophen vom Menschen als *animal rationale* träumen – in Wirklichkeit ist die Vernünftigkeit resp. Erkenntnisfähigkeit des Menschen weitgehend eingeschränkt. Menschen sind unüberschreitbar borniert. Kant weiß, dass er eine letzte Einsamkeit bis in die Stunde des Todes ertragen muss. Und diese

---

27   Ebd., S. 260.
28   Ebd.

nahezu lähmende, nur in künstlerischer Gestaltung ertragbare Erfahrung muss generalisiert werden. Alle Menschen leiden an der eigenen Borniertheit und an der Torheit oder gar Narrheit der anderen. Verständigung gelingt immer nur prinzipiell; das Nicht-Verstehen und Nicht-verstanden-Werden ist das Schicksal aller Menschen. Die soziale Welt bleibt eine durch Gerede reproduzierte Illusion. Im Ansprechen des anderen lebt der unerfüllbare Glaube an Verständigung. In der reduzierten und deformierten Verständigkeit aller wird die Hoffnung auf Verständigung zum Hohn und zur tragischen Erfahrung jedes Einzelnen. Die Sprache bleibt das ewige Versprechen, das in sich scheitern muss. Sie stigmatisiert den Menschen zum allüberall Leidenden. Die Sprache öffnet den Menschen ins Allgemeine und zum anderen, ohne beide je angemessen zu erreichen. In der Rede- und Publikationskultur der bürgerlichen Gesellschaft waltet die uneingestandene Verzweiflung an der erfüllenden Kommunikation und am gelingenden Leben. Die Welt des anderen bleibt uns schmerzlich versagt. Und wir bleiben dem anderen im Innersten unerfahrbar. Freundschaft und Liebe sind Truggebilde eines sehnsüchtig-leidenden Herzens. Jeder missversteht jeden jederzeit. Der mannigfach beschädigte Verstand treibt die Menschen in Leid und Einsamkeit und in unzählige Varianten des Abschieds in der erzwungenen Gemeinschaftlichkeit. In der bürgerlichen Gesellschaft reichen sich Abgestorbene und Verzweifelte die Hand. In der universalen wechselseitigen Instrumentalisierung finden sie schelmischen Trost und das barbarische Glück der Herrschaft und Übervorteilung. Die tiefe Sinnlosigkeit des Lebens wird durch die Raffinesse der strategischen Vernunft, einen Modus der Urteilskraft, überspielt.

Die Urteilskraft, die Andeutungen versteht und Kontexte ersinnt, die Partikulares in den Horizont eines erahnten, antizipierten Ganzen stellt, die Grundlage des selbstlos-ästhetischen Wohlgefallens, der teleologischen Spekulation und der systemischen Wissenschaften ist, schrumpft in der bürgerlichen Gesellschaft zur winkelzügigen strategischen Vernunft. Statt der Eröffnung eines umfassenden, dezentrierenden, vom partikularen Blick und Begehren befreienden Ganzen findet Kant übertölpelnde Durchtriebenheit, die noch den Rest alter Redlichkeit zur Einfältigkeit höhnisch herabstuft. Die ins Weite verlockende Urteilskraft wird in der bürgerlichen Gesellschaft von innen zersetzt und ins eigennützige Behandeln, Misshandeln und Ausbeuten von Menschen verkehrt. So wird der Selbstzweck Mensch zur Sache und Ware degradiert. Die Beschwörung menschlicher Würde verkommt zum Geschwätz, an das niemand mehr glaubt und das doch allen als Ablenkung von der grässlichen menschenverachtenden Wirklichkeit willkommen ist. Das aufklärerische Projekt, dem auch Kant zu seinem Teil nachgesonnen hat, wird sich niemals geschichtlich umsetzen lassen, weil die Urteilskraft des Menschen so verformt ist, dass sie die Menschlichkeit des Menschen, seine Einzigartigkeit als Weltwesen, das sich denkend aus dem naturalen Kontext erhebt, naturalisierend vernichtet. Die Vernunft wendet sich gegen sich selbst. Sie vergisst ihre Absolutheit und wird zu einem Stück Natur, zum Instrument der Erniedrigung und zur Aufkündigung der Hoffnung auf Verstehen und Bewahren.

Die Vernunft ist krank. Geschichte und Heilsgeschichte – auch die verdünnte, die Kant im *summum bonum* noch regulativ festhält – müssen fromme Versprechen bleiben. Die einzige dem Menschen gemäße Existenzform einer vernünftig-selbstlos geregelten Sozietät kann es niemals geben. Das menschliche Leben bleibt – trotz göttlicher Gaben selbstloser Vergegenwärtigung – selbstisch beherrscht und ohne das Glück vernehmender, entdeckender Verständigung. Einsamkeit und Hohn sind des Menschen Schicksal. In der Ethik des unbedingt-vernünftigen Willens hallt diese erschütternde Einsamkeitserfahrung nach.[29]

Kants Verlust geschichtlich-sozialer Selbstverwirklichung ist seine Krankheit zum Tode. Die Topographie der geschichtlichen Vernunft muss allen Lebenswillen lähmen. Subjektivistische Larmoyanz lugt nirgends hervor. Kant schreibt die Tragödie des Menschen als Wesen der Vernunft und der Sprache. Die Vernunft vermag nicht unverzerrt zu vernehmen. Die Sprache verkehrt prinzipielle Öffnung in die Borniertheit des spähenden Blicks, in dem Animalität sich ankündigt. Und diese nicht nur erschütternde, sondern den Lebenswillen als Sinnglauben tötende Einsicht bleibt inkommunikabel; sie muss sich in launiger kulturkritischer Form ein Publikum suchen, das wie in der Commedia dell'Arte lachend die Bitterkeit des Tragischen abschüttelt.

Rousseaus Weltschmerz war tränenreich und – manchmal gar zu pathetisch – mit visionären Hoffnungen durchsetzt. Er glaubte an die *volonté générale* und überschaubare Verständigungsgemeinschaften nach dem Genfer Modell. In den *Rêveries*[30] freilich sind auch diese Blütenträume ausgeträumt. Mit Kant eint ihn die Erfahrung der Entfremdung des Menschen in der bürgerlichen, rational geformten Gesellschaft kultureller Komplexion. Kant aber übersteigt ihn durch seine tragische Erfahrung, die keine Tränen mehr zulässt. Alles Salvatorische bleibt ausgeschlossen. Kant verlegt die griechische Tragödie ins Innerste der Vernunft. Deren Verkehrung und Zerstörung lassen sich nicht nur aus der anonymisierenden Logik der bürgerlichen Gesellschaft herleiten, so fatal auch ihr pervertierender Einfluss in weiten Bereichen sein mag. Kant entwirft die Pathologie des Logos nicht als Mediziner, Psychiater oder Adept des einfachen Lebens, sondern

---

29   Vgl. Immanuel Kant, *Grundlegung zur Metaphysik der Sitten, AA*, Bd. 4, S. 385–464. Ders., *Kritik der praktischen Vernunft, AA*, Bd. 5, S. 1–164.

30   Jean-Jacques Rousseau, *Rêveries du Promeneur solitaire,* ebd., S. 993–1099.

als Philosoph der Vernunft. Niemand zuvor musste sich diesem Schmerz stellen. Im *siècle des lumières* gehen die Lichter aus. Kant argumentiert gesellschaftskritisch und anthropologisch. Die Witzlinge in der bürgerlichen Gesellschaft wahren im ausnutzenden Spiel „vernünftige" Distanz und bleiben doch der rigiden Logik dieses todernsten Spiels verpflichtet. „Witzlinge und Vernünftler"[31] verschaffen sich ein wenig Freiheit vom System, um ihm doch die Treue zu halten. Sie induzieren in leichter, missverständlicher Form dessen verborgene, geleugnete, verdrängte Unvernunft. Um das bürgerliche System legen sich Ringe der Unvernunft, die den Mitspielern unsichtbar bleiben. Kant spielt nicht mehr mit. Er ahnt die stabilisierende Wirkung des Witzes als spielerischer Einbildungskraft. In jeder Imagination – und sie ist für Kant das Zentrum des „Witzes" – liegt Befreiung. Deshalb wertet er den „Witz" als oberes, die Menschlichkeit des Menschen begründendes Erkenntnisvermögen.

Auf Distanz zur Welt kann nur derjenige gehen, der Gegenwelten zu ersinnen vermag. Wer in der spezifischen Logik eines Systems bleibt, ist für Kant ein stumpfer Kopf.[32] Hochkomplexe, verwissenschaftlichte Kulturen favorisieren stumpfe Köpfe. Dadurch wird das System als Ganzes perpetuiert. Es wird nicht mehr in Frage gestellt. In den großen Utopien der Renaissance – und in Jonathan Swifts *Gullivers Reisen* (1726), den Kant als einzigen Literaten neben Rousseau erwähnt[33] – wurde gesellschaftliche Wirklichkeit durch die Macht der Einbildungskraft kritisch überschritten und grundsätzlich veränderbar. Im Ethos der Aufklärung lebt utopisches Erbe. Diese Einbildungskraft ist verdorrt. Dadurch ermangelt die bürgerliche Gesellschaft ihres wichtigsten Korrektivs. Ihr Menschen zerstörender Wirkungszusammenhang wird zum perennierenden Verhängnis. Witzlinge und Vernünftler treten an die Stelle der Utopisten. Für Kant verflacht die einbildende, überschauende, sich von den Gegebenheiten lösende, Befreiung verheißende, umbildende geschichtliche Vernunft zur witzigen Tändelei. Politisch-soziale Emanzipation und persönliche Befreiung, die wir seit dem 18. Jahrhundert als Bildung zu bezeichnen gewohnt sind, bedürfen der ungeschmälerten Einbildungskraft, deren Zeit für Kant vorbei ist. Albernheiten machen sich breit. Ohne Einbildungskraft gibt es keine Menschlichkeit, kein Verstehen, keine Achtung und keine Rücksicht.

Kants tränenloses Adieu an Geschichte und Welt inszeniert sich als Kritik der historischen Vernunft[34], in der die Grenzlinien ins Zynisch-Sarkastische zwar

---

31   Krankheiten des Kopfes, S. 259.
32   Ebd., S. 260.
33   Jonathan Swift, *Gullivers Reisen*, Vorwort v. Hermann Hesse, Frankfurt a.M. 2003.
34   Vgl. Wilhelm Dilthey, *Einleitung in die Geisteswissenschaften.Versuch einer Grundlegung für das Studium der Gesellschaft und der Geschichte*, GS, Bd. 1, 8., unveränd. Aufl., hg. v.

sichtbar sind, aber nicht überschritten werden. Der würgende, alle Hoffnungen
tötende Schmerz soll nicht pathetisch denunziert werden. Kant hat den Glauben
an die geschichtliche Mächtigkeit der Vernunft verloren. Um ihn herum wird
noch aufrichtig an emanzipatorischen politischen und philosophisch-pädagogi-
schen Programmen gewerkelt. Dass alle Kuren die bis ins Mark morsche Vernunft
nicht mehr retten können, bleibt seine lähmende Erfahrung, die er zum Glasper-
lenspiel schöpferisch läutert, dessen tragisch-spielerischen Duktus nur wenige
ahnen. Selbst die Gemeinsamkeit des Leidens bleibt ihm versagt. Dass die Welt
ein Tollhaus ist, wussten viele empfindliche Seelen schon vor ihm. Erasmus[35] und
Comenius haben diese vereinsamende Erfahrung zur großen europäischen Literatur gestaltet. Aber sie glaubten in unterschiedlicher christlicher Einfärbung an
die Verbesserungsfähigkeit von Geschichte und Welt. Sie gaben den dünnen Fa-
den der geschichtlich-lebensgeschichtlichen Teleologie nicht aus den Händen. Im
Ozean des Unsinns erhoben sich Inseln der Vernunft und humanen Entwicklung.

Kant indes beobachtet das Erlöschen der Vernunft in ihren höchsten Aus-
gestaltungen. Der Verstand verstummt, weil er in der verbürgerlichten Gesellschaft nichts unverzerrt vernimmt, die Urteilskraft prostituiert sich zur instru-
mentell-strategischen Vernunft und der Witz, die Freiheit begründende Fähigkeit
der Zeiten überfliegenden und verbindenden Imagination, die synoptisch erfasst
und zum individualisierenden Ausdruck, zur eigentümlichen Stilisierung zwang-
los drängt, verflüchtigt sich zur Elend hastig-ungläubig übertünchenden Witzelei.
Mit der Logik der bürgerlichen Gesellschaft allein lässt sich diese Selbstauflösung
der Vernunft nicht erklären. Die Vernunft des Menschen ist ein fragiles Gefüge,
das zur Unvernünftigkeit verschiedener Formen und in unterschiedlicher Intensität tendiert. Die konkrete Vernunft wendet sich immer auch gegen sich selbst.
Sie öffnet sich dem anderen und versagt sich zugleich seiner Andersheit. Sie will
vernehmen und sie übt Gewalt. Sie ermöglicht Freiheit und fesselt sich selbst. Sie
strebt zum Licht und bleibt in der Höhle.[36]

Die leidvolle Entthronung: Leidenschaften, Torheit und Narrheit

Kant nimmt freudsche Erfahrungen vorweg. Er versucht die Entthronung des
Menschen und vollzieht damit einen Bruch mit den abendländischen Denktra-

---

Bernhard Groethuysen, Stuttgart / Göttingen 1979.

35   Erasmus, *Moriae Encomium sive Laus Stultitia. Das Lob der Torheit*, a.a.O.
      Johann Amos Comenius, *Das Labyrinth der Welt und andere Meisterstücke*, ausgewählt und
      mit einem Nachwort v. Klaus Schaller, München 2004.
36   Vgl. Platon, *Der Staat (Politeia)*, übersetzt und hg. v. Karl Vretska, Stuttgart 1997.

ditionen. Der Mensch ist ein Triebwesen. Die aristotelische Phronesislehre[37], die Cicero[38] zur privates und öffentliches Leben idealiter beherrschenden Ethik der Ansichtigkeit des Ganzen, der Umsicht und der Voraussicht verbindlich für Jahrhunderte ausgestaltete und die Kant[39] in seine ethische Systematik mit dem Prinzip der Klugheit als einem hypothetischen Imperativ übernahm, unterstellt einen Glauben an Vernunft, der höchst trügerisch ist. Eine der großen schmeichelnden und ebendeshalb kaum zu durchbrechenden Ideologien des Abendlandes hatte sich in Athen und Rom zur fraglosen Anthropologie formiert.

Die Kratzer, die ihr in der französischen Moralistik eingeritzt wurden und die von Rousseau und den philosophischen Köpfen der Aufklärung deutlich gesehen wurden, blieben doch recht schmal und oberflächlich. Entlarvung geheimer selbstischer Interessen war das Ziel. Kant hingegen sah den Menschen in diesem Essay als ein von Leidenschaften bezaubertes, sich partiell oder gänzlich der Welt als Wirklichkeit entziehendes, das einmalige Leben vertändelndes, sich im Wahn verlierendes und in Albernheiten vergaffendes Wesen an, dem im Grunde nicht zu helfen ist. Seine Klugheit erweist sich als Rationalität vortäuschender Modus seiner Leidenschaften. Im Grunde besitzt er keinen Willen als Möglichkeit vernünftiger Distanz.[40] In jedem Willen steckt die gefräßige, rücksichtslos-destruktive, ich-bestimmte Willkür der Leidenschaften. Animalische Triebe wandeln sich beim Menschen durch den prinzipiellen Zwang zur Selbstverständigung in ein Gefüge von Leidenschaften.[41] Sie zerstören seine geistig-moralische Einheit und zerstören seine Freiheit in tausendfachen wahnwitzigen Abhängigkeiten. Ihr Werk ist der „ausgeartete Mensch"[42].

Torheit, wohin der historische Blick und die Betrachtung der Mitmenschen reichen. Geschichte und Lebensgeschichten verspielen töricht die Befreiungsmöglichkeiten des Menschen. Emotionale und wissenschaftliche Kultur verdecken diese fundamentale Torheit. Im Fortschritt der Wissenschaften und Künste hat sich die veräußerlichte Vernunft des Menschen wahnhaft gefesselt. Wissenschaftlichkeit, Fortschritt, Überschreitung, Entwertung und Kritik des Überkommenen werden zum Fetisch der Moderne. Aber Kant skizziert in diesem Opusculum nicht nur eine Rousseaus *Diskurse* aufnehmende und verwandelnde Kritik der modernen Vernunft. In der gesamten Menschheitsgeschichte hat das prinzi-

---

37   Aristoteles, *Nikomachische Ethik*, Übersetzung und Nachwort v. Franz Dirlmeier, Stuttgart 2001.
38   Marcus Tullius Cicero, *De officiis / Vom pflichtgemäßen Handeln*, übersetzt, kommentiert und hg. v. Heinz Gunermann, Stuttgart 1999.
39   Kant, *Grundlegung zur Metaphysik der Sitten*, a.a.O.
40   Krankheiten des Kopfes, S. 261 f.
41   Freuds Unterscheidung zwischen Trieb und Bedürfnis weist in dieselbe Richtung.
42   Krankheiten des Kopfes, S. 262.

piell in die Freiheit gestellte Wesen seine vernünftig-freiheitlichen Möglichkeiten verraten. Im emphatischen Sinne hat es nie Geschichte gegeben, wohl aber ein von Leidenschaften durchzucktes Sammelsurium von Geschichten, von existentieller Selbstpreisgabe in Bindungen des Wahns und der Sucht.

Verliebtheit[43] intoniert bei aller Feinheit des Herzens und trotz des unendlich feinen entdeckenden Blicks den Refrain aller Torheit: Zeit und Ewigkeit, Sichtung, behutsame Bergung des Anderen und sich selbst Bewahren scheinen beglückend versöhnbar. Jede Kleinigkeit verheißt Sinn, Glück, Erfüllung: die große Verführung und Verklärung des Lebens, das seine tödliche Nichtigkeit taumelnd vergisst. Kant wählt als erstes Beispiel der Torheit resp. der partiell unvernünftigen, der „gefesselten Vernunft"[44] die „verliebte Leidenschaft"[45]. In ihr zeigt sich die Größe des Menschen, der sich zum Anderen hin zu überschreiten vermag.

Trotz aller selbstischen Motive befreit die Verliebtheit in die Selbstlosigkeit. Der Mensch hat die Gabe der Selbsttranszendierung. So sah ihn schon die mittelalterliche theologische Spekulation. Und ihr wird sich Nietzsche im *Zarathustra*[46] anschließen. Für Kant hingegen bleibt der verliebte Mensch in einem Zustand der Bezauberung[47], fehlender vernünftiger Selbstkontrolle. Die Feinheit seiner Gefühle und der edle Sinn seiner Zuwendung zum andern Menschen löschen nicht dieses fundamentale Defizit. Er ist nicht Herr im Haus; seine Vernünftigkeit ist in großem Maße eingeschränkt. Er ahnt zwar, dass die Bezauberung durchbrochen werden könnte, aber zur Selbstbefreiung fehlt ihm die Kraft. Seine Zeitperspektive hat sich verengt. Er verliert den Überblick über sein Leben; er denkt nicht mehr im Zusammenhang des Ganzen.[48] Shakespeare darf uns nicht verführen. Der verliebte Mensch ist ein Tor, für den wir einige Sympathie empfinden mögen. Aber die Zartheit seiner Seele darf für Kant nicht den partiellen Selbstverlust abschwächen oder gar verdecken. Insofern bleibt seine Wertung rigoros. Seine spätere Ethik wird auf dieser Einschätzung beharren.

Ohne die Bezauberung durch die Schönheit und Feinheit des anderen freilich, die in der Verliebtheit ihren intensivsten Ausdruck findet, ohne die verletz- und verwandelbare Sensibilität, ohne den vor- oder gar unvernünftigen Enthusiasmus bliebe die Menschlichkeit des Menschen, seine geschichtlich-kulturellen Schaffensmöglichkeiten unverwirklicht. Ohne Bezauberung entsteht kein Werk,

---

43   Ebd., S. 261.
44   Ebd..
45   Ebd.
46   Friedrich Nietzsche, *Also sprach Zarathustra. Ein Buch für Alle und Keinen, KSA* 4, S. 9–408.
47   Krankheiten des Kopfes, S. 261: „der bezauberte Mensch".
48   Vgl. Johann Amos Comenius, *Pampaedia. Allerziehung*, 3. Aufl., in deutscher Übersetzung hg. v. Klaus Schaller, Sankt Augustin 2001, S. 67–84.

gäbe es keine geschichtliche Selbsterzeugung des Menschen. Kant empfindet die Ohnmacht der „reinen", der nicht bezauberten und zur Öffnung verführten Vernunft. Ihn schmerzt die notwendige Unvernünftigkeit der geschichtlich zeugenden, der schöpferischen Vernunft. Die Wirklichkeit der Vernunft schließt immer und überall Unvernunft ein. Sensibilität (Ciceros *cultura animi*), das Fundament der menschlich-kulturellen Entwicklung, und die geniale Produktion implizieren – wie die Verliebtheit – perspektivische Verengung, mannigfache Abhängigkeiten und situative Bindung. Der sensible Mensch ist unabweisbar Kontexten verhaftet und in diesem Sinne unfrei. Leidenschaft und Vernunft, Freiheit und Sensibilität, Vernünftigkeit und großes Werk lassen sich nicht zur Einheit fügen. Der Mensch ist zum Selbstwiderspruch verurteilt. Bildung als lebensgeschichtliche Verfeinerung des Menschen befreit und versklavt. Der Zwang zur geschichtlichen Selbsterzeugung treibt den Menschen in eine Geschichte des Leids und der gebrochenen Selbstinterpretation. Die Welt als Erscheinung der Vernunft schmerzt. Kein Mensch vermochte sich von diesem tragischen Schmerz zu erlösen.

Torheit ist unser aller Schicksal. Die Rede vom gelingenden Leben erweist sich in Kants tragischer Einsicht als Täuschung. Die enthusiasmierende, die verengende und zerstörende Macht der Leidenschaften durchzieht die Geschichte des Menschen und der Menschheit. Größe und Verderben, Liebe und Tod sind allgegenwärtig. Die Beförderung der Humanität[49] bleibt ein Traum. Die dem Menschen als Naturwesen mitgegebene, unüberschreitbare Leidenschaftlichkeit verklärt und zerstört, weitet den Blick und treibt ihn in hemmungslosen Egoismus.[50] Die Natürlichkeit des Menschen, die sich in seiner Leidenschaftlichkeit bekundet, lässt sich nicht gänzlich einer vernünftigen Ordnung unterwerfen.[51] Zwar ist die Natürlichkeit des Menschen prinzipiell in den Horizont der Vernunft gestellt und dadurch *ab origine* vom tierischen Trieb unterschieden, aber sie bleibt töricht an segmentierte Vernünftigkeit gebunden.

Im Exemplum der Verliebtheit verbindet sich die natürliche Leidenschaftlichkeit des Menschen mit Extension und selbstischem Begehren. Verliebtheit folgt einer privaten Logik. Idealisierung und Naturalisierung scheinen sich glückhaft zu durchdringen. Aber Scheitern der Verliebtheit ist unausweichlich, weil sie reduktionistisch Erfahrungen und Ansprüchlichkeiten ausblendet. Verliebtheit schafft

---

49   Johann Gottfried Herder, *Briefe zur Beförderung der Humanität*, hg. v. Hans Dietrich Irmscher, Frankfurt a.M. 1991.
50   Vgl. Rousseau, *Emile oder Von der Erziehung*, Nachwort v. Robert Spaemann, München 1979, 4. und 5. Buch, S. 256–641.
     Ders., *Emile und Sophie oder Die Einsamen*, ebd., S. 647–677.
     Der *Émile* war Kants Traumbuch schlechthin. *Emile und Sophie* erschien erst 1780.
51   Vgl. Platon, *Phaidros oder Vom Schönen*, übertragen u. eingeleitet v. Kurt Hildebrandt, Stuttgart 1957.

sich ihre eigene Welt. Sie denkt nicht im Zusammenhang von Leben und Tod; sie gibt sich gänzlich dem Zauber des anderen hin. Diese Fesselung der Vernunft widersetzt sich auch der Reflexion. Man kann um die Torheit seiner leidenschaftlichen Bindung wissen und man vermag ihr dennoch nicht zu entfliehen. Auch die vernünftigsten Menschen sind gegen diese Lähmung nicht gefeit. In jeder leidenschaftlichen Beziehung und Bindung des Menschen wird Vernunft durch Natur suspendiert. Immer ist die Natur als Leidenschaft im Leben des Menschen gegenwärtig. Entscheidung und Handlung verdanken sich auch der Natur. Das Bündnis zwischen Vernunft und Natur ist viel intimer, als sich die spiritualistischen Ideologien träumen ließen. Die Verwirklichung der Vernunft bedarf der Begrenzung des Blicks und der „irrationalen" Momente der Natur. Torheit und Vernunft haben einen Bund fürs Leben geschlossen.

Kant entdeckt die Dialektik von Vernunft und Unvernunft. Macht und Ohnmacht durchdringen den Menschen. Der Tor kostet leidend-beglückt die partielle Euthanasie der Vernunft. Er kennt vielleicht sogar das Gefüge seines Gehäuses, aber er vermag es dennoch nicht zu verlassen. Der Tor ist die habituelle Inkorporierung von Vernunft und Unvernunft. Sollte er sich von einer Torheit durch schlimme Erfahrung lösen, taumelt er in die Arme der nächsten. Vernünftigkeit bedarf des Ziels. Und die vernünftigen Menschen tendieren dazu, sich kleinliche und alberne Ziele zu setzen. Unter allen Fehlformen menschlicher Existenz verdient der Tor als Spiegel unausrottbarer Verkehrtheit der Vernunft noch die größten Sympathien. An die Stelle der Humanitas tritt bei Kant die Stultitia. Alle Lebensgeschichten sind Tragödien. Alles menschliche Beginnen bezeugt das Scheitern der Vernunft. Kant entwindet sich nüchtern den aristotelischen eudämonistischen Vorgaben. In der philosophischen Begründung seiner „formalen" Ethik bleibt dieses Bewusstsein des tragischen Scheiterns virulent. Der Rückzug auf die Minima bekundet Verzicht. Die dem Menschen abgezwungene Gestaltung seiner ephemeren Geschichte bleibt den Leidenschaften als seinem natürlichen Erbe in Vergeistigung und Destruktion verbunden. Die Leidenschaften sind Widerpart und Bundesgenosse der Vernunft. Nur durch die *passiones* wird sie zur Geschichte.

Der Hohn, mit dem wir den Toren betrachten, trifft uns auch selbst. Unsere Selbstachtung ist gebrochen. Wir ahnen die Abgründe, in die unsere vernünftige Freiheit hinabreicht und die sich jederzeit zu lodernden Eruptionen formieren können. Wer wollte da von Selbstannahme reden?! Was sich in den belustigenden Tragödien der Torheit abzeichnet, vollendet sich in der Narrheit, in der die Wirklichkeit durch hysterisch-hermetische Privat-Wirklichkeit ersetzt wird. Es wird bedrohlich. Lebenslügen und Lebenswahn treten zuhauf als Modi der Lebensbewältigung auf. Im Zeitalter der Vernunft erblickt Kant einen Zuwachs an Narretei, an denen es überdies nie in der Geschichte der Menschheit gefehlt hat. Kant verweist auf eine eigentümliche Dialektik der närrischen Vernunft. Als Selbstwiderspruch verspielt sie Leben. Narrheit tötet in unbelehrbarer Fixiertheit die einmalige Lebensgeschichte. Geiz und Hochmut sind die Urformen der Narrheit. Molières *L'Avare ou l'École du mensonge* ist gegenwärtig. Durch eine immer weiter expandierende Welt der Güter und raffinierte Kultur des Habens erstrebt der Geizige hedonistische Erfüllung, die ihm ewig versagt bleibt. Die Logik des Habens und die Wirklichkeit des Genusses schließen sich aus. Diese Einsicht bleibt dem kapitalistischen Narren verwehrt. Er hortet Güter, die zu nichts gut sind. Nur den Blick auf die totale Sinnlosigkeit dieses Lebensentwurfs sollen sie verstellen. Der Kapitalismus ist eine geschichtliche Ausgestaltung des Geizes, in dem sich die Vernunft zu einem Krebsgeschwür verwandelt. Planungsrationalität als oberste Maxime der Vernunft führt in unheilbare, unbelehrbare, den Blick auf das Sinntotum verlierende Unvernunft. Geiz ist partielle Vernunft als totale Unvernunft. Die Torheit bleibt keinem erspart, aber gegen die sich abschottende frenetische Vernunft des Habens und Hortens kann und soll sich der Mensch als prinzipielles Logoswesen wehren. Die geizige Vernünftigkeit verdient Verachtung.

Platonische Vorstellungen durchwirken Kants Sichtung der Narrheit. Narrheit zerstört die universale Ordnung der Vernunft. In ihr offenbart sich Ungerechtigkeit.[52] Sie wird den Ansprüchen der Vernunft nicht gerecht. Narrheit schmerzt als hoffnungsloser Selbstwiderspruch der Vernunft, als Selbstpreisgabe der Menschlichkeit. Narrheit demonstriert rational verbrämte Sinnlosigkeit. Narrheit bedeutet Nichtigkeit, die sich nicht wahrhaben will. Der Narr verliert die Welt und dünkt sich in ihr heimisch. Er verkennt alles und alle und wähnt sich als Gestalter einer bedeutsamen Geschichte. Trotz aller Verachtung billigt Kant dem Narren noch unser Mitleid zu.[53] Toren und Narren gehören zur bürgerlichen Gesellschaft. Die Unvernünftigkeit ist nicht universal. Die bürgerliche Gesellschaft als Ganzes ist eine Wirklichkeit der Vernunft. Hohn und Verachtung indizieren Vernunft als umgreifenden Horizont. Diesen Glauben an die Vernunft lässt Kant sich nicht nehmen. Ihre Leidenschaftsgebundenheit vergisst er dabei nicht. Dieser unendlich tiefe Schmerz an aller Wirklichkeit der Vernunft bleibt sein geheimer Gedanke. Ins Träumen hat er sich aus der Welt zurückgezogen.[54]

Kants Kapitalismus-Kritik verbirgt sich nur halbherzig hinter charakterologischer Typisierung. Auch seine Darstellung des Hochmuts als eines funda-

---

52   Krankheiten des Kopfes, S. 262.
53   Ebd., S. 263.
54   Vgl. Wolfgang Ritzel, *Immanuel Kant. Eine Biographie*, Berlin / New York 1985, S. 50: „und träume mein Leben durch" (Brief an Johann Gotthelf Lindner vom 28.10.1759).

mentalen Modus der Narrheit intendiert gesellschaftskritische Wertungen.[55] Der Hochmütige bevorzugt sich vor den anderen. Er spricht sich Qualitäten zu, die er den anderen nicht zuerkennen mag. Er sucht die Achtung der anderen und findet Ablehnung. Die Selbstliebe der anderen hat er – eingesponnen in Eitelkeit und Herrschsucht – nicht bedacht. Aus diesem Kokon wird er sich trotz schlimmer Erfahrungen nicht befreien. Eitler, die Wirklichkeit verkennender Wille zur Macht wird sein Lebensplan sein. Selbst seine strategische Vernunft ist geschmälert. Elend wird er vergehen und unendliches Leid wird er schaffen. Wie man unschwer erkennen kann, nimmt Kant mit der Kritik des Hochmuts die Tyrannen (Nero) und Monarchien ins Visier. Der Hochmut als Wille zur Macht ist ungerecht und unvernünftig, weil er nicht das Ganze bedenkt.

Diese Herrschaft der Unvernunft muss letztlich an ihrer inneren Widersprüchlichkeit zugrunde gehen. Aber sie ist geschichtliche Wirklichkeit. Alle bisherige Geschichte folgte der resistenten, selbstisch-rücksichtslosen Logik der Narretei. Kann es jemals eine andere Geschichte geben? Werden Menschen sich dereinst vernünftig-gerecht miteinander verbinden können? Geiz und Hochmut, Kapitalismus und Unterdrückung werden weiterhin das Antlitz der Geschichte prägen. Von diesen Grundformen der Narrheit vermag sich die Geschichte niemals zu befreien. Kants Ironie entstammt einer leidvollen Resignation. Nur dem Menschen ist die geschichtliche Existenz als Möglichkeit gegeben. Und er wird Geschichte als Verwirklichung uneingeschränkter Vernunft immer wieder in närrischen Formen selbstischer Lebensentwürfe zerstören. In diesem Umfeld der Narretei trägt jede Lebensgeschichte blutige Zeichen der Beschädigung. Die Krankheit der anderen geht an niemandem spurlos vorüber.

Kants Erschütterung über die geschichtlich-lebensgeschichtliche Verwirklichung von Vernunft reicht bis ins Mark. Untilgbare Imperfektibilität sucht alles Menschliche heim. Die prinzipielle Erlösung zur Vernunft versteinert sich in geschichtlich-kulturellen Konkretisierungen zur törichten Verranntheit, zur privatistischen Vernunft des Habens und Herrschens, in der sich der Mensch idealisch versklavt und die anderen verletzt oder gar vernichtet. Die Vernunft errichtet die Blutgerichte der Geschichte. Es gibt keine heile Vernunft. In jeder ihrer Wirklichkeiten keimt Unheil. Der Naturbezug des Menschen bleibt unaufkündbar präsent. Glück erweist sich als Wahn. Hoffnung als stumpfe Vernunft. Verliebtheit – Kant meidet das Wort Liebe – enthüllt sich dem kritischen Blick als bedenkenlose Vergaffung in ein unverstandenes imaginatives Kunstgebilde, die in der Befreiung dem Egoismus Tribut zollt. Wer an die Vernunft glaubt, ist ein

---

55   Krankheiten des Kopfes, S. 262.

Tor. Wer diesen Glauben verschmäht, hinterlässt keine Fußstapfen menschlich-verstehenden, achtenden Wirkens.

Torheit und Narrheit, denen sich Kant zu Beginn seines Essays zuwendet, sind die Erscheinungsweisen der „gefesselten Vernunft". Diese fragmentarisierte, bezauberte, in sich kreisende unvernünftige Vernunft gehört zur bürgerlichen Gesellschaft, die sie fördert und mildert. Hohn und Verachtung sind gesellschaftliche Korrektive. Es gibt eine umgreifende soziale Vernunft. Die „Gebrechen des Kopfes"[56] sind allgegenwärtige Bedrohung und pitoyable Wirklichkeit. Sie behindern oder verhindern Kommunikation, aber sie bestimmen nicht die gesamte gesellschaftliche Wirklichkeit. Die schmerzliche Erfahrung der Torheit und Narrheit löst Ekel und Verdruss aus, ohne den Lebenswillen zu zerbrechen. Man lebt träumerisch-solitär, wie Kant es sich resignierend erwählte. Narrheit und Torheit schmerzen und verletzen. Der Glaube an das gelingende, gemeinsame, Sinn als Totum verwirklichende Leben schwindet. Einsamkeit wird zum Los des Menschen. Sein Schicksal wird zur Tragödie, von der uns keine helfende Hand und kein liebendes Herz erlösen.

Die pathologische Radikalisierung

Für Kant sind die Gedanken über Narrheit und Torheit nur ein Präludium zur Radikalisierung seiner Kritik der pathologischen Vernunft. Im Blödsinn erlischt chaotisch die Vernunft. Physiologische Schäden bleiben (wahrscheinlich) irreparabel. Gedankliche Unordnung kann wieder zur Ordnung zurückgeführt werden. Es gibt eine (in Grenzen) heilbare Blödsinnigkeit und eine, wie Kant es vorsichtig formuliert, „beinahe"[57], höchstwahrscheinlich für immer zerstörte Vernunft. Die bürgerliche Gesellschaft muss sich beider Formen von Blödsinnigkeit annehmen. Es schlägt die Stunde der ausgrenzenden Psychiatrien.[58] Mündigkeit ist ein Privileg des vollsinnigen Menschen. Verwirrte und organisch beschädigte Vernunft wird der Obhut des Staates unterstellt. Gemütskranke und blödsinnige Menschen bedeuten eine Gefahr für die Sozietät. Sie verweisen auf angsterzeugende Möglichkeiten der Hinfälligkeit und Unvernünftigkeit. Sie erschüttern den Glauben an die sinnentwerfende Macht des Menschen. Den Blödsinnigen wendet sich Kant nicht weiter zu. Ihr Anblick scheint ihn kaum zu schmerzen. Über die Tragik dieser kindisch gebannten, um vernünftige Lebensgestaltung betrogenen Existenzen verliert er kein einziges Wort. Der Staat und die Mediziner mögen

---

56 Ebd., S. 263.
57 Ebd.
58 Vgl. Michel Foucault, *Überwachen und Strafen. Die Geburt des Gefängnisses*, 16. Aufl., Frankfurt a.M. 2004.

sich um sie kümmern. Allein an der vollsinnigen Vernünftigkeit werden sie gemessen. Andere Interpretationsmöglichkeiten werden gar nicht gesehen. Auch in der Aufklärung waltet inhumane Verweigerung des anderen Blicks.

Kants ganze Aufmerksamkeit wendet sich dem „gestörten Gemüt"[59] resp. den „Gebrechen des gestörten Kopfes"[60] zu. Ihm ist der psychiatrische Blick gegeben. Anthropologische und psychiatrische Reflexionen gehören für Kant zusammen. Verrücktheit („Verrückung"[61]), Wahnsinn und Wahnwitz sind fundamentale Verkehrtheiten des Gemüts. Kant argumentiert typologisch. In der Wirklichkeit gibt es mannigfache Ausformungen und Verbindungen. Ihnen nachzuspüren ist nicht Aufgabe des Philosophen, sondern des Dichters. Kant hat seinen Shakespeare gelesen.[62]

Jeder Mensch ist ein Dichter: Die Seele, der Geist des Menschen erzeugt Welt und Gegenwart übersteigende Bilder. Die sensualistische Position ist Narretei. In der Welt lebt der Mensch zugleich in einer bildbestimmten fiktionalen Gegenwelt. Das ist eine elementare Befreiung vom naturalen Determinationskontext. In der Empfindung wird nicht nur wahrgenommen, sondern zugleich die Empfindung durch Bezug auf andere Empfindungsgestalten vervollkommnet. In der Empfindung vollzieht sich gestalthafte Perfektionierung. Sie ist nicht passivisch, sondern aufnehmend und schöpferisch ineins. Dadurch unterscheidet sie sich vom simplen Reiz. Wahrnehmung und Erfahrung sind Wirklichkeiten, die sich überschreiten. Erfahrung impliziert Transzendenz. Eine isolierte Empfindung ist eine irreführende, die menschliche Vernunft verkennende Konstruktion mit verheerenden anthropologischen und erkenntnistheoretischen Folgen.

Bildentwurf und Perfektionierung gegebener Bilder sind die Grundleistungen des erfahrungsbezogenen Verstandenes. „Verrückung" im Sinne von bildorientierter Selbstüberschreitung kennzeichnet den menschlichen Verstand. Im Zentrum des Verstandes haust der Freiheit bekundende Traum. Der Traum ist ein Modus der Vernunft. Es gibt kein Denken ohne Träumen. Wachen und Träumen gehorchen denselben imagologischen Gesetzen. Dichtende Überschreitung und perfektionierende beziehende Verdichtung walten in den tiefsten Schichten der Seele des Menschen. Sie erzeugt fließend-durchsichtige Chimären, in denen Erkenntnis sich formt und der Trug des sich verselbständigenden, erfahrungsunabhängigen Bildes gegenwärtig ist. Der Verstand gebiert Chimären als originären Zugang zur Welt und als Abwendung von der Welt. Welt erschließt sich dem Menschen nur in chimärischer Ungeheuerlichkeit: als Erfüllung in der Empfin-

---

59 Krankheiten des Kopfes, S.263
60 Ebd., S. 264.
61 Ebd.
62 Vgl. ebd, S. 261.

dung ermöglichendes und als sich wahnhaft verselbständigendes Bild. Erfahrung und Wirklichkeitsverlust sind in der Produktion von Bildern zutiefst vereint. Die Verrücktheit steckt als Keim in jeder Wahrnehmung der Welt. Auch die Verrücktheit ist ein Kind der dem Menschen geschenkten Freiheit. Im Verrückten erkenne ich meinen Bruder im Geiste. Der menschliche Verstand ist fundamental auf Wahn bezogen. In seiner immerwährenden Bilderzeugung lauert die Verselbständigung des Bildes, das Abgleiten in den erfahrungslosen, in sich selbst als einziger Wirklichkeit kreisenden Traum. *Mens* und *dementia* entstammen der Bildmächtigkeit des ursprünglichen Denkens.

Die Fließlogik des Bildes kennt auch die Fixierung ans Bildliche. Bilder bewältigen, eröffnen Erfüllungen und tendieren zugleich zu Überwältigungen. Ohne Bilder gibt es keine Transzendierung; und in allen Bildern lauert hermetische Verstiegenheit. Kants Anthropologie am Leitfaden des Bildes reicht in Abgründe, die kein Licht jemals zu erhellen vermag. Im Verstand bricht Naturgewalt auf. Er untersteht der Herrschaft der Bilder, denen er sich doch prinzipiell im Medium des Begriffs zu entziehen vermag. Die Natürlichkeit des Menschen zeigt sich in seiner „tierischen" Bildverwiesenheit, die jederzeit in „verrückte" Bildgebundenheit kippen kann. Diese Einsicht erschüttert Kant. Aus der Struktur der Vernunft erwächst sein tiefster philosophischer Schmerz. Entsetzliche Verkehrungen gehören zum Wesen der Vernunft. Sie bleibt trotz aller Freiheit im Banne der Natur. Allen salvatorischen Ideologien zum Trotz bleibt der Mensch ein gebrechliches, zwiespältiges Wesen, in dem die abgründige, unfassbare Natur bildlich gegenwärtig ist.

Die verklärende Phrase vom Menschen als Bürger zweier Welten (der Natur und der Freiheit) kam nie über Kants Lippen. Ihn erschüttert die unüberschreitbare Naturgebundenheit des Menschen, die in seiner theoretischen Vernünftigkeit waltet und die Dependenzen, die seine Freiheit durchziehen und bedrohen. Die sensualistische Degradierung des Menschen ist ebenso irrig wie die spiritualistische Verklärung. Tragische Gebrochenheit zeichnet den Menschen aus. Sein Wesen bleibt unergründlich und abgründig. Er muss sich über sich selbst verständigen und wird seiner wirklichen Bestimmtheit nie ansichtig. Als Rätsel für sich selbst und die anderen sinkt er ins Grab.

Kant gerät in Erklärungsnot. Das Abdriften ins Pathologische will er halbherzig mit einem physiologischen Hinweis plausibel machen. Eine Chimäre, ein schwebendes Vorstellungsbild, etwas Geistiges, dem Denken in seiner Welteröffnung elementar Zugehöriges soll eine Hirnregion, etwas Körperliches, verletzt haben. Wie sollen diese beide Welten aufeinanderstoßen? Kant flüchtet ins

Analogische. Eine „gewisse Chimäre"[63] hat „gleichsam" eine Gehirnpartie verletzt. So sei die Verrückung entstanden. Welche Chimären besitzen unter wel-
chen Voraussetzungen solche zerstörende Macht? Bestehen zwischen Denken
und Regionen des Gehirns schlichte Kausalbeziehungen? Gehört die Analyse des
Denkens in die Naturwissenschaft? Einige Aufklärer waren davon überzeugt.[64]
Den Weg einer lebensgeschichtlichen Interpretation von chimärischen Fixierun-
gen beschreitet Kant nicht. Im Grunde bleibt Kants Argumentation tautologisch.
Ein träumerisches Hirngespinst wird zur wachen Empfindung umgedeutet. Wie
kann diese Verkehrung träumerischen Spiels in Wirklichkeitserfahrung geschehen? Kant zieht sich aus der scheiternden Begründung in die vorsichtige propä-
deutische Beschreibung zurück.

Verrückung als chimärische Fixierung, als partieller Wirklichkeitsverlust,
nimmt ein Traumelement unerkannt in die wache Erfahrungswelt. Das Traumelement wird zur Empfindung und damit resistent gegen Kritik. Der Traum infiziert das verständige, erfahrungsbezogene Denken. Unbehebbarer Wahn nistet
sich im Verstande ein. Kant zeichnet ein düsteres Bild. In einer Person können
sich differenzierteste kognitive Leistungen mit untilgbaren Wahnvorstellungen
zusammenfügen.[65] Seinen gebrochenen Verstand erlebt er als rationale Einheit.
Die Selbstkritik der Vernunft findet diesen partiellen Wirklichkeitsverlust nicht.
Der Begriff der Vernunftkritik wird problematisch. Gegen die Erkenntnis ihres
eigenen Wahns bleibt sie gefeit. Das rationale Gefüge ist als erlebtes Ganzes nicht
kritisierbar. Die Vernunft vermag Wahn und erfahrungsbestimmten Verstand nicht
zu unterscheiden. Bis zur *Kritik der reinen Vernunft* sind es noch knapp 20 Jahre. Hat er seine Philosophie der Verrückung im Laufe der Zeit vergessen? Dass
die Vernunft sich ihrer eigenen Logik gemäß in Blendwerken verrennt, bleibt jedenfalls eine zentrale Einsicht seiner Erkenntniskritik.[66]

Verrücktheit bleibt für den Menschen, der von ihr heimgesucht wird, nicht
erkennbar. Ein Leben in Selbsttäuschung kann hohen kulturellen Ansprüchen
genügen und Inseln des Glücks betreten. Der verrückte und der nicht verrückte Mensch sind nur durch Winzigkeiten geschieden. Vom Wahn sind alle Menschen in ihrer Bindung an das chimärische Spiel umfangen. Entfremdung droht
dem Menschen in der Bildverwiesenheit seiner Vernunft. Im Spiel der Bilder ist

---

63   Ebd., S. 264.
64   Vgl. Julien Offray de Lamettrie, *L'homme Machine*, hg. v. Maurice Solovine, Paris 1921.
      Claude Adrien Helvétius, *De l'esprit*, Paris 1758.
      Ders., *De l'homme, de ses facultés intellectuelles et de son éducation*, London 1772.
65   Krankheiten des Kopfes, S. 265.
66   Vgl. Immanuel Kant, *Kritik der reinen Vernunft*, *AA*, Bd. 3, (Transzendentale Dialektik) S.
      234–461.

der Mensch zugleich in sich und außer sich. Ein Bild steht still und mutiert ein-
gebildet zur Empfindung: So reicht der Mensch dem Wahn die Hand. Ein Wim-
pernschlag genügt. In der Logik des imaginativen Spiels ist dieser schicksalhafte
Stillstand der Chimäre gegenwärtig. Ein zutiefst schmerzlicher Gedanke, der Wachen und Träumen miteinander verflicht, und den Willen zum vernünftigen Leben bricht. Die Grenzlinien zwischen Sinn und Unsinn verfließen. Entfremdung,
über die Rousseau noch epochemachend visionär-larmoyant mit gesellschaftskri-
tischem Grundton klagte, verlegt Kant ins vernünftig-unvernünftige Zentrum des
Menschen. Die vernünftige Einheit des Menschen ist dahin. Er trägt die Krankheit zum Tode in der Bild-Gefügtheit seiner Vernunft im Innersten seiner Existenz. Und er wird nie wissend sich von dieser Krankheit befreien können. Er ist
zur ihm verborgenen Verrücktheit verdammt.

Diese schmerzende, erschütternde Einsicht in die Gebrochenheit des höchsten Wesens, das wir kennen, fundiert Kant in anthropologischen Überlegungen.
Bild und Einbildungen gehören zur Weltentdeckung des Menschen. Der Wachtraum, diese interimistische, beglückende, befreiende Aufhebung von Wirklichkeit
und spielerischer Bestimmung und Vereinheitlichung vieldeutiger Gegebenheiten dient Kant zum Paradigma des Bündnisses zwischen Wahn und Wirklichkeit. Im Wachtraum ist der Mensch schöpferisch; er versagt sich dem schnellen
Übergang in die vereindeutigte und kontrollierte Erfahrungswirklichkeit. Er ge-
nießt das zögernde Spiel der Distanzierung von der wirklichen Welt. Aber diese
Verweigerung findet normalerweise ein Ende. Beim Verrückten wird dieses Spiel
in einem Teilbereich seines Denkens unwissentlich weitergespielt. Ihm fehlt die
Mächtigkeit des nicht verrückten Menschen, das Spiel zu beenden. Der Verrückte
unterliegt partiell dem Zwang des Spiels, obwohl er in anderen Bereichen durchaus zur Selbstkontrolle fähig ist. Kant hält in diesem Zusammenhang[67] am aus-
zeichnenden (ideologisch begründeten) Merkmal der Selbstkontrolle fest, während
er im voraufgegangen Chimären-Teil[68] das Moment der Kontrolle suspendierte.

Einbildung und imaginäre Ausbildung, mithin der teils souveräne, teils mit-
reißende Umgang mit Gestalten empfinden wir Menschen als angenehm. Freiheit
und Unfreiheit durchdringen sich. Es bleibt der Glaube an die freie Autorschaft
des Subjekts im wirbelnden, Grenzen der Freiheit anvisierenden Spiel. Das Gefühl
der Herrschaft im Angesicht des möglichen Untergangs wirkt erhebend. Kosmische Winzigkeit wird in der Konzentration auf einen fluiden imaginativen Nah-
bereich vergessen, ja geradezu lustvoll weggespielt. Bilder bannen drohende, den
Lebenswillen möglicherweise bis ins Mark zerstörende Einsichten. Im erhellenden

---

67   Krankheiten des Kopfes, S. 265.
68   Ebd., S. 264.

Licht der Bildkonfiguration walten mildernde Verschattungen und verdunkelnde Abschattungen. Im Bilde wird gedacht. Das Gefüge der Bilder entsteigt tiefsten, uneingestandenen Gedanken. Schon die Bestimmtheit des Bildes offenbart distanzierende, schreckende Überwältigungen zurückweisende fundamentale Macht des Denkens.[69] Alles Denken gründet in der Erscheinungen, Bestimmtheiten erzeugenden und verändernden Macht der Phantasie. Noch in der Abstraktheit der regulativen Idee bleibt sie gegenwärtig.

Der Übergang von der alles Denken tragenden Phantasie in die „verrückende", Chimären (Bilder) in Erfahrung als Empfindungszusammenhänge umdeutende Phantasterei vollzieht sich unmerklich. Jedem alltäglichen Bewusstsein sind Kippungen von Einbildungen in partikulare Schein-Wirklichkeiten ritualisierend eingeschliffen. Für Kant involviert die Identität des Menschen aufs Feinste integrierte Momente des Wahns, von denen der Mensch sich nicht zu lösen vermag. Die Wirklichkeit erzeugende und kontrollierende Macht des Subjekts enthält wahnhafte Einschlüsse. Die Brillanz des denkenden Subjekts ist nicht lupenrein. Identität erweist sich als durchsetzt mit Entfremdung. Beide sind unlösbar aneinander gekettet. Der Phantast neigt mehr als das normale Bewusstsein, dessen Logik sich die pathologischen Kippungen narbenfrei in den verständigen Gesamthorizont der Weltsichtung einverleibte, zur Bindung an alienierende Phantasmen; aber das ist keine qualitative, sondern nur eine graduelle Differenz zum Gefüge „normalen" Denkens. Kant schreibt 1864 eine Kritik der phantastischen Vernunft. Die jahrtausendealte Idee der Vernunft enthüllt sich als Gebilde des Wahns. Sie diente der Selbstideologisierung des Menschen. Die Abgründigkeit aller Begründung und die Interessenbedingtheit vermeintlich reinen Schauens entschwanden dem Blick.

In jeder Verständigkeit treibt die Verrückung als Verformung und Überwältigung ihr mehr oder minder grausames Spiel. Das selbstlose Vernehmen des Verstandes gelingt nur bruchstückhaft. Es gibt keinen gänzlich reinen Verstand. Fundamente des Verstandes sind Interessen und Leidenschaften. Kants frühe Erkenntniskritik nimmt Einsichten vorweg, die erst in Diltheys Lebensphilosophie grundsätzlich bedacht werden.[70] Dilthey glaubte durch seine Philosophie der interessierten, Kognition, Emotion und Volition verschränkenden Vernunft Kants Erkenntniskritik fundamental zu revidieren. Es ging ihm aufs Ganze gesehen

---

69   Vgl. Ernst Cassirer, *Philosophie der symbolischen Formen*, 2. Teil: *Das mythische Denken*, 5., unveränd. Aufl., Darmstadt 1969.

70   Vgl. Wilhelm Dilthey, „Ideen zu einer beschreibenden und zergliedernden Psychologie (1894)"; in: W.D., *GS*, Bd. 5, 4., unveränd. Aufl., Stuttgart / Göttingen 1974, S. 139–240. Jürgen Habermas, *Erkenntnis und Interesse*, mit einem neuen Nachwort, Frankfurt a.M. 1973.

nicht nur um deren Ergänzung durch eine „Kritik der historischen Vernunft"[71].
Die Absolutheitsansprüche der (metaphysischen) Vernunft wurden hinfällig. Die
Vernunft wurde durch geschichtlich-lebensgeschichtliche Kontextualisierungen
und durch die Erkenntnis ihrer Verbundenheit mit Gefühlen und Wollungen äußerst bescheiden. Dass Dilthey ihr mit den „Kategorien des Lebens"[72] dennoch
eine überzeitliche systematische Struktur zumaß, bedarf natürlich besonderer Beachtung. Vielleicht hat auch die erkenntniskritische *modestia* verborgene ahisto-
rische Voraussetzungen.

Jedenfalls stimmen der „vorkritische" Kant und der kantkrtische Dilthey in
der Fundierung der Wirklichkeitserschließung in komplexen Interessenkonfigu-
rationen überein. Den kantschen Text durchzittert – anders als Diltheys nüchter-
ne Fundamentalanthropologie[73] – ästhetisch-ironisch gerade noch gebannte Betroffenheit. Wirklichkeitsverlust und Selbstbetrug, Lebenslüge und atomistische
Isoliertheit des Subjekts entspringen schicksalhaft der originären Gefügtheit seiner Vernunft. Wirklichkeit verschwimmt bei allen Menschen in Wahn. Das Subjekt verliert partiell die Kontrolle über sein leidenschaftliches imaginatives Spiel.
Der Unterwerfer wird zum Unterworfenen, das Subjekt wird zum Objekt. Freiheit
geht verloren. Im menschlichen Denken walten eigentümlich zwanghafte Momente der Restriktion. Der Blick eines jeden Menschen entbirgt und bleibt zugleich
befangen. Er bleibt bezogen auf eine „Neigung"[74], die Kant nicht abstrakt anthropologisch, sondern nun in dem als lebensgeschichtlich bestimmten Horizont
deutet. Anders als in der noch weitgehend unbestimmten organologischen These
von der fixierenden Verletzung[75] sieht Kant nun den lebensgeschichtlichen Hintergrund der jeweiligen Weltdeutung. Auch verschieben sich fast unmerklich die
Argumentationslinien: Nicht mehr nur die gefesselte, partiell Schein-Wirklichkeiten erzeugende Vernunft (qua Verstand), sondern die durchgängig horizont-
gebundene Sichtung von Welt wird bedacht.[76] Unser Blick auf die Welt ist inte-
ressenbestimmt. In Interessen verknüpfen sich Mensch und Welt. Leidenschaften öffnen sich im Interesse der Welt, die sie zugleich interessegeleitet „fest stel-

---

71 Vgl. Dilthey, Einleitung in die Geisteswissenschaften, a.a.O.
72 Dilthey, „Leben und Erkennen. Ein Entwurf zur erkenntnistheoretischen Logik und Kategori-
    enlehre (ca. 1892/93)"; in: W.D., *GS*, Bd. 19, hg. v. Helmut Johach und Frithjof Rodi, Göttingen
    1982, S. 333–388.
73 Vgl. Erwin Hufnagel, *Pädagogische Theorien im 20. Jahrhundert*, Frankfurt a.M. 1982.
74 Krankheiten des Kopfes, S. 265.
75 Ebd., S. 264.
76 Vgl. Klaus Held, „Einleitung"; in: Edmund Husserl: *Die phänomenologische Methode. Aus-
    gewählte Texte I* und Edmund Husserl: *Phänomenologie der Lebenswelt. Ausgewählte Texte
    Krankheiten des Kopfes*, hg. v. Klaus Held, 3. Auflage, Stuttgart, 1985 und 1986, S. 5–51 / S.
    5–53.

len". Das Interesse vereindeutigt; es schafft eine eigentümliche Welt. Menschen bleiben eingesponnen in ihre lebensgeschichtlich geformten Interessenhorizonte. Ihre Verständigung bleibt begrenzt. Sie leben und enden nicht einmal von sich selbst verstanden.

Die Konstitution eines naturalen Objekts geschieht in einem eigentümlichen „vormalenden"[77] Horizont der Weltbestimmung. Der Naturaliensammler sieht natürliche Gegebenheiten, die er leidenschaftlich interessiert in einem spezifischen Welthorizont vergegenwärtigt. Er bewegt sich sehend-entdeckend in einem von ihm selbst entworfenen Horizont, der ihm die Welt bedeutet. Der Künstlichkeit, der Interesse-Bedingtheit der Natur wird er – lebensgeschichtlich[78] befangen – (zunächst und zumeist) nicht ansichtig. Er bleibt im Regelzusammenhang eines eigentümlichen Spiels.[79] Gleiches gilt für den *homo religiosus*. Er schafft sich wollensgebunden seine eigene Welt der Geschichte und Geschichten, die mit der eines jungen verliebten Mädchens (Kant spricht, gesellschaftliche Abgrenzungen andeutend, von einer verliebten „Dame"[80]) kaum etwas gemein hat. Denken differiert mit dem Geschlecht und Lebensalter oder – wie das kantsche Beispiel des Pfarrers zeigen soll – mit (vermeintlich entsexualisierten) institutionellen Abhängigkeiten. Das Denken zerfällt in dieser kantschen Analyse in eine Pluralität perspektivischer Weltentwürfe, die nicht mehr (wie in der leibnizischen Monadologie) als eigentümliche Vergegenwärtigungen einer gemeinsamen Welt miteinander verbunden sind.

Die partikulare Phantasterei, die zutiefst menschlich ist und neben manchem belächelnswerten Unsinn auch große gegenweltliche Träume gebären kann, weitet sich in der kantschen Philosophie der Verrücktheit zu einem Perspektivismus der Weltzugänge, der die tragische Einsamkeit des Menschen zu erklären vermag. Die Absolutheit der Vernunft verwirklicht sich in geschichtlich-institutionellen Kontexten, die Weltoffenheit zu resistenter Hermetik von Umwelten verformen. Die Verrückten leben in ihren Umwelten, die sie für Welt halten. Die Perspektive vergisst ihre Perspektivität. Die oszillierende Dialektik von Welt und Umwelt beherrscht die menschliche Verwirklichung von Vernunft. Weltsichtung impliziert unausweichlich Weltverlust.

Die Hypochondrie als Selbstvernichtung des Menschen

77   Krankheiten des Kopfes, S. 265.
78   Vgl. Cassirer, *Philosophie der symbolischen Formen*, 2. Teil: *Das mythische Denken*, a.a.O.
79   Vgl. Ludwig Wittgensteins Theorie der Sprachspiele in den *Philosophischen Untersuchungen*, kritisch-genetische Edition, hg. v. Joachim Schulte u.a., Frankfurt a.M 2001. Joachim Schulte, *Wittgenstein. Eine Einführung*, Stuttgart 2001.
80   Krankheiten des Kopfes, S. 265.

Kants Philosophie der verrückten, der verrückenden und verzerrenden, dem Wahn sich zwar öffnenden, aber nicht gänzlich verfallenden Vernunft endet in einer phänomenologischen Skizze der Hypochondrie.[81] Die Selbstwahrnehmung wird körperlich-seelisch eingeschwärzt. Irgendwo lauert ein ominöses Übel. Die Wirklichkeit der Welt, des anderen und der anderen hat sich in der Ahnung des eigenen Übels verflüchtigt. Der hypochondrische Mensch schafft sich seine eigene Welt. Obwohl er sich auf sich selbst konzentriert, wird er seiner körperlichen und seelischen Wirklichkeit nicht ansichtig. Innerlichkeit bedeutet nicht immer, dass man die eigene Wirklichkeit vergegenwärtigt. Es gibt eine sich wahnhaft bestätigende Innerlichkeit, in der man sich nicht erkennt. Unsere abendländische Kultur der Innerlichkeit mag diese zentrale Möglichkeit der Selbsttäuschung hin und wieder zu sehr bagatellisiert haben. Noch in der tiefsten *cultura animi* kann der Mensch sich fremd bleiben.

Der Hypochonder lebt in einer diffusen Grundstimmung der Angst. In ihr kündigen sich die Zerbrechlichkeit und Endlichkeit des Menschen an. In der Hypochondrie zeigt sich verborgen das Wissen um den eigenen Tod. Sie ist ein Abwehrmechanismus. Im Rückzug aus der Welt der anderen steckt der Wille zum Leben, der morbide geworden ist. Um des Lebens willen flüchtet man in die hypochondrische Krankheit. Jede Kleinigkeit kann zum Indikator der zugleich gewussten und nicht akzeptierten tödlichen Bedrohung werden. Er stellt sich nicht dem Schmerzgedanken schlechthin, der Unausweichlichkeit des Todes. Täte er dies, so könnte er eine andere existenzielle Qualität gewinnen.[82] Der Hypochonder deutet die erschütternde Provokation des Todesgedankens, die ihm widerfahren ist, in den möglichen Ausbruch einer seelischen oder körperlichen Krankheit um. Lokalisierung des Übels soll es bagatellisieren und beherrschbar machen. Ohnmacht und schmerzende Empörung über den ihn heimsuchenden Selbstwiderspruch des Lebens werden fragil gebannt.

Die immer und überall auftretende Erscheinungsform des Weltschmerzes ist nach Kants Überzeugung die Hypochondrie. Verborgen spricht er dabei auch über sich selbst. Er kennt den an die Wurzel des Lebenswillens reichenden Schmerz als wissend-unwissende Gestimmtheit[83], die der Todesgedanke grundiert, der nach dem Leib und der Seele nichts fragt und deren mühselige Geschichte der individualisierenden Bewahrung und Bildung verhöhnt. Der Tod lässt jede Geschichte der Gestaltung in absoluter Sinnlosigkeit enden. Der Tod aller Geschichte und unendlich kostbaren einzelnen Geschichten der Jahrtausende darf nicht zu deutlich

---

81 Ebd., S. 266.
82 Vgl. Montaigne, *Die Essais*, a.a.O.
    Karl Jaspers, *Vernunft und Existenz. Fünf Vorlesungen*, München 1960.
83 Vgl. Otto Friedrich Bollnow, *Das Wesen der Stimmungen*, 8. Aufl., Frankfurt a.M. 1995.

ins Denken einfallen. Er könnte sie augenblicklich vernichten. Als vages Wissenum kann er das ephemere Leben noch zu einem Tänzchen bitten. Der Schrei am Abgrund unterbleibt. Aber eine unbeschwerte Rede will auch nicht gelingen. Eigentlich müsste die Sprache, dieser Glaubenszusammenhang des umfangenden Sinns, vom Schmerz aller Schmerzen getroffen, verstummen.

Kant verstummt nicht. Seine Rede über die Hypochondrie erschreckt und rührt durch ihre Uneinheitlichkeit. Beschwichtigend spricht er gleich zu Anfang von einer „Grille"[84], freilich mit dem feinsinnigen Hinweis, dass die Hypochondrie „größtentheils"[85] diesem Etikett sich füge. Der Leser müsste gewarnt sein. Abgründe zeichnen sich ganz in der Ferne ab. Kant wird auf sie zugehen und sich dann höchst zweideutig über sie äußern. Mehrdeutig ist auch das gewählte Wort Grille. Es verweist lautmalerisch auf ein besonders in der Nacht zirpend aktives Tier und durch diese Semantik hindurch auf einen nächtlich-dunklen, die Lebensgeister schwächenden Gedankenhorizont. Im Wort Grille verbinden sich Natur und Geist, rhythmische Kontrolle und Kontrolle verlierende Verschwisterung mit nächtlicher Abgründigkeit. Die tragisch-komische, einsame Figur Argan aus Molières Todeskomödie und Weltschmerz-Confessio *Le Malade imaginaire* steht Kant bei dieser halbherzigen Wendung ins Humorvolle vor Augen. Dem Komödienpublikum geziemt eine kunstvoll aufbereitete Wahrheit, die der lachenden Hoffnung immer ein Türchen offen lässt. Molière und Kant sprechen über den Tod und die schmerzhafte Sinnlosigkeit der geschichtlichen Welt auf verschiedenen Ebenen. So lässt sich Leben schützen und doch die schmerzlichste Einsicht spielend vergegenwärtigen. Es hat Sinn, den Gedanken des niederschmetternden ewigen Unsinns nur in ästhetisierenden Brechungen und in komödiantischen Verkleidungen auftreten zu lassen.

Beim hypochondrischen Menschen ist die Wahrnehmung der eigenen körperlich-seelischen Wirklichkeit gestört. Fürwahr, ein fundamentaler Bruch in der Persönlichkeit, der jederzeit zur totalen Depersonalisation werden kann. Depressivität beherrscht die Sicht seiner selbst. Aus der nicht eingestandenen Todesangst wird die Furcht vor der überall lauernden Krankheit. So bleibt ein Rest von Kontrolle in einer übermächtigen Angst. Gehörte oder gelesene Krankengeschichten drängen in seine eigene aus den Händen gleitende Geschichte. Der Blick wird eng. Nur mögliche Bedrohung und Zeichen der Erkrankung bestimmen das hypochondrische Weltbild. Die Wirklichkeit des anderen verliert jedes Interesse. Verantwortung und Solidarität, das Bewusstsein der Pflichten[86] gegen sich selbst

---

84   Krankheiten des Kopfes, S. 266.
85   Ebd.
86   Vgl. Immanuel Kant, *Die Metaphysik der Sitten*, *AA*, Bd. 6, S. 203–494.

und die anderen löst sich in zirkulärem Egotismus auf. Kosmische Weite, die den Menschen für Platon und Aristoteles, in ich-unabhängige, von der privatistischen Enge befreiende, großmütige Resignation bewirkende zirkuläre Kontexte stellte, weicht durchgängiger Selbstbezogenheit und kleinlichster Sorge.

Die neuzeitliche Inthronisierung der Individualität[87] schafft einen überreichen Nährboden für Leiden und Zerrissenheit. Das antike physiologische Erklärungsmuster der Melancholie als Schwarzgalligkeit erwähnt Kant ebenso wenig wie die somatische Bindung der Hypochondrie. Ihn fasziniert die Schrumpfung des Blicks, der Weltverlust und die zwanghafte Selbstfesselung, die der Hypochonder leidend und doch auch sein Leiden genießend sich antut. Medizinisch betrachtet ist er ziemlich gesund; in den Augen des Philosophen und Psychologen symbolisiert er kranke, phantastische, weltlose Vernunft. Individualität und Hypochondrie werden, wie Kant andeutet, zum Signum der Moderne.[88]

Das rücksichtslose, Tradition und Mythos verkennende und verschmähende Streben nach Autonomie umgibt das Subjekt mit einem Kokon möglicher Krankheiten. Das Eingesponnensein des Subjekts wird zu dessen allgegenwärtiger Bedrohung. Der Hypochonder rührt und entsetzt uns als Fratze misslungener Autonomie. In seiner inszenierten, ritualisierten Selbstbewahrung vor Krankheit und abgeschattetem Tod offenbart sich die dialektische Tragik der Vernunft. Zunehmende Verinnerlichung und Selbstverantwortung begünstigt pathologische Formen des Selbstbezugs. Dem verinnerlichten Menschen droht die Versklavung. Autonomie kippt in Heteronomie. Es gibt keine linear zu lesende Geschichte der Befreiung der Menschheit. Die heiligsten Ideen der Aufklärung entpuppen sich als Chimären. Mensch und Geschichte sind ewig unheilbar. In der zirkulären übersensiblen Deutungsstruktur des Hypochonders hebt sich Geschichte auf. Der Hypochonder ist ein *circulus vitiosus;* der radikalisierte Zirkel der Betrachtung, in dem sich das neuzeitliche Subjekt konstituiert, zeigt in ihm seine unabwendbare Krankheit. Aus der Reflexivität keimt die Krankheit der Hypochondrie.

Markierungen zwischen gesund und krank werden brüchig. Unser Lachen versucht Irritationen zu überspielen. Das moderne Subjekt stuft seine innere Zerrissenheit, die immer gegenwärtige Gefahr des Persönlichkeitsverlustes, der tiefer reicht als die Identität doch wahrende Entfremdung, zur „Unpäßlichkeit"[89] herab, mit der man sich sozial inszenieren kann. Der in sich selbst Gefangene sucht die

---

87 Vgl. Georg Wilhelm Friedrich Hegel, *Grundlinien der Philosophie des Rechts oder Naturrecht und Staatswissenschaft im Grundrisse, TWA*, Bd. 7, hg. v. Eva Moldenhauer und Karl Markus Michel, Frankfurt a.M. 1970.

88 Krankheiten des Kopfes, S. 266: „Die phantastische Gemüthsbeschaffenheit ist nirgend gemeiner als in der Hypochondrie".

89 Ebd., S. 266.

Rede als Medium der Öffentlichkeit. Überall begegnet er sich selbst – in Büchern, Bildern und Geschichten. Im Hypochonder wirkt wie im neuzeitlichen Subjekt eine narzisstische Grundtönung. Jeder Spiegel zeigt ihm nur sein eigenes Bild. Für die Welt ist er blind. Er missbraucht die Rede zur Darstellung seiner selbst. So werden Schmerzen gelindert und erneuert.

Durch Kants Komödienton sollten wir uns nicht täuschen lassen. Er wird nur halbherzig angeschlagen. Der Hypochonder als Bruder und Schatten des Subjekts erweist sich als kulturphilosophische Katastrophe. Seine Ähnlichkeit mit Diderots würdelos oszillierenden Neffen von Rameau ist frappierend.[90] Im Hypochonder verliert das Subjekt am Ende des langen Wegs zu sich selbst seine deklamatorisch eingeforderte Würde. Er denunziert Reflexion, Sprache und Öffentlichkeit durch ein hermetisch-privates Deutungssystem, aus dem sich alle Wirklichkeit geflüchtet hat. Dass dieses System der Deutung seine Krankheit ist, vermag er nicht zu erkennen. Er sucht sie in einem Außen, das er längst in egotistischer Perspektivität abgeschafft hat. Im Grunde seines Herzens weiß er, dass er krank ist. Vor dieser gefährlichen Einsicht schützt er sich mit der Maske der Gesundheit. So werden auch Möglichkeiten der Befreiung gesucht. Die Befreiung ist diesem Paradigma psychisch-sozialer Unfreiheit niemals vergönnt.

Der Hypochonder hat die Mitte seiner Existenz verloren. Dass er alles bedrohlich Kranke auf sich bezieht, ist Symptom dieses schmerzlich-lustvollen Selbstverlustes. Er ist seiner nicht sicher und baut deshalb ein fiktives System der Sicherung auf. Gerade in der besessenen Selbstbeobachtung wird er seiner nicht ansichtig. Beobachtung und Introspektion bleiben im Horizont einer fiktionalen Welt. Er ist ein Spielball der Launen, eine unberechenbare, geschobene und geschubste Figur auf dem Parkett des Lebens, die durch wahnhafte Kontrolle von Fiktionen den fundamentalen Kontrollverlust vergessen will. Zur Täuschung spielt er gern den Vitalen und Gesunden. Er wird in ein solches Spiel hineingezogen. Ein freies, selbst gewähltes Spiel ist ihm verwehrt. Die Fäden, die ihn lenken, bleiben für ihn unsichtbar. Im Hypochonder wird der Mensch zur Marionette. Abgestorbenes, in fiktionale Verdorrung getriebenes Leben mimt in Gesellschaft souveräne Heiterkeit und Fähigkeit des Genusses. Er bleibt privatistisch befangen. Eigene Hirngespinste können ihn in Gegenwart anderer Menschen zum Lachen nötigen.[91] Seine Verbindung mit den anderen ist so zart geflochten, dass er unberührt von der Logik des Anstands unvermittelt in seine idiotische Zwangswelt eintaucht. Auch wenn er in der Gesellschaft erscheint, bleibt er ohne soziale Öffnung.

---

90 Denis Diderot., *Rameaus Neffe und Moralische Erzählungen*, hg. v. Hans Hinterhäuser, Frankfurt a.M [u.a.] 1970.
91 Krankheiten des Kopfes, S. 266.

Kant zeichnet im Hypochonder eine unheimliche Gestalt misslingenden Lebens. Chamäleonhaft, paranoid, asozial, aus abgründigsten Tiefen triebgesteuert, in hermetische Schein-Logik gebannt, von innen und außen determiniert schleppt ihn das Leben mit. In ihm wirkt ein Hang zum Bösen, um den er ängstlich weiß und von dem nicht er sich selbst, sondern das Schicksal ihn befreit. Die fundamentale Mächtigkeit zur Tat ist ihm im Guten wie im Bösen versagt. Geschichtslos fristet er sein kümmerliches um sich selbst kreisendes Dasein. Selbst der Tod ist nicht sein eigener. Im Hypochonder hebt sich alle Menschlichkeit unter der Fassade des Menschen auf. Kant hatte systematisch dafür gesorgt, dass die Hypochondrie als partielle Deformierung der Vernunft (qua Wirklichkeit erfahrenden Verstandes) gedeutet wird. Ironisch behauptet er die Selbstüberwindung des hypochondrischen Systems, das doch nur oberflächlich den Menschen umhülle. So durchsichtig verbirgt Kant seinen schmerzlichsten Gedanken von der allgegenwärtigen Selbstauslöschung des Menschen in eigentümlichen Formen des Unsinns. Kant sieht das Kainsmal der Vernunft. Kein Lachen und kein Weinen vermag diese erschütternde, einsame Einsicht zu mildern. Totale Verzweiflung an der Vernünftigkeit der Vernunft hat mit persönlicher Tragik und Endlichkeit nichts gemein. In der kantschen Philosophie der gebrochenen, der zerstörenden, der Unheil stiftenden Vernunft, die doch auch Sinn zu entwerfen und zu verwirklichen vermag, entschwinden Mensch und Geschichte als Identifikationshorizonte von Hoffnung, Glaube und Liebe. Kants Schmerz verschmäht die entlastende Form der Klage, in der noch ein Funken kommunikativer Hoffnung glüht.

Flauberts Weltschmerz

Die Vergegenwärtigung der Welt in der befreienden Perspektive der Kunst schlug den jungen Gustave Flaubert, Kind eines Chirurgen in der französischen Provinz, schon während seiner Gymnasialzeit in ihren Bann. Er muss im familialen Umfeld und im Gymnasium die naive kindliche und jugendliche Versöhnung mit dem Leben verloren haben. Kaum mitteilbare krisenhafte Verunsicherungen suchen ihn heim. Konturen eines künstlerisch-stilistischen Lebensplans zeichnen sich ab. Sein schriftstellerisches Werk wird diesen Markierungen folgen. Nur wenige Freunde nimmt er in den Prozess der frühen Selbstklärung und ästhetischen Selbstbestimmung hinein. Zwischen 1840 und 1842 dokumentiert er diese Selbstvergewisserung in einem etwa 100-seitigen Opusculum, dem er den schlichten Titel *Novembre*[92] gibt.

---

92   Gustave Flaubert, *November. Fragmente irgendeines Stils*, aus dem Französischen neu übersetzt
      von Cornelia Hasting, Frankfurt a.M. 2010 (1. Aufl. Paris 1910).

Zuvor hatte er als Sechzehnjähriger (1838) in *Les Mémoires d'un fou*[93], be-
einflusst und herausgefordert durch Rousseaus selbstbewusste und rücksichtslose Darstellung seiner einzigartigen großen, leidenden, unverstandenen und geschundenen Seele in den *Confessions*[94], die in der französischen Romantik tiefe
Spuren hinterlassen haben, die Eigentümlichkeit seiner Seele und Weltsicht zu
durchschauen versucht. Ungefiltert expressiv wollte er sich seines Leids und seiner Distanzierung von den Menschen und kulturellen Bewegungen seiner Zeit
vergewissern. Die rousseausche philosophisch-soziale Isolation, die Stigmatisierung zum Narren und zur sinnlosen Existenz war dem jungen Flaubert zutiefst
vertraut. Rousseaus Erfahrungen mit sich und der Welt und sein ungebrochener
Mut der Darstellung intimster, lustvoll-peinigender Regungen faszinierten ihn.
Nichts sollte verschwiegen oder beschönigt werden. Auch Flaubert will die Geschichte und Gefügtheit seiner Seele begreifen.

Die neuzeitliche Wertschätzung des Individuums, in der christliche Motive
unerkannt fortwirkten, hatte in Rousseaus *Confessions* einen erschütternden, nur
durch die Schönheit der Sprache gebändigten Ausdruck gefunden, in dem die Tragik des Menschseins sich gegen alle religiös-weltanschaulichen Sinnversprechen
als leitende Erkenntnis durchsetzte. Der würgende Griff der Sinnlosigkeit umfasst
alles menschliche Fühlen, Denken und Wollen. Erst die zu höchsten Formen vor-
angetriebene Individualisierung ermöglicht radikale Erfahrungen der Sinnlosigkeit. Schon in den beiden wichtigsten jugendlichen Schriften, die Autobiographie,
Seelen-Roman und erzählende Analyse verbinden und dadurch überkommene literarische Genres für hinfällig erweisen, übersteigt Flaubert rousseausche philosophische Grundüberzeugungen. Der *amour de soi*, die stoische Überzeugung
von einer alle Wirrungen und Erschütterungen ertragenden und beherrschenden
Selbstbezüglichkeit, die nicht mit Egoismus gleichgesetzt werden darf, die Sehnsucht nach dem stillen, zeit- und weltenthobenen Glück der Träumerei[95] und die
minimierte Transzendenzüberzeugungen der *religion naturelle*[96]: Dies alles zer-
schmilzt bei Flaubert in einem vertieften montaignisch inspirierten Skeptizis-
mus, in dem nur noch die Sprache als fragmentarisierte Einheit zu überdauern
vermag. Alle Hoffnung schwindet dem ins Leben gedrängten Flaubert dahin.
In den *Mémoires* und in *Novembre* kündigt sich eine Philosophie der Verzweif-

---

93   Gustave Flaubert, *Les Mémoires d'un fou. Novembre, Pyrénées-Corse. Voyage en Italie*, hg.
      v. Claudine Gothot-Mersch, Paris (Gallimard) 2001, S. 45–112.
94   Jean-Jacques Rousseau, *Confessions ;* in : J.J.R., *Œuvres complètes*, Bd. 1, hg. v. Bernard
      Gagnebin und Marcel Raymond, Paris 1959, S. 1–656.
95   Rousseau, *Rêveries du Promeneur solitaire,* a.a.O.
96   Rousseau, *Emile oder Von der Erziehung*, 4. Buch, „Glaubensbekenntnis des savoyischen
      Vikars", a.a.O., S. 335–405.

lung an, die in Jean Pauls Werken – vor allem in der unvollendeten *Selina*[97] – einen kaum wahrgenommenen ähnlich erschütternden Ausdruck gefunden hat.[98]

Montaignes aus dem Todesbewusstsein aufsteigendes Ja zum Leben und die heitere Annahme der Begrenztheit und Hinfälligkeit einer schwankenden, antikische Substanzhaftigkeit des einzelnen Menschen übersteigenden dynamisch-situativen Identität und unaufhörlichen Veränderung der Welterfahrung[99] bleiben Flaubert zeitlebens fremd. Montaigne versöhnt sich in stoischer Gesinnung mit Leben und Tod. Nur der Schmerz über den frühen Verlust des geliebten Freundes Étienne de la Boétie wird sich nie dieser sokratischen Distanzierung zum Leben fügen. Dieser Tod wird eine ewige Wunde bleiben. Schon in den Jahren der Adoleszenz verweigert sich Flaubert jedweder Versöhnung mit dem Leben. In den *Mémoires* bleibt das verwundete Herz, das schon zu viel Abgründiges erfahren musste, in den stilistischen Überformungen einer geschundenen, einsamen, um das Glück der Illusionen betrogenen Lebensgeschichte allgegenwärtig. Flaubert ringt um Abstand zu seiner Passionsvita. Er weiß um die Brüchigkeit dieses Versuchs, in dem sein Leben ins Romanhafte transformiert wird; in der Eigenlogik der Kunst soll dieses verletzte Leben geschützt, ertragen und aufgehoben werden.

Seit seinem 15. Lebensjahr kennt er das Gefühl leidenschaftlicher Liebe. Élisa Schlésinger, elf Jahre älter, hatte es in ihm unvergesslich und in mannigfaltigen Brechungen sein Werk durchziehend entfacht. Als Maria erscheint sie in den *Mémoires*. Liebe und Sexualität avancieren zu analytischen Herausforderungen. Flaubert macht die Erfahrung fundamentaler Gebrochenheit aller menschlichen Beziehungen. Größe und Elend hausen zusammen. Fiktion und Realität vermischen sich. Kippungen wirbeln alle Erfahrungen mit sich selbst und den anderen durcheinander. Ein geradezu anatomischer Blick auf alle menschliche Wirklichkeit verwandelt schon die erste große Liebe zum Mixtum aus Faszination und Autopsie. Der in ihr gegenwärtige Abschied und Tod bedrängen die in reflexive Gebrochenheit manövrierte Seele des Jünglings, der gerade erst der Kindheit entwachsen ist. Wer wollte dieser Kindheit Naivität unterstellen?!

Ein Blick nur auf die *Mémoires*, in denen der pubertäre Selbstbezug und das Experimentieren mit der eigenen Identität über weite Strecken die künstlerische Gestaltung dominieren. Eine kunstvolle Autobiographie genügt schon zwei Jahre später nicht mehr Flauberts Idee einer absoluten, den Schmerz des Lebens über-

---

97   Jean Paul, *Selina oder über die Unsterblichkeit der Seele*; in: J.P., Sämtliche Werke, Bd. 6, 5. Aufl., hg. v. Norbert Miller, Nachwort v. Walter Höllerer, München 2005, S. 1105–1236.

98   Flaubert, *Les Mémoires d'un fou*, S. 10, 47.

99   Montaigne, *Essais*, „Die Linien meines Selbstbildnisses sind nicht falsch gezogen, obwohl sie sich immer ändern und voneinander abweichen: die Welt ist eine ewige Schaukel [*une branloire pérenne*]", a.a.O., S. 285.

steigenden autonomen Kunst. Dennoch finden sich in den *Mémoires* Verweise auf
Distanzierungen, die jene künstlerische Autonomie vorbereiten. An seinen Freund
Alfred Le Poittevin wendet sich dieser erste Versuch, sich seiner Haltung zum Leben und zur Kunst zu vergewissern. Als Künstler erwartet er eine kritische Spiegelung seines autobiographischen Romans.[100] Zu Beginn eines neuen Jahres über-
reicht er das kleine intime Dokument des Abschieds von der Naivität des Lebens
seinem geliebten Freund. Es ist in Frankreich üblich, sich zu Neujahr Geschenke
zu machen. Flaubert unterwirft sich in der vielsagenden Widmung dieser Kon-
vention und gibt ihr zugleich einen gänzlich neuen Sinn. Keinen Schmuck und
keinen Händedruck will er schenken, sondern Gedanken, die sich vom Urheber
lösen und eine liebevoll-kritische Verständigungsgemeinschaft begründen. In den
Konventionen der bürgerlichen Gesellschaft, die im allzu direkten Händedruck
ihre instrumentalisierende Anonymisierung des Menschen kaschiert, geht Flauberts Seele zugrunde. Seine Gabe sind Gedanken, in denen sich im hegelschen
Sinne Lebenswirklichkeit aufhebt, und liebevolle Entgrenzung zum anderen.
Aber gegen diese Gedankengabe wendet sich sogleich sein kritischer Anspruch:
Als „triste cadeau"[101] bezeichnet er seine romanhaft gestaltete Autobiographie.
Er weiß schon um deren künstlerische Unzulänglichkeiten und um seine schicksalhafte Einhüllung in Trauer und Schmerz. Pascals *Pensées*[102] werden vorsichtig versteckt angesprochen. Nicht mehr im christlichen Glauben, sondern in der
Kunst vermag Flaubert die Möglichkeit seiner Selbsterlösung zu sehen. Die tödliche Hinfälligkeit und kosmische Winzigkeit des eitel-gelangweilten, sich vor
sich selbst eingestandenen ekelnden Menschen konnte er den *Pensées* entnehmen.

Fragil erscheint ihm die Überwindung des Leidens in romanhaft-künstleri-
scher Gestaltung. Der „roman intime"[103] weist eruptive Schmerzen auf, die sein
künstlerisches Gewissen belasten. Der ästhetische Schmerz würgt ihn. Die Erlösung vom Schmerz der Welt durch die Transposition des Leidens in eine nahe und
ferne Gedankenwelt gelingt und scheitert zugleich. Flaubert weiß um die Gewalt-
tätigkeit, die jeder unverkünstelten Expression innewohnt und um den Zwangs-
charakter, der jeder stilistischen Formung zu eigen ist. Das Bündnis von Expression und Stil ist zerbrechlich. Aber dennoch hält Flaubert an diesem Bündnis fest.
Die Darstellung seiner Seele[104] in ihrer leidvollen Zerrissenheit und Welt und Zeit
negierenden Narrheit schafft Linderung durch Abstraktion, durch Erhebung ins
Allgemeinmenschliche und durch die Konstitution einer Gemeinschaft liebevoll

---

100   Flaubert, *Les Mémoires d'un fou*, S. 10.
101   Flaubert, *Les Mémoires d'un fou*, S. 46.
102   Blaise Pascal, *Pensées*, hg. v. Michel Le Guern, Paris 2004 (1. Aufl. 1670).
103   Flaubert, *Les Mémoires d'un fou*, S. 47.
104   „une âme tout entière", ebd.

verstehender Menschen. Als erfahrungssatter, des Lebens in seiner Banalität und ewigen Wiederholung des Gleichen müder Narr lässt er Geschichte und Lebensgeschichte zugunsten gedanklich-künstlerischer Formung hinter sich. Daran wird Flaubert zeitlebens festhalten.

Von der Welt der Menschen will er – anders als der sich selbst zugewandte, sein Träumen rechtfertigender Rousseau der *Confessions* – in ungeheurer Dezentrierung reden. Geschichte als fortschreitende Erlösung vom Schmerz der Gebrochenheit und Unzulänglichkeit gibt es nicht. Die Welt der Menschen bleibt eine ewige Hölle des Wehklagens, des ablenkenden alltäglichen und literarisch-wissenschaftlichen Geschwätzes und verletzender und tötender Zerrissenheit.[105] Mit der durchschauenden, entsagenden Weisheit des Narren zieht er sich in seine Seele zurück, wohl wissend, dass auch sie vom Elend der Welt gezeichnet ist.

Überkommene Genres der literarischen Gestaltung werden wegen ihrer ideologischen Voraussetzungen verworfen. Drama und Roman fließen ineinander. Die antizipatorische Mächtigkeit des Autors weist der junge Flaubert als wahnhaft zurück. Die Stunde vermeintlich umgreifenden teleologischen Denkens hat geschlagen. Der Götze des prometheischen Subjekts stürzt in sich zusammen. Ideenhafte Hierarchisierungen verraten das unberechenbare Erleben. Keine Grenzen will er seiner Expression setzen. Selbst als Autor ist er ohnmächtig. Denken entzieht sich der Engführung in Grund und Folge. Gründe werden dem Leben übergestülpt, um den Schein der Berechenbarkeit und der Sinnbestimmtheit vor der gefühlten Unsinnigkeit zu bewahren.

Flaubert rettet sich aus der Unübersichtlichkeit und unheilbaren Sinnlosigkeit der Welt in die vermeintlich zwangfreie Sphäre des eigenen Erlebens und dessen unkontrollierten Ausdruck.[106] Ideen und Erinnerungen, Eindrücke, Träume und plötzliche Anwandlungen will er protokollieren. So will er sich vom Schmerz der Welt erlösen. Das Hohelied der unmittelbaren Expression gerät zur Wehklage. Seele als Lebens-Wirklichkeit und Gedanke als Er-leben bleiben getrennt. Erleben bedeutet Formung und vereinseitigende Gestaltung. Jeder Ausdruck verwandelt, stilisiert und verkürzt die Unmittelbarkeit des Lebens. Es gibt im strengen Sinne keine ausgedrückte Unmittelbarkeit. Schluchzen als Empfindung und als sprachlicher Ausdruck sind geschieden. Keine sprachliche Gestalt wahrt die vielsinnige Bitterkeit der Tränen. Deshalb warnt Flaubert schon in der Widmung den Freund, seine Seele nicht mit der *Darstellung* seiner Seele zu verwechseln.[107] Jede Darstellung bedeutet Entfremdung und Verlust lebendiger Fülle. In der befreienden

---

105 Flaubert, *Les Mémoires d'un fou*, S. 49.
106 Ebd. S. 50.
107 „est-ce la mienne, est-ce celle d'un autre?", ebd. 47.

Sprachlichkeit des Menschen öffnet sich seine heillose Mittelbarkeit zu sich und allen und allem anderen. Die Sprache vertreibt ihn aus dem Paradies des Herzens, dem er unerfüllbar sehnsüchtig nachtrauert. Angewidert von der Sinnlosigkeit einer sich als Perpetuum mobile drehenden geschichtlich-geschichtslosen Welt, findet Flaubert in der Darstellung seiner Seele nicht die Erlösung von dem ihn bedrückenden Schmerz an der Welt umtriebiger ritualisierter Sinnlosigkeit. Auch seine auf distanzierende Beobachtung verzichtende Seelendarstellung fügt sich in den Reigen geschäftiger Sinnlosigkeit. Auch das schriftstellerische Tun im Bannkreis des Erlebens bleibt ein unerfüllbares Versprechen von Erlösung. Bliebe der Weg in die radikalisierte Fiktion als selbstgenügsame Welt. Flaubert wird ihn bald schon beschreiten. Aber welches Glück lässt sich in der von der Wirklichkeit gereinigten Kunst noch finden?

Flauberts artifizielle Bewältigung des Lebensekels und Überdrusses wird ohne Glauben auf ein Gelingen allzu reflexiv begonnen. In rührender Naivität stellt er die Frage nach dem Warum seines Schreibens. Reflexionen drängen sich vor und schmälern oder verhindern gar teilweise die Gestaltung des „intimen Romans", den er doch versprochen hatte. In *Novembre* zeigt sich ein künstlerischer Wille, der solche naseweisen frühphilosophischen Eskapaden, deren Beeinflussung durch die Lektüre von Montaignes *Essais* durchschimmert, recht souverän zu bändigen weiß. Die Frage nach den Motiven des Autors und des Lesers wird als unsinnig verworfen. Launenhaft, spontan, unbegründet erscheint das Tun der Menschen. Die aristotelische Teleologie und Philosophie der Handlung, die über zwei Jahrtausende hinweg für das abendländische Denken verbindlich blieb, trifft nicht die Lebenswirklichkeit des Menschen, der ein *animal irrationale* ist.

Flauberts Verständigung mit sich selbst und seine Betrachtung der geschichtlichen Welt enden in der Preisgabe des teleologischen Denkens. Damit schwinden ein fundamentales personales und soziales Ordnungssystem und die Möglichkeit eines gestalteten, verantworteten Lebens. Die Überschaubarkeit der Welt ist endgültig dahin. Der gebrochene Lebenswille flieht in die das Leben hinter sich lassende künstlerische Produktion. Wer mit dem Leben abschließt, schreibt *Mémoires*, wer die kategorialen Selbsttäuschungen der Menschen durchschaut, stellt sich als *fou* außerhalb glücklicher Erfüllungen, als Ver-rückter zerreißt er mit den Illusionen auch sein Herz, das ihrer so oft bedurft hätte.

Die absolute Liebe zerfällt in nicht zu einigende Fragmente, in sexuelle Initiation, in klischeehafte erste erotische, bald schon langweilende Erfahrung (mit Caroline), die reuelos durch die unerreichbare, durch widerständige Erfahrungen geprägte, in sich gebrochene Maria (Élisa Schlésinger) typologisch transzendiert wird. Der Typus der Mutter und Frau schlechthin, der Hofdame und Muttergottes zerbrechlich verbindet, taugt nicht zur erfüllenden Liebe, wohl aber zu einer das Leben bestimmenden Heimsuchung. Einem Sechzehnjährigen ist die Welt unwiederbringlich entschwunden. Stoisch inspirierte Suizid-Gedanken spielen mit ihm.[108] Er stirbt einen langsamen Tod. Die entsetzliche Einsicht in die Hinfälligkeit der Welt und die Fragmentarisierung des Absoluten lähmt seine künstlerische Kraft. Er fühlt sich nackt, weil die Illusionen und ideologischen Vorurteile ihm kein schützendes Kleid mehr geben. Nur ein verkrampftes, schmerzverzerrtes Lachen bleibt. Die Befreiung misslingt. Angesichts der einladenden Fülle der Welt, der Lebens- und Liebensmöglichkeiten, des Rausches und der Begeisterung, der Bindung und Gestaltung der Zukunft, verweigert sich der Jüngling Flaubert der Epoche und jeglicher Zeit. Auch romantische Regressionen in die mittelalterliche Welt vermögen ihn nicht zu verführen. Rückzug aus der Zeit bedeutet Tod. Ihm lachend zu begegnen, bezeugt ein letztes Wahren der Souveränität. Ironie, Lachen und Sarkasmus werden Flauberts Wegbereiter. Montaignes Heiterkeit durchströmt diese Distanzierungen vom Leben an keiner einzigen Stelle. Der Bruch mit der bürgerlichen, rituell erstarrten Welt, diesem verlogenen Tummelplatz von Aufbrüchen und Restaurationen, in denen sich der zynische Nihilismus mühselig maskiert, wird ohne Kompromiss und ohne das geringste Zögern vollzogen. So findet eine Leidensgeschichte ihr tränenloses Ende.

Die Identifikation mit der zeitgenössischen Gesellschaft misslingt auf der ganzen Linie. Flauberts Blick ist böse geworden. Überall sieht er kitschige Larmoyanz, rituelle Erstarrung, geschwätzige Falschheit und kaum verhohlene Langeweile.[109] Der kindlich-ekstatische Bezug zur Natur in ihrer Leben verheißenden, Sinne betörenden Schönheit und den Menschen umschlingenden Größe steigt nostalgisch in seiner Erinnerung auf. Aus diesem unmittelbaren sinnlichen Bezug, der das Kleinste und Größte, die blühende, duftende Blume, den zur Weite verlockenden Sonnenuntergang und die auflösende Macht des Meeres einschloss, drängten ihn die gesellschaftlichen Netze, die über ihn geworfen wurden.[110] Aus der kindlichen Existenz wurde angeekelte, widerständige und gelangweilte Reflexion. Ekstase, Passion und die Freude an der nicht gegängelten Imagination, die seine kindliche Seele im Überfluss kannte, sind für immer entschwunden. Er fühlt sich lebendig begraben.[111] Die Krankheiten der Gesellschaft, die Wahnideen nachläuft, Eindeutigkeit gebrochen-verlogen einfordert und humanitaristisch[112]

---

108   Flaubert, *Les Mémoires d'un fou*, S. 51.
109   Ebd.
110   Ebd., S. 52.
111   Ebd., S. 51.
112   Vgl. Flauberts Zurückweisung des Philanthropinismus, ebd., S. 100, 410 f. Ders., *November*, S. 90.

ihre Gottlosigkeit verschleiert, haben seine Seele infiziert und getötet. Als gesellschaftlicher Mitspieler ist der Jüngling Flaubert nicht mehr zu nutzen. Er zieht
sich in sein Reich der Gedanken zurück, aus dem jede Ekstase verbannt ist. Gustave ist ein gebrochener Mensch.

Novembre

Vier Jahre nach dem Abschied vom Leben, den Flaubert in *Les Mémoires d'un
fou* manchmal allzu sehr ins Paradoxale gewendet und in pathetische Bilder stilisiert, die durch Reflexion brüchig geworden sind, mit unbeirrbarer Entschiedenheit
vollzieht, vollendet er die Ich-Erzählung *Novembre*. Sprache und Gestus haben
sich erstaunlich gewandelt. Eine Neutralisierung und motivische Klärung haben
stattgefunden. Am Leitmotiv des kaum noch schmerzenden Adieus vom Leben
hält er fest. Dem Dämon der Zeit entwendet er sich wie in den *Mémoires* durch
die Erinnerung. Sie dominiert sein Sich-zu-sich-selbst-Verhalten. Dem Absoluten dürstet sein Herz nach. Die Zeit vermag er nicht anzunehmen. Deutlich zeigt
sich das Grundleiden, das ihn quält: das unentrinnbare Eingefügtsein in die Zeit.
Die Zeit ist sein Schmerz. In den *Mémoires* drängte sich dagegen die Pathologie
der bürgerlichen Gesellschaft noch allzu sehr in den Vordergrund. Flauberts Gedanken werden nun einfacher; sie sind existentiell konzentriert und von der Pati-
na des Deklamatorischen und der auf Überraschungen setzenden Selbstinszenierung gereinigt. Der Rückzug in die Welt der Gedanken trägt reiche Früchte. Der
Schmerz an der verweigerten Unmittelbarkeit, der in den *Mémoires* so mächtig
wirkte, wird anthropologisch gemildert. Wir Menschen können nur im Insgesamt
der Zeiten leben. Mittelbarkeit ist unser Schicksal in allen Bezügen zu Zeit und
Sein. Nie gibt es für uns den Kindertraum bloßer Gegenwart. Das Glück der Tiere, das Rousseau im *2. Discours*[113] von der Gebrochenheit des Menschen durch
perfectibilité trauernd unterschied, bleibt dem Menschen versagt. Der Mensch hat
eine Geschichte, weil er dezentrisch verfasst ist. In der synoptischen Präsenzzeit
liegen Größe und Tragik des Menschen. In der Gegenwart sind Vergangenheit
und Zukunft präsent. Entfremdung durch die Mittelbarkeit von Sprache und Zeit
bestimmt das menschliche Dasein.

Auch die Einbildungskraft ist ein Instrumentarium der Entfremdung. Man
kann mit ihr spielen – wie im Märchen, in dem der Tod gegenwärtig ist. In der
flaubertschen Umarmung des Hundes[114] werden Millionen Jahre überschritten
und in einem „Du" vergegenwärtigt. Leben und Tod verbinden sich im Symbol
der Frau, die im flaubertschen Kontext alles bloß Individuelle überragt. Schön-

---

113   Rousseau, „Abhandlung über den Ursprung und die Grundlagen der Ungleichheit", a.a.O.
114   Flaubert, *November,* S. 34.

heit und Hässlichkeit, Glück und Verderben sind die Elixiere des Lebens, das immer auch ein Abgesandter des Todes ist. Alles Leben impliziert Hässlichkeit in erschreckender Vielfalt, stupide, simplifizierende Gewohnheit, entlastende Ritualisierung, zermalmende Banalität und schicksalhafte Trivialität. Mensch, Geschichte und milliardenfache Lebensgeschichten tragen das Zeichen der Heillosigkeit. Auch seine eigene Lebensgeschichte vermag nun der gereifte Flaubert in das morsche Gefüge des Menschlich-Allzumenschlichen und in den traurig-tröstenden Werdenszusammenhang der Natur zu stellen. Das persönliche Leid wird zwar kosmisch gemildert, aber es bleibt erinnernd bis in seine filigranen Verästelungen gegenwärtig.

Fundament des Leids ist die unaufhebbare Distanziertheit des Menschen zu sich selbst. In seiner Epoche sind die wesenhafte Mittelbarkeit und unversöhnliche Gebrochenheit aller menschlichen Entwicklung und Erfahrungen in abgekupferten Attitüden der Mattigkeit und des Lebensüberdrusses noch gesteigert.[115] Epigonale Kultur steigert die Mittelbarkeit, die dem Menschen als Grundleiden und ewige Verhinderung des einfachen ekstatischen Glücks eingeritzt ist.[116] Diese Sehnsucht nach dem Absoluten, nach der keine Bitterkeit und keinen verstohlenen Blick kennenden Erfüllung, nach der nicht dualistisch zerfallenden und der schaffend-zerstörenden Willkür von Erinnerung, Ekel, Imagination und Phantasterei preisgegebenen Liebe, nach der Verschmelzung mit dem Unendlichen, die in den flaubertschen Naturschilderungen durch den uneinholbar weichenden, doch so greifbar nah scheinenden Horizont symbolisiert wird. Wahnhaft ist alles Streben nach Einzigkeit. Von Kindheit an faszinierte Flaubert die Sein und Werden, Formung und Auflösung umspannende, geradezu heraklitisch erfahrene Welt des Meeres als Schönheit und Bedrohung. Im Tode verheißenden Horizont des Meeres überfällt ihn die Liebe zu Élisa, die als Marie in den *Mémoires* und *Novembre* unterschiedlich erinnernd vergegenwärtigt wird, als Hoffnung auf absolutes Lebens. Dass sie trügerisch ist, ahnt er in der ersten Stunde. Erinnerungen dienen auch der Verschleierung lähmender Ahnungen. Sie sind ein Gespinst der Sublimation und Täuschung, aus dem es kein Entrinnen gibt.

Alle Dinge und Menschen kommen und gehen. Hinter der ciceronisch-kantischen Begründung der Würde des Menschen steht unbedacht der Gedanke des Todes und der Austauschbarkeit. Er durchdringt Flauberts Denken, Fühlen und Wahrnehmen. Im Horizont des Todes eröffnet sich ihm die Natur und gestaltet sich der Umgang mit sich selbst und den anderen. Die Faszination des Reisens

---

115 Ebd., S. 104.
116 Vgl. Dieter Claessens, *Das Konkrete und das Abstrakte. Soziologische Skizzen zur Anthropologie*, Frankfurt a.M. 1980.

umschließt der tötende Wille zur Vergleichgültigung. Entdeckung und Abschied reichen sich die Hand. Umgeprägt zur Kunst wird das getötete Leben bewahrt. Liebende Erkenntnis und tränenlose Verabschiedung durchwalten als lustvoller Urschmerz die Kunst, in der sich das Leben in seiner Schönheit, Vieldeutigkeit und abgründigen Sinnlosigkeit ansichtig wird. Kunst wird zur Kultur des Schmerzes, der trotz seiner das Leben bedrohenden Macht nicht überwältigen darf. Sie wird zum symbolischen System. Ohne die Erfahrungen der Welt bliebe sie sterile und hermetische Scheindynamik. Als persönlich-lebensgeschichtliche Expression wäre sie ein Syndrom narzisstischer Unfreiheit und artifizieller Unfähigkeit.[117] In der Kunst verabschiedet sich das Leben von sich selbst. Deshalb umstrahlt sie der Glanz der Schönheit.

Fragil ist dieser Glaube an die dialektische Kraft der Kunst. Jederzeit kann er zerbrechen. Die Sinnlosigkeit und Hässlichkeit des Lebens kann in sie eindringen. Auch die teleologischen Gefügtheiten der Kunst widersetzen sich nicht auf Ewigkeit der Erfahrung universaler Sinnlosigkeit. In *Novembre* schwindet der Glaube an die erlösende magisch-eigenlogische Macht der Worte und der Kunst. Der Bruch in der Künstler-Existenz ist unheilbar. Als Ich-Erzähler und Herausgeber tritt sich Flaubert gegenüber. Der Ich-Erzähler bleibt allein und versteht seine eigene Geschichte nicht. Der fingierte Herausgeber empfindet im Grunde Ekel am Schreiben, das sich lust- und überraschungslos dahinschleppt und geradezu lethargisch verendet. Er spricht eine andere, nüchternere Sprache, deren unkünstlerische Trivialität sich der (Zeitungs-)Sprache nähert. Das Todeslaken der Langeweile und Mediokrität wird über dieses Leben ausgebreitet. Völlige Verständnislosigkeit macht sich breit. Der Ich-Erzähler wird vom Herausgeber zur Durchschnittsexistenz mit verrückten Anwandlungen bagatellisiert. Von der Tragik des Ich-Erzählers und der menschlichen Existenz hat der Herausgeber trotz aller faktischen Nähe nichts begriffen. Empathieloses Unverständnis zerstört jede Hoffnung auf Wirkung und Kommunikation. Jedes Menschenleben verglüht als unverstandene, sich selbst nicht verstehende, zerrissene, ins Leben hineingezwungene atomistische Monade, deren Wehklagen kein liebendes Herz erreicht.

---

117   Flaubert, *November*, S. 103 f.

Depression – die Last der Selbstverantwortung.
Die psychischen Folgen der Leistungsgesellschaft

Ludger Heidbrink

1. Depression als Zeitkrankheit

„Mir fehlte die Kraft, nicht mehr zu atmen. Da ich schon wusste, dass ich das Gewächs der Depression nie würde abschütteln können, wollte ich nur noch sterben dürfen, denn ich war zu schwach, um mich selbst zu töten, und der Parasit tat mir den Gefallen nicht. Wenn mein Torso verrottete, so ließ dieser Schmarotzer ihn doch nicht fallen: Er stützte nun, was er zerstört hatte. Im hintersten Winkel meines Bettes kauernd, von etwas Unsichtbarem niedergemacht, bat ich jenen Gott, an den ich niemals ganz hatte glauben können, um Erlösung."

Mit diesen erschütternden Worten hat der amerikanische Publizist und Schriftsteller Andrew Solomon seine depressive Erkrankung beschrieben.[1] Die Depression ist inzwischen zu einer allgegenwärtigen Zeitkrankheit geworden. Nach aktuellen Schätzungen leiden etwa vier Millionen Deutsche unter behandlungsbedürftigen Depressionen.[2] Die Fehlzeiten am Arbeitsplatz aufgrund seelischer Erkrankungen in Gestalt von Burnout, Stress, Erschöpfung und Sucht haben seit 1994 um mehr als achtzig Prozent zugenommen.[3] Der daraus resultierende volkswirtschaftliche Schaden wird auf 6,3 Milliarden Euro geschätzt. Inzwischen werden rund 5,2 Milliarden Euro für Antidepressiva ausgegeben, während sich die Kosten für Prävention und Gesundheitsschutz in Betrieben auf etwa 4,7 Milliarden Euro in 2010 summiert haben.[4]

Die Ursachen für diese Entwicklung werden vor allem in einem beschleunigten Arbeitstempo und wachsenden Leistungsanforderungen gesehen. So waren

1   Andrew Solomon, *Saturns Schatten. Die dunklen Welten der Depression*, Frankfurt am Main 2001, S. 19.
2   *Bundesministerium für Bildung und Forschung*, „Es ist, als ob die Seele unwohl wäre ..." Depression – Wege aus der Schwermut. Forscher bringen Licht in die Lebensfinsternis, Berlin 2007, S. 3, in: 29.10.2011, http://www.gesundheitsforschung-bmbf.de/_media/es_ist_als_ob_die_seele_unwohl_waere.pdf
3   *Der Spiegel*, Nr. 30/2011, S. 60.
4   Ebd., S. 66.

in 2010 Erwerbstätige im Schnitt 33 Prozent produktiver in der Stunde als 1991.[5] Statt den vertraglich vereinbarten 37,7 Stunden arbeiten die Deutschen durchschnittlich 40,4 Stunden. Und für über 88 Prozent der deutschen Arbeitnehmer gibt es keinen normalen Feierabend mehr, weil sie auch zu Hause stets erreichbar sind.[6] Während die Zahl der Überstunden, insbesondere in den wissensintensiven und kreativen Berufen, kontinuierlich wächst, nimmt auch der Datenverkehr rapide zu: Im Unterschied zu 2,6 Billionen E-Mails wurden in 2010 über 107 Billionen E-Mails weltweit versandt. Gleichzeitig ist das Datenvolumen im deutschen Mobilfunk zwischen 2005 und 2010 von 0,2 Millionen auf geschätzte 70 Millionen Gigabyte angestiegen.[7]

Die Konsequenzen dieser Beschleunigungs- und Entgrenzungsprozesse bestehen darin, dass in immer kürzerer Zeit immer größere Anforderungen in wachsender Eigenständigkeit bewältigt werden müssen. „Immer *in Betrieb* zu sein – kreativ zu sein, zu lehren, zu überzeugen und zu verkaufen – kann den Menschen emotional auslaugen. ‚Burnouts‘ können bereits bei einer 40-Stunden-Woche eintreten. Selbst wenn es tatsächlich noch Zeit für Freunde, Familie, die Gemeinschaft und die eigene Ruhe gibt, dann nur in Form von körperlicher Anwesenheit – den psychischen Freiraum gibt es kaum noch. Wir werden statt dessen von unserer Arbeit so vereinnahmt, daß wir keine Kraft für etwas anderes aufsparen wollen. Unser übriges Leben schrumpft immer mehr, wird ausgelagert und aussortiert."[8]

Das Prinzip der Unternehmertums, das der modernen Arbeitswelt zugrunde liegt, ist längst nicht mehr nur auf den ökonomischen Sektor der betrieblichen Unternehmensführung beschränkt, sondern hat sich zu einem Diktat der eigenverantwortlichen Lebensgestaltung ausgeweitet, das in immer weitere Bereiche der Sozialstruktur und Daseinsorganisation eindringt.[9] Das unternehmerische Selbst ist zu einem Regime der emotionalen Selbstkontrolle und aktiven Einpas-

---

5   Statistisches Bundesamt, „Tabelle 2.1.14 Arbeitsproduktivität, Durchschnittslöhne und Lohnstückkosten im Inland", in: Volkswirtschaftliche Gesamtrechnungen. Inlandsproduktsberechnung. Detaillierte Jahresergebnisse 2010, Fachserie 18 Reihe 1.4, Wiesbaden 2011, S. 55, in: 29.10.2011, http://www.destatis.de/jetspeed/portal/cms/Sites/destatis/Internet/DE/Content/Publikationen/Fachveroeffentlichungen/VolkswirtschaftlicheGesamtrechnungen/Inlandsprodukt/InlandsproduktsberechnungEndgueltig2180140107004,property=file.pdf

6   Bundesverband Informationswirtschaft, Telekommunikation und neue Medien e.V., „Presseinformation Erreichbarkeit ist für die meisten selbstverständlich", Berlin, 3. Juli 2011, in: 29.10.2011, http://www.bitkom.org/files/documents/BITKOM-Presseinfo_Erreichbarkeit_im_Job_03_07_2011%281%29.pdf

7   Der Spiegel, Nr. 30/2011, S. 65.

8   Robert Reich, The Future of Success. Wie wir morgen arbeiten werden, München 2002, S. 328.

9   Vgl. Ludger Heidbrink / Peter Seele (Hg.), Unternehmertum. Vom Nutzen und Nachteil einer riskanten Lebensform, Frankfurt / New York 2010, S. 13ff.

sung in funktionale Prozesse geworden, das eine brisante Mixtur aus Eigeninitiative und Disziplinierung zur Voraussetzung hat.[10] Auf subtile Weise vermischen sich heute die emanzipatorischen Ideale der Selbstverantwortung und Autonomie mit den marktwirtschaftlichen Imperativen der Leistung und des Wettbewerbs. Das selbstverantwortliche Individuum ist dadurch gekennzeichnet, dass es mit den knappen Ressourcen an eigener Zeit und privaten Freiräumen effektiv umgeht und im Kampf um Erfolg und Aufmerksamkeit die Oberhand behält. Selbstverantwortlich zu sein, bedeutet in erster Linie, den allgegenwärtigen Forderungen nach Kreativität und Innovation durch eine Steigerung der Produktivität zu folgen und dem Ideal der Autonomie durch eine fortwährende Arbeit am eigenen Selbst gerecht zu werden.[11]

Es ist dieser gesellschaftliche Anspruch an die persönliche Fähigkeit zur Autonomie, der das Individuum in eine Krise der Unzulänglichkeit gestürzt hat, die in Gestalt depressiver Erkrankungen zum Ausdruck kommt. Die Zunahme an Depressionen resultiert nicht nur, aber zu einem erheblichen Teil aus der Last der Selbstverantwortung, die das Individuum überall dort zu tragen hat, wo es den sozialen Forderungen nach Selbstbestimmung nachzukommen versucht, ohne sie adäquat realisieren zu können. Nach Ansicht des französischen Medizinsoziologen Alain Ehrenberg ist die Depression „eine *Krankheit der Verantwortlichkeit*, in der ein Gefühl der Minderwertigkeit vorherrscht. Der Depressive ist nicht voll auf der Höhe, er ist erschöpft von der Anstrengung, er selbst werden zu müssen."[12] Die Depression ist im Unterschied zur Melancholie, die eine neurotische Schuldreaktion auf unerfüllbare Verhaltensnormen darstellt, eine psychische Reaktion auf ein Übermaß an Handlungsoptionen, für die das Individuum die Verantwortung trägt, ohne sie angemessen umsetzen zu können: Nichts ist verboten, alles ist erlaubt. „Die Depression ist die Krankheit des Individuums, das sich scheinbar von den Verboten emanzipiert hat, das aber durch die Spannung zwischen dem Möglichen und Unmöglichen zerrissen wird. Wenn die Neurose das Drama der Schuld ist, so ist die Depression die Tragödie der Unzulänglichkeit. Sie ist der vertraute Schatten des führungslosen Menschen, der des Projekts, er selbst

---

10   Vgl. Ulrich Bröckling, Das unternehmerische Selbst. Soziologie einer Subjektivierungsform, Frankfurt am Main 2007, S. 8f.

11   Im Anschluss an Michel Foucault siehe hierzu Sven Opitz, Gouvernementalität im Postfordismus. Macht, Wissen und Techniken des Selbst im Feld unternehmerischer Rationalität, Hamburg 2004. Vgl. auch die Beiträge in Christoph Menke / Juliane Rebentisch (Hg.), Kreation und Depression. Freiheit im gegenwärtigen Kapitalismus, Berlin 2011.

12   Alain Ehrenberg, Das erschöpfte Selbst. Depression und Gesellschaft in der Gegenwart, Frankfurt am Main/New York 2004, S. 4.

zu werden, müde ist und der versucht ist, sich bis zum Zwanghaften Produkten oder Verhaltensweisen zu unterwerfen."[13]

Die Depression ist so gesehen ein Leiden der Freiheit und Eigeninitiative, nicht der Disziplin und Kontrolle. Sie bildet das Spiegelbild einer *responsiven Leistungsgesellschaft*, in der die Vorstellung herrscht, das durch die selbstverantwortliche Gestaltung von Leben und Beruf alles erreichbar ist, zugleich aber alles Erreichbare in die Selbstverantwortung des Individuums zurückverlagert wird.[14] Diese Überladung des Individuums mit Verantwortlichkeiten ruft nicht nur sozialpathologische Reaktionen hervor, die neben der Depression in Bindungslosigkeit, Anomie und Narzissmus bestehen.[15] Sie erzeugt auch eine gesellschaftliche Atmosphäre der Stagnation und Kristallisation, die eine aktive Weiterentwicklung erschwert. Nicht nur das Individuum, auch die gesellschaftliche Verfassung kann Züge der Depression annehmen.[16] Die depressive Gesellschaft beruht nach Analysen des Soziologen Hartmut Rosa auf einer „Pathologie der Spätmoderne", in der die Beschleunigung der Zeitstrukturen und sozio-ökonomischen Prozesse parallel zur individuellen Überlastung in einen „rasenden Stillstand" der gesellschaftlichen Entwicklung eingemündet ist.[17] Der Verdichtung von Informationen, der Umschlaggeschwindigkeit von Waren und der Innovationsrate von Ideen korrespondiert keine offene historische Dynamik mehr, sondern das lähmende Bewusstsein der Überkomplexität, Alternativlosigkeit und einer Zukunft, die für produktive Erneuerungen versperrt ist.[18]

Die Depression stellt damit eine Zeitkrankheit in einem doppelten Sinn dar. Sie ist ein psychopathologisches Symptom von Akteuren, die „angesichts der Unfähigkeit der Seele, ihre Energie auf ein festes, beständiges, für lohnenswert erachtetes Ziel zu richten und tatkräftig zu entfalten, durch eine gleichsam künstliche Trägheit, Öde und Leere (bei gleichzeitiger innerer Rastlosigkeit), durch ‚Seelenlähmung' gekennzeichnet"[19] sind. Und sie ist Ausdruck einer gesellschaftlichen Situation, in der die emanzipatorischen Ideale der Selbstverantwortung und Autonomie zu einem Imperativ der „persönlichen Mobilmachung"[20] geworden sind,

---

13   Ehrenberg, Das erschöpfte Selbst, S. 12.
14   Vgl. Ludger Heidbrink, Handeln in der Ungewissheit. Paradoxien der Verantwortung, Berlin 2007, S. 193ff.
15   Vgl. Alain Ehrenberg, Das Unbehagen in der Gesellschaft, Frankfurt am Main 2011, S. 18ff.
16   Vgl. Ludger Heidbrink, Melancholie und Moderne. Zur Kritik der historischen Verzweiflung, München 1994.
17   Hartmut Rosa, Beschleunigung. Die Veränderung der Zeitstrukturen in der Moderne, Frankfurt am Main 2005, S. 388.
18   Vgl. Ludger Heidbrink, „Das Leiden an der Herrschaft der Zeit", in: Ursula Keller (Hg.), Zeitsprünge, Berlin 1999, S. 31-50.
19   Rosa, Beschleunigung, a.a.O., S. 388.
20   Ehrenberg, Unbehagen in der Gesellschaft, a.a.O., 293.

in dessen Folge die Zukunft keinen Zuwachs mehr an realer Freiheit verspricht, sondern eine Lähmung von Handlungsmöglichkeiten hervorruft, die aus dem Gewicht der Verantwortung resultiert, das auf den Individuen lastet.

2. Die Last der Verantwortung

Verantwortung ist dadurch gekennzeichnet, dass wir die Folgen für Handlungen übernehmen, die wir verursacht haben. Es war Hegel, der als einer der ersten den Umstand thematisiert hat, dass unsere Handlungen zu anderen Resultaten führen können, als von uns beabsichtigt war, wir aber gleichwohl verpflichtet sind, die nicht beabsichtigen Resultate im Auge zu behalten. Nach Hegel sind die Folgen die „Gestalt, die den Zweck der Handlung zur Seele hat", und damit „das der Handlung Angehörige". Gleichzeitig ist diese Gestalt jedoch, „als der in die Äußerlichkeit gesetzte Zweck, den äußerlichen Mächten preisgegeben, welche ganz anderes daran knüpfen, als sie für sich ist, und sie in entfernte, fremde Folgen fortwälzen".[21] Hegel will damit sagen, dass wir auch dann die Verantwortung für unsere Handlungen tragen, wenn sich aus ihnen – modern gesprochen – nicht intendierte Nebenfolgen ergeben, die sich unserer Kontrolle entziehen. Angesichts der „Zersplitterung der Folgen"[22], die zum Kennzeichen moderner Handlungswirklichkeiten gehört, müssen wir auch das in unseren Verantwortungshorizont einbeziehen, was nicht von uns intendiert wurde, aber von uns hätte berücksichtigt werden können: „Nur das nämlich, was ich von den Umständen wusste, kann mir zugerechnet werden. Aber es gibt notwendige Folgen, die sich an jede Handlung knüpfen, wenn ich nur Einzelnes, Unmittelbares hervorbringe, und die insofern das Allgemeine sind, das es in sich hat. Die Folgen, die gehemmt werden könnten, kann ich zwar nicht voraussehen, aber ich muss die allgemeine Natur der einzelnen Tat kennen."[23]

Die allgemeine Natur der einzelnen Tat verpflichtet das Individuum dazu, auch dort die Verantwortung für seine Handlungen zu übernehmen, wo diese von Umständen abhängen, die nicht in der Macht des Individuums liegen. Es ist diese Abhängigkeit von nicht kontrollierbaren Umständen, die Kierkegaard dazu bewegt hat, den Begriff der Verantwortung ins Zentrum seiner Philosophie zu stellen. Denn die Verantwortung – und Kierkegaard versteht darunter vor allem die individuelle Selbstverantwortung – bezieht sich auf diejenigen Bedingungen, die

21 G. W. F. Hegel, Grundlinien der Philosophie des Rechts, Werke, Bd. 7, Hg. Eva Moldenhauer und Karl Markus Michel, Frankfurt am Main 1970, S. 218.
22 Hegel, Grundlinien, a.a.O., S. 219.
23 Hegel, Grundlinien, a.a.O., S. 222.

dem eigenen Leben und Handeln voraus liegen, gleichwohl aber zum Leben und Handeln dazu gehören. Für Kierkegaard ist der Mensch erst dann in der Lage, für sich selbst und sein Handeln die Verantwortung zu übernehmen, wenn er „sich selbst als Produkt"[24] wählt und die Fremdbestimmung seiner Existenz anerkennt. Die Anerkennung der Fremdbestimmung verleiht der Selbstverantwortung einen höchst unsicheren Erfolgscharakter ohne Garantie des Gelingens. Die Erfüllung der Selbstverantwortung ist bei Kierkegaard ein höchst prekäres Unterfangen, von Zufällen und Widerfahrnissen abhängig, die der Einzelne immer wieder aufs Neue bewältigen muss.

Die individuelle Selbstverantwortung beruht deshalb auf der Fähigkeit, die kontingenten und zufälligen Handlungsfaktoren in das eigene Handeln zu integrieren. Für Kierkegaard ist der Mensch dann „verantwortlicher Redakteur" seines Lebens, wenn er auch diejenigen Entscheidungsfolgen auf sich nimmt, die er im Moment der Wahl nicht absehen konnte, die aber zu den Umständen gehören, unter denen er seine Entscheidung tätigt. Aus diesem Grund ist das Kriterium der richtigen Wahl nicht die rationale Erkenntnis einer bestimmten Pflicht, die man zu erfüllen hat, sondern die „Intensität", mit der diese Pflicht die gesamte Persönlichkeit des Handelnden ergreift. Wir wissen dann, was wir zu tun haben, wenn die Wahl einer Handlung uns mit Leidenschaft und Ruhe erfüllt, die Pflicht nicht als etwas äußerlich Erzwungenes, sondern als etwas freiwillig Auferlegtes empfunden wird. „Wenn das Ethische richtig gesehen wird, macht es das Individuum unendlich sicher in sich selbst, wenn es nicht richtig gesehen wird, macht es das Individuum völlig unsicher, und ich kann mir keine unglücklichere oder qualvollere Existenz denken, als wenn ein Mensch die Pflicht außer sich hat und sie doch immerfort realisieren will."[25]

Aus Sicht Kierkegaards wird das eigenverantwortliche Handeln dann zu einer Last, wenn es nicht der persönlichen Überzeugung entspringt, sondern aus allgemeinen Geboten hervorgeht, die mit der besonderen Lage und Einsicht des Handelnden nichts zu tun haben. Erst dort, wo die Allgemeinheit der ethischen Verpflichtung den Charakter der individuellen Einsicht annimmt, verliert sie ihren äußeren Zwang und verwandelt sich in ein inneres Gesetz, dem man sich freiwillig unterwirft. Wenn dies der Fall ist, lastet die Verantwortung für das eigene Handeln nicht auf den Schultern des Individuums, sondern wird als notwendige Aufgabe und Pflicht übernommen. Gleichwohl behält auch die übernommene Verantwortung ihren Lastcharakter, insofern sie als besondere, nur vom einzel-

---

24   Sören Kierkegaard, Entweder – Oder, Hg. Hermann Diem und Walter Rest, München 1975, S. 816.

25   Kierkegaard, Entweder – Oder, a.a.O., S. 821.

nen Individuum zu bewältigende Herausforderung erfahren wird. „Mit der Überzeugung", die der Ethiker, so Kierkegaard, „gewonnen hat, ist es für ihn nicht getan, denn er wird fühlen, dass er sich selbst eine große Verantwortung auferlegt hat. In diesem Punkt, sagt er, habe ich mich außerhalb des Allgemeinen gestellt, ich habe mich all der Anleitung, der Sicherheit und Beruhigung beraubt, die das Allgemeine gewährt; ich stehe allein, ohne Teilnahme, denn ich bin die Ausnahme. Aber er wird nicht feige und trostlos sein, er wird mit Sicherheit seinen einsamen Weg gehen, er hat ja den Beweis für die Richtigkeit seines Tuns erbracht, er hat seinen Schmerz."[26]

Nach Kierkegaard gibt es auch dann, wenn man tut, was man in einer bestimmten Situation tun muss, ein Element der Belastung und Anstrengung, das in dem Fehlen üblicher Handlungsroutinen und gewohnter Lebensvollzüge besteht. Derjenige, der aus eigener Verantwortung heraus handelt, steht außerhalb durchschnittlicher Abwägungsprozesse, verfügt über keine stabilen und verlässlichen Maßstäbe, sondern handelt unter Bedingungen der Ungewissheit, die ihn dazu zwingen, seine Entscheidungen auf der Basis unsicherer Kriterien zu fällen. Die Last der Selbstverantwortung besteht nicht in der Befolgung des Gewöhnlichen, sondern des Ungewöhnlichen. Das Gewicht, das auf dem selbstverantwortlichen Individuum lastet, ist das Gewicht der Ausnahme, mit der jeder allein umgehen muss, und nicht das Gewicht der Regel, das uns zwingt, fremden Gesetzen zu gehorchen.

Während Kierkegaard die Selbstverantwortung in eine direkte Verbindung zum „Schmerz" – und damit zur Depression *avant la lettre* – unsicherer und riskanter Lebensentscheidungen bringt, die das moderne Individuum ohne Rückgriff auf normative Sicherheiten treffen muss, geht Nietzsche einen entscheidenden Schritt weiter. Er sieht in der modernen Selbstverantwortung ein Zeichen menschlicher Schwäche, die in der moralischen Rechtfertigung des Handelns und der Ausbreitung des schlechten Gewissens besteht. „Sobald man aber nicht mehr an Gott und die Bestimmung des Menschen für ein Jenseits glaubt, wird der Mensch verantwortlich für alles Lebendige, das leidend entsteht und das zur Unlust am Leben vorbestimmt ist."[27] Die Konsequenz besteht für Nietzsche darin, dass „das ungeheure Schwergewicht der Verantwortlichkeit" abgeschüttelt werden muss, „welches Einer auf sich fühlt, welcher zu merken beginnt, dass alle Werthschätzungen, nach denen die Menschen leben, auf die Dauer den Menschen zu Grunde richten".[28]

---

26 Kierkegaard, Entweder – Oder, a.a.O., S. 911.
27 Friedrich Nietzsche, Nachgelassene Fragmente 1880-1882, Kritische Studienausgabe, Bd. 9, Hg. Giorgio Colli und Mazzino Montinari, zweite, durchges. Aufl., München 1988, S. 651.
28 Nietzsche, Nachgelassene Fragmente 1884-1885, KSA, Bd. 11, a.a.O., S. 467.

Nietzsche will das Schwergewicht der moralischen Verantwortlichkeit abschütteln, weil es den Menschen in der Freiheit seines Handeln einschränkt. Das
Zur-Verantwortung-Ziehen ist für Nietzsche Ausdruck der christlichen Herden-
moral, die auf dem Ressentiment der Masse gegenüber dem souveränen Individuum beruht. Um sich der Lebensfeindlichkeit der Massenmoral zu entziehen,
muss das souveräne Selbst sich eine neue Form die Verantwortung auferlegen,
die es vor allen anderen auszeichnet. Der moderne Mensch muss sich fragen, „in-
wiefern die Verantwortlichkeit für das Ganze dem Einzelnen einen weiten Blick,
eine strenge und furchtbare Hand, eine Besonnenheit und Kälte und Großartig-
keit der Haltung, Gebärde an(er)zieht und erlaubt, welche er nicht um seiner selbst
willen sich zugestehen würde".[29] An die Stelle der moralischen Verantwortung,
die den Menschen der Last der persönlichen Schuld unterwirft, tritt bei Nietzsche
die „große Verantwortung" des souveränen Individuums, die den Menschen zum
autonomen Gestalter seines Lebens macht.

Dass mit der Schwere der Verantwortung der Wert der Persönlichkeit wächst,
wird mit Nietzsche zu einem einschlägigen Topos der modernen Existenz. So steht
nach Nicolai Hartmann die Person „unter ständiger Verantwortung, nimmt sie
auf sich mit jedem Schritt, den sie im Leben tut, und trägt sie wie etwas selbstverständlich ihr Zukommendes – oft bloß in dunkler Ahnung ihres Gewichts, oft
mit klarem Bewußtsein und mit dem Willen, sie zu tragen, auch wo die Last sie
erdrücken will. Das ist das Zeugnis persönlicher Autonomie in ihr, das sichtbare Zeichen ihrer Freiheit".[30] Der Mensch übernimmt die Verantwortung als eine
Bürde, durch die er nicht nur vor anderen Lebewesen, sondern auch vor seinen
Mitmenschen ausgezeichnet ist. Das Tragen der Verantwortung wird zum Signum existenzieller Eigentlichkeit und Entschlossenheit, mit der das souveräne Individuum das eigene Leben bewältigt, ohne dabei auf vorgegebene Handlungs-
maßstäbe zurück zu greifen.

Die Ausrichtung des eigenen Lebens an selbst gewählten Maßstäben, die ihre
Richtigkeit aus der Härte und Schwere der übernommenen Verantwortung beziehen, steht allerdings immer schon vor einem höchst heiklen Umschlagpunkt.
Der von sich selbst herausgeforderte Mensch sieht sich umso deutlicher vor eine
Grenze gestellt, je höher er seine Eigenmächtigkeit hinaufschraubt. Der Wille zur
totalen Verantwortung droht dann in sein Gegenteil umzukippen, wenn er mit
Widerständen konfrontiert wird, die sich seiner Einflussnahme entziehen und ihrerseits eigenen Kräften gehorchen. Es liegt eine, wenn man so will, buchstäbli-
che Ironie des Schicksals darin, dass das souveräne Individuum die Grenzen sei-

---

29   Nietzsche, Nachgelassene Fragmente 1887-1889, KSA, Bd. 13, a.a.O., S. 112.
30   Nicolai Hartmann, Ethik, dritte Aufl., Berlin 1949, S. 728.

ner Verfügungsmacht nur dadurch ertragen kann, dass es sie zum Geschick und historischem Fatum, zum Ereignis einer höheren Gewalt erklärt.

Dieser bemerkenswerte Umstand zeigt sich vor allem bei Heidegger, der vom „Lastcharakter des Daseins" spricht, so wie er durch die „fahle Ungestimmtheit" des niedergedrückten und überdrüssigen Menschen offenbar wird.[31] Die Last des Daseins, die frappante Ähnlichkeiten mit der Tradition der Acedia und der antiken Melancholie aufweist, entsteht aus der „Faktizität der Überantwortung", die in der Geworfenheit des Daseins in seine Existenz ihren Grund hat.[32] Die Überantwortung des Menschen an das „Da" seines Seins geht mit der Erfahrung einher, dass nicht alles in seiner Macht steht und das eigentliche Existieren darin besteht, die Endlichkeit und Auslieferung an das Seinsgeschick mit Entschlossenheit auf sich zu nehmen.

Bei Heidegger tritt an die Stelle der selbstbestimmten Verantwortung das Gegenteil – eine *entschlossene Überantwortung*, die typisch für die „Verhaltenslehren der Kälte" (Helmut Lethen) ist, die sich in der Zwischenkriegszeit bei Autoren wie Ernst Jünger und Gottfried Benn, Bertolt Brecht und Walter Serner beobachten lassen. Der neusachliche Gestus der Gewissenlosigkeit und die Maskierung der Person dienen der Abwehr moralischer Regungen und der Abschottung gegenüber Schuldvorwürfen. Das Pathos der Kälte ist Ausdruck einer heroischen Schamkultur, die in der Überantwortung an die Sachlogik der Prozesse die Macht über sie zu behalten versucht. Wo man sich für etwas schämt, signalisiert man, dass höhere Gewalten existieren, denen man sich offenen Auges fügen muss. Die Bejahung des Unvermeidlichen soll dabei helfen, „den Glanz der Täterschaft zu erneuern", der mit der Fremdsteuerung des historischen Geschehens verloren gegangen ist. Erkauft sind die Verhaltenslehren der Kälte jedoch um einen hohen Preis: „Die Entlastung von Selbstverantwortlichkeit, die sie versprechen, droht durch das Gebot absoluter Wachsamkeit aufgezehrt zu werden."[33]

Die Einübung in das sachgesetzliche Fatum erfordert es, permanent auf der Hut zu sein und einen Zustand der Alarmierung aufrecht zu erhalten, der dem angestrebten Stoizismus widerspricht. Das Abschieben der persönlichen Verantwortung auf ein höheres Geschick – das Ereignis des Seins oder funktionale Sachprozesse – führt zu neuen Belastungen der Lebensführung, die in der anhaltenden Selbstkontrolle und der aktiven Unterwerfung unter fremde Kräfte bestehen, die

---

31   Martin Heidegger, Sein und Zeit, fünfzehnte, durchges. Aufl., Tübingen 1979, S. 134.
32   Heidegger, Sein und Zeit, a.a.O., S. 135. Vgl. Michael Theunissen, „Melancholie und Acedia.
      Motive zur zweitbesten Fahrt in der Moderne", in: Ludger Heidbrink (Hg.), Entzauberte Zeit.
      Der melancholische Geist der Moderne, München/Wien 1997, S. 26f.
33   Helmut Lethen, Verhaltenslehren der Kälte. Lebensversuche zwischen den Kriegen, Frankfurt
      am Main 1994, S. 37.

zwar – wenn es denn notwendig ist – Scham zulassen, aber davor bewahren, dass man sich persönliche Schuld zurechnen lassen muss.[34] Die fatalistische Bejahung eigenmächtiger Kräfte mindert somit nicht das Gewicht der Verantwortung, sondern erhöht es vielmehr dadurch, dass man zu einer höchst anstrengenden Dramaturgie der Lebensführung gezwungen ist und unverfügbaren Vorgängen mit einer Gelassenheit und Indolenz zu begegnen versucht, die beträchtliche Mühen der Disziplinierung und Selbstkontrolle kosten.

Wäre es so gesehen nicht besser, statt sich heroisch zu bemühen, die Lasten der Verantwortung auf ein unverfügbares Schicksalsgeschehen abzuschieben, sie in den Vollzug der eigenen Existenz aufzunehmen und als Grundzug der menschlichen Freiheit zu behandeln? In diesem Sinn schreibt Sartre, „dass der Mensch, der verurteilt ist, frei zu sein, das ganze Gewicht der Welt auf seinen Schultern trägt: er ist, was seine Seinsweise betrifft, verantwortlich für die Welt und für sich selbst". Diese Verantwortlichkeit ist „drückend", sie wird aber zugleich in dem „stolzen Bewusstsein" übernommen, dass wir es sind, die sie hervorbringen und tragen. Ein Entrinnen aus dieser Verantwortlichkeit ist nicht möglich, da sie sich „zwangsläufig aus den Folgen meiner Freiheit" ergibt: „Was mir zustößt, stößt mir durch mich zu, und ich kann weder darüber bekümmert sein, noch mich dagegen auflehnen, noch mich hineinschicken."[35]

Es gibt, anders gesagt, kein Jenseits der Verantwortung, da alles, was wir tun, Bestätigung unserer Verantwortlichkeit ist. Leben heißt wählen, und wählen heißt nach Sartre Verantwortung zu übernehmen für das, was man wählt, denn man hat immer die Wahl, es nicht zu wählen. Da man immer hätte anders handeln können, gibt es keinen Entschuldigungsgrund dafür, dass man sich für dieses und nicht für jenes entschieden hat. Die Verantwortung wird zu einer totalen Verantwortung, der man sich nicht entziehen kann, auch wenn man für sie selbst nicht verantwortlich ist. „Tatsächlich bin ich für alles verantwortlich, außer für meine Verantwortlichkeit selbst, denn ich bin nicht die Grundlage des Seins. Alles geht so vor sich, als ob ich gezwungen wäre, verantwortlich zu sein."[36]

Der Zwang zur Verantwortung und die Geworfenheit in die Freiheit bedingen sich wechselseitig. Indem der Mensch die Geworfenheit in die Freiheit in seine Verantwortlichkeit übernimmt, überwindet er seine Verlassenheit und Einsamkeit, streift Gewissensbisse und Reue ab und wird zu einem freien Wesen. Die Verur-

---

34   Vgl. Dieter Thomä, „Was heißt ‚Verantwortung des Denkens'? Systematische Überlegungen mit Berücksichtigung Martin Heideggers", in: Deutsche Zeitschrift für Philosophie 45 (1997), S. 559-572.
35   Jean-Paul Sartre, Das Sein und das Nichts. Versuch einer phänomenologischen Ontologie, Hamburg 1962, S. 696f.
36   Sartre, Sein und Nichts, a.a.O., S. 699.

teilung zur Verantwortung verwandelt sich in die Fähigkeit, selbst über alles entscheiden zu können. Wo alles aus eigener Verantwortlichkeit gewählt wird, kann nichts mehr falsch gemacht werden. Die totale Verantwortung schaltet den Zufall und die Kontingenz aus, indem sie sämtliche Ereignisse in den eigenen Verfügungsbereich zurückholt. Mit einem Wort: In der Verurteilung zur allumfassenden Verantwortlichkeit gewinnt der Mensch die Souveränität zurück, die ihm in der Auslieferung an ein eigenmächtiges Daseinsgeschehen verloren gegangen ist.

Ähnlich wie Sartre die Last der Verantwortung zu einem positiven Signum der totalen Freiheit macht, bindet Lévinas sie an die Herausforderung durch den Andern zurück. Nach Lévinas bin ich für den Anderen verantwortlich, „ohne dass ich diese Verantwortung für ihn überhaupt *übernehmen* müsste; seine Verantwortung *obliegt* mir".[37] Der Andere ruft eine Verantwortlichkeit hervor, der ich mich nicht entziehen kann, über die ich keine Macht habe, die mich vielmehr als seine Geisel in Beschlag nimmt. Die Besessenheit durch den Anderen geht so weit, dass ich „für seine Verantwortung selbst verantwortlich bin".[38] Wie in den bekannten Worten des Mönches Sossima aus Dostojewskis „Brüder Karamasoff", dass „jeder vor allen für alle schuldig" ist und „ich […] vor allen Menschen vielleicht der Schuldigste und Schlechteste"[39] bin, trägt nach Lévinas das Ich „immer ein *Mehr* an Verantwortlichkeit als alle anderen". Diese Mehr an Verantwortlichkeit, das bis zur Stellvertretung für den Anderen reicht, konstituiert meine Identität, macht aus mir ein Subjekt, das nur in der Auslieferung an den Anderen existiert, von ihm her die Würde, den Sinn und das gesamte Gewicht seines Daseins empfängt. „Diese Last", ist nach Lévinas „eine höchste Gnade des Einzelnen", die nicht abgelehnt oder delegiert werden kann, sondern die menschliche Individualität und Authentizität in der Konfrontation mit dem Anderen erst hervorbringt.[40]

3. Verantwortungsüberlastung in der Leistungsgesellschaft

Was sich damit zeigt, ist der bemerkenswerte Umstand, dass die Last der Verantwortung, je nach Umständen, ihr Vorzeichen wechseln kann. Sie kann als *negative Größe* erlebt werden, die unser Handeln einengt und beschränkt. Dies ist dann der Fall, wenn Anforderungen und Vorgaben existieren, die sich nur schwer erfüllen lassen oder die Sanktionen hervorrufen, wenn sie nicht erfüllt werden.

---

37 Emmanuel Lévinas, „Die Verantwortung für den Anderen", in: ders., Ethik und Unendliches, Graz/Wien 1986, S. 73.
38 Lévinas, „Verantwortung für den Anderen", a.a.O., S. 73.
39 Fjodor M. Dostojewski, Die Brüder Karamasoff, München 1985, S. 486f.
40 Lévinas, „Verantwortung für den Anderen", a.a.O., S. 76, S. 78.

Die Last der Verantwortung wird auch als negative Größe erfahren, wenn unser Handeln auf unklaren Grundlagen beruht und ins Unbestimmte verläuft. Dies ist dort der Fall, wo Regeln und Maßstäbe unsicher geworden sind, notwendiges Wissen und Informationen fehlen oder der Bereich unserer Zuständigkeit nicht feststeht. In beiden Fällen liegt auf dem Handeln ein lähmender Druck, der die Angst vor einem möglichen Versagen und Scheitern erzeugt oder mit der Ungewissheit einhergeht, die richtigen Entscheidungen und Entschlüsse getroffen zu haben.

Auf der anderen Seite kann die Last der Verantwortung aber auch als *positive Größe* erfahren werden, die unser Handeln auszeichnet und ihm seine besondere Würde und Qualität verleiht. Dies ist dann der Fall, wenn für die Erfüllung von Aufgaben und Anforderungen die Eigenständigkeit und Fähigkeiten des Handelnden wesentlich sind. Die Last der Verantwortung bildet eine positive Größe, wenn sie zu Entdeckungen und Innovationen führt, die ohne den Einsatz des Handelnden nicht entstanden wären. Sie stellt dort eine besondere Qualität dar, wo sie ihrem Träger dabei hilft, komplexe Handlungssituationen zu bewältigen und mit Unsicherheiten fertig zu werden. Positiv wird die Verantwortungslast dadurch, dass mit ihr die individuelle Selbständigkeit zunimmt und die persönliche Resistenz gegen Fehlentwicklungen wächst.

Vor dem Hintergrund zunehmender Depressionen und Burnout-Phänomene, so wie sie am Anfang beschrieben wurden, sieht es so aus, als habe sich die negative Seite der Verantwortung in Gestalt von individuellen Überforderungen stärker durchgesetzt als ihr positives Gegenstück einer aktiven und engagierten Übernahme von Selbstverantwortlichkeiten. Noch in den dreißiger Jahren des letzten Jahrhunderts konnte Robert Musil mit einer gewissen Ironie schreiben: „Es ist eine Welt von Eigenschaften ohne Mann entstanden, von Erlebnissen ohne den, der sie erlebt, und es sieht beinahe so aus, als ob im Idealfall der Mensch überhaupt nichts mehr privat erleben werde und die freundliche Schwere der persönlichen Verantwortung sich in ein Formelsystem von möglichen Bedeutungen auflösen solle."[41] An die Stelle dieser „freundlichen Schwere" sind am Beginn des 21. Jahrhunderts individuelle Beanspruchungen getreten, die von immer mehr Menschen als „Last eigener Verantwortung"[42] wahrgenommen werden.

Eine wesentliche Ursache dieser Entwicklung liegt in der Individualisierung von Lebensrisiken, die durch den Umbau des Wohlfahrtsstaats und die Reform der sozialen Sicherungssysteme hervorgerufen wurde und dazu geführt hat, dass die Kosten der eigenen Existenz immer weniger von der Gemeinschaft getragen

---

41   Robert Musil, Der Mann ohne Eigenschaften, Gesammelte Werke, Bd. 1, Hg. Adolf Frisé, Reinbek 1978, S. 150.
42   Zygmunt Bauman, Postmoderne Ethik, Hamburg 1995, S. 37.

und statt dessen dem einzelnen Individuum aufgebürdet werden. Der Rückzug des Staates von seinen öffentlichen Versorgungsaufgaben und die Entlassung der Bürger in die Eigenverantwortung wird von vielen Menschen nicht als Chance zu einer neuen Selbständigkeit aufgefasst, sondern als Bedrohung persönlicher Freiräume und Unterminierung von Sicherheiten empfunden.[43]

Dies zeigt sich vor allem im schon beschriebenen Wandel der Arbeitswelt und der Beschäftigungsverhältnisse. Die Zeit linearer und konstanter Berufsbiographien ist ebenso vorüber wie das Arbeiten in hierarchisch organisierten und weisungsgebundenen Tätigkeitsfeldern. Teilzeit- und Projektarbeit, befristete Arbeitsverhältnisse und längere Auszeiten („*Sabbaticals*") durch eigene oder fremde Entscheidung kennzeichnen die durchschnittliche Erwerbsarbeit. Die Notwendigkeit der Umschulung, der Fortbildung und des so genannten lebenslangen Lernens haben zugenommen, der häufige Wechsel des Arbeitsplatzes und die damit verbundene Mobilität sind normal geworden.

An die Stelle des traditionellen Arbeitnehmers ist der „Arbeitskraftunternehmer" getreten, der zwar in lohnabhängigen Beschäftigungen tätig ist, aber in erheblich größerem Maß als früher selbständig und eigenverantwortlich betrieblichen Anforderungen nachkommen muss. Kennzeichen des Arbeitskraftunternehmers sind flexibilisierte Arbeitsbeziehungen und autonome Formen der Selbstorganisation, die mit einem erhöhten Erfolgs- und Leistungsdruck einhergehen, die aktive Selbstüberwachung und Eigenkontrolle der Arbeitsergebnisse erfordern und eine „Verbetrieblichung" der persönlichen Lebensführung nach sich ziehen.[44] Die Folgen dieser Entwicklung bestehen darin, dass ein hohes Quantum an Selbstdisziplinierung aufgeboten werden muss, um die Freiräume des Arbeitsalltags effizient auszufüllen. Die Selbstverantwortung des Arbeitskraftunternehmers wird nicht als Befreiung von der fremdbestimmten Lohnarbeit wahrgenommen, sondern als Wiederkehr marktkapitalistischer Herrschaftsverhältnisse, die in Gestalt einer forcierten Selbstausbeutung fortleben.[45]

Wo selbstverantwortliches Handeln im Grunde nichts anderes meint als marktkonformes Handeln, das in konkurrenzorientierten Einstellungen, strategischem Agieren und kompetitivem Verhalten besteht, machen sich Ängste des Versagens und Scheiterns breit. Das „Gespenst der Nutzlosigkeit"[46] geht bei denjenigen um,

---

43   Vgl. Thomas Petersen / Tilman Meyer, Der Wert der Freiheit. Deutschland vor einem neuen Wertewandel? Freiburg 2005, S. 79f.

44   Vgl. G. Günter Voß und Hans J. Pongratz, „Der Arbeitskraftunternehmer. Eine neue Grundform der Ware Arbeitskraft?", in: Kölner Zeitschrift für Soziologie und Sozialpsychologie 50 (1998), S. 143ff.

45   Vgl. Barbara Heitzmann, „Die neue Eigenverantwortung. Jüngste Tendenzen in Managementkonzepten, Sozial- und Rechtspolitik", in: Kursbuch, Heft 157, 2004, S. 68ff.

46   Vgl. Richard Sennett, Die Kultur des neuen Kapitalismus, Berlin 2005, S. 71ff.

die mit den Entwicklungen nicht Schritt halten können und nicht über die nötige Flexibilität und Lernfähigkeit verfügen, um sich auf neue Arbeitsherausfor-
derungen einzustellen. Außerdem ruft die Umstellung von klaren Pflichten und
festen Hierarchien auf eigenständig auszufüllende Tätigkeitsfelder Verunsicherungen und Irritationen hervor. Die Unklarheit, worin die zu erbringenden Leistungen bestehen, stellt eine wesentliche Nebenwirkung der Zunahme an offenen
und auf wechselnden Zuständigkeiten beruhenden Beschäftigungsstrukturen dar.[47]

Eine weitere Ursache besteht in der Dynamisierung von Marktprozessen. In
der Wirtschaft und im Konsum spielen individuelle Erwartungen und Ansprüche
eine immer wichtigere Rolle und müssen durch permanente Produktinnovationen
und innovative Dienstleistungen befriedigt werden. Unternehmen und ihre Mitarbeiter stehen unter dem Zwang, in kürzesten Abständen neue Produkte auf den
Markt zu bringen und zugleich Kosten einzusparen. Die Dynamisierung des Marktes schlägt sich nicht nur in verkürzten Produktzeiten und beschleunigten Inno-
vationsraten nieder, sondern auch darin, dass Mitarbeiter häufiger ihren Arbeitsplatz wechseln und weniger loyale Bindungen zu ihren Arbeitgebern aufbauen.

Gleichzeitig nimmt die Arbeitszeit zu, die längst die Barrieren zwischen Beruf und Freizeit durchbrochen hat. Wer nicht bereit ist, länger und mehr zu arbeiten, muss empfindliche Lohneinbußen in Kauf nehmen oder um den Verlust
seines Arbeitsplatzes fürchten. Die Einkommensunterschiede wachsen an, weil
Zugeständnisse an Familie und freie Zeit mit proportional hohem Lohnverzicht
verbunden ist. Zudem richtet sich die Vergütung immer stärker nach Renom-
mee und Berühmtheit, mit denen sich einige wenige *Big Shots* von der Masse
der durchschnittlich Bezahlten abheben. Selbstvermarktung, *Self Management*
und *Networking* sind für die persönliche Karriere wichtiger geworden als pro-
fessionelle berufliche Kompetenzen.[48] In den Vordergrund ist ein „Kampf um
Aufmerksamkeit"[49] getreten, der eine stetige Werbung für die eigene Person, die
Inszenierung des persönlichen Lebensumfeldes und die fortdauernde Präsenz auf
den Märkten der öffentlichen Beachtung erfordert.

Eine weitere Ursache besteht in der Zunahme an Wahlmöglichkeiten und
Entscheidungsspielräumen.[50] Der Raum der Wissensbestände und Informations-
vielfalt, der zu einem Übermaß an Handlungsoptionen führt, ist erheblich ge-

---

47   Vgl. Klaus Günther, „Aufgaben- und Zurechnungsverantwortung", in: Ludger Heidbrink / Alfred
      Hirsch (Hg.), Verantwortung in der Zivilgesellschaft. Zur Konjunktur eines widersprüchlichen
      Prinzips, Frankfurt / New York 2006, S. 295-330.
48   Vgl. Robert R. Reich, The Future of Success, a.a.O., S. 202ff.
49   Vgl. Georg Franck, Mentaler Kapitalismus. Eine Politische Ökonomie des Geistes, München/
      Wien 2005, S. 219ff.
50   Vgl. Barry Schwartz, The Paradox of Choice, New York 2004.

wachsen. Er ist in dem Maß gewachsen, wie die sozio-ökonomische Verfassung der Gesellschaft durch den Zugang zu Gütern geprägt wird, die auf Abruf bereit gestellt werden und von den Akteuren spezielle Nutzerkenntnisse und Zugangsfähigkeiten erfordern.[51] Um sich in einer Welt des *Access* und des *Information Overload* orientieren zu können, sind kognitive Kompetenzen erforderlich, die den Akteuren eine permanente Lernbereitschaft abverlangen. Die Überflutung mit medialen Angeboten und die kommunikative Vernetzung sorgen dafür, dass die Ausbildung einer stabilen Identität erschwert wird und stattdessen eine Übersättigung des Selbst eintritt, das von den zahllosen Sinn- und Handlungsofferten überfordert ist.[52]

Die Kultur der Wahlfreiheit, mit der das spätmoderne Individuum konfrontiert ist, ruft zudem die Notwendigkeit hervor, unterschiedliche Wertvorstellungen miteinander in Einklang zu bringen. Die empirische Sozialforschung spricht recht euphemistisch vom Trend zur Wertesynthese, die in der Vereinigung gegensätzlicher Handlungsorientierungen besteht und ein „spannungsreiches Persönlichkeitsprofil" voraussetzt, das durch die Fähigkeit gekennzeichnet ist, „diszipliniert und gleichzeitig kommunikativ, durchsetzungsfähig und kooperativ, fleißig und sensibel, aktiv und kreativ" zu sein.[53] Die Verbindung heterogener Tugenden und Werte stellt ein zentrales Kennzeichen der Leistungsgesellschaft dar, in der Selbstinteresse und Gemeinwohlorientierung in ein ständiges Handlungsgleichgewicht gebracht werden müssen. Die Leistungsgesellschaft beruht auf der gesteigerten Selbstverantwortungsfähigkeit der Bürger, von denen erwartet wird, dass sie durch eine Mixtur aus demokratischer Teilhabe und individueller Selbstverwirklichung eine effektive „Balance zwischen Leistungs-, Genuss- und Sozialorientierung"[54] zustande bekommen.

Diese responsive Gestalt der Leistungsgesellschaft ist bei genauer Betrachtung eine Hochleistungsgesellschaft, in der das fortwährende Ausbalancieren widersprüchlicher Lebensziele und Wertvorstellungen im Vordergrund steht. Es dürfte unzweifelhaft sein, dass diese Vermittlungsfähigkeit zahlreiche Menschen überfordert und sie an den Rand der physischen und psychischen Belastbarkeit bringen kann. Die auf dem Diktat der Selbstverantwortung beruhende Leistungsgesellschaft ist ein enorm strapaziöses Projekt. Sie setzt das Individuum Entscheidungs-

51 Vgl. Jeremy Rifkin, Access. Das Verschwinden des Eigentums. Warum wir weniger besitzen und mehr ausgeben werden, Frankfurt am Main 2002.
52 Vgl. Kenneth J. Gergen, Das übersättigte Selbst. Identitätsprobleme im heutigen Leben, Heidelberg 1996, S. 94ff.
53 Horst Opaschowski, Deutschland 2020. Wie wir morgen leben – Prognosen der Wissenschaft, Wiesbaden 2004, S. 381.
54 Opaschowski, Deutschland 2020, S. 423.

freiheiten aus, die tief greifende Verunsicherungen und Überlastungen hervorrufen. Die Last der Verantwortung ist zu einem chronischen Belagerungszustand
geworden, in fortwährender Eigeninitiative man selbst zu werden, durch den das
autonome Individuum in eine Krise der Unzulänglichkeit zu stürzen droht. Das
Symptom dieser Krise ist der depressive Mensch, der unter der Last der Verantwortung von Zuständen der Erschöpfung, Apathie und Lethargie heimgesucht
wird, die auch von medizinischer Seite diagnostiziert werden.

4. Depression als „Krankheit der Verantwortlichkeit"

Die Zunahme an Depressionen in den westlichen Gesellschaften hat ihren Grund
darin, dass es immer weniger Menschen gelingt, die sozialen Forderungen nach
mehr Selbstverantwortung angemessen zu erfüllen. Die depressive Erkrankung
bildet das paradoxe Resultat eines gesellschaftlichen Individualisierungsprozes-
ses, der das einzelne Subjekt zwar aus traditionellen Bindungen und Abhängigkeiten befreit hat, es aber in zunehmenden Maß daran scheitern lässt, die Verantwortung für das eigene Leben und Handeln zu übernehmen. Wo früher repressive
Regeln und Gesetze zu neurotischen Gemütserkrankungen führten, ist es heute
die Verurteilung zur Freiheit und Selbstbestimmung, an der die spätmodernen Individuen erkranken. Die Depression, so lautet die Diagnose Alain Ehrenbergs, ist
„die Krankheit einer Gesellschaft, deren Verhaltensnorm nicht mehr auf Schuld
und Disziplin gründet, sondern auf Verantwortung und Initiative".[55]
    Die depressive Erkrankung resultiert aus einer radikalen Verunsicherung der
Individuums und der daraus folgenden Hemmung seiner Handlungsmöglichkeiten. Während bis in die Mitte des letzten Jahrhunderts die Lebensführung durch
Gebote und Verbote, vorgegebene Ordnungen und ethische Orientierungen gere-
gelt war, müssen Akteure sich heute im pluralistischen Geflecht von Werten und
Normen alleine zurecht finden und den Übergang von äußeren Anforderungen
zu freiwilligen Leistungen eigenständig vollziehen. Nicht Gehorsam und Folg-
samkeit, sondern Motivation und Entscheidung bilden die wesentlichen Hürden
der Lebensführung. Heute steht der Zwang zur Identitätsbildung und Selbstakti-
vierung im Vordergrund; an die Stelle der Regelbefolgung und Konformität sind
der innere Antrieb und das Vermögen zur Umsetzung von Plänen und Projekten
getreten. Die Fähigkeit der Individuen, „Verantwortung für ihre Ziele zu übernehmen" und „ein Leben lang zu sozialer Kooperation"[56] in der Lage zu sein, wie
John Rawls es beschreibt, hat die Einhaltung bestehender Gesetze und die Erfüllung klarer Vorgaben abgelöst.

---

55   Ehrenberg, Das erschöpfte Selbst, a.a.O., S. 9.
56   John Rawls, Politischer Liberalismus, Frankfurt am Main 1992, S. 282.

Das eigenverantwortliche Individuum scheitert daran, die Ziele, die es sich selbst gesteckt hat, konsequent umzusetzen. Aus dem emanzipatorischen Ideal der Selbstbestimmung ist ein gesellschaftlicher Imperativ der Autonomie geworden, den das Individuum nur unvollständig zu erfüllen vermag. Das Bewusstsein der persönlichen Unzulänglichkeit mündet in die Erschöpfung, „man selbst zu sein".[57] Die depressive Erkrankung löst so gesehen die melancholische Neurose ab und setzt sie zugleich auf einer anderen Ebene fort.[58] Während der Melancholiker an der Unmöglichkeit leidet, seine Freiheit zu verwirklichen, leidet der Depressive an der Unfähigkeit, seine Freiheit zu ertragen. Wo die Melancholie Zeichen des außerordentlichen Charakters war, der an seinen Idealen scheiterte,[59] ist die Depression das Symptom des gewöhnlichen Individuums, das in einem Meer an Chancen und Optionen unterzugehen droht. Die Depression ist nach Ehrenberg die Krankheit des demokratischen und egalitären Zeitalters, in dem alles möglich und erlaubt ist, sich aber zugleich die Angst vor Unsicherheit und Veränderung ausbreitet. Der Übergang vom souveränen zum erschöpften Selbst resultiert aus der „Last der inneren Verantwortung"[60], die den normalen Menschen niederdrückt, weil ihm angesichts der Vielzahl an Identitätsangeboten und Handlungsoptionen die Kraft zur eigenständigen und besonderen Entscheidung fehlt. Die Kehrseite persönlicher Initiative und Leistungsfähigkeit ist der Ausbruch der Apathie und Niedergeschlagenheit, der sich in dem Moment ereignet, in dem die Selbstverantwortung zu einem gesellschaftlich akzeptierten und legitimierten Handlungsprinzip geworden ist.

Die „Krankheit der Verantwortlichkeit"[61] markiert die Grenzen der modernen Leistungsgesellschaft. Sie tritt paradoxer Weise dort zutage, wo der Mensch sich aus traditionellen Bindungen und Abhängigkeiten befreit und repressive Sozialordnungen hinter sich gelassen hat. In der Auslieferung an die Freiheit kehrt der von Heidegger diagnostizierte Lastcharakter des Daseins zurück, weil die gesellschaftlichen Akteure mit Handlungschancen und Lebensmöglichkeiten konfrontiert sind, die ihnen ein Maß an Selbstkontrolle, Entscheidungskompetenz und Zurechnungsfähigkeit abverlangen, zu denen sie nur unzureichend in der Lage sind. Die Anstrengung, eine stabile Identität auszubilden und ein Leben ohne die Absicherung durch klare Wertorientierungen und verlässliche Wissensbestände zu führen, führt zu einer seelischen Erschöpfung des Selbst, gegen die Medikamente und Therapien in der Mehrzahl der Fälle wenig ausrichten. Auf

---

57   Ehrenberg, Das erschöpfte Selbst, a.a.O., S. 53.
58   Vgl. auch Ehrenberg, Unbehagen in der Gesellschaft, a.a.O., S. 17.
59   Vgl. Heidbrink, Melancholie und Moderne, a.a.O., S. 25ff.
60   Ehrenberg, Das erschöpfte Selbst, S. 262.
61   Ehrenberg, Das erschöpfte Selbst, S. 4.

seine offensichtlichen Schwierigkeiten, mit der Ausweitung der Verantwortung
fertig zu werden, reagiert das Individuum mit pathologischen Verhaltensweisen,
die von Depression und Sucht über Gewalt und Aggression bis zu Masochismus
und Lethargie reichen.[62]

5. Wege aus der Depression

Die Zunahme an Verantwortungspathologien ist nicht allein das Resultat des
Globalisierungsdrucks, der auf den Individuen und der Organisation ihrer So-
zial- und Arbeitswelt lastet,[63] sondern vor allem des Zwangs, unter hochgradig
unsicheren und ungewissen Alltagsbedingungen ein selbstverantwortliches und
erfolgreiches Leben zu führen.[64] „Die Bürde der Wahl, die uns die Freiheit auferlegt, und die Verantwortung für das eigene Los, die eine freie Gesellschaft dem
Individuum überläßt", so heißt es schon bei Friedrich August von Hayek, „ist
unter den Bedingungen der modernen Welt eine Hauptquelle der Unzufriedenheit geworden."[65] Diese Situation scheint sich angesichts der alarmierenden Zahl
an depressiven Erkrankungen, wie sie hier einleitend beschrieben wurde, noch
verschärft zu haben. Dabei ist deutlich geworden, dass die wachsende Zahl an
Burnout-Fällen, Erschöpfungssyndromen und Suchtverhalten mit einem gewach-
senem Leistungsanspruch zusammenhängt, der die Menschen an ihren eigenen
Ansprüchen scheitern lässt. Depressionen sind das Resultat veränderter Werteo-
rientierungen, durch die Autonomie und Selbstverantwortung zu obersten gesellschaftlichen Zielen geworden sind. Das individuelle Leiden an der Gesellschaft
ist zugleich ein gesellschaftliches Leiden des Individuums.[66]

Welche Wege stehen zur Verfügung, um aus diesem depressiven *Double-
Bind* herauszukommen? Ich möchte abschließend drei Realoptionen benennen,
die aus der Falle der Unzulänglichkeit herausführen können, in die sich das spätmoderne Individuum verstrickt hat:

---

62   Vgl. Klaus Günther, „Zwischen Ermächtigung und Disziplinierung. Verantwortung im gegen-
      wärtigen Kapitalismus", in: Axel Honneth (Hg.), Befreiung aus der Mündigkeit. Paradoxien
      der gegenwärtigen Kapitalismus, Frankfurt/New York 2002, S. 135ff.

63   Vgl. Walter Reese-Schäfer, Das überforderte Selbst. Globalisierungsdruck und Verantwor-
      tungslast, Hamburg 2007.

64   Vgl. Ludger Heidbrink, „Autonomie und Lebenskunst. Zu den Grenzen der Selbstbestimmung",
      in: Wolfgang Kersting / Claus Langbehn (Hg.), Kritik der Lebenskunst, Frankfurt am Main
      2007, S. 261-286.

65   Friedrich August von Hayek, Die Verfassung der Freiheit, Gesammelte Schriften, Bd. 3,
      Tübingen 2005, S. 104.

66   Vgl. Ehrenberg, Unbehagen an der Gesellschaft, a.a.O., S. 493ff..

■ Wenn die Zunahme psychischer Erkrankungen eine Konsequenz der Arbeits-
überlastung, der beschleunigten und entgrenzten Aufgabenbewältigung ist,
sind vor allem veränderte Maßstäbe des Erfolgs und der Leistungserbringung
erforderlich. Anstatt in immer kürzerer Zeit immer mehr Anforderungen gerecht zu werden, müssen *Time Slots* geschaffen werden, die eine ergebnisoffene
Verwendung von Zeitressourcen erlauben. Arbeitnehmer und Selbständige
müssen in die Lage versetzt werden, ihr Aufgabenpensum frei einzuteilen,
ohne dabei durchweg an Zeitkonten oder Leistungsvereinbarungen gemessen
zu werden. Empirische Studien zeigen, dass durch den postmateriellen Wertewandel an die Stelle von Verdienst und beruflichem Status die Werte der
Freizeit und der sozialen Kontakte getreten sind, die von einer wachsenden
Zahl als persönlich bedeutsame Lebensziele verfolgt werden. Menschen
sind bereit, auf einen Teil ihres Gehalts oder den nächsten Karriereschritt zu
verzichten, wenn ihnen dafür mehr Zeit für die Familie oder ihr Privatleben
zur Verfügung steht.[67] Erforderlich ist hierfür ein veränderter subjektiver
Referenzrahmen, durch den wir Leistung und Erfolg nicht mehr primär an
monetären Größen oder Statuskriterien messen, sondern an der Verfügung
über eigene Zeit- und Lebensressourcen.

■ Ein zweiter Weg besteht in dem veränderten Umgang mit Ungewissheits-
und Unsicherheitsprozessen. Wenn psychische Erkrankungen eine Reaktion
auf die Unbestimmtheit von gesellschaftlichen Verantwortungsansprüchen
darstellen und der depressive Mensch Schwierigkeiten hat, den sozialen
Erwartungen an verstärkte Eigeninitiative nachzukommen, ist es hilfreich,
Verfahren und Strukturen auszubauen, die zu einem Abbau von Verunsicherungen beitragen. Die Zunahme an Ungewissheit und Nichtwissen durch
die Dynamik der gesellschaftlichen Wissensproduktion erzeugt vor allem
dort Überlastungseffekte, wo Akteuren zugemutet wird, auch das in ihren
Zurechnungshorizont aufzunehmen, was jenseits ihrer Einflussnahme und
Kontrolle liegt.[68] Zu den Mitteln, die belastende Erweiterung des Zurechnungs-
horizontes einzudämmen, gehören klarere Regeln der Zuständigkeit oder die
Selbstbindung an ein begrenztes Kontingent an Aufgaben und Alltagsroutinen,
die von immer neuen Abwägungen und permanenten Handlungsreflexionen

---

67 Daniel Kahneman, Angus Deaton, „High income improves evaluation of life but not emotional
    well-being", PNAS 107 (38), September 2010, p. 1, in: 29.10.2011, www.pnas.org/cgi/doi/10.1073/
    pnas.1011492107. Vgl. auch Mathias Binswanger, Die Tretmühlen des Glücks. Wir haben immer
    mehr und werden nicht glücklicher. Was können wir tun? Freiburg 2006, S. 30ff.

68 Vgl. Ludger Heidbrink, Nichtwissen und Verantwortung. Zum Umgang mit unbeabsich-
    tigten Nebenfolgen, Workingpaper Nr. 8 / 2010, Center for Responsibility Research, www.
    responsibility-research.de.

entlasten. Darüber hinaus können Akteure eine persönliche Resistenz gegen Fehler und Enttäuschungen entwickeln, die aus Unsicherheitsentscheidungen hervorgehen. Sie können lernen, dass das berufliche und biographische Scheitern kein Ausnahmeereignis, sondern eine gesellschaftliche Normalität darstellt.[69] Anstatt sich am Ideal erfolgreicher Lebensverläufe zu orientieren und auf die Unerreichbarkeit des Außergewöhnlichen mit seelischer Resignation zu reagieren, kann die Hinnahme der eigenen Durchschnittlichkeit und die Akzeptanz der unperfekten Existenz helfen, dem depressiven Verlust des Selbstwertgefühls vorzubeugen.

- Der dritte Weg liegt darin, die positive Seite der Verantwortung in den Vordergrund zu stellen und zu verstärken. Wie die philosophischen Positionen von Kierkegaard, Nietzsche, Hartmann, Sartre und Lévinas gezeigt haben, stellt die Übernahme von Selbstverantwortung nicht nur eine psychische Belastung und persönliche Verunsicherung, sondern auch eine Bestätigung und Auszeichnung des Individuums dar. Menschen sind vor allem dann bereit, Verantwortung zu übernehmen, wenn sie aus eigenem Antrieb agieren, das Gefühl der Kontrolle über ihre Handlung besitzen und sich mit den verfolgten Zielen identifizieren können.[70] Die Bereitschaft zur Verantwortungsübernahme wächst mit dem Einfluss auf das eigene Handeln und der Identifikation mit den Handlungszwecken. In dem, was wir tun, muss eine Bedeutsamkeit für uns liegen, damit wir es uns in einem positiven Sinn zurechnen. Wer von der Notwendigkeit seines Handelns überzeugt ist, trägt die Sorge für sein Tun auch dort, wo es durch andere Faktoren eingeschränkt wird. Verantwortung setzt nicht unbedingte Freiheit, wohl aber das Sich-Ernst-Nehmen des Akteurs und seiner Handlungsziele voraus.[71] Überall dort, wo die Ausübung von Verantwortung als persönliche Bereicherung, als Sinn- und Wunscherfüllung erfahren wird, verliert sie ihren belastenden Charakter und verwandelt sich in ein positives Element der Lebensführung unter Bedingungen, die wir zwar nicht frei gewählt haben, denen wir aber aus eigener Entscheidung zustimmen können.

---

69   Vgl. Matthias Junge / Götz Lechner (Hg.), Scheitern. Aspekte eines sozialen Phänomens, Wiesbaden 2004.
70   Vgl. Elisabeth Auhagen, Die Realität der Verantwortung, Göttingen 1999, S. 211ff.; Ernst-H. Hoff, „Kollektive Probleme und individuelle Handlungsbereitschaft. Zur Entwicklung von Verantwortungsbewusstsein", in: Matthias Grundmann (Hg.), Konstruktivistische Sozialisationsforschung. Lebensweltliche Erfahrungskonzepte, individuelle Handlungsbereitschaft und die Konstruktion sozialer Strukturen, Frankfurt am Main 1999, S. 240-266.
71   Vgl. Harry G. Frankfurt, Sich selbst ernst nehmen, Frankfurt am Main 2007, S. 15ff.; ders., Freiheit und Selbstbestimmung, Berlin 2001, S. 53ff.

Die Depression ist die Reaktion darauf, dass Menschen die Wertschätzung der eigenen Person verloren gegangen ist und sie weitestgehend unter dem Einfluss fremder Handlungsziele agieren. Um dieser Form der Entfremdung als einer „Beziehung der Beziehungslosigkeit"[72] zu entkommen, müssen Menschen fähig sein, sich Handlungsziele setzen, denen sie aus persönlicher Überzeugung zustimmen und die in Übereinstimmung mit ihrem Selbstverständnis stehen. Die responsive Leistungsgesellschaft, die auf dem Prinzip der entgrenzten Selbstverantwortung beruht, verhindert diese Übereinstimmung mit sich selbst und fördert sie zugleich. Sie verhindert die Identität des Selbst, weil sie durch ein Übermaß an Initiative, Kreativität und Motivation zu einer „Schaffens- und Könnensmüdigkeit"[73] geführt hat, die mit einer Zunahme psychischer Infarkte einhergeht. Die responsive Leistungsgesellschaft fördert aber auch die Identität des Selbst, da sie neue Möglichkeiten der Verantwortungsübernahme eröffnet, die im Engagement der Bürger für Lebensziele bestehen, die ihnen bedeutsam und wünschenswert sind. In dem Maß, in dem die Unzufriedenheit der Bürger mit der einseitigen Ausrichtung der gesellschaftlichen Dynamik an Maßstäben des ökonomischen Wachstums zunimmt, wächst auch die Bereitschaft, sich durch politische Partizipation und ökologischen Konsum für einen nachhaltigen Wandel der Marktwirtschaft einzusetzen.[74] Die Suche nach gelingenden Lebensformen jenseits von ökonomischer Leistung und materiellem Fortschritt, die mit dem gegenwärtigen Wandel der Industriegesellschaft einhergeht, bietet eine realistische Chance, sich aus den Fallstricken der individuellen und gesellschaftlichen Depression zu befreien, die durch die Last der Selbstverantwortung entstanden sind.

72   Rahel Jaeggi, Entfremdung. Zur Aktualität eines sozialphilosophischen Problems, Frankfurt / New York, 2005, S. 43.f.
73   Byung-Chul Han, Müdigkeitsgesellschaft, 5. Aufl., Berlin 2011, S. 21.
74   Vgl. Ludger Heidbrink / Imke Schmidt / Björn Ahaus (Hg.), Die Verantwortung des Konsumenten. Zum Verhältnis von Markt, Moral und Konsum, Frankfurt /New York, 2011, S. 12ff.

Gesellschaftskritik. Theorien des Unbehagens und die Figur des Intellektuellen

Georg Kohler

I.

Sich selber explizit abzuschreiben, ist noch immer verpönt, obwohl es – verdeckt – doch fast alle tun (mindestens diejenigen unter uns, die schon länger zur Schreibergilde gehören); und obschon es gewiss weniger unehrenhaft ist als die „Methode Guttenberg". Dennoch will ich es für einmal offen riskieren und erinnere an einen bald zwanzigjährigen Text, der sich mit der damals symptomatischen Tatsache befasst, dass die kurze Euphorie des 8. November 1980 sehr schnell in den Missmut der neunziger Jahre kippte[1]:

> „Wer verdrossen ist, ist noch nicht verzweifelt. Zur Verdrossenheit gehört die zähe Gewissheit, das alles irgendwie weitergeht. Verdrossen glaubt man an die Strukturen der Gegenwart und an deren Permanenz. So sind diese Konstruktionen gleichermassen die Garantie fortdauernder Sekurität wie ständiger Anlass zur Klage – Geborgenheit im Schlechten sozusagen. Weder drängt die sichere Gewissheit einer kommenden Katastrophe, noch die Hoffnung auf eine neue Wirklichkeit zur entschiedenen Tat. Doch das, was ist, befriedigt so, wie es ist, erst recht nicht.
>
> Missmut erscheint damit als Ausdruck einer rostigen, aber fest verankerten Realitätsbeziehung, die durch keine Zukunftsvisionen tiefreichend irritiert und dadurch aufgebrochen werden kann (…) Was am Gegebenen vor allem verdriesst, sind dessen Halbheiten. Nichts wird tatsächlich gut, doch ganz schlecht funktioniert auch nichts. Das unaufhörliche Basteln im Gestrüpp widersprüchlicher Ziele und Bedürfnisse, Nötigkeiten und Freiheiten macht die einzelnen Handlungen zum Ergebnis mühsamer Kompromissbildungen und verdirbt die Launen – des öffentlichen wie des privaten Lebens. Allerdings: Genau dieses Basteln gehört unabdingbar zum Tagesgeschäft individueller Existenz im Normfall der multioptionalen Gegenwartsmoderne. Es kennzeichnet ebenso das übliche Funktionieren der pluralistischen Demokratien, die (das darf man ohne Übertreibung feststellen) am Ende des Kalten Krieges siegreich geblieben sind. Was also ist daran schlimm und störend – oder sogar verstörend?
>
> Die unbefriedigte Sehnsucht nach dem Ganz Anderen, nach der Intensität des Ausnahmezustandes, nach dem Gefühl, endlich dem ‚Eigentlichen' zu begegnen? – Mag sein, dass solch existentialanalytische Deutungen (die sich ja unschwer in sozialpsychologische und medienso-

---

1   Vgl. Georg Kohler, Die Wiederkehr des Politischen und der Politik, in: Die Folgen von 1989 (hrsg. von Georg Kohler und Martin Meyer), München 1994, S. 193f.

ziologische Hypothesen verwandeln lassen) einiges von der aktuellen Stimmungslage erklären. Aber, sie sind allzu rasch zur Hand, um die Ursachen der ‚grossen Verdrossenheit' hin-
reichen plausibel zu bezeichnen."

Der Vorschlag, den der Text im Anschluss an den Einwand des allzu Wohlfeilen
liefert, kann auch noch zwanzig Jahre später als Ausgangspunkt für eine Renova-
tion der Befindlichkeitsanalyse der Gegenwart dienen. Am Beginn der neunziger
Jahre des letzten Jahrhunderts lassen sich nämlich sogleich zwei Grossfaktoren
für den verbreiteten Missmut benennen – diesen Missmut, dem aber, eigentüm-
licherweise auch die Phänomene familiärer Geborgenheit anhaften.

Ich halte mich noch einmal an meinen Text von 1993. Die eine Ursache besteht in nicht weniger als in der Zustandswahrnehmung der globalen Zivilisation, also „im unklaren, aber nicht grundlosen Gefühl", dass in unserer Welt trotz
(oder gerade wegen) aller technischen Fortschritte ein sehr ernstzunehmendes Ge-
fahrenpotential heranwächst, das unbezweifelbar ist, auf das aber niemand konsequent zu reagieren weiss. Die an zweiter Stelle genannte Ursache hatte nicht
direkt mit der Ökologie unseres planetarischen Biotops zu tun, jedoch mit den
Fragwürdigkeiten der institutionellen Verfassung eben jener Demokratien, die so-
eben das *Great Game* des Kalten Krieges gewonnen hatten: „Nicht ausrottbar ist
das mulmige Empfinden, dass die üblichen politischen Konzepte und Aktionsfor-
men der Realität unserer gesellschaftlichen Verhältnisse (gemeint wird hier nicht
die der Menschheit insgesamt, sondern lediglich die Gegebenheiten der westlichen Industriemoderne) selbst dort nicht gut angemessen sind, wo diese Verhältnisse noch relativ beherrschbar erscheinen."

II.

Nun soll das Thema meiner Überlegungen nicht die Theorie der (um eine berühmte Überschrift zu zitieren) „geistigen Situation der Zeit" sein, sondern das
Problem des Zusammenhangs zwischen Gesellschaftskritik – dem traditionellen
Geschäft so genannter „Intellektueller" – und den verschiedenen Modalitäten kol-
lektiver Stimmung, und unter diesen insbesondere diejenige des Missvergnügens.
Dabei gehe ich davon aus, dass zu behaupten, die Gefühlszustände der Öffentlichkeit seien auf blosse Manipulation durch Medien und Meinungsmacher zurückzuführen, ein Kurzschluss ist. Eher stimmt das Umgekehrte: Wo solche Thesen
allgemein zu hören sind, muss mit den Manipulationswirkungen eines totalitä-
ren Machtapparates gerechnet werden. Ergo ist immer *auch* nach den möglichen
Realursachen und objektiven Gründen für auffällige Einstellungen sozialstatisti-

scher Mehrheiten zu fragen, bevor mit gruppenbezogenen beeinflussungs- und irgendwie völkerpsychologischen Hypothesen (etwa: „Die Deutschen sind seit 1945 postheroisch und überdurchschnittlich angstbereit geworden.") operiert wird. Der Rückgriff auf die Epoche nach „89" eröffnet mithin Fragen, die zunächst nicht auf die Wahrnehmungsweisen, sondern primär auf deren Gegenstände zielen.

Sind die Erklärungen für den Missmut der neunziger Jahre auch für die zweite Dekade des 21. Jahrhunderts zu verwenden? Haben sich die bereits damals vorhandenen Blockaden und Unzulässigkeiten verschärft? Sind ganz neue Entwicklungen dazugekommen? Oder ist – im Gegenteil – inzwischen klar, dass die Misslaunigkeit von damals nur den *ennui* einer von der Menschheitsgeschichte verwöhnten Generation zum Ausdruck brachte? Und wäre es darum doch erlaubt – und an der Zeit – das Ganze auf Rechnung (Medien)Aufmerksamkeitsökonomie – *bad news is good news* – und Wohlstandsübersättigung zu schreiben?

Ich will im Folgenden versuchen, im Vergleich der Situationen vor und nach der Jahrhundertschwelle, zuerst die Kontinuitäten und Verschärfungen, dann die neu aufgetauchten Verunsicherungsfaktoren zu notieren, um schliesslich auch von jenen Phänomenen zu reden, die ihren Ursprung weniger in der Sache als in der Art ihrer Auffassung und ihrer Inszenierung besitzen.

Über die Kontinuitäten ist nicht lange zu diskutieren. Beide Befunde der jüngeren Vergangenheit – die Beunruhigung durch die Fakten der planetarischen Ökologie und die in Führungskrisen verwandelte Orientierungslosigkeit der Demokratien – sind nach wie vor richtig. Und deutlicher als je ist die Logik sichtbar geworden, die das Ganze steuert – und verschärft.

Die unverkennbare Tatsache, dass sich der im Westen zuerst entwickelte wissenschaftlich-technische Produktionsstil neue, ausserwestliche, vor allem fernöstliche Praxisfelder erobert hat, ist zwar kein Ausdruck eines Geschichtsgesetzes (dergleichen gibt es nicht), aber nichtsdestotrotz eine rational rekonstruierbare Konsequenz humangesellschaftlicher Evolutionstendenzen. Sind gewisse kulturelle und soziale Voraussetzungen vorhanden, werden sich die aus der Verbindung von moderner Naturwissenschaft und industrialisierter Arbeitsform resultierenden Produktionschancen stets durchsetzten. Sie gestatten wie keine andere Wirtschaftsweise die massenhafte Erfüllung elementarer menschlicher Wünsche, und sie fördern zugleich die Expansion dieser Wünsche, was wiederum die Produktionsformen selber mobilisiert, usw. Ist dieser Kreislauf einmal gestartet, dann ist er sogleich auf ein sich selbst erhaltendes Beschleunigungsprogramm eingestellt.

Somit wird klar, dass schon im Ausgangsbefund der neunziger Jahre eine Tendenz zur Problemverschärfung enthalten ist. Denn die planetarische Proliferation und Ausdehnung industriezivilisatorischer Produktionstechniken, technologischer Schübe (zum Beispiel auf dem Gebiet der Kommunikationsnetze) und korrespondierender Ansprüche und Erwartungen der Menschen muss rasch zu mehreren Konsequenzen führen: zur ökonomischen einer ruppigen Weltmarktkonkurrenz (was, wie stets, mit neuen Reichtumsverteilungen und den entsprechenden Spannungen verknüpft ist), zur ökologischen der Zerstörung bislang selbstverständlicher Lebensbedingungen (was, wie stets, politisch-kulturelle Anpassungen im Grossmassstab nötig macht, die oft nur durch Katastrophenerfahrungen zu erzwingen sind), zur demographischen gewaltigen Migrationsbewegungen (die, wie stets, die Zuwanderer in Streit mit den Ansässigen und diese selbst in Gewinner/Verlierer-Konflikte bringen).

III.

Was 1990 zwar schon zu erkennen, aber noch mit guten Gründen einerseits in den Problemkreis des global gewordenen Modells der wissenschaftlich-technischen Zivilisation, anderseits in die Schwierigkeiten des politischen Systems der westlichen Demokratie aufzuteilen war, ist inzwischen so stark verschmolzen, dass die Krisenursachen des einen von denen des anderen kaum mehr zu trennen sind. Die offensichtliche Zunahme populistischer, auf Abgrenzung und xenophobe Reflexe setzender Politikstrategien, die unbestreitbare Polarisierung nationaler Gesellschaften zwischen den Globalisierungsgewinnern und den -verlierern, die nach Fukushima fast schon aporetisch gewordene Ökologie- und Weltklimafrage: all diese wohlbekannten Erscheinungen im Alltag jedes informierten Zeitgenossen beweisen, dass sich anno 93 die „Geborgenheit im Schlechten" mit Tatsachen einzurichten wusste, die alles andere als Medienchimären und Visionen chronisch überreizter Angstneurotiker waren.

Hält man sich dies genügend gut vor Augen, dann sollte man sich vielleicht nicht über die nach wie vor lediglich als „Missmut", „Verdrossenheit", „Gereiztheit" beschreibbaren Stimmungen grosser Mehrheiten wundern, sondern eher darüber, dass sich das dominante Empfinden weiterhin mit dem dumpfen Glauben verbünden kann, am Ende werde alles schon nicht so schlimm werden. Wir alle bleiben ja irgendwie zuversichtlich, obwohl es durchaus Gründe gäbe, an die „Titanic" zu denken: den Beinahe-Zusammenbruch des internationalen Finanzsystems, den man im Herbst 2008 verfolgen durfte; das seither nicht gewachsene Vertrauen in die Berechenbarkeit der tosenden Geldströme, die den Planten täglich umkreisen; Chinas raketenartiger Aufstieg zum Superlieferanten des westlichen Massenkonsums, der in den Nullerjahren den unheimlichen Centaur

„Chimerika" hervorbrachte; die Menetekel des Zivilterrors (zu denen nicht nur die verschwundenen Zwillingstürme von Manhattan gehören, sondern ebenso die im Internet auffindbaren Einleitungen zum Bau schmutziger, d.h. radioaktiv verseuchender Bomben, von Fukumshima schweigen wir sowieso) – warum nur, so darf man sich überlegen, sind wir bloss „missmutig", statt fürchtend und zitternd oder, was besser wäre, entschlossen, nach möglichen Auswegen aus dieser – objektiv! – höchst ungemütlichen Lage zu suchen? Allerdings: Sieht man näher hin auf die Kollektivbefindlichkeiten, wie sie sich gegenwärtig zeigen, dann wird man einen gewissen Wandel im Grad der Aufgeregtheit registrieren. Wie soll man diesen Zustand qualifizieren?

IV.

Ich gebe zu, dass ich nun an den Rand vager Mutmassungen und in den Sog trivialer Empfehlungen geraten könnte. Und ich bin nicht sicher, dass ich den genannten Gefahren zu entgehen vermag. Doch – sozusagen als Gegengift – habe ich bei der Vorbereitung dieses Essays wieder einmal Enzensbergers Buch von 1978 „Der Untergang der Titanic. Eine Komödie" gelesen und bin auf die folgende Szene gestossen. Sie trägt den Titel „Der Aufschub" und hilft unsere Missmutsdiagnose unter einem weiteren Blickwinkel, nämlich dem der stoischen Unverdrossenheit, zu betrachten:

> „Bei dem berühmten Ausbruch des Helgafell, eines Vulkans auf der Insel Heimaey, live übertragen von einem Duzend | hustender Fernsehteams, sah ich, unter dem Schwefelregen, | einen älteren Mann in Hosenträgern, der, achselzuckend | und ohne sich weiter zu kümmern um Sturmwind, Hitze, | Kameraleute, Asche, Zuschauer (unter ihnen auch ich vor dem bläulichen Bildschirm auf meinem Teppich), | mit einem Gartenschlauch, dünn aber deutlich sichtbar, | gegen die Lava vorging, bis endlich Nachbarn, Soldaten, | Schulkinder, ja sogar Feuerwehrleute mit Schläuchen, | immer mehr Schläuchen gegen die heisse, unaufhaltsam vorrückende Lava eine Mauer aus nasserstarrter | kalter Lava höher und höher türmten, und so, | zwar aschgrau und nicht für immer, doch einstweilen, | den Untergang des Abendlandes aufschoben, dergestalt, | dass, falls sie nicht gestorben sind auf Heimaey, | einer Insel unweit von Island, heute noch diese Leute | in ihren kleinen bunten Holzhäusern morgens erwachen | und nachmittags, unbeachtet von Kameras, den Salat | in ihren Gärten, lavagedüngt und riesenköpfig, | sprengen, vorläufig nur, natürlich, doch ohne Panik."[2]

Wozu diese Beschreibung lakonisch und poetisch ermuntert, ist offensichtlich. Zur Haltung tätiger Unerschrockenheit, die das Fällige versucht, und so etwas anfängt, was andere ansteckt, um schliesslich das Bedrohliche mit dessen eige-

---

2   Zitiert nach: Hans Magnus Enzensberger, Gedichte 1950-2010, Berlin 2010, S. 111.

nen Eigenschaften zu schlagen; bis auf Weiteres, nicht ein für alle Mal; denn zu leben ist bekanntlich immer lebensgefährlich.

Kleiner Exkurs für Gebildete: Reizvoll an Enzensbergers unpathetischem Text sind seine heimlichen Anschlüsse an höchst Hochkulturelles. Das reicht von Hölderlins „Wo aber Gefahr ist ..." bis zu Candides Empfehlung *cultiver son jardin.* Besonders gut gefällt mir die mögliche Assoziation zum paganen Lob des Daseins, das der späte Freud (derselbe, der im „Unbehagen in der Kultur" bemerkt, dass „die Absicht, dass der Mensch ‚glücklich' sei, im Plan der ‚Schöpfung' nicht enthalten" ist) gelegentlich verteilt; eindrucksvoll zum Beispiel in seiner grossen Kritik metaphysischer Tröstungen, also in der Abhandlung zur „Zukunft einer Illusion": „Es macht schon etwas aus, wenn man weiss, dass man auf seine eigene Kraft angewiesen ist. Man lernt dann, sie richtig zu gebrauchen. Ganz ohne Hilfsmittel ist der Mensch nicht, seine Wissenschaft hat ihn seit den Zeiten des Diluviums viel gelehrt und wird seine Macht noch weiter vergrössern. Und was die grossen Schicksalsnotwendigkeiten betrifft, gegen die es eine Abhilfe nicht gibt, die wird er eben mit Ergebung ertragen lernen. Was soll ihm die Vorspiegelung eines Grossgrundbesitzes auf dem Mond, von dessen Ertrag doch noch nie jemand etwas gesehen hat? Als ehrlicher Kleinbauer auf dieser Erde wird er seine Scholle zu bearbeiten wissen, so dass sie ihn nährt."[3]

„Ohne Panik" ist das letzte Wort der Enzensbergerschen Miniatur über die lavagedüngten Riesensalate von Heimaey. Es konterkariert die Nervosität, die – so scheint es – inzwischen fast unabhängig davon, wie sehr wir in objektiv bedrohlichen Situationen stecken (oder nicht), zum Alltagszustand demokratischer Öffentlichkeiten gehört (jedenfalls zu dessen medialer Spiegelung). Vom „Missmut" zur „Gereiztheit", so liessesich vielleicht also die Veränderung zwischen 1933 und heute bestimmen.Womit wir bei der nächsten literarischen Erinnerung landen. Nämlich im zweitletzten Kapitel von Thomas Manns psychophänomenologischer Erkundung der Vorgeschichte des Ersten Weltkriegs: In der „Grossen Gereiztheit" auf dem „Zauberberg".

Mann porträtiert eine Salonwelt, deren Gemütslage sich nach Jahren wohlgepolsterter als Heilungsnotwendigkeit im Lungensanatorium getarnter, Untätigkeit in allgemeine Streitsucht, Ungeduld und Übellaunigkeit verwandelt hat. Man zankt, weil man selber nichts Rechtes, wirklich Eingreifendes zu tun im Stande ist, und man ist nervös, weil auch auf dem „Zauberberg" das kollektive Unbewusste spürt, dass spannungsvolle Umstellungen – irgendwo und irgendwie tief unten in den Magmazonen der Geschichte – geschehen, die sich bald in einem

---

3   Sigmund Freud, Die Zukunft einer Illusion, in: Studienausgabe IX: Fragen der Gesellschaft, Ursprünge der Religion, Frankfurt a.M. 1974, S.182f.

katastrophischen Ausbruch entladen werden. Die „Grosse Gereiztheit" ist Symptom und Substitut zugleich. Sie signalisiert kommendes Unheil und hilft den Handlungsunfähigen ihre –vielleicht gar nicht unvernünftige, weil ganz und gar nicht unbegründete – Angst zu verdrängen.

V.

Das Gesagte bringt mich zum Zusammenhang von Ausdrucksphänomenen der kollektiven Subjektivität mit objektiven Realitätsbedingungen zurück: Sind die heute zu beobachtenden Verdrussexplosionen gleichfalls als Symptom und Substitut zu lesen oder lediglich als gewissermassen evolutionäres Überbleibsel der in prähistorischen Zeiten im Dauerstress existierenden Spezies „Mensch", die ihre, zivilisationsgesichert eigentlich überflüssig gewordene, permanente Alarmbereitschaft nur noch durch neurotisches Ausagieren vor der – sachlich ungerechtfertigten – Panikstarre zu bewahren vermag? Das ist ein Gedanke, dem ich zwar nicht einfach zustimmen mag, den ich gleichwohl wichtig genug finde, um ihn im Kontext verwandter Theorien zu diskutieren. So führt zum Beispiel Odo Marquard, das, was er „Übelandstandsnostalgie" nennt, auf eine anthropologische Konstante des Mängelwesens „Mensch" zurück[4]:

> „Die Erfahrung von Mängeln (…) kann stets zwei Gründe haben: entweder ist da zu wenig Erfüllung oder da ist zu viel Erwartung. Ich denke, (in der Gegenwartsmoderne G.K.) ist unsere Krankheit vom Dienst die Übererwartung (…) Hegel – in seiner Sollenskritik – hat gezeigt: perfektionistische Sollforderungen wirken als Realitätsvermiesung. Dieser Negativierungsmechanismus ist bei uns heute am Werk: weil die vorhandene Welt der Himmel auf Erden sein soll und nicht ist, gilt sie als Hölle auf Erden, als ob es dazwischen nichts gäbe, um dessen Bestand zu zittern und den zu verteidigen sich lohnte. Wir – spätkulturell Verwöhnten, die daher auch durch perfekte Weltgelungenheit verwöhnt sein wollen – produzieren die Modernitätsverdrossenheit, die Negation zur Negation der bürgerlichen Welt, durch unsinnige Vollkommenheitsansprüche."

Die Folge dieses Verwöhntheitssyndroms bezeichnet Marquard nun eben als „Übelstandsnostalgie":

> „Die Kultur – auch und gerade die Moderne – ist stets ‚Entlastung vom Negativen' (Gehlen): ihre Leistung ist, die Menschen relativ unabhängig zu machen von Gefahr, Not, Krankheit, Mühe, Angst. Auf derlei Negatives sind Menschen von Anfang an auf Dauer gefasst, im Sinne der Bereitschaft, es weg zu arbeiten, zu negieren: zum Menschen gehört Negationsbereit-

---

4   Odo Marquard, Wandlungsbeschleunigung und Illusionsbereitschaft, in: Diskurs und Dezision. Politische Vernunft in der wissenschaftlich-technischen Zivilisation. (hrsg. von Georg Kohler und Heinz Kleger), Wien 1990, S. 178ff.

schaft. Wo das Negative – durch jene Entlastung von ihm, die die Kultur und moderne Kultur ist – aus der Wirklichkeit *peu à peu* verschwindet, verschwindet nicht gleichzeitig auch die menschliche Negationsbereitschaft; sie wird nur arbeitslos und sucht – übelstandsnostalgisch – neue Beschäftigungen, das heisst Übel – und findet sie auch."

„Missmut" als kollektives Grundgefühl ist daher, nach Marquard, die Wirkung allzu erfolgreicher Kulturarbeit; Missmut ist das Ergebnis eines Energieüberschusses, der stets nach Abfuhr, ergo nach Objekten der Abarbeitung verlangt (schliesslich müssen wir auch unseren domestizierten Wölfen, den gut genährten Haushunden, gelatinierten Knochenersatz zu nagen geben, damit das ehemalige Wolfsgebiss nicht vollends degeneriert). Was das unter den Voraussetzungen gelungener Negativitätsbewältigung auslöse, erläutert Marquard mit Bezug auf gesellschaftlich-zivilisatorische Meliorationserfahrungen:

„Durch (die) Übelstandsnostalgie wird – in Ermangelung anderer Negationsmöglichkeiten – der Wohlstand selber negiert, also zum Übelstand ernannt. Denn je besser es den Menschen geht, desto schlechter finden sie das, wodurch es ihnen besser geht; oder anders und abstrakter gesagt: die Entlastung vom Negativen, gerade sie, verführt zur Negativierung des Entlastenden. Ich nenne einige Beispiele (…): je mehr Krankheiten die Medizin besiegt, um so grösser wird die Neigung, die Medizin selber zur Krankheit zu erklären; je mehr Lebensvorteile die Chemie den Menschen bringt, um so mehr gerät sie in den Verdacht, ausschliesslich zur Vergiftung der Menschen erfunden zu sein; je länger Kriege vermieden werden, desto bedenkenloser gilt die vorhandene Friedensfürsorge als pure Kriegstreiberei; je effektiver die bürgerliche Gesellschaft durch den Markt Probleme löst, desto besser erscheint sie selber als Problem; (…) je mehr die gewaltenteilige liberale Mehrheitsdemokratie Repressionen erspart, um so leichter proklamiert man sie selber zur Repression; kurzum und allgemein: die Entlastung vom Negativen, gerade sie, verführt zur Negativierung des Entlastenden. Gerade weil die Moderne, die vorhandene Kultur, die Krisen besiegt, wird sie selber zur Krise unerfahren: so (…) kommt es zum heutigen Hang zum Nein, zu den Schwierigkeiten beim Ja-Sagen."

Das, um es mit Nietzsche zu sagen, „nicht-festgestellte Tier" Mensch sorgt selbst für den Stoff seiner Unzufriedenheit und Furcht: auf dass sein Grundtrieb nach Transzendenz des Bestehenden nicht arbeitslos werde.

Eine ähnliche Theorie, die freilich nicht mit den Verbesserungs-, sondern mit deren Gegenteil, den (Selbst)Destruktionstrieben, argumentiert, erklärt die „Schwierigkeiten beim Ja-Sagen" durch jene unheimliche Drift ins Zerstörerische, die allem Menschlichen anhaftet, sich als frei flottierende Angstbereitschaft verkleiden kann und die Freud „Thanatos" nennt.

Alles – von der Atomenergienutzung über das Waldsterben, den Klimawandel, die spanische (vielleicht EHEK-verseuchte) Gurke, allerlei Gifthysterien: Formaldehyd oder Schadstoffe in Zahnpasta – alles kann heute ja als Vorwand gut genug erscheinen, um Panik zu erzeugen. Was im Hintergrund dafür verantwortlich ist, lässt sich freudianisch jedoch gerade als maskierte Todeslust entschlüsseln: Es scheint eine nicht reduzierbare Zerstörungsbereitschaft in der Tiefe der menschlichen Seele zu hausen, die keiner weiteren Begründung bedarf, um loszugehen, wenn die Lage dafür günstig ist. Auf irgendwie frustrierte Interessen ist sie nicht zurückzuführen, weil sie ihr eigener Herr und Meister ist. Da sie nie zu tilgen, nur zu unterdrücken und/oder zu verschieben ist, sorgt sie für ein permanentes Unbehangen in der Kultur, das sich in vagierenden Ängsten manifestiert und sich dadurch eine indirekte, stets provisorische Entlastung verschafft.

Entspannungssuche also durch (mehr oder weniger zufällige) Angstbesetzungen, das ist – oder wäre – die zu Marquards Deutung komplementäre Theorie der kollektiven (Miss)Stimmung. Sie ist natürlich in der berühmten Abhandlung Sigmund Freuds vom Jahr 1929, „Das Unbehagen in der Kultur", zu studieren.

Eine dritte Erklärung kann sich auf die für die so genannte „Mediengesellschaft" typische „Aufmerksamkeitsökonomie"[5] berufen. Eine Erklärungsart, die deutlicher noch als das bei Marquard der Fall ist, hinüber führt von der generellen *condition humaine* zu zeitgenössischen, in sozialpsychologischen Effekten an die Foren der gegenwärtigen Gesellschaft gebundenen Charakteristik.

Zwar wird auch da zunächst von einer menschlichen Konstante ausgegangen – vom Verlangen nach Beachtung der eigenen Person durch die anderen –, dann aber wird dies Bedürfnis mediensoziologisch analysiert, so dass man rasch begreift, weshalb solche Bestrebungen für die meisten von uns zur frustrierenden Angelegenheit werden: Denn unter den Voraussetzungen der massengesellschaftlichen Medialisierung schrumpfen Aufmerksamkeitschancen zum knappen, dadurch aber mit Gewinn verwertbaren Gut. Prominenz verträgt sich nicht mit Mittelmass und Durchschnittlichkeit. Allein das irgendwie Besondere, Unerwartete, schockierend Schöne oder schockierend Schlechte usw. vermag im permanenten Rauschen der Kommunikationsangebote uns noch irgendwie zu fesseln. Was notwendigerweise zwei Dinge zur Konsequenz hat: den massenmedialen Wettbewerb um sehr bestimmte Erstmeldungen und zweitens die subjektiv empfundene Minderwertigkeit derer, die es nicht geschafft haben, so aufzufallen, dass sie wenigstens für eine Viertelstunde ein Star sind. Es ist evident, dass so sich schnell ein Grundempfinden der Unzufriedenheit und Unruhe entwickelt und – im Wortsinn: systematisch – verstärkt. Denn einerseits sind eben die *bad news* die – aufmerksamkeitsökonomisch betrachtet – „guten", erfolgreich vermarktbaren Nachrichten, andererseits laden kollektive Minderwertigkeitsgefühle immer Populisten jedweder Richtung und Herkunft dazu ein, die Kuren des kompensatorischen Gruppengrössenwahns und der Freund/Feindprjektionen anzubieten.

---

5   Vgl. Georg Franck, Ökonomie der Aufmerksamkeit, München 1998.

Begreift man die „geistige Situation der Zeit" in der beschriebenen Weise,
dann allerdings sind objektive Lage und subjektive Stimmungsanalyse gar nicht
mehr richtig auseinanderzuhalten. Die Stimmung wird zum objektiven Faktor.
Und wer die gegebene Wirklichkeit in dieser Weise betrachtet, der wird das von
Sigmund Freud der Kulturfähigkeit der Menschen *prinzipiell* zugewiesene „Unbehagen" noch einmal modifizieren wollen: indem er es nicht mehr einfach mit
der „Kultur", sondern *speziell* mit der modernen, genauer mit der gegenwartsmo-
dernen Gesellschaft verknüpft; so, wie das beispielsweise Alain Ehrenberg in seiner jüngst ins Deutsche übersetzten Studie „Das Unbehagen in der Gesellschaft"
getan hat.[6] Ehrenbergs Buch liefert nicht eine grundlegend neue Deutung dessen, was man spätestens seit Max Weber moderne Gesellschaft und gesellschaftliche Modernisierung nennt. In sehr vielen Punkten ist es die Wiederholung der
sozialwissenschaftlichen Vulgata in neuem Vokabular. Doch in unserem Zusammenhang ist Ehrenberg nicht allein darum interessant, weil er auf die bekannten
Verunsicherungsursachen aufmerksam macht, die schon immer zusammen mit
gesellschaftlichen Modernisierungsvorgängen aufgetreten sind: Zerfall traditio-
neller Bindungen und Orientierungen; Anomie; Individualisierungsprozesse, die
den Einzelnen den Anforderungen der Wahlfreiheit und damit den Zumutungen
der Autonomie aussetzen. Was Ehrenbergs *société du malaise* im Vergleich mit
sonstigen Theorien bemerkenswert macht, die den gesellschaftlichen Mechanis-
men der Herstellung von Unglücksgefühlen gelten, ist die besondere Themati-
sierung des Individuums und dessen – gewissermassen konstitutiver – Überforderung, die es im Sog der modernen Autonomieansprüche bewältigen muss. Wir
haben die Meister unseres Schicksals zu sein; und wenn wir es nicht sind, sind
wir selber schuld: „Gerade deshalb ist das individuelle Streben nach Glück stets
von einer Angst vor dem Scheitern der Anstrengungen begleitet, und der Normalzustand ist ein permanentes Leiden am Ideal, genauer: ein Leiden am Nicht-
erreichen des Ideals. Der Übergang (der sozialen Selbstorganisation. G.K.) zu einem individualpsychologischen Modell, das eine Verpflichtung zur Selbstfindung
impliziert, lässt spezifische Ausdrucksweisen entstehen, in denen sich das Unbehagen in der Gesellschaft manifestiert."[7]
    Der Missmut, die Gereiztheit, die Unzufriedenheiten und jene Ängste, die
von den Massenmedien ebensosehr ausgebeutet wie angefacht werden, sind also
nicht eigentlich als Pathologien zu qualifizieren, sondern viel eher als die notwendige Eigenschaft einer geschichtlich-gesellschaftlichen Realität, in welcher ob-

---

6   Vgl. Alain Ehrenberg, Das Unbehagen in der Gesellschaft. Aus dem Französischen von Jürgen
     Schröder, Berlin 2011.
7   Stefana Sabin, Die Schwierigkeit, gesund zu sein, in: Neue Zürcher Zeitung, Nr. 143, 22.6.2011,
     S. 51.

jektiver Verdrussanlass und das Verdriessliche selbstverantwortlich sein sollender Subjektivität, ständig ineinander übergehen.

IV.

Sucht man nach Erklärungen für das Phänomen, dass – trotz verbreitetem Wohlstand; einigermassen stabiler politischer Verhältnisse; wachsenden durchschnittlichen Lebensalters usw. – so viele Menschen mit den gegebenen Umständen hadern, findet man zahlreiche Theorien. Sie ergänzen sich in vielen Punkten und geraten kaum je in gröbere Widersprüche. Ob sie fundamentalanthropologisch argumentieren oder gegenwartsanalytisch, ob sie vom „Todestrieb", von der „Negationskraft", der „Aufmerksamkeitsökonomie" oder von der *société du malaise* handeln, alle besitzen sie Erklärungswert – und fordern zu recht *common sense*, Hysterieverzicht und Verblüffungsfestigkeit von den Adressaten wie von Akteuren der (Medien)Öffentlichkeit. Dennoch können diese Theorien nicht restlos überzeugen. Denn dass die herrschende Stimmung nur wenig mit objektiv gefährlichen Sachlagen, aber sehr viel mehr mit den Modalitäten ihrer Wahrnehmung und deren medialer Spiegelung zu tun habe, ist eine allzu simple Deutung.

Es gibt genügend Anlässe zur Nervosität, die nicht mit esoterischen Prophezeiungen (nach dem Maya-Kalender soll 2012 das Jahr des Weltuntergangs sein), sondern mit den ungelösten Problemen der Zivilisationsökumene verknüpft sind. Und selbst wenn diese Probleme eher verdrängt als zur Kenntnis genommen werden oder wenn sie von falscher Aufregung verdeckt sind, ist die allseits spürbare Nervosität ein Zeichen für die unerfreulichen Möglichkeiten künftiger Gegenwarten; Aussichten, die es verdienen würden, direkt und nicht allein über den Umweg ihrer Schattenwürfe diskutiert und behandelt zu werden.

Dies noch einmal konstatierend muss ich nun endlich von der Figur des Intellektuellen reden, die ich – vielleicht etwas unbedacht – schon ganz am Anfang ins Spiel gebracht habe. Sie genauer zu definieren, ist seit je schwierig gewesen[8], und die Proliferation von Öffentlichkeitsforen, die vor etwa fünfzig Jahren eingesetzt hat, hat die Aufgabe nicht leichter gemacht. Am ehesten lässt sie sich per negationem beginnen: „Intellektuelle" sind weder Agenten von politischen Parteien, von Lobbyorganisationen oder von quoteninteressierten Medienunternehmen; was Intellektuelle „öffentlich" macht, ist ihre Funktion, die Dinge zu realisieren, die – kantisch gesagt – den Prozess des aufklärerischen Vernunftgebrauchs bestimmen.

---

8   Vgl. Dietz Bering, Die Intellektuellen. Geschichte eines Schimpfworts, Stuttgart 1978.

Intellektuelle sind dabei so etwas wie die höherstelligen Kreuzungspunkte im kommunikativen Netzwerk gesellschaftlicher Selbstgestaltung. Resonanz zu erzeugen, ist ihr Sinn. Doch allein quantitativ ist dieser Sinn nicht zu erfassen. Und zwar deswegen nicht, weil sie (genauer: ihre dominante Fraktion) – seit dem *Manifeste des Intellectuels* von 1894[9] – die Advokaten sozialer Ideale sind; die Verteidiger von Ansprüchen und Werten, die sich um den Kern universalistischer Forderungen wie Menschenrechte und faire Lebenschancen gruppieren; von Ansprüchen und Idealen also, die *per se* die Wirklichkeit überschreiten. Insofern ist Kritik am Bestehenden, die Aufmerksamkeit für die Ungerechtigkeit und die Torheit der Mächtigen, sind die Nachrichten vom Ungelungenen der Gegenwart der Figur des Intellektuellen immer schon eingeschrieben.

Zu prüfen ist mithin nicht, *ob* zum intellektuellen Geschäft die Übelstandswahrnehmung gehört, sondern *wie* sie jeweils ausgeübt wird. Ob mit Mut, Urteilskraft und Augenmass oder hysterisch und ressentimentgeladen. Da ich dieser Unterscheidung aber weder am Beispiel exemplarischer Debatte, noch im Rahmen einer umfassenden Theorie des Intellektuellen nachgehen kann, will ich – auf der Folie des skizzierten Katalogs von verbreiteten Faktoren der Wirklichkeitsverzerrung – wenigstens drei Schlüsse ziehen. Nämlich erstens, dass Intellektuelle aus einleuchtenden Gründen sehr wohl dazu neigen, zu Verstärkern jener kollektiven Bereitschaften und psychosozialen Kräften zu werden, die die „Welt schlechter machen, als sie ist". Es ist allemal verlockend, medial präsent zu werden, indem man mit rhetorischem Pathos und boulvardeskers Übertreibungskunst irgendwelche Probleme auf die Agenda des wahrnehmungsökonomischen Marktes setzt; Probleme, die auch ganz nüchtern als typische Schwierigkeiten zeitgenössischer Einwanderungsländer und supranationaler Institutionenbildung zu analysieren und zu behandeln wären. Thilo Sarrazins „Deutschland schafft sich ab" ist für solche Tendenzen ebenso ein Beleg wie dir wirtschaftswissenschaftlichen Alarmsirenen aus der euroskeptischen Fraktion.

Um nicht falsch verstanden zu werden, ist allerdings auch der Gegenschluss zu ziehen: Warnungen sind schlechte Nachrichten, insofern *good news* in der medialen Beachtungskonkurrenz. Doch das gilt nur, wenn sie in gegebene Rezeptionsstrukturen passen. Was dem *main stream* nicht entspricht, und sich erst Gehör verschaffen muss, darf deshalb nicht von vornherein als allzu laut und darum als unseriös verdächtigt werden, wenn es mit ähnlichen Effekten arbeitet, wie ich sie zuerst bezeichnet habe. Die Logik der öffentlichen Sphäre verlangt gelegentlich den Einsatz von Mitteln, die ohne argumentative Verkürzungen und schwarz/weiss-Kontraste leider nicht zu haben sind. Was drittens heisst, dass mit

---

9   Vgl. Dietz Bering (Anm. 8), S. 33ff.

der Funktion des Intellektuellen als eines Malaise-Diagnostikers ein Gefühl für Balancen verbunden sein muss; eine praktische Vernunft, die es erlaubt und die danach strebt, die Stimmung einer Zeit und einer Gesellschaft, richtig zu deuten, und sie – wenn es geht – zu leiten: dämpfend bei Fehlalarm, klar und unerschrocken dort, wo die Ideale der Fairness und der Freiheit missachtet sind. Und es ist durchaus ein Exempel dieses Geistes, wenn sich der Historiker – und bedeutende Intellektuelle – Tony Judt kurz vor seinem Tod in seinem letzten Buch, das den (Unter)Titel „Traktat über unsere Unzufriedenheit" trägt[10], mit alarmierenden Worten von seinen Lesern verabschiedet, Worte, die so ernsthaft wie fordernd sind: „Irgend etwas ist grundfalsch an der Art und Weise, wie wir heutzutage leben…"

Wollte man Judts Verdikt aufnehmen, müsste jetzt von der Auseinandersetzung mit der generellen Frage, warum es die Phänomene kollektiven Unmuts gibt zur eigentlichen Gegenwartsdiagnose gewechselt werden. Aber das ist nicht der Zweck dieses Aufsatzes. Trotzdem möchte ich ein paar Bemerkungen riskieren. Sie lassen sich als Anschluss an das interpretieren, was oben□□,zur „Grossen Gereiztheit" auf dem „Zauberberg" gesagt worden ist.

VII.

„1989" das Jahr des Mauerfalls und der Beginn vom Ende des Sowjetreiches markieren ein historisch sehr seltenes Ereignis. Statt der letzten grossen Kriegsanstrengung, die über Jahrhunderte typisch gewesen ist für eine im Abstieg befindliche „grosse Macht"[11] (die Sowjetunion war unzweifelhaft ihren eigenen Ambitionen nicht mehr gewachsen), leitete Michail Gorbatschows „Perestroika" eine Phase selbstkritischer Reformen ein, an deren Wirkung schliesslich der ganze Ostblock zerbrach. Der Kalte Krieg mündete nicht in die allerletzte Katastrophe, sondern in den fast mühelosen „Sieg des Westens", des „Marktes", der „liberalen Demokratie".

Überlegt man, was diesen Lauf der Dinge ermöglicht hat, dann wird – neben dem Zusammenwirken kontingenter Umstände – die Tatsache einer generationenprägenden, konsensstiftenden, alle Differenzen überbrückenden, buchstäblich grund-legenden Erfahrung die entscheidende Rolle spielen: die Erfahrung des europäischen, schliesslich global gewordenen Mächtekonflikts in der ersten Hälfte des 20. Jahrhunderts. Hiroshimas Vernichtung und die Möglichkeit eines atomar

---

10   Tony Judt, Dem Land geht es schlecht. Ein Traktat über unsere Unzufriedenheit. Aus dem Amerikanischen von Matthias Fienbork, München 2011.
11   Vgl. Paul Kennedy, The Rise and Fall of the Great Powers, New York 1987.

eingeleiteten Weltuntergangs waren, so gesehen, nur noch die schärfsten Signaturen einer kollektiv tief verankerten Überzeugung: Krieg als Mittel imperialer Rivalitätskämpfe darf es nicht mehr geben!

Was ich damit sagen möchte, ist zweierlei: Erstens ist die – u.a. von Kant nachhaltig erläuterte[12] – Hoffnung, dass es soziales Lernen und Prozesse gesellschaftlicher Zivilisierung gibt, nicht unberechtigt. Aber zweitens existiert alle Mal *auch* die Möglichkeit, dass diese geschichtemachenden Hintergrunderfahrungen wieder verblassen können. Es scheint nämlich eine viel zu wenig beachtete, im Effekt paradoxe Folge vom „1989" zu sein, dass das Nicht-Ereignis der finalen Katastrophe, das selber einem historisch vermittelten Kollektivbewusstsein zu verdanken war, den Sinn für die Möglichkeit der Wendung zum Schlimmsten auf nachhaltige Weise geschmälert hat.

Darum ist die Annahme, dass die zeitgenössische Unruhe und Basisangst mit dem Zerfall verbindlicher Hintergrundorientierungen zusammenhängt, eine nicht unplausible Hypothese. Man weiss: Eigentlich kann es mit der Expansion unserer Wünsche, dem allgemeinen Wachstum ins ständige Mehr, mit dieser grenzenlosen Vergrösserung individueller Glückserwartungen im prinzipiell begrenzten Raum einer endlichen Welt nicht ewig gleich weitergehen. Doch das Andere: das erbarmungslose Verdampfen dieser Ansprüche im Desaster eines Zivilisationsbruchs, das kann man sich noch viel weniger vorstellen.

Das Memento der Zeit vor 1945 und deren furchterregende Dokumente verlieren darum mehr an mehr an Verbindlichkeit. Das Manko dieser Erinnerung kann freilich nicht wirklich ausgeglichen werden. Im Gegenteil: Weil das Gewicht seines Gedächtnisses fehlt, beschleunigt sich die Drift ins Gefährliche. Deren Wahrnehmung spiegelt sich in jenen schwankenden Stimmungen des Unmuts, die nach der Jahrhundertschwelle und nach dem Triumph von „1989" so ganz und gar nicht geringer geworden sind. Der Grund ihrer scheinbaren Grundlosigkeit ist der verlorene Basiskonsens der europäischen, durch „1945" geprägten Bevölkerungen.

Womit ich noch einmal zur Rolle des Intellektuellen zurückkehren darf: Intellektuelle dürfen nicht den Zwängen eines medialen Systems erliegen, das die im anthropologischen Material vorbereiteten Erregungsbereitschaften der menschlichen Seele ausbeutet. Doch sie sollten in der Lage sein, die in den wechselnden Phänomenen gesellschaftlichen Missvergnügens versteckten Realgründe zu identifizieren. Und dadurch erkennbar machen, was tatsächlich zu verändern wäre. – Dem entspricht meine Empfehlung zum Schluss: Lest Tony Judt!

---

12   Vgl. seine „Idee zu einer allgemeinen Geschte in weltbürgerlicher Absicht", Akademie – Textausgabe, Band VIII, Berlin 1968, S. 15-32.

Zu den Autoren

Prof. Dr. rer. pol. Alfred Bellebaum

Geb. 1931 in Siegen, studierte Wirtschaftswissenschaften und Soziologie an der Universität zu Köln und promovierte dort bei René König mit einer Arbeit über Ferdinand Tönnies. Berufliche Tätigkeiten: Sozialabteilung der Vereinigten Seidenwebereien in Krefeld, Fachredakteur für Soziologie bei der 6. Auflage des Staatslexikons der Görresgesellschaft im Verlag Herder/Freiburg; Wissenschaftlicher Assistent für Soziologie im Seminar für Gesellschaftslehre der Universität Frankfurt bei Friedrich H. Tenbruck; Chefredakteur für Sozialwissenschaften im Lexikographischen Institut des Verlags Herder/Freiburg; o. Universitätsprofessor für Soziologie an der Philosophischen Fakultät der Universität Bonn; mehrjähriges Mitglied im Vorstand der Deutschen Gesellschaft für Soziologie; einsemestrige Vertretung an der Universität Tübingen (F.H. Tenbruck) und Köln (R. König); Gründung und Leitung des Gemeinnützigen Instituts für Glücksforschung e.v. (1990 – geschlossen 2006).

Bücher u.a.: Soziologische Grundbegriffe, (1972) 13. Aufl. 2001. – Handlungswert der Soziologie. Vermittlungs- und Verwertungsprobleme, Meisenheim 1977. – Soziologie der modernen Gesellschaft, 3. Aufl. 1980. – Langeweile, Überdruß und Lebenssinn. Eine geistes- und kultursoziologische Untersuchung, Opladen 1990. – Schweigen und Verschweigen. Erscheinungsvielfalt und Bedeutungsreichtum einer Kommunikationsform, Opladen 1902. – Abschiede. Trennungen im Leben, Wien 1992.

(Mit-) Hrsg. von 14 Bänden zur Glücksforschung, zuletzt: Glücksverheißungen. Heilige Schriften der Menschheitsgeschichte, Münster 2005. – Glücksangebote in der Alltagswelt, Würzburg 2004. – Die Sieben Todsünden. Über Laster und Tugenden in der modernen Gesellschaft, Münster 2007. – Glück hat viele Gesichter. Annäherungen an eine gekonnte Lebensführung, Wiesbaden 2010.

Korrespondenz: Prof. Dr. Alfred Bellebaum, Goethestraße 11a/1301, 56179 Vallendar – Tel./Fax/Anrufbeantworter: 0261/9269923 – Mobil: 0175/2444277 – Mail: glueck.bellebaum@t-online.de – Homepage: www.bellebaumglueck.de

Prof. Dr. Alexander Demandt

06.06.1937 in Marburg geboren, Sohn des hessischen Landeshistorikers Karl E. Demandt. – 1957-63 Studium der Fächer Geschichte, Latein, Philosophie in Tübingen, München und Marburg. – 1963 Erstes Staatsexamen und Promotion in Alter Geschichte über „Zeitkritik und Geschichtsbild bei Ammanius Marcellinus". – 1963-70 Wissenschaftlicher Assistent in Frankfurt und Konstanz. – 1964/65 Reisestipendium des Deutschen Archäologischen Instituts im Orient. – Seit 1974 Ordentlicher Professor für Alte Geschichte an der Freien Universität Berlin. – 1990 Korrespondierendes Mitglied des Deutschen Archäologischen Instituts. – Seit 1994 Leitung der Harnack-Runde der Wissenschaftlichen Gesellschaft zu Berlin. – 1995/96 Dekan des Fachbereichs Geschichtswissenschaften der Freien Universität Berlin. – 2000 Korrespondierendes Mitglied der Österreichischen Akademie der Wissenschaften. – 2003 Ausonius-Preis der Universität Trier. – 2005 Emeritierung. – 2007 Wissenschaftliche Leitung der Konstantin-Ausstellung Trier zusammen mit Josef Engemann. – 2008 Kulturpreis des Wetterau-Kreises.

Ausgewählte Publikationen: Metaphern für Geschichte. Sprachbilder und Gleichnisse im historisch-politischen Denken, München 1978. – Der Fall Roms. Die Auflösung des römischen Reiches im Urteil der Nachwelt, München 1984. – Ungeschehene Geschichte. Ein Traktat über die Frage: Was wäre geschehen, wenn...?, Göttingen 1984; 5. überarb. Aufl. 2011. – Der Idealstaat. Die politischen Theorien der Antike, Köln 1993. – Antike Staatsformen. Eine vergleichende Verfassungsgeschichte der Alten Welt, Berlin 1995. – Theodor Mommsen, Römische Kaisergeschichte. Nach den Vorlesungsmitschriften von Sebastian und Paul Hensel, Hg. von Barbara und Alexander Demandt, München 1992. – Das Privatleben der römischen Kaiser, München 1996. – Vandalismus, Gewalt gegen Kultur, Berlin 1997. – Hände in Unschuld. Pontius Pilatus in der Geschichte, Köln 1999. – Über allen Wipfeln. Der Baum in der Kulturgeschichte, Köln 2002. – Kleine Weltgeschichte, München 2003. – Die Spätantike. Römische Geschichte von Diocletian bis Justinian, 284-565 n.Chr., Handbuch der Altertumswissenschaft III 6, München 1989/2007. – Über die Deutschen. Eine kleine Kulturgeschichte, Berlin 2007. – Alexander der Große. Leben und Legende, München 2009. – Die Kelten, München 1998; 7. überarb. Aufl. 2011. – Philosophie der Geschichte. Von der Antike zur Gegenwart, Köln 2011.

Prof. Dr Angus Gowland

Angus Gowland is Lecturer in Intellectual History at University College London. He is the author of *The Worlds of Renaissance Melancholy: Robert Burton in Context* (Cambridge University Press, 2006), as well as several articles on the early-modern theory of melancholy. He is currently working on a new edition of Burton's *Anatomy of Melancholy* for Penguin Classics.

Prof. Dr. Ludger Heidbrink

Studium der Philosophie, Germanistik und Kunstgeschichte in Münster und Hamburg. 1992 Promotion an der Universität Hamburg um Fach Philosophie. Wissenschaftlicher Mitarbeiter und Lehrbeauftragter an den Universitäten Hamburg, Rostock, Lüneburg und Kiel. 2002 Habilitation im Fach Philosophie an der Universität Kiel. 2003 Privatdozent an der Universität Kiel. Ab 2004 Leiter der Forschungsgruppe „Kulturen der Verantwortung" am Kulturwissenschaftlichen Institut Essen. Seit 2007 Direktor des „Center for Responsibility Research" am Kulturwissenschaftlichen Institut Essen. 2009 bis 2012 Professor für Corporate Responsibility und Corporate Citizenship an der Universität Witten-Herdecke. Ab Oktober 2012 Lehrstuhl für Praktische Philosophie an der Christian-Albrechts-Universität zu Kiel.

Arbeits- und Forschungsschwerpunkte: Verantwortungsethik, Wirtschafts und Unternehmensethik, Nachhaltigkeit, Politische Philosophie, Sozial- und Kulturphilosophie.

Wichtigste Veröffentlichungen: Kritik der Verantwortung. Zu den Grenzen verantwortlichen Handelns in komplexen Kontexten, Weilerswist 2003. – Verantwortung in der Zivilgesellschaft. Zur Konjunktur eines widersprüchlichen Prinzips, zus. mit Alfred Hirsch, Frankfurt/New York 2006. – Staat ohne Verantwortung? Zum Wandel der Aufgaben von Staat und Politik, zus. mit Alfred Hirsch, Frankfurt/New York 2007. – Handeln in der Ungewissheit. Paradoxien der Verantwortung, Berlin 2007. – Verantwortung als marktwirtschaftliches Prinzip. Zum Verhältnis von Moral und Ökonomie, zus. mit Alfred Hirsch, Frankfurt/New York 2008. – Unternehmertum. Vom Nutzen und Nachteil einer riskanten Lebensform, zus. mit Peter Seele, Frankfurt/New York 2010. – Die Verantwortung des Konsumenten. Über das Verhältnis von Markt, Moral und Konsum, zus. mit Imke Schmidt und Björn Ahaus, Frankfurt/New York 2011.

Robert Hettlage, Dr. rer. pol., Dr. phil., o. Prof. em.

Geb. 1943 in Königsberg/Ostpreußen, Studien der Nationalökonomie, Philosophie und Soziologie in Fribourg/Schweiz, Dr. rer.pol. 1969, Dr. phil. 1971, Projektleiter in einem Warenhaus-Konzern in Zürich, 1972-1977 Wissenschaftlicher Assistent am Soziologischen Seminar der Universität Basel, 1978 Habilitation im Fach Soziologie an der Universität Basel, dort 1978-1981 Privatdozent, 1980 – 2008 Lehrstuhl für Soziologie an der Universität Regensburg.

Arbeits-und Forschungsschwerpunkte im Bereich der Kultursoziologie, der Wirtschafts- und Entwicklungssoziologie, der Familiensoziologie, der Organisations-, Genossenschafts- und Migrationsforschung, der Europäischen Integration und des Grenzgebiets zwischen Sozialphilosophie und soziologischer Theorie.

Bücher u. a.: Die Veränderungstendenzen in den Handelsbilanzen der EWG-Länder (1958 – 1967). Eine theoretische und empirische Untersuchung der Integrationswirkungen auf den Außenhandel der EWG-Länder. München 1969. – Die Wirtschaft zwischen Zwang und Freiheit. Wirtschaftsplanung und Weltanschauung. Heidelberg/Löwen 1972. – Persistenz im Wandel. Heidelberg 1979 (mit C. Giordano) – Genossenschaftstheorie und Partizipationsdiskussion. Göttingen 1987, 2. erweiterte und aktualisierte Auflage. – Familienreport. Eine Lebensform im Umbruch. München 1998, 2. erweiterte und aktualisierte Auflage. – Das Projekt Deutschland.20 Jahre Wiedervereinigung. München 2011 (mit K. Lenz)

(Mit-) Herausgeber u. a.: Die post-traditionale Welt der Bauern. Frankfurt/ New York 1989. – Selbsthilfe in Andalusien. Genossenschaften im Kampf gegen ländliche Arbeitslosigkeit. Berlin 1989 (zus. Mit D. Goetze, E. Benitez, T Michel und S. di Natale). – Die Bundesrepublik. Eine historische Bilanz. München 1990. – Erving Goffman – ein soziologischer Klassiker der zweiten Generation. Bern, Stuttgart 1991 (zus. Mit K. Lenz). – Probleme der Migration in Italien und Deutschland. Zwischen offenen Räumen und neuen Grenzen. Berlin 1996 (Annali di Sociologia – Soziologisches Jahrbuch No.10, vol. I-II). – Deutschland nach der Wende. Eine Zwischenbilanz. München 1995 (mit K. Lenz). – Kollektive Identität in Krisen. Ethnizität in Region, Nation, Europa. Opladen 1997 (mit P. Deger und S. Wagner). – Identitäten in der modernen Welt. Wiesbaden 2000 (gemeinsam mit L. Vogt). – Verleugnen, Vertuschen, Verdrehen. Leben in der Lügengesellschaft. Konstanz 2003. – Die europäische Gesellschaft. Konstanz 2008 (gemeinsam mit H.P. Müller). – Der europäische Raum. Die Konstruktion europäischer Grenzen. Wiesbaden 2007 (mit P. Deger). – Glück hat viele Gesichter. Annäherungen an eine gekonnte Lebensführung. Wiesbaden 2010 (mit A. Bellebaum).

Aufsätze: Über 220 Aufsätze und Artikel in Fachzeitschriften, Sammelwerken und Fachlexika.

Adressen:
Prof. Dr. Dr. Robert Hettlage
Institut für Soziologie, Universität Regensburg, D – 93040 Regensburg
Tel. ++49 – 941 – 943 3529
E-Mail: robert.hettlage@soziologie.uni-regensburg.de
St. Alban-Vorstadt 36, CH -4052 Basel
Tel./Fax: ++41 – 61 – 3617629
E-Mail: robert.hettlage@gmx.ch

Prof. Dr. Erwin Hufnagel

Geb. 1940. Studium der Philosophie, Pädagogik und Romanischen Philologie in Saarbrücken und Bonn. Promotion zum Dr. phil. In Bonn, Wissenschaftlicher Assistent mit Lehrauftrag am Institut für Erziehungswissenschaft (Lehrstuhl für Philosophie und Pädagogik) der Universität Bonn (Prof. Dr. Wolfgang Ritzel), Lehrstuhl für Erziehungswissenschaft an der Johannes Gutenberg-Universität Mainz (Bollnow/Ballauf-Lehrstuhl), Gastprofessor an der Universität Zagreb (Kroatien), Leiter des Internationalen Philosophischen Symposions *Verstehen und Auslegen* in Zadar (Kroatien), Leiter des IUC-Kurses *Hermeneutik und Phänomenologie* in Dubrovnik (Kroatien); 2005 Emeritierung; weiterhin Lehr- und Forschungstätigkeit an der Universität Mainz.

Buchveröffentlichungen: Zum Problem des Wollens, unter besonderer Berücksichtigung von Kant und Scheler, Bonn 1972. – Einführung in die Hermeneutik (auch in rumänisch, kroatisch, koreanisch), Stuttgart 1976 (2. erweiterte Aufl., St. Augustin 2000). – Richard Hönigswalds Pädagogikbegriff. Zur Verhältnisbestimmung von Philosophie und Pädagogik, Bonn 1979. – Konkrete Subjektivität. Studien zur Philosophie und Pädagogik, Bonn 1979. – Pädagogische Theorien im 20. Jahrhundert, Frankfurt a.M. 1982. – Der Wissenschaftscharakter der Pädagogik, Bd. 1: Von Trapp bis Dilthey, Frankfurt a.M. 1982. – Der Wissenschaftscharakter der Pädagogik, Studien zur pädagogischen Grundlehre von Kant, Natorp und Hönigswald, Würzburg 1990 (auch kroatisch). – Pädagogische Vorbildtheorien, Prolegomena zu einer pädagogischen Imagologie, Würzburg 1993. – Der Logos des Konkreten, Bd. 1: Vom cartesischen Rationalismus zur hermeneutischen Philosophie Wilhelm Diltheys, Remscheid 2010. – Der Logos des Konkreten, Bd. 2: Phänomenologische Idolenlehre und Philosophie der natürlichen Weltsicht, Remscheid 2011.

Aufsätze: Zahlreiche Aufsätze zur philosophischen Pädagogik, zu Kant und zum Neukantianismus, zur Lebensphilosophie und zur Hermeneutik; auch in kroatischen Zeitschriften.

Georg Kohler

Prof. em. Dr. phil. Lic. iur., geb. 1945, derzeit Gastprofessor an der TK Dresden, von 1994 bis 2010 auf dem Lehrstuhl für Philosophie, mit besonderer Berücksichtigung der Politischen Philosophie an der Universität Zürich. Studium der Philosophie, der Literatur- und der Rechtswissenschaft in Zürich und Basel. Von 1984 bis 1991 in der Leitung einer Familenfirma in Wien, sowie als Publizist tätig. 1992 bis 1994 Lehrstuhlvertretung der Professur für politische Philosophie und Theorie am Geschwister-Scholl-Institut der Ludwig Maximilian Universität in München.

Letzte Buchpublikationen: Bürgertugend und Willensnation. Über den Gemeinsinn und über die Schweiz, Zürich 2010. – Als Mitherausgeber und Autor: Expansion der Moderne, Zürich 2010. – Souveränität im Härtetest. Selbstbestimmung unter neuen Vorzeichen, Zürich 2010. – Wozu Adorno? Beiträge zur Kritik und zum Fortbestand einer Schlüsseltheorie des 20. Jahrhunderts, Weilerswist 2008.

Prof. Dr. Wolfgang E.J. Weber

Geb. 1950. Nach humanistischem Abitur und 18monatigem Wehrdienst Studium der Geschichte, Polotikwissenschaft und zeitweilig Slawistik in Freiburg i.B. 1977 Ablegung des Staatsexamens für das Lehramt an Gymnasien, danach Erhalt eines Promotionsstipendiums der Thyssen-Stiftung und Übernahme einer Assistentenstelle an der Universität Augsburg. 1982 Promotion, 1986 Habilitation. 1990-1991 Gastprofessor an der Emory-University in Atlanta, Georgia/USA. Verschiedene Lehrstuhlvertretungen und Auslandsaufenthalte. Seit 1995 Geschäftsführender Wissenschaftlicher Sekretär, seit 1998 auch Direktor des Instituts für Europäische Kulturgeschichte der Universität Augsburg; Professor für Neuere und Neueste Geschichte, insbesondere Europäische Kulturgeschichte.

Arbeits- und Forschungsschwerpunkte: Geschichte des Faches Geschichtswissenschaft im deutschsprachigen Raum, Universitäts- und Wissenschaftsgeschichte, Politische Ideengeschichte der Frühen Neuzeit, frühneuzeitliche Kulturgeschichte, Geschichte des Nahostkonflikts.

Wichtigste Veröffentlichungen: Priester der Klio. Historisch-sozialwissenschaftliche Studien zur Geschichte der deutschen Geschichtswissenschaft, Frankfurt a.M. u.a. 2. Aufl. 1987. – Die USA und Israel, Stuttgart 1991. – Prudentia gubernatoria. Studien zur Herrschaftslehre in der deutschen Politikwissenschaft des 17. Jahrhunderts, Tübingen 1992. – (Hg.) Der Fürst. Ideen und Wirklichkeiten, Köln 1998. – Honor, Fama, Gloria. Wahrnehmungen und Funktionszuschreibungen der Ehre in der Herrschaftslehre des 17. Jahrhunderts, in: Sybille Backmann et al. (Hg.): Ehrkonzepte in der Frühen Neuzeit. Identitäten und Abgrenzungen, Berlin 1998, S. 70-98. – Geschichte der europäischen Universität, Stuttgart 2002. – Kröte Klio. Kritische Bemerkungen zur gegenwärtigen Lage der deutschen Geschichtswissenschaft, in: Bernadette Malinowski (Hg.): Probleme und Perspektiven der Geisteswissenschaften, München 2006, S. 187-207. – (Mit Silvia Serena Tschopp): Grundfragen der Kulturgeschichte, Darmstadt 2006. – Politica christiana. Zum Beitrag Salzburgs zur europäischen politischen Ideengeschichte der Frühen Neuzeit, in: Ingonda Hannesschläger, Gerhard Ammerer u.a. (Hg.): Höfe und Residenzen geistlicher Fürsten: Strukturen, Regionen und Salzburgs Beispiel in Mittelalter und Neuzeit, Göttingen 2010, S. 27-37. – Interne und externe Dynamiken der frühneuzeitlichen Herrscherdynastie: Ein Aufriss, in: Rainer Babel u.a. (Hg.): Bourbon und Wittelsbach. Neuere Forschungen zur Dynastiengeschichte, Münster 2010, S. 61-77. – Staatsräson. Geschichte und Gegenwart einer Idee (München, in Vorbereitung).

The manufacturer's authorised representative in the EU is Springer
Nature Customer Service Centre GmbH, Europaplatz 3, 69115 Heidelberg,
Germany. If you have any concerns regarding our products, please
contact ProductSafety@springernature.com

Printed and bound by CPI Group (UK) Ltd, Croydon, CR0 4YY
01/05/2026
02101002-0002